Die Schenkung in Deutschland und den Niederlanden

Europäische Hochschulschriften
Publications Universitaires Européennes
European University Studies

Reihe II
Rechtswissenschaft

Série II Series II
Droit
Law

Bd./Vol. 5386

PETER LANG
Frankfurt am Main · Berlin · Bern · Bruxelles · New York · Oxford · Wien

Michael Bosse

Die Schenkung in Deutschland und den Niederlanden

Eine rechtsvergleichende Untersuchung unter besonderer Berücksichtigung von erleichterter Aufhebbarkeit sowie der beschränkten Haftung des Schenkers

PETER LANG
Internationaler Verlag der Wissenschaften

Bibliografische Information der Deutschen Nationalbibliothek
Die Deutsche Nationalbibliothek verzeichnet diese Publikation in der Deutschen Nationalbibliografie; detaillierte bibliografische Daten sind im Internet über http://dnb.d-nb.de abrufbar.

Zugl.: Bayreuth, Univ., Diss., 2012

Gedruckt auf alterungsbeständigem,
säurefreiem Papier.

D 703
ISSN 0531-7312
ISBN 978-3-631-63343-4

www.peterlang.de

Inhalt

Abkürzungen

a. A.	anderer Ansicht
Abs.	Absatz
AcP	Archiv für die civilistische Praxis
Afl.	Aflevering
alg.	algemeen
AnfG	Anfechtungsgesetz (Gesetz über die Anfechtung von Rechtshandlungen eines Schuldners außerhalb des Insolvenzverfahrens) vom 05. Oktober 1994, BGBl. I S. 2911
AnwaltKomm	Anwaltkommentar (s. Literaturverzeichnis)
Art.	Artikel
AT	Allgemeiner Teil
Aufl.	Auflage
BAGE	Entscheidungen des Bundesarbeitsgerichts
BayObLGZ	Entscheidungen des Bayerischen Obersten Landesgerichts in Zivilsachen
BB	Der Betriebs-Berater
BFH	Bundesfinanzhof
BFHE	Sammlung der Entscheidungen des Bundesfinanzhofs
BGB	Bürgerliches Gesetzbuch vom 18. August 1896, RGBl. S. 195
BGH	Bundesgerichtshof
BGHZ	Entscheidungen des Bundesgerichtshofs in Zivilsachen
BIG	Wet op de beroepen in de individuele gezondheidszorg
bspw.	beispielsweise
BT	Besonderer Teil
BVerwG	Bundesverwaltungsgericht
BVerwGE	Entscheidungen des Bundesverwaltungsgerichts
BW	Burgerlijk Wetboek vom 01. Oktober 1838

BWNotZ	Mitteilungen aus der Praxis. Zeitschrift für das Notariat in Baden-Württemberg
bzgl.	bezüglich
CC	Code civil (Frankreich) vom 21. März 1804
CISG	Convention on the International Sale of Goods vom 18. April 1980, BGBl. II 1989 S. 586
ders.	Derselbe
d.h.	das heißt
DNotZ	Deutsche Notar-Zeitschrift
DStR	Deutsches Steuerrecht
EFG	Entscheidungen der Finanzgerichte
ErbStG	Erbschaftssteuer- und Schenkungssteuergesetz
etc.	et cetera
EWiR	Entscheidungen zum Wirtschaftsrecht – Kurzkommentare
f.	folgende (Seite)
ff.	fortfolgende (Seiten)
FamRZ	Zeitschrift für das gesamte Familienrecht
FG	Finanzgericht
Fn.	Fußnote
FS	Festschrift
FuR	Familie und Recht
Fw	Faillissementswet vom 30. September 1893
GmbH	Gesellschaft(en) mit beschränkter Haftung
Gruchots Beiträge	Beiträge zur Erläuterung des Deutschen Rechts, begründet von Gruchot
grds.	grundsätzlich

HeimG	Heimgesetz
HGB	Handelsgesetzbuch vom 10. Mai 1897, RGBl. S. 219
Hk	Schulze, Handkommentar (s. Literaturverzeichnis)
h.L.	herrschende Lehre
h.M.	herrschende Meinung
Hof	Gerechtshof (vgl. Oberlandesgericht)
HR	Hoge Raad (vgl. Bundesgerichtshof)
HRR	Höchstrichterliche Rechtsprechung
Hrsg.	Herausgeber
Hs.	Halbsatz
i. d. R.	in der Regel
i. S. d.	im Sinne des
Inl.	Inleiding / inleiden
InsO	Insolvenzordnung vom 5. Oktober 1994, BGBl. I S. 2866
i. V. m.	in Verbindung mit
JA	Juristische Arbeitsblätter
JR	Juristische Rundschau
JurisPK	Juris Praxiskommentar (s. Literaturverzeichnis)
Jura	Juristische Ausbildung
JuS	Juristische Schulung
JW	Juristische Wochenschrift
JZ	Juristenzeitung
KC	Kodeks cywilny (Polen) vom 23. April 1964
KG	Kammergericht Berlin
KGR	Kammergericht-Report Berlin
Ktg.	Kantongerecht (vgl. Amtsgericht)

LG	Landgericht
MDR	Monatsschrift für Deutsches Recht
m.E.	meines Erachtens
MedR	Medizinrecht
MittBayNot	Mitteilungen des Bayerischen Notarvereins, der Notarkasse und der Landesnotarkammer Bayern
MittRhNotK	Mitteilungen. Rheinische Notarkammer
Mot.	Motive zu dem Entwurfe eines Bürgerlichen Gesetzbuches für das Deutsche Reich, Amtliche Ausgabe, 2. Auflage 1896
MünchKomm	Münchener Kommentar (s. Literaturverzeichnis)
MvA	Memorie van Antwoord (Stellungnahme des Justizministers zu einem Gesetzentwurf)
MvT	Memorie van Toelichting (Erläuterung zu einem Gesetzentwurf)
m. w. N.	mit weiteren Nachweisen
NBW	Nieuw Burgerlijk Wetboek (Niederlande), ab 1970
n. F.	neue Fassung
NJ	Nederlandse Jurisprudentie
NJB	Nederlands juristenblad
NJW	Neue juristische Wochenschrift
NJW-RR	NJW-Rechtsprechungs-Report
Nr.	Nummer
NTBR	Nederlands tijdschrift voor burgerlijk recht
o.g.	oben genannt
OLG	Oberlandesgericht
OLGR	OLG-Report
OLGZ	Entscheidungen der Oberlandesgerichte in Zivilsachen einschließlich der freiwilligen Gerichtsbarkeit
Opm.	Opmerking

Parl. Gesch.	Parlementaire geschiedenis
PELD	Principles of European Law on Donation
Prot.	Protokolle der Kommission für die 2. Lesung des Entwurfes des BGB, hrsg. vom Reichsjustizamt, Berlin 1897
PWW	Prütting / Wegen / Weinreich (s. Literaturverzeichnis)
RabelsZ	Zeitschrift für ausländisches und internationales Privatrecht
Rb.	Rechtbank (vgl. Landgericht)
Red.	Redaktor
RG	Reichsgericht
RGRK	Reichsgerichtskommentar (s. Literaturverzeichnis)
RGZ	Entscheidungen des Reichsgerichts in Zivilsachen
Rn.	Randnummer
Rpleger	Der Deutsche Rechtspfleger
Rspr.	Rechtsprechung
S.	siehe / Seite
SchwOG	Schweizerisches Obligationenrecht vom 1. Januar 1883 in der Fassung vom 1. Januar 1912, Bundesgesetz vom 30. März 1911 betreffend die Ergänzung des Schweizerischen Zivilgesetzbuches
sog.	Sogenannt
Sr	Wetboek van Strafrecht (Niederlande) vom 03. März 1881
sub	Buchstabe
u.a.	unter anderen
Urt.	Urteil
VersR	Versicherungsrecht
vgl.	vergleiche

WarnR	Die Rechtsprechung des Reichsgerichts auf dem Gebiete des Zivilrechts, begründet von Otto Warneyer
WM	Wertpapier-Mitteilungen, Zeitschrift für Wirtschafts- und Bankrecht
WPNR	Weekblad voor privaatrecht, notariaat en registratie
WvK	Wetboek van Koophandel (Niederlande) vom 01. Oktober 1838
z.B.	zum Beispiel
ZErb	Zeitschrift für die Steuer- und Erbrechtspraxis
ZEuP	Zeitschrift für Europäisches Privatrecht
ZEV	Zeitschrift für Erbrecht und Vermögensnachfolge
ZfSH/SGB	Zeitschrift für Sozialhilfe und Sozialgesetzbuch
ZGB	Zivilgesetzbuch
ZIP	Zeitschrift für Wirtschaftsrecht
ZPO	Zivilprozessordnung vom 30. Januar 1877, RGBl. S. 83
ZVglRWiss	Zeitschrift für vergleichende Rechtswissenschaft

Alle weiteren Abkürzungen richten sich nach *Hildebert Kirchner / Dietrich Pannier*, Abkürzungsverzeichnis der Rechtssprache, 6. Auflage, Berlin 2008.

A. Einleitung

I. Einführung

Die vorliegende Arbeit befasst sich mit dem Schenkungsrecht in Deutschland und den Niederlanden. Die Schenkung erweist sich dabei als komplexe Erscheinung. Einerseits erscheint sie, jedenfalls auf den ersten Blick, aufgrund ihres Charakters als Rechtshandlung, bei welcher es an einer Gegenleistung fehlt und die stattdessen ein besonderes subjektives Element auf Seiten des Zuwendenden voraussetzt, vom ökonomischen Standpunkt her als nicht besonders sinnvoll. Anderseits werden mit einer unentgeltlichen Zuwendung in der Praxis regelmäßig nicht die altruistischen Motive verfolgt, die dem Schenker regelmäßig unterstellt werden[1], insoweit sei nur an das „Geschenk" der Danaer erinnert. Das „Trojanische Pferd" mit dessen Hilfe die Griechen die Stadt Troja eroberten, steht sprichwörtlich dafür, dass sich eine unentgeltliche Zuwendung als unheilvoll und schadensstifftend erweisen kann.[2] Dementsprechend bereitet die rechtliche Einordnung und Behandlung der Schenkung seit jeher Schwierigkeiten.

Entsprechend dem allgemeinen Sprachgebrauch, in dem mit dem Begriff Schenkung regelmäßig der Gesamtbestand einer unentgeltlichen Zuwendung bezeichnet wird[3], verstand *von Savigny* die Schenkung, im Anschluss an Puchta[4], nicht als besonderen Vertragstyp, sondern vielmehr als „allgemeiner Charakter, welchen die verschiedenen Rechtsgeschäfte annehmen können".[5] Demensprechend behandelte er die Schenkung im „System des heutigen Römischen Rechts" nicht im 5. Buch „Obligationenrecht", sondern im 2. Buch „Die Rechtsverhältnisse" und dort innerhalb des Kapitels „Von der Entstehung und dem Untergang der Rechtsverhältnisse". *Von Savigny* definierte die Schenkung dabei als „ein jedes Rechtsgeschäft, wenn es folgende Eigenschaften in sich vereinigt:

1. „Es muss sein ein Geschäft unter Lebenden";
2. „Es muss Einen bereichern, dadurch dass ein anderer etwas verliert";
3. „Endlich muss der Wille dieses Anderen auf jene Bereicherung durch eignen Verlust gerichtet sein."[6]

Dagegen vertrat insbesondere *Windscheid* die Auffassung, dass die Schenkung stets ein Vertrag sei.[7] Diese Einordnung hat sich schließlich auch bei den Verfassern des BGB durchgesetzt. Letzteres insbesondere aufgrund der Erwägung, dass sich nie-

---

1 Vgl. dazu Knobbe-Keuk, in: FS Flume II, S. 149 ff.

2 Vgl. Vergil, Aeneis, Buch II, Vers 48 f.: „Equo ne credite, Teucri! Quid quid id est, timeo Danaos et dona ferentes."

3 Vgl. Knobbe-Keuk, in: FS Flume II, S. 149 (152).

4 Vgl. Puchta, Lehrbuch der Pandekten, § 53.

5 von Savigny, System des heutigen Römischen Rechts, Band 4, S. 3.

6 von Savigny, System des heutigen Römischen Rechts, Band 4, S. 4.

7 Windscheid, Lehrbuch des Pandektenrechts, Band 2, S. 543 ff.

mand gegen seinen Willen etwas aufdrängen zu lassen braucht.[8] Die Zweifel am Vertragscharakter der Schenkung kommen indes bis heute in § 516 BGB zum Ausdruck, da nicht die Versprechensschenkung an den Anfang des Schenkungstitels gestellt wurde, sondern die Handschenkung, welche nicht auf die Verpflichtung, sondern auf eine bereits vollzogene Vermögensverschiebung abstellt.

Wie sich aus Art. 7:186 Abs. 2 *Nieuw Burgerlijk Wetboek* (NBW) ergibt, setzt die Anwendbarkeit der Normen des Schenkungstitels des NBW dagegen nicht zwingend voraus, dass ein Vertrag vorliegt. Dieses ist auch im niederländischen Recht das Ergebnis einer eingehenden Diskussion um die richtige systematische Einordnung der Schenkung.[9] Zwar wurde im *Burgerlijk Wetboek* (BW) aus dem Jahre 1838 nur der Schenkungsvertrag geregelt[10]; jedoch ist im Anschluss an *Hamaker*[11] in der niederländischen Rechtsprechung und Rechtslehre allgemein anerkannt, dass es neben der gesetzlich geregelten *formele schenking*, welche stets einen Vertrag darstellt, eine *schenking in materiele zin* gibt. Die Definition der materiellen Schenkung, welche nunmehr in Art. 7:186 Abs. 2 NBW kodifiziert wurde, entspricht dabei im Wesentlichen der Umschreibung des Schenkungsbegriffs durch *von Savigny*.

Die Skepsis, welche der Schenkung stets entgegengebracht wurde, und die Schwierigkeiten hinsichtlich der rechtlichen Bewertung lassen sich jedoch nicht allein an der Frage um die richtige systematische Einordnung verdeutlichen. Eng damit verbunden, wurde die rechtliche Wirksamkeit der Schenkung seit jeher eingeschränkt. So sollte sie nach altem deutschem Recht stets widerruflich sein[12], während spätere Kodifikationen, das römische Recht rezipierend, vielfach ein Widerrufsrecht wegen groben Undanks sowie die Formbedürftigkeit von Schenkungen vorsehen.

So ist denn auch in den vorliegend behandelten Rechtsordnungen die Wirkung der Schenkung im Vergleich zu entgeltlichen Rechtsgeschäften abgeschwächt. Hinsichtlich des Schutzzwecks dieser Wirkungsschwächen kann eine Zweiteilung vorgenommen werden. Zunächst enthält der im Jahre 2003 in Kraft getretene Schenkungstitel des NBW, ebenso wie die Bestimmungen über die Schenkung in §§ 516 ff. BGB, verschiedene Normen, welche die erleichterte Auflösbarkeit der Schenkung in der Absicht begründen, den Schenker zu schützen. Grund für diese Wirkungsschwächen zugunsten des Schenkers ist nicht allein, dass er sich objektiv unentgeltlich bzw. jedenfalls ohne gleichwertige Gegenleistung eines Teils seines Vermögens entledigt und sich dessen bewusst ist. Vielmehr wird ihm regelmäßig eine „altruistische Motivation“

8 Vgl. Mot. II, S. 288; Wimmer-Leonhardt, in: Staudinger, BGB, § 516 Rn. 39 m. w. N.

9 Vgl. van Mens, Schenking, S. 89 f.

10 Vgl. Art. 1703 BW: „Schenking is eene overeenkomst, waarbij de schenker…“

11 Hamaker, WPNR 1795-1799 (1904).

12 Um die Widerruflichkeit auszuschließen, musste ein Entgelt erbracht werden, wobei eine unbedeutende Leistung ausreichte; vgl. Enneccerus/Lehmann, Lehrbuch des Bürgerlichen Rechts, Band 2, § 120 I 2 (S. 472).

unterstellt[13], welche es rechtfertigen, den Grundsatz *pacta sunt servanda* zu seinen Gunsten einzuschränken. Dies wird besonders durch die §§ 533, 534 BGB deutlich, die die Anwendbarkeit einiger den Schenker schützenden Bestimmungen wiederum dann ausschließen, wenn er dem Empfänger etwas aus sittlicher Pflicht oder Anstand überlässt, mithin nicht vorwiegend aus uneigennützigen Beweggründen handelt.

In der alltäglichen Praxis bedeutsamer ist freilich die zweite Gruppe der Wirkungsschwächen. Zu dieser gehören all diejenigen Normen, welche die erleichterte Auflösbarkeit der Schenkung zugunsten Dritter, wie bspw. Erben, Familienangehöriger, Gläubigern, aber auch der Sozialhilfeträger (und somit der Allgemeinheit) begründen. Diese Einschränkungen der Wirksamkeit, die sich regelmäßig nicht aus dem Schenkungstitel selbst, sondern anderer Abschnitte von NBW und BGB sowie aus Vorschriften des Insolvenzrechts oder des öffentlichen Rechts ergeben, beruhen letztlich darauf, dass der Schenker kein wirtschaftliches Äquivalent für das dem Beschenkten Zugewandte erhält, was regelmäßig zu Konflikten mit den Belangen Dritter führt, die auf das Vermögen des Schenkers zugreifen wollen.

II. Gang der Untersuchung

Im Folgenden sollen zunächst die Tatbestandsmerkmale und Wirksamkeitsvoraussetzungen der Schenkung nach NBW und BGB erläutert werden. Im Vordergrund stehen dabei unter anderem auch die im Zusammenhang mit der Einführung eines neuen Schenkungstitels in das NBW vorgenommenen Änderungen.

Die weiteren Kapitel der Arbeit werden diejenigen Normen zum Gegenstand haben, welche die, im Vergleich zu entgeltlichen Verträgen, abgeschwächte Wirkung der Schenkung begründen. Als Ausgangspunkt dient insoweit die bereits oben angedeutete Kategorisierung in zwei Gruppen: Zum einen die Bestimmungen, die die Bindung der Schenkung zum Schutz des Schenkers ermöglichen und zum anderen die Wirkungsschwächen zum Schutze Dritter, darunter bspw. dinglich Berechtigte, Gläubiger oder Pflichtteilsberechtigte.

Schließlich wird die Haftung des Schenkers behandelt und dabei insbesondere der Frage nachgegangen, inwieweit diese im Vergleich zu den allgemeinen Bestimmungen eingeschränkt ist.

13 Vgl. aber Knobbe-Keuk, in: FS Flume II, S. 149 (150): „In den Hintergrund tritt, dass der Schenkung durchaus berechnende, egoistische Motive des Schenkers zugrunde liegen können. Gerade dies ist aber Schenkungsrealität.“

B. Die Schenkungstitel in NBW und BGB

Im Vordergrund dieses Kapitels stehen die Vorschriften in den Schenkungstiteln des *Nieuw Burgerlijk Wetboek* (NBW) sowie des Bürgerlichen Gesetzbuchs (BGB), soweit sie die Merkmale bzw. die Wirksamkeitsvoraussetzungen der Schenkung betreffen.

I. Die Schenkungsregelungen des Titels 7.3 NBW

1. Neuregelung des Schenkungsrecht als Teil des NBW

a) Entwicklung des bürgerlichen Rechts in den Niederlanden

Zunächst wird jedoch ein kurzer Blick auf die geschichtliche Entwicklung des bürgerlichen Rechts in den Niederlanden geworfen: Das erste niederländische Zivilgesetzbuch wurde 1809 eingeführt. Wie sich bereits aus dem Namen *Wetboek Napoleón, ingerigt voor het Koninkrijk Holland*, ergibt, wies dieses Gesetzbuch viele Gemeinsamkeiten mit dem französischen *Code civil* auf. Nach der Einverleibung der Niederlande in das französische Kaiserreich wurde es im Jahre 1811 durch den *Code Napoleón* ersetzt. Schließlich besaßen die Niederlande seit 1838 wiederum ein eigenes Zivilgesetzbuch (*Burgerlijk Wetboek*). Auch das BW wies, abgesehen von einigen Bereichen des Personen- und Familienrechts, des Erbrechts sowie des Sachenrechts, in Sprache, Terminologie und Gegenständen eine enge Verwandtschaft zum CC auf bzw. wurde maßgeblich von diesem geprägt.[14] Insbesondere die Regelungen zum Schuldrecht stimmten beinahe völlig überein.[15] Die weitere Entwicklung des niederländischen Zivilrechts im 19. Jahrhundert wurde dementsprechend dadurch bestimmt, dass Rechtsprechung und Lehre einem starken französischen Einfluss ausgesetzt waren und das Gesetz eng und sehr wortlautorientiert auslegten.[16]

Diese Entwicklung änderte sich Ende des 19. und insbesondere Anfang des 20. Jahrhunderts. Nicht zuletzt angestoßen durch Neukodifikationen in Deutschland und der Schweiz[17], wurde das *Burgerlijk Wetboek* sowohl seiner Struktur als auch seines Inhalts wegen kritisiert[18]. Dabei übte insbesondere das deutsche Recht nicht nur Einfluss auf die niederländische Rechtslehre, sondern auch auf die Rechtsprechung aus. So übernahm der *Hoge Raad* beispielsweise die deutsche Normzwecklehre[19] und

---

14 Basedow, ZVglRWiss 79 (1980), 132 (134); Hondius, AcP 191 (1991), 378 (382); Schrage, Juristische Blätter 1994, 501 (502).

15 Hartkamp, AcP 200 (2000), 507 (507).

16 Hartkamp, RabelsZ 57 (1993), 664 (666).

17 Hartkamp, RabelsZ 57 (1993), 664 (666).

18 Vgl. Hondius, AcP 191 (1991), 378 (383).

19 HR 25.05.1928, NJ 1928, 1688.

erkannte, dem deutschen Beispiel folgend, die Sicherungsübereignung beweglicher Sachen und Forderungen an[20]. Ferner wurde auch der Gesetzgeber tätig. Nach einer Regelung des Arbeitsvertrages im Jahre 1907 folgten neue Vorschriften zum Kindschaftsrecht, Miet- und Pachtrecht sowie zum Abzahlungskauf.

b) Das neue Niederländische Zivilgesetzbuch (*Nieuw Burgerlijk Wetboek*)

Im Jahre 1947 wurde schließlich *Eduard Maurits Meijers* durch *Koninklijk Besluit* damit beauftragt, eine Neukodifikation des niederländischen Zivilrechts vorzubereiten.[21] Die Gründe für diesen Beschluss waren vielfältig. So wurde nicht allein bezweckt, mit den oben genannten ausländischen Neukodifikationen Schritt zu halten. Vielmehr sollte auch die stetig fortschreitende Rechtsfortbildung durch die Gerichte zurückgedrängt und somit die Rechtssicherheit gestärkt werden, dies vor allem auch durch die mittels der Neukodifikation mögliche Beilegung dogmatischer Streitigkeiten. Ferner galt es, das Recht an veränderte sozioökonomische Verhältnisse anzupassen.[22]

Bezüglich der Vorarbeiten zur Reform des Bürgerlichen Gesetzbuches ist anzumerken, dass rechtsvergleichende Untersuchungen dabei eine große Rolle gespielt haben und mithin großen Einfluss auf die Neukodifikation hatten. Insbesondere ist wiederum der Einfluss des deutschen Rechts bzw. des BGB erkennbar.[23] Dies betrifft etwa die Systematik des Gesetzes, was sich speziell an der Schaffung eines Allgemeinen Teils zeigt, der sowohl dem französischen *Code civil* als auch dem *Burgerlijk Wetboek* aus dem Jahre 1838 unbekannt ist. Insoweit ist indes einschränkend hinzuzufügen, dass sich der Allgemeine Teil des NBW nicht, wie im BGB, auf das ganze Gesetzbuch, sondern lediglich auf das Vermögensrecht bezieht. Weitere Einflüsse des deutschen Rechts sind im Recht der Rechtsgeschäfte und im allgemeinen Vertragsrecht zu

---

20 HR 25.01.1929, NJ 1929, 616; HR 21.06.1929, NJ 1929, 1096; vgl. auch Jansen, ZEuP 2001, 872 (878 ff.).

21 Vgl. die entsprechende Urkunde in: Parlementaire Geschiedenis, Algemene Deel, Voorgeschiedenis en algemene inleiding, S. 6.
Gegen das Vorhaben einer umfassenden Neukodifikation wurde vorgebracht, dass dieses Unterfangen zu langwierig bzw. schwierig sei und die Belange internationaler Rechtsangleichung und –vereinheitlichung beeinträchtige; vgl. Beekhuis, in: van Dunné/Boeles/van Voss, Acht civilisten in Burger, 9 (28). Dagegen hatte Meijers zuvor allein im Schuldrecht, Sachenrecht und Erbrecht 100 wesentliche veränderungsbedürftige Punkte gesammelt; vgl. Meijers, WPNR 3031 (1928), 48 ff.

22 Parl. Gesch., Alg. Deel, S. 7 f., 13.

23 Dies führt freilich nicht dazu, dass das NBW nunmehr dem deutschen Rechtskreis zugeordnet werden kann; es ist vielmehr in einigen Fragen dem Common Law gefolgt. Dies wird vor allem bei den Regelungen über die Anfechtung wegen Irrtums oder misbruik van omstandigheden deutlich. Vgl. Zweigert/Kötz, Einführung in die Rechtsvergleichung, § 8 II (S. 101).

finden. Diesbezüglich sind die Vorschriften über Treu und Glauben (*redelijkheid en billijkheid*) sowie die Bestimmungen über Allgemeine Geschäftsbedingungen (*algemene voorwaarden*) hervorzuheben.[24]

In den Jahren 1970 und 1976 traten zunächst die Bücher 1 (Personen- und Familienrecht) und 2 (Rechtspersonen) des NBW in Kraft. Am 1. Januar 1992 folgten die Bücher 3, 5 und 6 sowie Teile des 7. Buches. Letztere beinhalten einen Allgemeinen Teil des Vermögensrechts, das Sachenrecht, einen Allgemeinen Teil des Obligationenrechts sowie Regelungen zu Kaufvertrag, Tausch, Geschäftsbesorgung, Verwahrung und Bürgschaft. Schließlich traten am 1. Januar 2003 die Neuregelungen des Erbrechts (Buch 4) sowie des Schenkungsrechts (Buch 7, 3. Titel) in Kraft. Ursprünglich war beabsichtigt, den Titel 7.3 NBW gleichzeitig mit den Büchern 3 – 6 einzuführen.[25] Aufgrund des engen Zusammenhangs zwischen Erb- und Schenkungsrecht, wurde es jedoch für notwendig erachtet, dass diese zum gleichen Zeitpunkt in Kraft treten, weswegen man beschloss, mit Buch 4 auch Titel 7.3 des NBW zu entkoppeln[26], was eine merkliche Rückstellung des Einführungszeitpunktes der neuen Schenkungsbestimmungen zur Folge hatte.[27]

2. Die Neuregelung des Schenkungsrechts

Das neue Schenkungsrecht ist im 3. Titel des 7. Buches des NBW enthalten. Es hat seinen Ursprung in dem Vorentwurf von *Wiersma* aus dem Jahre 1972, der 1981 in einem Gesetzesvorschlag mündete. Dieser ist während der Parlamentarischen Beratungen seit 1981 noch verändert worden.[28]

a) Die Schenkung nach dem BW

Die früheren gesetzlichen Bestimmungen über die Schenkung waren in Titel 7A.11 BW geregelt und stimmten größtenteils mit den entsprechenden Regelungen des französischen *Code civil* überein. Dies wird insbesondere an Art. 7A:1703 BW deutlich, der den Begriff *schenking* definierte als „Vertrag, bei dem der Schenker, zu seinen Lebzeiten, unentgeltlich und unwiderruflich ein Gut dem Beschenkten zuwendet, der dasselbe annimmt“[29].

Zwar lässt es sich der Definition nur schwerlich entnehmen, aber das BW regelte damit im Grundsatz nur den obligatorischen Schenkungsvertrag, der auch *schenking in*

24 Vgl. Hartkamp, AcP 200 (2000), 507 (509).

25 Vgl. Asser-Perrick, deel 6A, Nr. 192 (S. 228).

26 MvT, Kamerstukken II 1981/82, 17 213, nr. 3, S. 7; Nota, Kamerstukken II 1998/99, 17 213, nr. 4, S. 5.

27 Vgl. zur Gesetzgebungsgeschichte: Basedow, ZVglRWiss 79 (1980), 132 (136).

28 Vgl. Ploeger, in: Nieuwenhuis, BW (2), Boek 7, Titel 3, Inl. opm., S. 2671.

29 Diese Übersetzung ist entnommen: Nieper/Westerdijk, Niederländisches Bürgerliches Gesetzbuch, Boek 7A, Art. 1703.

formele zin genannt wurde.[30] Die Ungenauigkeit der Legaldefinition ergibt sich daraus, dass diese Definition aus Art. 894 CC übernommen wurde, ohne dabei den Unterschied zu berücksichtigen, dass das Eigentum nach französischem Recht bereits durch den Vertrag übergeht.[31] Die *materiele schenking*, die als Handlung definiert wurde, die jemand in der Absicht vornimmt, einen anderen auf Kosten des eigenen Vermögens zu bereichern[32], und die insofern mit dem heutigen Begriff *gift* vergleichbar ist[33], war dagegen nicht gesetzlich geregelt.

b) Begrifflichkeiten: *schenking* und *gift*

Die bedeutendsten Begriffe des Titels 7.3 NBW sind nunmehr *schenking* und *gift*.[34] Von den vierzehn Artikeln dieses Titels sind elf der *schenking* und die letzten drei der *gift* gewidmet. Der Begriff *gift* ist der weitere und er umfasst den Begriff *schenking*.[35]

Unter den Oberbegriff *gift* fällt gemäß Art. 7:186 Abs. 2 NBW jede Handlung, durch die jemand einen anderen auf Kosten des eigenen Vermögens bereichert. Um *schenking* im Sinne von Art. 7:175 Abs. 1 NBW handelt es sich, wenn zusätzlich die Merkmale „Vertrag" und „Unentgeltlichkeit" vorliegen. Die Regelungen des Titels 7.3 NBW betreffen in erster Linie die *schenking*. Die Bestimmungen der Art. 7:175-185 NBW sind aber gemäß Art. 7:186 NBW auch auf andere *giften* anzuwenden, soweit

30 Ploeger, in: Nieuwenhuis, BW (2), Boek 7, Titel 3, Inl. opm., S. 2671; Asser-Kleijn, deel 5.4 (4./5. Auflage), Nr. 192 (S. 159).

31 Megchelsen/Vegter, WPNR 6186 (1995), 412 (412). Der französische Code civil folgt insoweit der auf Hugo Grotius und den spanischen Spätscholastikern zurückgehenden Lehre, dass das Vorhaben mit der Tat gleichzusetzen ist, also der Vertrag, der die Übereignung bezweckt, mit der Tradition zu identifizieren ist. Anders als im römischen Recht wird der Vertrag somit nicht als Quelle der Obligation zur Übereignung angesehen. Die Schenkung ist mithin, wie auch der Kauf, eine Art von Eigentumserwerb. Das niederländische Recht ist dagegen der Lehre von titulus et modus dominii acquirendi gefolgt. Es wird zwischen Sachen- und Obligationenrecht unterschieden. Vgl.: Schrage, Juristische Blätter, 1994, 501 (502).

32 Asser-Kleijn, deel 5.4 (4./5. Auflage), Nr. 192 (S. 159); Ploeger, in: Nieuwenhuis, BW (2), Boek 7, Titel 3, Inl. opm., S. 2671; Burgerhart/Schols, WPNR 6519 (2003), 113 (113).

33 Asser-Perrick, deel 6A, Nr. 192 (S. 228); Asser-Kleijn, deel 5.4 (4./5. Auflage), Nr. 192 (S. 159); Heuff, WPNR 6186 (1995), 435 (438).

34 Diese sind nicht nur in den Art. 7:175 ff. NBW sondern auch an anderen Stellen des NBW zu finden, vgl. bspw. Art. 1:88 NBW (zustimmungsbedürftige Rechtshandlungen eines Ehegatten) sowie Art. 4:126 NBW.

35 Schuttevaer/Zwemmer, Schenking, S. 11; Schelhaas, in: Wessels/Verheij, Bijzondere overeenkomsten, Nr. 72 (S. 63); Verstappen, in: van Mourik/Verstappen/Schols, Schenking en gift, S. 6; Burgerhart/Schols, WPNR 6519 (2003), 113 (113); Perrick, WPNR 6422 (2000), 785 (785); Megchelsen/Vegter, WPNR 6186 (1995), 412 (412); van Mens kritisiert insoweit, dass das Gesetz die Definition des Begriffs gift bzw. der schenking in materiele zin nicht voranstellt; vgl. van Mens, Schenking, S. 161.

dem weder der Zweck der konkret betroffenen Bestimmung noch die Art der Handlung entgegenstehen.

c) Erweiterung der Definition (*formele*) *schenking*

Während die Begriffe gift und materiele schenking weitgehend übereinstimmen[36], wurde der Umfang des Schenkungsvertrages bewusst erweitert[37], womit sich die Begriffe formele schenking und schenking inhaltlich an einigen Stellen unterscheiden. Anders als formelle schenking nach altem Recht ist schenking i. S. d. Art. 7:175 NBW nicht auf die Verpflichtung zum Hergeben eines „Guts“[38] beschränkt.[39] Vielmehr kann schenking stets dann vorliegen, wenn sich jemand zu einem Tun oder Unterlassen verpflichtet.[40] Eine Verpflichtung zu einem Tun liegt z.B. vor, wenn sich jemand gegenüber einem anderen verpflichtet, die Bezahlung einer Schuld zu übernehmen, die der andere bei einem Dritten hat. Ein Unterlassen kann etwa in der Eingehung einer Verpflichtung bestehen, ein bestimmtes Recht nicht geltend zu machen.[41] Art. 7:175 NBW lässt ferner zu, dass schenking in einer anderen Form als einem verpflichtenden Vertrag (verbintenisscheppende overeenkomst) stattfindet, bspw. in der eines Erlasses (kwijtschelding)[42], einer libertoire overeenkomst[43] oder eines Feststellungsvertrages (vaststellingsovereenkomst[44]).[45] Die für das Vorliegen einer Schenkung

---

36 Zu den Unterschieden zwischen beiden Begriffen: van Mens, Schenking, S. 173.

37 Ploeger, in: Nieuwenhuis, BW (2), Boek 7, Titel 3, Inl. opm., S. 2671; Schuttevaer/Zwemmer, Schenking, S. 1; Megchelsen/Vegter, WPNR 6186 (1995), 412 (412).

38 „Goederen“ ist im neuen Recht die Andeutung für alle (aktiven) Vermögensbestandteile und umfasst mithin Sachen und Rechte, vgl. Hartkamp, Compendium vermogensrecht, Nr. 15 (S. 13). Zu diesem Begriff nach altem und neuem Recht: Schrage, Jur. Blätter 1994, 501 (506).

39 Ploeger, in: Nieuwenhuis, BW (2), Boek 7, Titel 3, Inl. opm., S. 2671, Verstappen, in: van Mourik/Verstappen/Schols, Schenking en gift, S. 6.
Auch der Anwendungsbereich der Principles of European Law on Donation (PELD) ist grundsätzlich auf die Übertragung von Eigentum an Gütern (goods) beschränkt (Art. IV.I.-1:101: Contracts covered). Inbegriffen sind Güter die zum Zeitpunkt des Vertragsschlusses noch nicht existieren oder vom Schenker noch zu erwerben sind (Art. IV.I.-1:102: Goods). Schließlich sind die Schenkungsregeln mit entsprechenden Anpassungen auf die Schenkung von Geld, Aktien, Rechten an geistigem Eigentum etc. anwendbar (Art. IV.I.-1:103: Other assets).

40 Toelichting Voorontwerp, S. 891; Megchelsen/Vegter, WPNR 6186 (1995), 412 (412).

41 Asser-Perrick, deel 6A, Nr. 201 (S. 238).

42 Damit sind die Schenkungsregeln unabhängig von der umstrittenen Frage anwendbar, ob der Erlassvertrag zugleich als verpflichtender Vertrag anzusehen ist; vgl. Toelichting Voorontwerp, S. 892.

43 Dies sind solche Verträge, die die „Löschung“ von Verbindlichkeiten bezwecken; vgl. auch Art. 6:160 NBW.

44 Der „Feststellungsvertrag“ (Buch 7, Titel 15) ist im NBW an die Stelle des Vergleichs getreten. Er umfasst auch benachbarte Institutionen wie Schuldanerkenntnis und Schuldversprechen.

erforderliche Bereicherung besteht in diesem Fall in der Befreiung von einer Verbindlichkeit oder dem Verzicht auf ein Recht.

d) Form

aa) Grundsatz: Keine notarielle Beurkundung erfoderlich

Eine merkliche Änderung durch den neuen Titel 7.3 NBW hat das Schenkungsrecht im Hinblick auf die Frage der Formbedürftigkeit erfahren. Die Vorschrift, dass die (*formele*) schenking, anders als die *schenking van hand tot hand*[46], stets der notariellen Beurkundung bedarf (Art. 7A:1719 f. BW), ist entfallen.

Nach dem Urteil des Gesetzgebers bot die Formvorschrift zwar Schutz vor Übereilung; es überwog jedoch der mit dieser Bestimmung verbundene Nachteil, dass es dem Schenker ermöglicht wurde, die durch ihn geweckten Erwartungen selbst dann wieder straflos zunichte zu machen, wenn tatsächlich kein Fall von Übereilung vorlag.[47] Zudem wurde die Rechtsunsicherheit bemängelt, die dadurch entstehe, dass für die Handschenkung keine notarielle Beurkundung erforderlich sei, obwohl bei der Handschenkung ebenfalls die Gefahr der Übereilung bestehe.[48] Der Wegfall bewirkt unter anderem auch, dass die Handschenkung nicht länger eine eigenständige Kategorie im System der Schenkungsvorschriften darstellt.[49]

bb) Ausnahmen

Zu beachten ist, dass für die Übereignung des geschenkten Gegenstandes weiterhin eine *authentieke akte* erforderlich sein kann. Dies gilt namentlich für die Übereignung von unbeweglichen Sachen (Art. 3:89 NBW) oder von Gesellschaftsanteilen (Art. 2:196 NBW). Auch bleibt die Form der notariellen Beurkundung innerhalb der neuen Schenkungsvorschriften weiterhin auf zweierlei Art und Weise von Bedeutung.[50]

---

45 Toelichting Voorontwerp, S. 892; Ploeger, in: Nieuwenhuis, BW (2), Boek 7, Titel 3, Inl. opm., S. 2671; Schelhaas, in: Wessels/Verheij, Bijzondere overeenkomsten, Nr. 77 (S. 65); Burgerhart/Schols, WPNR 6519 (2003), 113 (113); Megchelsen/Vegter, WPNR 6186 (1995), 412 (412 f.).

46 Ploeger, in: Nieuwenhuis, BW (2), Boek 7, Titel 3, Inl. Opm., S. 2671.

47 Toelichting Voorontwerp, S. 896, vgl. auch: Asser-Perrick, deel 6A, Nr. 217 (S. 250); Hidma, WPNR 6186 (1995), 419 (421).

48 Hidma, WPNR 6186 (1995), 419 (419).

49 Toelichting Voorontwerp, S. 892; Burgerhart/Schols, WPNR 6519 (2003), 113 (115). Im BW wurde in Art. 7A:1724 angeordnet, dass Handschenkungen von beweglichen Sachen, Geldbeträgen oder Forderungen auf den Inhaber keiner notariellen Form bedürfen, sondern bereits durch einfache Übertragung wirksam sind.

50 Anders die PELD, welche grundsätzlich Formbedürftigkeit hinsichtlich des Versprechens des Schenkers vorsehen, hiervon jedoch Ausnahmen machen. Letzteres ist der Fall, wenn der Schenkungsgegenstand alsbaldig übergeben wird, wenn der Schenker im Rahmen seines Berufes handelt und grundsätzlich auch dann, wenn das Schenkungsversprechen öffentlich in

(1) Notarielle Beurkundung und Beweislastverteilung

Der Zweck der Formvorschrift, nämlich der Schutz vor „Unüberlegtheit" und „Übereilung", soll nunmehr durch eine Beweislastumkehr im Fall des Berufens auf *misbruik van omstandigheden* erreicht werden.[51] *Misbruik van omstandigheden* liegt gemäß Art. 3:44 Abs. 4 NBW vor, wenn jemand, der weiß oder erkennen muss, dass ein anderer durch besondere Umstände, sei es durch Notlage, Abhängigkeit, Leichtsinnigkeit, einen anormalen Geisteszustand oder durch Unerfahrenheit, zu einem Rechtsgeschäft bewogen wird, das Zustandekommen des Rechtsgeschäft befördert, obwohl er ihn davon abhalten müsste und dieses weiß oder erkennen muss. Durch die Beweislastumkehr soll sowohl den Belangen des Schenkers als auch denen des Beschenkten Rechnung getragen werden.[52]

Art. 7:176 NBW bestimmt insoweit, dass, falls der Schenker Tatsachen behauptet, aus denen folgt, dass die Schenkung unter *misbruik van omstandigheden* zustande gekommen ist, es grundsätzlich dem Beschenkten obliegt, das Gegenteil zu beweisen.[53] Letzteres wird für den Beschenkten in der Praxis regelmäßig unmöglich sein, da der ohnehin bereits schwierige Beweis negativer Tatsachen im Falle der Schenkung dadurch erschwert wird, dass der Beschenkte mit einer Rechtshandlung konfrontiert ist, die für die Gegenpartei bereits *per definitionem* nachteilig und mithin objektiv nur schwer nachzuvollziehen ist.[54]

Die Umkehrung der Beweislast gilt nur dann nicht, wenn sie im konkreten Fall gegen die Grundsätze von Treu und Glauben verstieße[55] oder die Schenkung notariell beurkundet wurde. Im letzten Fall soll einstweilen davon ausgegangen werden können,

---

Fernsehen, Radio oder Printmedien erfolgte (Vgl. Art. IV.I.-2:102: Exceptions to the form requirements).

51 Nota, Kamerstukken II 2000/01, nr. 5, S. 2.

52 Toelichting Voorontwerp, S. 896.

53 Grundsätzlich würde die Beweislast nach Art. 150 Wetboek van Burgerlijke rechtsvordering beim Schenker liegen: „De partij die zich beroept op rechtsgevolgen van door haar gestelde feiten of rechten, draagt de bewijslast van die feiten of rechten, tenzij uit einige bijzondere regel of uit de eisen van redelijkheid en billijkheid een andere verdeling van de bewijslast voortvloeit."

54 Vgl. Hidma, WPNR 6186 (1995), 419 (421 f.), der insoweit von einer belangreichen, wenn nicht gar entscheidenden prozessualen Waffe des Schenkers spricht.

55 Dabei wurde insbesondere an solche Fälle gedacht, in denen allein der Schenker über Beweismaterial verfügt oder seine Ausführungen so unwahrscheinlich sind, dass die Beweislastumkehr die Gegenpartei in eine unbillige (Beweis-) Position bringen würde, vgl. MvT, Kamerstukken II 1981/1982, 17 213, nr. 3, S. 9.
Indes ist diese Ausnahme von der Beweislastumkehr nach Auffassung des Hoge Raad nicht auf derart extreme Situationen beschränkt. Letzteres ergebe sich insbesondere aus dem Wortlaut, der eine Rückumkehr der Beweislast nicht vom strikten Maßstab „naar maatstaven van redelijkheid en billijkheid onaanvaardbaar" abhängig mache; vgl. Hoge Raad, 02.11.2007, C06/106HR.

dass der Schenker ohne Übereilung oder unzulässige Beeinflussung gehandelt hat.[56] In dieser Hinsicht bleibt die Form der notariellen Beurkundung also weiterhin von Bedeutung. Dabei ist zu beachten, dass es nicht notwendig ist, dass der Schenkungsvertrag durch notarielle Beurkundung zustande gekommen ist. Es genügt vielmehr auch, dass die Schenkung zu einem späteren Zeitpunkt beurkundet wird.[57]

(2) Schenkung bezüglich des Todes

Schließlich bleibt das Erfordernis der notariellen Beurkundung gemäß Art. 7:177 NBW im Falle der *schenking terzake des doods*[58] bestehen. Nach früherer Gesetzeslage waren formelle Schenkungen mit einem solchen Inhalt durch Art. 7A:1703 Abs. 2 BW untersagt. Letzteres galt jedoch nicht für andere *giften*.[59] Nach der Neuregelung des Titels 7.3 sind *giften*, die erst nach dem Tode des Schenkers ausgeführt werden sollen, insgesamt grundsätzlich zulässig, falls diese nur ein bestimmtes Gut oder bestimmte Güter betreffen.[60] Als Grund für die Streichung des Verbots aus Art. 7A:1703 Abs. 2 BW wird in der Gesetzesbegründung angeführt, dass jemand durchaus plausible Gründe haben könne, sich zu Lebzeiten gegenüber einem anderen zu einer bestimmten Leistung zu verpflichten, die mit seinem Tode fällig werde. Insbesondere könne dem Beschenkten die Sicherheit verschafft werden, dass er ab diesem Zeitpunkt über einen bestimmten Geldbetrag oder ein bestimmtes Gut verfügen könne, um somit beispielsweise seine Kreditwürdigkeit zu stärken.[61] In diesem Zusammenhang ist zu beachten, dass die Zulässigkeit von Schenkungen bezüglich des Todes in den Niederlanden von besonderer Bedeutung ist, da ein Testament nach Art. 4:42, 4:93 NBW stets

---

56 MvT, Kamerstukken II 1981/1982, 17 213, nr. 3, S. 8; Ploeger, in: Nieuwenhuis, BW, Art. 7:176, S. 2673; Burgerhart/Schols, WPNR 6519 (2003), 113 (115).

57 Asser-Perrick, deel 6A, Nr. 218 (S. 250 f.).

58 Schenking terzake des doods ist nicht völlig gleichzusetzen mit der römisch-rechtlichen donatio mortis causa, weil letztere auch Fälle erfassen konnte, bei denen der Schenker noch zu Lebzeiten einen Vermögensverlust erleidet. Der Grund für diese Einschränkung besteht ausweislich der Toelichting darin, dass zwar auch solche Schenkungen auf Bedenken stoßen könnten, bspw. weil sie unter misbruik van omstandigheden zustande gekommen seien oder die Benachteiligung von Gläubigern bezweckten. Dafür genügten jedoch die bestehenden Regelungen über die Anfechtung nach Art. 3:44 NBW sowie die Gläubigeranfechtung (actio pauliana); vgl. Toelichting Voorontwerp, S. 898.

59 HR 26.03.1965, NJ 1966, 328; Perrick, WPNR 6422 (2000), 785 (785); a.A. van der Ploeg, WPNR 5635/6 (1983).

60 Burgerhart/Schols, WPNR 6519 (2203), 113 (116). Nicht zulässig ist es dagegen, wenn sich der Schenkungsvertrag auf einen noch nicht angefallenen Nachlass im Ganzen bzw. einen Anteil des Nachlasses bezieht. Ein derartiger Vertrag ist gemäß Art. 4:4 Abs. 2 NBW nichtig.

61 Toelichting Voorontwerp, S. 897.

einseitig und stets widerruflich ist. Die Möglichkeit, einen Erbvertrag zu schließen, wie etwa durch § 1941 BGB vorgesehen, besteht daher nicht.[62]

Art. 7:177 Abs. 1 NBW bestimmt, dass eine Schenkung, die die Bedeutung hat, dass sie nach dem Tode des Schenkers vollzogen werden soll und nicht schon zu Lebzeiten des Schenkers ausgeführt wurde, verfällt, es sei denn, dass sie durch den Schenker „persönlich" eingegangen wurde, also nicht durch Vertretung zustande gekommen ist[63], und die Schenkung notariell beurkundet wurde. Dieses Formerfordernis gilt gemäß Art. 7:182 Abs. 1 i. V. m. Art. 7: 177 Abs. 1 NBW auch für andere *giften* bezüglich des Todes mit Ausnahme der Benennung eines Begünstigten einer *sommenverzekering* (Summenversicherung)[64] (vgl. Art. 7:188 Abs. 1 NBW). Hierbei ist jedoch die Rechtsfolge dergestalt modifiziert, dass der Formmangel nicht zur Nichtigkeit, sondern lediglich zur Anfechtbarkeit führt. Die Beurkundungspflicht gilt nicht für Schenkungen, die sich auf Kleidung, Lebenszubehör, bestimmte zum Hausrat gehörende Sachen etc. beziehen. Dort genügt eine vom Schenker handschriftlich verfasste, datierte und unterschriebene Akte.[65]

Der Grund dafür, dass das Erfordernis der notariellen Beurkundung bei *schenking terzake des doods* grundsätzlich weiterhin besteht, liegt darin, dass solche Schenkungen nicht zu einem Vermögensverlust des Schenkers, sondern seiner Erben führt, was zugleich die Gefahr vergrößert, dass der Schenker in diesen Fällen anfälliger für Pressionen potentieller Begünstigter ist.[66] Ferner sollten die Wirksamkeitsvoraussetzungen derartiger *giften* denen von Vermächtnissen (*legaten*) gleichgestellt werden, um so zu verhindern, dass die dortigen Formvorschriften umgangen werden können.[67]

Zu den Schenkungen, die unter Art. 7:177 Abs. 1 NBW fallen und dementsprechend einer notariellen Beurkundung bedürfen, zählen zunächst Verträge, die unter die aufschiebende Bedingung gestellt werden, dass der Begünstigte den Schenker überlebt. Ferner solche, die einen nach dem Tod des Schenkers aufschiebenden Termin

---

62 Aufgrund der zwingenden Einseitigkeit besteht auch nicht die Möglichkeit, gemeinschaftliche Testamente zu schließen. Einzige Möglichkeit einer wechselseitigen Verfügung von Todes wegen ist mithin der Ehevertrag. Vgl. Schimansky, ZEV 2003, 149 (151).

63 Schuttevaer/Zwemmer, Schenking, S. 35; Burgerhart/Schols, WPNR 6519 (2003), 113 (115).

64 Ein Beispiel für eine Summenversicherung ist die Lebensversicherung. Bei einer solchen Versicherung wird zu einem zuvor vereinarten Zeitpunkt ein bestimmter Betrag ausgezahlt.

65 Bezüglich dieser Gegenstände bedarf es auch beim Testament keiner notariellen Urkunde (openbaar testament). Vielmehr genügt das Codizil, ein eigenhändig geschriebenes Testament. Vgl. Art. 4:94, 4:97 NBW.

66 Schuttevaer/Zwemmer, Schenking, S. 17.

67 Burgerhart/Schols, WPNR 6519 (2003), 113 (115); Perrick, WPNR 6422 (2000), 785 (785). Einen ähnlichen Zweck verfolgt Art. 4:126 NBW, der einige für das Vermächtnis (legaat) geltende Vorschriften auf Schenkungen mit der genannten Bedeutung für entsprechend anwendbar erklärt.

enthalten.[68] Ist dagegen ein konkreter Zeitpunkt für die Ausführung der Schenkung angegeben, bei dem im Voraus nicht angenommen werden kann, dass der Schenker zu diesem Zeitpunkt schon verstorben ist, dann soll daraus zugleich abgeleitet werden können, dass die *schenking* nicht die in Art. 7:177 Abs. 1 NBW gemeinte Bedeutung hat.[69] Es bedarf mithin jeweils einer Auslegung des konkreten Vertrages.[70]

Die *schenking* unter der auflösenden Bedingung, dass der Schenker den Begünstigten überlebt, oder eine solche, bei der sich der Schenker den Widerruf der Verfügung vorbehält, sind allein dann Schenkungen im Sinne des Art. 7:177 Abs. 1 NBW, wenn zugleich die Ausführung bis nach dem Tod des Schenkers aufgeschoben ist.[71]

e) Widerruf

Die in den Niederlanden seit jeher geltende, aus dem französischen Recht stammende Rechtsregel „*donner et retenir ne vaut*“ soll nach neuem Recht nicht länger gelten. Nach ihrer ursprünglichen, bis heute in Frankreich für Handschenkungen fortgeltenden Bedeutung wurde eine Schenkung nicht bereits mit der Einigung, sondern erst mit der *tradition* an den Beschenkten wirksam.[72] Mit der Abkehr des französischen Rechts vom Traditionsprinzip zugunsten des Konsensprinzips, das nicht nur bei Kaufverträgen, sondern auch bei durch notariellen *acte solennel* geschlossenem Schenkungsversprechen gilt, erhielt die Regel den Sinn eines Verbots des Widerrufsvorbehalts.[73] Der Zweck dieses Verbots wurde in der Verhinderung unüberlegter Schenkungen gesehen, was wiederum insbesondere dem Schutz der Familie dienen sollte.[74]

---

68 Schelhaas, in: Wessels/Verheij, Bijzondere overeenkom-sten, Nr. 88 (S. 72).

69 Asser-Perrick, deel 6A, Nr. 219 (S. 252).

70 HR 13.03.1981, NJ 1981, 635.

71 Asser-Perrick, deel 6A, Nr. 219 (S. 252).

72 Asser-Kleijn, deel 5.4 (4./5. Auflage), Nr. 212 (S. 174). Vgl. Art. 894 CC: „actuellement et irrévocablement“.

73 Vgl. Knobbe-Keuk, in: FS Flume II, S. 149 (154), Wacke, AcP 201 (2001), 256 (260).
Zu beachten ist, dass in vielen Rechtsordnungen, die beim Kaufvertrag das Eigentum sofort übergehen lassen, für den Vollzug der Schenkung wegen der Unentgeltlichkeit strengere Publizitätsanforderungen gestellt werden und die erste Bedeutung dieser Rechtsregel daher dennoch gilt. Bspw. fordert das anglo-amerikanische Recht die delivery der geschenkten Sache. Ähnliches gilt, mit Ausnahme Dänemarks, in Skandinavien; vgl. Wacke, AcP 201 (2001), 256 (259).

74 Wacke, AcP 201 (2001), 256 (260). Wacke bezweifelt indes, ob diese Überlegung des Gesetzgebers, dass nämlich dem Schenker die endgültige Entäußerung eingeschärft werde, sinnvoll gewesen sei. Umgekehrt sei mit einer Erleichterung des Widerrufs den Interessen des Schenkers und seiner Familie vielleicht besser gedient. Für die Unwiderruflichkeit spreche somit eigentlich nur das Argument der Rechtssicherheit. Dies jedoch primär nur im französischen Recht, da der Schenkungsvertrag dort sofort Eigentum übertrage.
In dieser Hinsicht ist auf den während des Gesetzgebungsverfahrens von Smalbraak geäußerten Vorschlag hinzuweisen, nämlich das Beurkundungserfordernis dadurch zu ersetzen, dass

Obwohl das niederländische Recht stets am Traditionsprinzip festhielt[75], forderte man auch hier gemäß Art. 7A:1703 BW die Unwiderruflichkeit als Wirksamkeitsvoraussetzung der *schenking*. Damit war der Vertrag über die Schenkung künftiger Vermögenswerte (*toekomstige zaken*) ebenso unwirksam wie der, bei dem sich der Schenker das Recht vorbehielt, über die geschenkten Güter zu verfügen.[76] Ebenso wenig war es möglich, den Schenkungsvertrag unter eine Bedingung zu stellen, deren Eintritt in der Macht des Schenkers stand (sog. *zuiver potestatieve voorwaarde*).[77]

Unter dem geltenden Titel 7.3 NBW wird nunmehr auf das Erfordernis der Unwiderruflichkeit verzichtet. Diese Veränderung war bereits in dem Entwurf von *Wiersma* enthalten.[78] Eine Schenkung kann somit widerrufen werden, wenn eine entsprechende Befugnis vereinbart wurde.[79] Die Befugnis zum Widerruf kann sowohl als bedingte Verpflichtung formuliert werden, woraus für den Begünstigten die persönliche Verpflichtung hervorgeht, das Geschenkte entweder an den Schenker zurückzugeben oder die Leistung zu vergüten, als auch in Form der Erlangung unter auflösender Bedingung, wodurch das Gut aufgrund der Regelung des Art. 3:84 Abs. 4 NBW von Rechts wegen in das Vermögen des Schenkers zurückgelangt.[80] Im letzten Fall sollen Dritterwerber durch die allgemeinen Regeln über gutgläubigen Erwerb (vgl. Art. 3:86, 3:88, 3:238 NBW) geschützt werden.

Der bedeutendste Grund für diese Änderung war, dass Rechtsgeschäfte unter Vorbehalt vorgenommen werden können (Art. 3:38 Abs. 1 NBW) bzw. Potestativbedingungen im Vermögensrecht im Grundsatz stets möglich sind und insofern kein Grund dafür gesehen wurde, Schenkungen diesbezüglich anders zu behandeln.[81] Dies hat insbesondere Bedeutung für einen Schenkungsvertrag, bei dem sich der Schenker zu wiederkehrenden Leistungen bis zur Kündigung verpflichtet. Letzterer muss als Schenkung unter einer auflösenden Bedingung angesehen werden[82] und ist mithin nach neu-

---

die Schenkung in den ersten 30 Tagen widerruflich ist, wenn sie einen bestimmten Betrag überschreitet; vgl. Smalbraak, NJB 1982, 695 (701). Zustimmend: van Mens, Schenking, S. 164 f.

75 Kottenhagen/Westra/Wijjers, Resumé BW, Boeken 3, 5 en 6, S. 56; Senne/Wohlmann, JA 2000, 810 (812).

76 Asser-Kleijn, deel 5.4 (4./5. Auflage), Nr. 212 (S. 175).

77 Asser-Kleijn, deel 5.4 (4./5. Auflage), Nr. 212 (S. 175). Dagegen waren nach herrschender Lehre solche Bedingungen nicht verboten, deren Erfüllung zwar nicht lediglich vom Willen des Schenkers abhängig war, auf deren Eintritt Schenkers jedoch einen großen Einfluss hatte; vgl. Asser-Kleijn, deel 5.4 (4./5. Auflage), Nr. 212 (S. 176); van Mens, Schenking, S. 54.

78 Toelichting Voorontwerp, S. 895.

79 HR 13.07.2001, NJ 2001, 506.

80 Ploeger, in: Nieuwenhuis, BW (2), Art. 7:175, S. 2673.

81 Nota, Kamerstukken II 2000/2001, 17 213, nr. 6, S. 7.

82 Nota, Kamerstukken II 2000/2001, 17 213, nr. 6, S. 6; Asser-Perrick, deel 6A, Nr. 223 (S. 257).

em Recht wirksam. Daraus zeigt sich zugleich, dass ein Beendigungsrecht bei Schenkungen auch tatsächlich von Nutzen sein kann.

Es ist jedoch zu beachten, dass der Verzicht auf das Erfordernis der Unwiderruflichkeit nicht bedeutet, dass eine Schenkung, die von einer Bedingung abhängig ist, deren Eintritt vom Schenker abhängig ist, nunmehr stets gültig ist. Die Bedingung darf nämlich dem Wesen der Verpflichtung nicht widersprechen.[83] Dies ist namentlich bei einer aufschiebenden Bedingung der Fall, deren Eintritt allein vom Willen des Schuldners abhängt.[84]

f) Schenkungen unter Ehegatten

Nach Art. 1715 BW konnten Schenkungen zwischen Ehegatten durch den Schenker angefochten werden. Der Zweck wurde darin gesehen, *misbruik van omstandigheden* sowie unzulässiger Beeinflussung vorzubeugen.[85] Diese Regelung wurde nicht in das neue Recht übernommen, so dass Ehegatten nur auf die allgemeine Bestimmung des Art. 3:44 NBW oder auf die gesonderten Anfechtungsbestimmungen der Schenkung, die in Art. 7:176 NBW geregelt sind und Teil späterer Ausführungen sein werden, zurückgreifen können.

3. Einordnung in das Vertragssystem

Neben *schenking* i. S. d. Art. 7:175 NBW kennt das niederländische Bürgerliche Recht noch weitere Verträge, die zu einer Bereicherung lediglich einer der Vertragsparteien führen oder führen können.

a) Leihe (*bruikleen*)

Hierbei ist zunächst an die Leihe (*bruikleen*) zu denken. Dabei handelt es sich gemäß Art. 7A:1777 BW[86] um einen Vertrag, bei dem eine Partei der anderen eine Sache, einen Teil einer Sache oder ein Vermögensrecht zeitlich begrenzt und unentgeltlich zum Gebrauch überlässt und die andere Partei sich verpflichtet, das Geliehene zu einem Zeitpunkt zurückzugeben, der sich aus dem Vertrag oder aus Gesetz ergibt. Aus dieser Definition folgt, dass es sich um einen einseitigen Realvertrag handelt.[87] Er

---

83 Asser-Perrick, deel 6A, Nr. 223 (S. 257); Schelhaas, in: Wessels/Verheij, Bijzondere overeenkomsten, Nr. 91 (S. 74); vgl. auch Art. 3:38 Abs. 1 NBW: „Tenzij uit de wet of uit de aard van de rechtshandeling anders voortvloeit, kan een rechtshandeling onder een tijdsbepaling of een voorwaarde worden verricht.“

84 Nota, Kamerstukken II 2000/2001, 17 213, nr. 6, S. 7.

85 Vgl. Burgerhart/Schols, WPNR 6519 (2003), 113 (115).

86 Die „Gebrauchsleihe“ ist noch in Buch 7A geregelt, da es sich diesbezüglich noch um Vorschriften aus dem BW handelt. Die neuen Vorschriften zu diesem Vertragstypus sollen zukünftig in Titel 7.6 NBW geregelt werden.

87 Am Merkmal des Realvertrags wird auch in dem NBW-Entwurf zu den Vorschriften zur „Gebrauchsleihe“ festgehalten, vgl. Art. 7.6.1 des Entwurfs zum NBW.

kommt nicht bereits dadurch zustande, dass sich eine Partei gegenüber der anderen zur Gebrauchsüberlassung verpflichtet, sondern erst dadurch, dass eine tatsächliche Nutzungsmöglichkeit eingeräumt wird.

Eine Parallele zu *schenking* lässt sich insoweit ziehen, als beide Vertragsarten zu einer unentgeltlichen Bereicherung führen.[88] In der Praxis kommt es zwischen beiden häufig zu Abgrenzungsschwierigkeiten. Dies ist insbesondere dann der Fall, wenn jemand von einem anderen eine Sache mit der Behauptung einfordert, dass er ihm diese „nur geliehen" habe, der demgegenüber entgegnet, dass ihm die Sache geschenkt worden und er mithin Eigentümer sei. Nach gefestigter Rechtsprechung des *Hoge Raad* greift in solchen Fällen die Eigentumsvermutung nach Art. 3:109, 119 NBW ein.[89] Der vermeintliche Entleiher befindet sich mithin in einer für ihn ungünstigen Beweisposition. Nach anderer Ansicht soll die Eigentumsvermutung hier jedoch ausnahmsweise nicht zum Tragen kommen. Vielmehr müsse der Grundsatz „*donatio non praesumitur*" Vorrang genießen.[90] Danach wird vermutet, dass jemand im Zweifelsfall gerade nicht die Absicht hat, zu schenken.

b) Darlehen (*verbruikleen*)

Im Gegensatz zur Leihe handelt es sich beim Darlehen (*verbruikleen*) um einen Vertrag, der nicht zwingend unentgeltlich ist. Das Darlehen ist in Art. 7A:1791 ff. BW geregelt und wird als Vertrag definiert, bei dem die eine Partei der anderen Partei eine oder mehrere bewegliche Sachen oder eine Geldsumme übergibt und übereignet, während die andere Partei sich verpflichtet, Sachen von gleicher Art und Menge oder die gleiche Geldmenge zurück zu übertragen.[91] Es handelt sich demnach um einen Realvertrag [92], bei dem, im Gegensatz zur Leihe, das Eigentum an der betreffenden Sache übertragen wird.

---

88 Asser-van Schaick, deel 5.4, Nr. 69 (S. 46).

89 HR 08.05 1987, NJ 1988, 700; HR 26.02.1988, NJ 1989, 488.

90 Asser-van Schaick, deel 5.4, Nr. 69 (S. 47).

91 Asser-van Schaick, deel 5.4, Nr. 1 (S. 1).

92 Zu beachten ist, dass die NBW-Vorschriften über das Darlehen ebenso wie die über die Leihe (s.o.) noch nicht in Kraft getreten sind. Das Darlehen wird künftig in Titel 7.2 NBW geregelt und als Konsensualvertrag ausgestaltet sein. Kritisch dazu Willemse, WPNR 5426 (1978), zustimmend dagegen Brahn, NJB 1983 (S. 568 ff.). Schließlich schlägt van Schaick diesbezüglich eine differenzierende Regelung vor. Er plädiert für die Beibehaltung des Charakters als Realvertrag, soweit das Darlehen unentgeltlich erfolgt bzw. den Charakter eines Freundschaftsdienstes hat. Vgl. Asser-van Schaick, deel 5.4, Nr. 2 (S. 3 f.).
Bemerkenswert ist schließlich, dass die Haftungserleichterung des Art. 7A:1799 i. V. m. 1790 BW nicht in den Titel 7.2 NBW übernommen wurde, so dass bezüglich der Haftung des Darlehensgebers der Haftungsmaßstab des Art. 6:74 gilt; kritisch dazu van Schaick, NTBR 1997, 313 (317).

c) Wahrnehmung fremder Angelegenheiten (*Opdracht*)

Schließlich kann auch der in Titel 7.7 NBW geregelte *opdracht* zu einer Bereicherung einer der Vertragsparteien führen. Gemäß Art. 7:400 NBW fällt darunter jeder Vertrag, bei dem sich die eine Partei gegenüber der anderen Partei verpflichtet, Tätigkeiten vorzunehmen, ohne dass es sich hierbei um einen Arbeitsvertrag[93] handelt. Aus dem Anwendungsbereich dieses Grundtypus für Dienstleistungsverträge fallen nach der Legaldefinition ferner Verträge über das Herstellen eines stofflichen Werks und das Aufbewahren von Sachen sowie Verlags- und Beförderungsverträge. Für diese Vertragstypen hält das NBW spezielle Regelungen bereit.

Betrachtet man die Legaldefinition, so wird deutlich, dass die „Wahrnehmung fremder Angelegenheiten“[94], anders als der deutsche Vertragstypus des Auftrags, nicht zwingend unentgeltlich erfolgen muss.[95] Verträge im Sinne des Art. 7:400 NBW können also bereichernder Natur sein, sind dies aber keineswegs zwingend. Ferner kann der Vertrag über die Wahrnehmung fremder Angelegenheiten sowohl den privaten als auch den unternehmerischen oder beruflichen Bereich der Parteien betreffen.[96] Allerdings sind mit der letztgenannten Unterscheidung durch Art. 7:405 Abs. 1 und Art. 7:408 Abs. 2, 3 NBW bedeutsame Rechtsfolgen verbunden. So schuldet der „Auftraggeber“ dem „Auftragnehmer“ insbesondere dann ein Entgelt, wenn der „Auftragnehmer“ den Vertrag in Ausübung seines Berufs eingegangen ist.[97] Falls dagegen nicht im Zusammenhang mit der beruflichen Tätigkeit gehandelt wird, besteht grundsätzlich kein Recht auf Vergütung.[98]

Die Frage, ob ein Entgelt geschuldet ist, kann ausweislich der Gesetzesbegründung Auswirkungen darauf haben, wie umfangreich und weitreichend die Pflicht aus Art. 7:401 NBW ist.[99] Danach muss der „Auftragnehmer“ bei seiner Tätigkeit die Sorge eines „guten Auftragnehmers“ beachten. Diese weitgefasste Norm soll es ermöglichen, den Umstand zu berücksichtigen, ob die Leistung unentgeltlich erfolgt.[100] Andererseits wird in der Literatur darauf hingewiesen, dass eine solche Minderung der Sorgfaltspflicht nicht allzu voreilig angenommen werden dürfe. Dies gelte insbesonde-

93 Der Arbeitsvertrag ist in Titel 7.10 NBW gesondert geregelt.

94 Diese Übersetzung wird von Basedow gewählt, um zu verdeutlichen, dass die Reichweite des Begriffs opdracht im Sinne des Titels 7.7 NBW über die des Auftrags nach §§ 662 ff. BGB hinausgeht; vgl. Basedow, ZVglRWiss 79 (1980), 132 (141 f.).

95 Basedow, ZVglRWiss 79 (1980), 132 (141 f.).

96 Asser-Kortmann, deel 5.3, Nr. 48 (S. 35).

97 Zudem ist zu beachten, dass in solchen Fällen ein gegenseitiger Vertrag vorliegt, so dass die Vorschriften der Art. 6:261 ff. NBW Anwendung finden. In diesem Zusammenhang ist insbesondere auf die Möglichkeit der Vertragsauflösung gemäß Art. 6:265 NBW bei Vorliegen einer Pflichtverletzung hinzuweisen.

98 Vgl. Parl. Gesch., boek 7, S. 394.

99 Toelichting Voorontwerp, S. 987.

100 van der Grinten, Lastgeving, Nr. 14.

re dann, wenn der Schuldner zwar unentgeltlich, aber in Ausübung seines Berufs handele.[101] Demzufolge müsste nach dieser Ansicht, die den Schwerpunkt der Betrachtung auf das beim Gläubiger erweckte Vertrauen legt, wohl vielmehr eine Differenzierung danach erfolgen, ob der Schuldner beruflich oder privat handelt.[102] Auch in Anlehnung an die Rechtsprechung zum unentgeltlichen Beförderungsvertrag[103] wird eine Beschränkung der vertraglichen[104] Haftung wegen Pflichtverletzung allein aufgrund des Umstands, dass die Leistung unentgeltlich erfolgte, vielfach abgelehnt.[105] Danach ist nämlich die Frage der Unentgeltlichkeit zwar beim Umfang der Haftung des Schuldners zu berücksichtigen, allerdings nur soweit, wie seine Vermögenslage von solcher Art ist, dass es nicht ge-rechtfertigt wäre, ihn für den gesamten Schaden haften zu lassen. Dem folgend, soll es nach einer Auffassung genügen, die Auswirkungen des Vorliegens von Unentgeltlichkeit darauf zu beschränken, dass diese ein Umstand für die Ausübung des richterlichen Mäßigungsrechts nach Art. 6:109 NBW[106] sein kann.[107]

4. Die Voraussetzungen und Merkmale der Schenkung nach dem NBW

Gegenstand dieses Abschnitts sind die Voraussetzungen und Merkmale einer wirksamen Schenkung. Zunächst erfolgt dabei eine Darstellung der allgemeinen Voraussetzungen der *gift*, die auch für den Schenkungsvertag gelten, da es sich bei *schenking*

---

101 Asser-Kortmann, deel 5.3, Nr. 60 (S. 46).

102 Bloembergen, WPNR 6206 (1995), 876 (879); Hartlief, WPNR 6200 (1995), 731 (732); so wohl auch van Schaick, NTBR 1997, 313 (318). Gleichzeitig kritisiert van Schaick die Beseitigung von Haftungserleichterungen bei "Freundschaftsdiensten" im NBW durch den Gesetzgeber als nicht durchdacht und plädiert statt dessen für eine generelle Haftungserleichterung für solche Fälle, in denen der Schaden im Rahmen eines Freundschaftsdienstes entstanden ist.

103 HR 03.12.1971, NJ 1972, 144; HR 11.04.1975, NJ 1975, 373.

104 Zu beachten ist, dass Hilfeleistungen innerhalb der Familie, des Freundeskreises oder der Nachbarschaft regelmäßig nicht zu einer vertraglichen Bindung führen. In diesen Fällen stellt sich das Problem des Haftungsmaßstabs jedoch häufig im Bereich des Deliktsrechts (onrechtmatige daad, Art. 6:162 ff. NBW); vgl. Bloembergen, WPNR 6206 (1995), 876 (878).

105 Asser-Kortmann, deel 5.3, Nr. 73 (S. 59 f.); anders wohl Schoordijk, NJB 1973, Afl. 24A, S. 44.

106 Danach kann der Richter den Umfang der Schadensersatzpflicht herabsetzen, wenn eine umfassende Haftung im Einzelfall zu einem unannehmbaren Ergebnis führen würde. Für die Beurteilung relevante Umstände können der Grad des Verschuldens des Schädigers im konkreten Fall, der Umstand, ob das Verhältnis der Parteien unentgeltlichen oder entgeltlichen Hintergrund hat, sowie die finanziellen Verhältnisse der Parteien, einschließlich etwaiger Versicherungen, sein; vgl. Hijma/Olthof, Compendium vermogensrecht, Nr. 404 (S. 266).
Nach Art. 6:109 Abs. 2 NBW ist der Umfang einer solchen Minderung insoweit beschränkt, als dass die Haftung des Schuldners nicht geringer sein darf, als der Betrag, bis zu dem er versichert ist bzw. verpflichtet war, sich zu versichern.

107 Kritisch dazu: Bloembergen, WPNR 6206 (1995), 876 (879).

insoweit um einen Spezialfall handelt. Später werden dann die Besonderheiten des Schenkungsvertrages sowie abschließend die Besonderheiten von *giften*, die nicht zugleich *schenking* sind, vorgestellt.

a) *Gift* im Allgemeinen

aa) Handeln (handelen)

Sowohl *gift* als auch *schenking* setzen ein Handeln woraus, durch das jemand einen anderen auf Kosten des eigenen Vermögens bereichert und dies auch beabsichtigt. Voraussetzung ist demnach zunächst, dass überhaupt eine Handlung vorliegt. Da sie einen Vertrag darstellt, ergibt sich dieses Erfordernis bei der *schenking* von selbst. Gemäß Art 7:186 Abs. 2 NBW ist dies aber auch Voraussetzung einer jeden sonstigen *gift*. Unter den Begriff der Handlung fallen nicht nur rechtlich erhebliche, sondern auch rein tatsächliche Handlungen.[108] So kann etwa das Bauen eines Hauses auf dem Grundstück eines anderen eine *gift* darstellen.[109]

Aufgrund des Erfordernisses einer Handlung liegt grundsätzlich keine Schenkung vor, wenn jemand durch Untätigkeit eines anderen bereichert wird, wie etwa durch das Unterlassen der Geltendmachung des gesetzlichen Pflichtteils (*legitieme portie*) oder dadurch, dass jemand eine ihm gegen einen anderen zustehende Forderung verjähren lässt.[110] Einschränkend wird jedoch teilweise hinzugefügt, dass der Begriff der Handlung nicht rein physikalisch zu verstehen sei, sondern dass es auf die normative Bedeutung des (Nicht-)Handelns ankomme.[111] Insbesondere sei zu beachten, dass eine rechtserhebliche Handlung gemäß Art. 3:33 NBW einen auf den Eintritt eines rechtlichen Erfolges gerichteten Willen erfordere, der durch eine Erklärung nach außen hin kenntlich geworden sei. Die Erklärung könne gemäß Art. 3:37 NBW grundsätzlich in jeglicher Form erfolgen. Sie könne insbesondere konkludent aus einer oder mehreren Verhaltensweisen geschlossen werden, welche wiederum ausweislich der Gesetzesmaterialien sowohl in einem Tun als auch in einem Unterlassen bestehen könnten.[112] Ein Unterlassen kann somit nach dieser Auffassung eine Rechtshandlung und mithin eine Schenkung darstellen. Nach anderer Ansicht zeige die eindeutige Formulierung des Art. 7:186 Abs. 2 NBW, dass der Gesetzgeber sich bei der Neuregelung des Schenkungsrechts gegen die letztgenannte Ansicht entschieden habe. Die Begriffe „Vertrag“

108 Asser-Perrick, deel 6A, Nr. 195 (S. 230).

109 Ploeger, in: Nieuwenhuis, BW (2), Art. 7:186, S. 2683.

110 Asser-Perrick, deel 6A, Nr. 195 (S. 231); Schuttevaer/Zwemmer, Schenking, S. 22.

111 van Schellen, WPNR 5132 (1971), S. 253 (257).

112 Megchelsen/Vegter, WPNR 6187 (1995), S. 468 (470).

und „Handlung“ ließen danach keinen Zweifel daran, dass ein „nicht tun“ oder Unterlassen keine Schenkung darstellen könnten.[113]

Gegen diese, sehr eng am Wortlaut angelegte, Argumentation wird man freilich anführen können, dass nicht ersichtlich ist, warum der Begriff „Handlung“ in Art. 7:186 Abs. 2 NBW enger ausgelegt werden sollte als der Begriff „Rechtshandlung“ in Art. 3:33 NBW. Bei Letzterem ist, wie sich aus dem Zusammenspiel mit Art. 3:37 NBW ergibt, durchaus denkbar, dass die Rechtshandlung in einem Unterlassen besteht; nämlich dann, wenn dieses Unterlassen nach außen hin als rechtlich erhebliche Erklärung erscheint. Dass nun der Begriff „Handlung“, der in anderer Hinsicht sogar weiter zu verstehen ist, da er auch rein tatsächliches Handeln erfasst, diesbezüglich enger auszulegen sein soll, überzeugt nicht.[114] Daher kann m.E. nicht gefolgert werden, dass der Gesetzgeber mit der Neuregelung des Schenkungsrechts hinsichtlich dieser Frage eindeutig Stellung bezogen hat.

Im Ergebnis wird man festhalten müssen, dass jedenfalls Untätigkeit, aus der kein nach außen hin eindeutig erkennbarer Wille hervorgeht, keine Rechtshandlung und demnach keine *gift* darstellen kann.[115] Mithin liegt keine Schenkung vor, wenn jemand einen anderen durch (tatsächliches) „nicht-handeln“ bereichert.[116]

bb) Bereicherung des Beschenkten auf Kosten des Vermögens des Schenkers

(1) Bereicherung (*Verrijking*)

Ferner setzt eine Schenkung tatbestandlich voraus, dass der Beschenkte auf Kosten des Vermögens des Schenkers bereichert ist, mithin eine Vermögensverschiebung stattfindet. Eine Bereicherung liegt vor, wenn es durch die fragliche Handlung zu einer Vermögensmehrung gekommen ist. Nicht ausreichend ist daher eine rein ideelle Bereicherung des Begünstigten.[117]

An einer Bereicherung fehlt es somit grundsätzlich in dem Fall, in dem jemand einen anderen einlädt, ihn kostenlos auf einer Reise zu begleiten. Denn nach der Rückkehr hat sich dessen Vermögen objektiv nicht vergrößert.[118] Anders liegt es freilich dann, wenn der Mitreisende die Reise selbst gebucht hat und mithin einer Forderung des Reiseveranstalters etc. ausgesetzt ist. Wird diese durch einen anderen erfüllt, liegt eine Vermögensmehrung vor. Schließlich kann auch das Buchen und Bezahlen einer Reise für einen anderen zu einer Mehrung des Vermögens führen; nämlich dann, wenn

113 Smalbraak, NJB 1982, S. 695 (697); ebenso van Mens, Schenking, S. 174, der die durch den Gesetzeswortlaut getroffene Unterscheidung zwischen Handeln und Unterlassen jedoch kritisiert.

114 Ebenso Moltmaker, Anmerkung zu HR 26.02.1986, NJ 1986, 776.

115 Asser-Perrick, deel 6A, Nr. 195 (S. 230 f.).

116 Asser-Perrick, deel 6A, Nr. 195 (S. 231); vgl. auch Schuttevaer/Zwemmer, Schenking, S. 22 f.

117 Smalbraak, NJB 1982, S. 695 (697).

118 Schuttevaer/Zwemmer, Schenking, S. 20; Schelhaas, in: Wessels/Verheij, Bijzondere overeenkomsten, Nr. 80 (S. 67); Megchelsen/Vegter, WPNR 6187 (1995), S. 468 (468).

dieser dadurch einen abtretbaren Anspruch erhält oder wenn er die Reise ohnehin unternehmen wollte[119] und sich daher eigene Aufwendungen erspart hat.

Dagegen liegt keine Schenkung vor, wenn Eltern ihrem Kind, ohne sich dazu verpflichtet zu haben, einen Geldbetrag zu Verfügung stellen, damit es die Kosten des Studiums finanzieren kann. Begründet wird dies damit, dass das Kind nicht studiert hätte, wenn die Kosten nicht durch die Eltern übernommen worden wären.[120]

Aus diesen Beispielen wird zugleich deutlich, dass das eigentlich objektiv zu bestimmende Merkmal der Bereicherung insoweit einer Subjektivierung zugänglich ist.[121]

(2) Vermögensminderung (*Verarming*)

Die genannte Bereicherung muss auf Seiten des Handelnden zu einer Vermögensminderung führen. Daran fehlt es etwa in den Fällen, in denen jemand für einen anderen kostenlos Arbeiten verrichtet.[122] Wer also seinen Eltern oder seinem Nachbarn bei Gartenarbeiten behilflich ist, so dass diese keinen Gärtner einstellen müssen und mithin bereichert sind, schenkt nicht.[123] Ebenso wenig liegt eine Vermögensminderung vor, wenn jemand auf dem Grundstück eines anderen baut, wobei ihm die Materialien zur Verfügung gestellt wurden.[124] Anders kann es dann liegen, wenn eine vertragliche Verpflichtung eingegangen wird, zukünftig kostenlos Arbeiten zu verrichten, die dem Vertragspartner einen Erfüllungsanspruch und gegebenenfalls einen Schadensersatzanspruch wegen Nichterfüllung gibt.[125]

Noch weiter gehend, soll nach einer in der Literatur vertretenen Ansicht immer dann eine materielle Schenkung bzw. *gift* vorliegen, wenn das Tun nach allgemeiner Verkehrsauffassung zu einer Vermögensminderung führt, weil dieses Tun auf Seiten des Handelnden einen bewussten Verzicht auf eine Vermögensmehrung mit sich bringe und deshalb einer Vermögensminderung gleichzusetzen sei.[126] Danach müsste im

---

119 Asser-Perrick, deel 6A, Nr. 196 (S. 232); Schelhaas, in: Wessels/Verheij, Bijzondere overeenkomsten, Nr. 80 (S. 67).

120 Schuttevaer/Zwemmer, Schenking, S. 20.

121 Asser-Perrick, deel 6A, Nr. 196 (S. 232); Megchelsen/Vegter, WPNR 6187 (1995), S. 468 (468).

122 Asser-Perrick, deel 6A, Nr. 196 (S. 232); Schuttevaer/Zwemmer, Schenking, S. 19 f.; Schelhaas, in: Wessels/Verheij, Bijzondere overeenkomsten, Nr. 80 (S. 67); Megchelsen/Vegter, WPNR 6187 (1995), S. 468 (468); kritisch: van Mens, Schenking, S. 179 f.

123 Ploeger, in: Nieuwenhuis, BW (2), Art. 7:175, S. 2672; Schuttevaer/Zwemmer, Schenking, S. 12.

124 Megchelsen/Vegter, WPNR 6187 (1995), 468 (469).

125 Megchelsen/Vegter, WPNR 6187 (1995), 468 (469); so wohl auch Asser-Perrick, deel 6A, Nr. 196 (S. 232).

126 van Mens, Schenking, S. 99; Moltmaker, Anmerkung zu HR 26.02.1986, NJ 1986, 776; a.A. Schuttevaer, NJB 1986, 74 (75).

oben genannten Beispiel also die Frage gestellt werden, ob die eingesetzte Arbeitszeit ansonsten erwerbsmäßig hätte genutzt werden können.[127]

Inzwischen hat der *Hoge Raad* die grundsätzliche Richtigkeit dieses Ansatzes bestätigt.[128] Allerdings ging es in diesem Urteil nicht um eine Schenkung, sondern um den bereicherungsrechtlichen Anspruch nach Art. 6:212 NBW, welcher ebenfalls eine Vermögensminderung voraussetzt. Fraglich ist somit, ob diese Rechtsprechung auch auf einen Fall der *gift* anzuwenden und übertragbar ist. Dagegen sprechen zunächst der unterschiedliche Wortlaut der Schenkungsbestimmungen einerseits und Art 6:212 NBW andererseits. Während in den Art. 7:175, 7:186 Abs. 2 NBW von einer Bereicherung auf Kosten des Vermögens des anderen die Rede ist, wird im Rahmen der ungerechtfertigten Bereicherung lediglich eine Bereicherung auf Kosten des anderen verlangt. Zwar ist festzustellen, dass der genannte Unterschied in den Gesetzesmaterialien zu Art. 6:212 NBW und zu Titel 7.3 NBW mit keinem Wort erwähnt wird, allerdings wird aus den dort jeweils genannten Beispielen deutlich, dass dieses Kriterium in Art. 6:212 NBW weiter gefasst ist, als innerhalb der Begrifflichkeiten *schenking* und *gift*.[129] Die oben genannte Rechtsprechung des *Hoge Raad* ist daher nicht auf den Titel 7.3 übertragbar.[130]

An einer Vermögensminderung fehlt es nach Ansicht des *Hoge Raad* ebenso bei einem zinslosen Darlehen, das sofort fällig ist, da die Zinssumme niemals zum Vermögen des Schenkers gehört habe.[131] Letzteres wird teilweise mit dem Argument bestritten, dass eine Vermögensminderung aus ökonomischer Sicht darin erblickt werden könne, dass der Darlehensgeber auf die Zinssumme verzichtet, die er hätte ansonsten erzielen können.[132] Dies stellt aber eben keine Vermögensminderung im Sinne der Art. 7:175, 7:186 Abs. 2 NBW dar.[133]

---

127 Verstappen, in: van Mourik/Verstappen/Schols, Schenking en gift, S. 12.

128 Vgl. HR 11.04.1986, NJ 1986, 622.

129 Megchelsen/Vegter, WPNR 6187 (1995), 468 (469).

130 Ebenso Megchelsen/Vegter, WPNR 6187 (1995), 468 (469); zweifelnd auch Asser-Perrick, deel 6A, Nr. 196 (S. 232).

131 HR 26.01.1986, NJ 1986, 776; Asser-Kleijn, deel 5.4 (4./5. Auflage), Nr. 196 (S. 162); vgl. auch Linders, WPNR 5784 (1986), 339 (339).
Dagegen kann eine materielle Schenkung dann vorliegen, wenn jemand einem anderen ein zinsloses Darlehen gewährt, er die Summe jedoch nicht jederzeit zurückverlangen kann. In diesem Fall ist der Wert der Forderung stets geringer als die Darlehenssumme; vgl. Asser-Perrick, deel 6A, Nr. 196 (S. 231).

132 Vgl. Asser-Perrick, deel 6A, Nr. 196 (S. 231): Das Vorliegen einer Schenkung lasse sich in diesem Fall stichhaltiger mit dem Argument verneinen, dass es am Merkmal der „Handlung" fehle.

133 So auch Megchelsen/Vegter, WPNR 6187 (1995), 468 (469).

(3) Zeitpunkt

Maßgeblicher Zeitpunkt für die Beantwortung der Frage, ob eine Bereicherung des Beschenkten auf Kosten des Vermögens des Schenkers vorliegt, ist grundsätzlich der Moment, in dem die Handlung vorgenommen wird.[134]

Allerdings enthält Art. 7:188 NBW eine Ausnahme von diesem Grundsatz.[135] Danach ist bereits das Benennen eines Begünstigten einer Summenversicherung, wie bspw. einer Lebensversicherung, eine Schenkung, ohne dass in diesem Moment bereits eine Vermögensverschiebung stattgefunden hat.

Weiterhin ist für das Vorliegen einer *gift* nicht ausreichend, dass zum Zeitpunkt der Handlung eine Vermögensverschiebung stattfindet. Letztere muss zugleich beendet sein.[136] Dies bedeutet freilich nicht, dass bspw. ein Vertrag zur Übertragung eines Guts, der unter dem Vorbehalt des Fruchtgebrauchs, inklusive der Befugnis zum Verzehr (*verteringsbevoegdheid*), geschlossen wird, keine *gift* darstellen kann.[137] Diese Befugnis beeinflusst nämlich lediglich den Umfang der Bereicherung.

cc) Freigiebigkeit

Das Vorliegen einer Schenkung setzt ferner Freigiebigkeit voraus.[138] Der Handelnde muss also beabsichtigen, den Begünstigten, ohne dazu verpflichtet zu sein, zu bereichern, während sich der Empfänger dessen bewusst sein muss.[139]

(1) Bereicherungsabsicht auf Seiten des Schenkers

Die Bereicherung muss vom Schenker gewollt sein (sog. *animus donandi*).[140] Wer also für ein Originalkunstwerk einen niedrigen Preis bedingt, weil er glaubt, es handele sich um ein Imitat, schenkt nicht. Ebenso stellt die Begleichung einer vermeintlichen Schuld keine Schenkung dar.[141]

Unter dem alten Recht herrschte zunächst Streit hinsichtlich der Frage, ob das Erfordernis der Freigiebigkeit, betreffend die Schenkung im formellen Sinne, aus den Worten „*om niet*“ in Art. 1703 BW abzuleiten war oder als gesondertes (außergesetzliches) Erfordernis angesehen werden musste.[142] Später wurde die Freigiebigkeit dann allgemein als Erfordernis der Schenkung akzeptiert, ohne darauf einzugehen, ob sich dieses direkt aus dem Gesetzestext ableiten ließ. Auch die Rechtsprechung aus der Zeit vor Einführung des NBW forderte für eine wirksame Schenkung das Vorliegen von

---

134 HR 08.12.1921, NJ 1922, 164.

135 Neben Art. 7.3.12c (=Art. 7:188) sah auch Art. 7.3.12b des Entwurfs Ausnahmen vor. Dieser ist jedoch im Laufe der Parlamentarischen Beratungen gestrichen worden.

136 HR 13.03.1971, NJ 1972, 136; HR 28.01.1959, NJ 1959, 171.

137 Megchelsen/Vegter, WPNR 6187 (1995), 468 (470).

138 Kritisch zu diesem Begriff: Schuttevaer/Zwemmer, Schenking, S. 2.

139 Schelhaas, in: Wessels/Verheij, Bijzondere overeenkomsten, Nr. 79 (S. 66), Nr. 83 (S. 68).

140 HR 15.06.1994, NJ 1995, 577; Ploeger, in: Nieuwenhuis, BW (2), Art. 7:175, S. 2672.

141 Asser-Perrick, deel 6A, Nr. 197 (S. 233).

142 Vgl. Asser-Perrick, deel 6A, Nr. 197 (S. 232 f.).

Freigiebigkeit.[143] Zunächst in der Form, dass hierin die Ursache der Schenkung liegen musste[144], später durch das Erfordernis einer diesbezüglichen Einigung der Parteien[145]. In diesen Fällen kann das Geleistete über die bereicherungsrechtlichen Regeln der Art. 6:203 ff. NBW zurückgefordert werden.[146]

Im heutigen Gesetzestext ergibt sich die Notwendigkeit des Handelns mit Bereicherungsabsicht aus den Worten „*die ertoe strekt*“ und „*de strekking*“ in den Art. 7:175 Abs. 1 sowie 7:186 Abs. 2. NBW. Der Begriff *strekking* meint den Zweck, der offensichtlich mit der Handlung verfolgt wird; eben das, was mit der Handlung erreicht werden soll.[147] Insbesondere im Hinblick auf die Schutznorm des Art. 3:35 NBW[148] geht es dabei nicht allein um den wirklichen Willen des Zuwendenden, sondern auch um das, was die Gegenpartei als Wille auffassen durfte.[149]

Dieses subjektive Element wurde in den Schenkungstatbestand aufgenommen, da ansonsten jede Bereicherung, die ohne Gegenleistung auf Kosten des Vermögens eines anderen erfolge, eine Schenkung darstellte, was jedoch ausweislich der Begründung zum Vorentwurf nicht mit der Realität übereinstimme. Es sei schließlich nicht in dem Maße normal, dass jemand sein Vermögen auf Kosten eines anderen verringern wolle, als das Recht die Anwesenheit eines Rechtsgrundes stillschweigend bei jeder unentgeltlichen Bereicherung annehmen könne.[150] Auch der Umstand, dass derjenige sich dessen bewusst sei, dass er einen anderen bereichere, liefere nicht immer einen ausreichenden Grund anzunehmen, dass eine Schenkung vorliege. Denn dies würde bedeuten, dass keine Rückforderung wegen „unverschuldeter Bezahlung“ (*onverschuldigde betaling*, vgl. Art. 6:203 NBW) möglich wäre, wenn die Nichtigkeit der Verbindlichkeit dem Leistenden bekannt sein sollte.[151]

Andererseits ist zu beachten, dass das hinter der Schenkung stehende Motiv des Schenkers keine Rolle spielt.[152] Es ist mithin nicht von Belang, ob aus reinem Altruis-

---

143 HR 08.12.1921, NJ 1922, 164; HR 08.04.1927, NJ 1927, 1202.

144 HR 08.04.1927, NJ 1927, 1202.

145 HR 05.04.1957, NJ 1959, 3.

146 Vgl. Toelichting Voorontwerp, S. 895.

147 Megchelsen/Vegter, WPNR 6186 (1995), 412 (413).

148 Art. 3:35 NBW schützt das Vertrauen einer Partei, wenn bei einer Rechtshandlung der anderen Partei eine Diskrepanz zwischen Willen und Erklärtem besteht. Es handelt sich um eine Schutzbestimmung, auf die sich die geschützte Partei nicht gesondert berufen muss; vgl. Hijma/Olthof, Compendium vermogensrecht, Nr. 38 (S. 25).

149 Megchelsen/Vegter, WPNR 6186 (1995), 412 (414).

150 Toelichting Voorontwerp, S. 894.

151 Toelichting Voorontwerp, S. 894; Asser-Perrick, deel 6A, Nr. 197 (S. 233).

152 Ploeger, in: Nieuwenhuis, BW (2), Art. 7:175, S. 2672; Schuttevaer/Zwemmer, Schenking, S. 7 f.; Verstappen, in: van Mourik/Verstappen/Schols, Schenking en gift, S. 14; Schelhaas, in Wessels/Verheij, Bijzondere overeenkomsten, Nr. 79 (S. 66), Megchelsen/Vegter, WPNR 6186 (1995), 412 (414).

mus, aus Dankbarkeit (sog. *remuneratoire schenking*) oder aus anderen Erwägungen gehandelt wird. „Machte man nämlich das Vorliegen einer Schenkung davon abhängig, dann begäbe man sich weiter in die Triebfedern dessen, was jemanden zu der Bereicherung bewegt, als das unter dem Gesichtspunkt der Rechtssicherheit sinnvoll und richtig wäre."[153] Es genügt, dass der Schenker die Bereicherung des Begünstigten gewollt hat, obgleich er weiß, dass es an irgendeiner Verpflichtung dazu mangelt.[154]

Dass an das Vorliegen von Freigiebigkeit teilweise sehr geringere Anforderungen gestellt werden, zeigt sich auch an folgenden Beispielen: Nach einer Ansicht in der niederländischen Literatur liegt selbst dann Freigiebigkeit und somit eine Schenkung vor, wenn jemand seinem Nachbarn ein nicht zugerittenes Pferd schenke, damit dieser damit einen Unfall erleide, oder wenn der Neffe seiner Tante vergiftete Bonbons „schenke". In diesen Fällen müsse nämlich der Empfänger das Verhalten als Handeln mit Bereicherungsabsicht auffassen, was nach dem Vertrauensgrundsatz i. S. d. Art. 3:35 NBW entscheidend sei.[155]

(2) Kenntnis des Beschenkten von der Bereicherungsabsicht des Schenkers

Schließlich impliziert das Gesetz dadurch, dass es für das Vorliegen von *schenking* oder *gift* fordert, dass die Handlung den Zweck hat, den einen auf Kosten des anderen zu bereichern, die Zweiseitigkeit des Erfordernisses der Freigiebigkeit. Man spricht insofern vom *animus donandi ac recipiendi*.

Bezüglich der *schenking* bedeutet dies, dass die Vermögensverschiebung einerseits angeboten und andererseits angenommen werden muss als Bereicherung der einen auf Kosten der anderen Partei. Auf Seiten des Begünstigten ist hierfür ausreichend, dass er sich zum Zeitpunkt der Annahme bewusst war, dass der Schenker handelte, um ihn zu bereichern. Dasselbe gilt für *giften*, welche einen Vertrag darstellen.[156] Im Falle der fiktiven Annahme eines Schenkungsangebots i. S. d. Art. 7:175 Abs. 2 NBW kann der Wille des Beschenkten auch nur fiktiv auf die Bereicherung gerichtet sein. Aus der Annahmefiktion des Art. 7:175 Abs. 2 NBW ergibt sich zugleich, dass an den *animus recipiendi* im Falle der *schenking* eigentlich keine inhaltlichen Anforderungen gestellt werden. Es kommt nur darauf an, ob derjenige, an den das Angebot gerichtet ist, erfasst oder erfassen kann, dass es sich um ein Schenkungsangebot handelt.[157]

Die Motive, die mit der Schenkung verfolgt werden, können indes für Anwendbarkeit anderer gesetzlicher Bestimmungen, wie insbesondere Art. 3:40 NBW (Nichtigkeit wegen Verstoß gegen die guten Sitten oder die öffentliche Ordnung), entscheidend sein.

153 Toelichting Voorontwerp, S. 894.

154 HR 15.06.1994, NJ 1995, 577.

155 Schuttevaer/Zwemmer, Schenking, S. 9; van Mens, Schenking, S. 53; einschränkend: Asser-Perrick, deel 6A, Nr. 197 (S. 234).

156 Asser-Perrick, deel 6A, Nr. 198 (S. 235).

157 Megchelsen/Vegter, WPNR 6186 (1995), 412 (415).

Zu beachten ist, dass das Erfordernis, dass der Schenker mit Bereicherungsabsicht gehandelt hat, während sich der Begünstigte dessen bewusst gewesen ist, grundsätzlich subjektiv zu verstehen ist. Durfte jedoch die Gegenseite nach den (objektiven) Umständen davon ausgehen, dass ein solcher Wille vorhanden war, wird diese bei dessen Fehlen geschützt. Die Schenkung kommt in diesem Fall nach dem Grundsatz des Art. 3:35 NBW zustande, wenn sie nicht unverzüglich zurückgewiesen wurde.

Fraglich ist jedoch, was das Element des *recipiendi* für rein einseitige Handlungen bedeutet. Für ein Festhalten an diesem Grundsatz spricht sicherlich der Wille des Gesetzgebers, den Begünstigten vor aufgezwungenen Vermögensvorteilen zu schützen. Letzteres müsste aber zu dem Schluss führen, dass eine einseitige Handlung nie eine *gift* darstellen kann.[158]

Dies wird jedoch für unannehmbar gehalten, da es ansonsten ganz einfach sei, die Schenkungsvorschriften zu umgehen.[159] Zudem ging der Gesetzgeber offenbar selbst davon aus, dass der durch diese Grundregel bezweckte Schutz nicht durchgängig aufrechterhalten werden kann. So wurden in der Gesetzesbegründung Beispiele für *giften* genannt, die sich in diesem Sinne ohne den Begünstigten vollziehen, wie die Bezahlung der Schuld eines anderen.[160]

dd) Remuneratoire Schenking und natuurlijke verbintenis

Wie bereits angedeutet, sind die Motive einer Handlung für die Frage, ob eine Schenkung vorliegt, grundsätzlich irrelevant, womit die Vorschriften des Schenkungstitels auch auf remuneratorische Schenkungen anzuwenden sind. Dagegen liegt keine Schenkung vor, wenn der Handelnde durch die Zuwendung eine *natuurlijke verbintenis* erfüllt.[161]

Letztere wird in Art. 6:3 Abs. 1 NBW als Verbindlichkeit definiert, die die Besonderheit aufweist, dass sie rechtlich nicht einklagbar ist. Die mangelnde Einklagbarkeit kann zum einen darin begründet liegen, dass dies durch Rechtsgeschäft oder Gesetz ausdrücklich angeordnet wird (Art. 6:3 Abs. 2 a NBW). Ein solcher Fall liegt etwa dann vor, wenn der Darlehensnehmer dem Darlehensgeber den Geldbetrag zurückzahlt, obwohl die entsprechende Rückzahlungsforderung bereits verjährt ist.[162] Zum anderen liegt eine *natuurlijke verbintenis* vor, wenn jemand gegenüber einem anderen

---

158 Asser-Perrick, deel 6A, Nr. 198 (S. 235).

159 Asser-Perrick, deel 6A, Nr. 198 (S. 235); Drielsma, WPNR 4896 (1966), 111 ff.; van Oven, WPNR 4722 (1966), 217 ff.

160 Megchelsen/Vegter, WPNR 6186 (1995), 412 (416).

161 Toelichting Voorontwerp, S. 895; Asser-Perrick, deel 6A, Nr. 199 (S. 235); Ploeger, in: Nieuwenhuis, BW (2), Art. 7:187, S. 2685; Hijma/Olthof, Compendium vermogensrecht, Nr. 303 (S. 196); Schuttevaer/Zwemmer, Schenking, S. 41; Schelhaas, in: Wessels/Verheij, Bijzondere overeenkomsten, Nr. 79 (S. 66); Wessels, WPNR 6186 (1995), 424 (427).

162 Hartkamp, Compendium vermogensrecht, Nr. 240 (S. 234); Schelhaas, in: Wessels/Verheij, Bijzondere overeenkomsten Nr. 86 (S. 70).

von solcher Art dringlich moralisch verpflichtet ist, dass die Erfüllung, obwohl sie rechtlich nicht einklagbar ist, nach der Verkehrsanschauung als Erfüllung einer dem anderen zustehenden Leistung angesehen werden muss (Art. 6:3 Abs. 2 b NBW). Kommt jemand einer solchen Verpflichtung nach, so erfüllt er, trotz der mangelnden Einklagbarkeit, letztlich nur eine Verbindlichkeit. Es fehlt mithin sowohl am Merkmal der Ent- und Bereicherung, als auch an dem der Freigiebigkeit.[163] Letzteres, weil beim Handelnden eben nicht *animus donandi*, sondern *animus solvendi* vorliegt.[164]

Die Frage, ob es sich um *natuurlijke verbintenis* oder (remuneratorische) Schenkung handelt, ist privatrechtlich für die Tatsache relevant, dass die *natuurlijke verbintenis* nach allgemeiner Ansicht durch einfache Willenserklärung zu einer zivilrechtlichen Verbindlichkeit umgewandelt werden kann.[165] Ferner spielt der Umstand für erb- und steuerrechtliche Fragen eine Rolle.[166]

Während somit deutlich wird, dass sich die Rechtsfolgen von remuneratorischer Schenkung einerseits und *natuurlijke verbintenis* andererseits unterscheiden, bereitet die Abgrenzung zwischen beiden Schwierigkeiten. So kann in der Bereicherung eines anderen aus Anstand eine Schenkung[167] oder aber auch eine *natuurlijke verbintenis* zu erblicken sein[168]. Bei der somit vorzunehmenden Abgrenzung ist zu beachten, dass nicht etwa die persönliche Einsicht des Handelnden[169], sondern, wie sich aus dem Gesetzeswortlaut ergibt[170], eine objektive Betrachtungsweise maßgeblich ist.

Jedenfalls besteht mittlerweile bezüglich einiger Punkte Einigkeit. So ist es allgemeine Auffassung, dass die Zusage von (zusätzlichen) Pensionen oder Ruhegehältern keine remuneratorische Schenkung, sondern eine *natuurlijke verbintenis* darstellt.[171] Die Frage, ob derjenige eine *natuurlijke verbintenis* erfüllt, der einen bedürftigen Verwandten unterstützt, ohne dazu verpflichtet zu sein, soll anhand bestimmter Krite-

---

163 Asser-Perrick, deel 6A, Nr. 199 (S. 235).

164 Wessels, WPNR 6186 (1995), 424 (428).

165 HR 04.05.1932, NJ 1933, 383; Hijma/Olthof, Compendium vermogensrecht, Nr. 303 (S. 196); Schuttevaer/Zwemmer, Schenking, S. 44.

166 Hijma/Olthof, Compendium vermogensrecht, Nr. 303 (S. 196); Schuttevaer/Zwemmer, Schenking, S. 44; Schelhaas, in: Wessels/Verheij, Bijzondere overeenkomsten, Nr. 87 (S. 71).

167 Schuttevaer/Zwemmer, Schenking, S. 42.

168 HR 12.03.1926, NJ 1926, 777.

169 HR 12.03.1926, NJ 1926, 777; Schelhaas, in: Wessels/Verheij, Bijzondere overeenkomsten, Nr. 86 (S. 71).

170 Vgl. Art. 6:3 Abs. 2 NBW: „...maatschappelijke opvattingen...".

171 HR 15.01.1971, NJ 1971, 187; Asser-Perrick, deel 6A, Nr. 199 (S. 236); Hartkamp, Compendium vermogensrecht, Nr. 240 (S. 235); Hijma/Olthof, Compendium vermogensrecht, Nr. 302 (S. 195); Schelhaas, in: Wessels/Verheij, Bijzondere overeenkomsten, Nr. 86 (S. 71); Wessels, WPNR 6186 (1995), 424 (425).

rien, wie insbesondere dem Grad der Verwandtschaft und dem Wert der Zuwendung, gemessen an der Höhe des Einkommens des Handelnden, bestimmt werden.[172]

b) Schenkungsvertrag (*schenking*)

aa) Schenking als overeenkomst

Zusätzlich zu den soeben genannten Merkmalen setzt das Vorliegen einer *schenking* i. S. d. Art. 7:175 Abs. 1 NBW voraus, dass es sich um einen unentgeltlichen Vertrag handelt. Wie bereits erwähnt, werden darunter, im Gegensatz zu der Regelung des Art. 1703 BW, nicht nur Verträge erfasst, bei denen sich der Schenker verpflichtet, dem Beschenkten ein *goed* zuzuwenden. Vielmehr fällt unter den Begriff der Schenkung jeder Vertrag, der den Zweck (*strekking*) hat, dass der Schenker den Beschenkten unentgeltlich (*om niet*) auf Kosten des eigenen Vermögens bereichert (*verrijkt*). Dazu gehören zunächst verpflichtende Verträge i. S. d. Art. 6:213 NBW. Anders als nach Art. 7A:1703 BW kann die *schenking* nach Art. 7:175 NBW nicht allein zu einem Geben, sondern auch zu einem Tun oder Unterlassen verpflichten. Unter den Schenkungsvertrag im Sinne des Art. 7:175 NBW fallen aber auch Verträge, bei denen die Bereicherung ohne vorhergehende Verpflichtung stattfindet, also Fälle der Handschenkung (*schenking „van hand tot hand“*).

bb) Angebot und Annahme

(1) Die Annahmefiktion des Art. 7:175 Abs. 2 NBW

Wie jeder Vertrag[173] kommt auch *schenking* durch Angebot und Annahme zustande. Abweichend von den allgemeinen Regeln, bestimmt Art. 7:175 Abs. 2 NBW jedoch, dass ein Angebot zur Schenkung, das an eine bestimmte Person gerichtet ist, als angenommen gilt, sobald diese von dem Angebot Kenntnis genommen und es nicht unverzüglich zurückgewiesen hat. Diese Regel, die von Art. 1720 BW abweicht, der für die formelle Schenkung eine Annahme in ausdrücklichen Worten forderte, soll der Rechtssicherheit dienen[174] und gehört zu den Bestimmungen, die der Gesetzgeber einführte, um (zusätzlichen) Konflikten zwischen Schenker und Beschenktem vorzubeugen, die sich aus dem Wegfall des Beurkundungserfordernisses hätten ergeben können[175].

Art. 7:175 Abs. 2 NBW soll schließlich auch mit dem Grundsatz, dass ein Schutz vor aufge-zwungenen Zuwendungen bestehen muss, vereinbar sein, da es ausweislich der Gesetzesbegründung selten vorkomme, dass einer natürlichen oder juristischen

---

172 Schuttevaer/Zwemmer, Schenking, S. 43; Schelhaas, in: Wessels/Verheij, Bijzondere overeenkomsten Nr. 86 (S. 71).

173 Vgl. Art. 6:217 NBW.

174 Toelichting Voorontwerp, S. 895; in der Toelichting wird zur Begründung dieser Vorschrift ausdrücklich auf § 516 Abs. 2 BGB Bezug genommen.

175 Schuttevaer/Zwemmer, Schenking, S. 33.

Person durch eine Schenkung nicht gedient sei.[176] Ähnliche Regelungen finden sich in Art. 6:5 NBW (Umwandlung einer *natuurlijke verbintenis*), 6:160 NBW (Verzicht auf ein Recht), Art. 6:253 Abs. 4 NBW (Vertrag zugunsten Dritter). Sind in dem Schenkungsvertrag weder Widerrufsvorbehalt noch andere Bedingungen vereinbart, besteht gemäß Art. 6:219 Abs. 2 NBW solange die Möglichkeit zum Widerruf, wie das Angebot noch nicht angenommen wurde und ebenso wenig eine Mitteilung über die Annahme versandt wurde. Der Zeitraum, in dem ein Widerruf möglich ist, wird somit durch die Annahmefiktion des Art. 7:175 Abs. 2 NBW erheblich verkürzt[177], da diese bewirkt, dass ein Widerruf des Angebots nach Kenntnisnahme durch den Begünstigten faktisch nicht möglich ist[178]. Art. 7:175 Abs. 2 NBW ist jedoch dispositiv[179], so dass der Anbietende bestimmen kann, dass für das Zustandekommen des Vertrags eine ausdrückliche Annahme notwendig ist[180].

Zu beachten ist, dass Art. 7:175 Abs. 2 NBW nicht für den Fall gilt, in dem jemand das Angebot zwar empfangen, davon aber noch keine Kenntnis erlangt hat, oder wenn derjenige, an den es gerichtet ist, nach Kenntnisnahme zu erkennen gibt, dass er über die Annahme „nachdenkt".[181] M.E. ist auch fraglich, ob die Annahmeregelung Anwendung finden kann, wenn es sich um ein Angebot zu einer *schenking onder een last*[182] oder einer nicht unentgeltlichen *gift* handelt. Ausdrücklich ist die Anwendbarkeit von Art. 7:175 Abs. 2 NBW in solchen Fällen zwar nicht ausgeschlossen, allerdings beruht die Regelung augenscheinlich auf dem Gedanken, dass der Empfänger durch die Annahmefikton keine Nachteile erleidet. Dieser Gedanke greift jedoch insbesondere bei den o.g. Arten der Schenkung nicht, so dass Art. 7:175 Abs. 2 NBW insoweit teleologisch reduziert und hier nicht zur Anwendung gelangen sollte.[183]

Die Regelung greift dagegen auch dann ein, wenn ein Angebot an zwei oder mehrere bestimmte Personen gerichtet ist. Ist das Angebot durch öffentliche Bekanntmachung an eine durch mehr oder weniger weite Merkmale umschriebene, aber ansonsten unbestimmte Gruppe von Personen gerichtet, insbesondere in Form der *uitloving* (Auslobung), geschieht die Annahme durch eine an den Anbieter gerichtete Erklärung.[184] Bestimmt der Anbietende bei einem solchen Angebot keine bestimmte Frist für die

---

176 Toelichting Voorontwerp, S. 895.

177 Asser-Perrick, deel 6A, Nr. 221 (S. 254); Schelhaas, in: Wessels/Verheij, Bijzondere overeenkomsten, Nr. 90 (S. 73).

178 Schuttevaer/Zwemmer, Schenking, S. 33.

179 MvA Eerste Kamer, 17 213, nr. 114a; Schuttevaer /Zwemmer, Schenking, S. 33.

180 Schuttevaer/Zwemmer, Schenking, S. 34; Schelhaas, in: Wessels/Verheij, Bijzondere overeenkomsten, Nr. 90 (S. 73).

181 Toelichting Voorontwerp, S. 896.

182 Vgl. B. I. 4. b) cc) (2).

183 Gegen die Anwendung der Annahmeregel in diesen Fällen auch: Asser-Perrick, deel 6A, Nr. 221 (S. 254).

184 Toelichting Voorontwerp, S. 895 f.

Annahme, ist er grundsätzlich berechtigt, sein Angebot zu widerrufen, soweit dieses noch nicht angenommen wurde. Er kann in einem solchen Fall jedoch gemäß Art. 6:220 Abs. 2 NBW ersatzpflichtig sein, wenn jemand bereits mit der Vorbereitung der angefragten Leistung begonnen hat.

Schließlich stellt sich die Frage, ob der Adressat eines Angebots zur Schenkung selbst eine *gift* tätigt, wenn er das Angebot nicht annimmt. Denn das zur Annahmeregelung des Art. 7:175 NBW Gesagte, bringt mit sich, dass für den Empfänger ein *wilsrecht* entsteht und die Abweisung des Angebots einem Verzicht gleichsteht.[185] Letzteres wird jedoch wohl selbst für den Fall der Ablehnung eines unwiderruflichen Angebots verneint werden müssen, da eine solche Ablehnung nicht zu einer Vermögensverschiebung führt, sondern einer solchen lediglich vorbeugt.[186]

(2) Unwirksamkeit des Angebots gemäß Art. 7:179 NBW

Abweichend von der Grundregel des Art. 6:222 NBW bestimmt Art. 7:179 Abs. 1 NBW, dass ein widerrufliches Angebot zur Schenkung mit dem Tod des Antragenden unwirksam wird, wenn sich nicht aus einer zwischen den Parteien getroffenen Vereinbarung oder dem Angebot selbst etwas anderes ergibt. Hintergrund dieser Regelung ist, dass die Schenkung einen persönlicheren Charakter hat als andere Verträge.[187] Falls ein abweichender Parteiwille erkennbar ist, ist zu beachten, dass das Angebot gemäß Art. 7:181 Abs. 1 NBW nicht von einer Person angenommen werden kann, die zum Zeitpunkt des Todes des Antragenden noch nicht existierte. Von dieser Regelung enthält Art. 7:181 Abs. 2 NBW wiederum drei Ausnahmen, welche zugelassene Formen der „*fidei-commis*“ betreffen.

Ferner bestimmt Art. 7:179 Abs. 2 NBW, dass ein Angebot durch *uitloving voor een bepaalde tijd* unwirksam wird, wenn der Antragende in diesem Zeitraum verstirbt und zum Todeszeitpunkt ein Widerrufsgrund i. S. d. Art. 6:220 Abs. 1 NBW bestand oder der Tod selbst einen solchen Grund liefert.

Insgesamt bewirkt Art. 7:179 NBW somit, dass die rechtliche oder tatsächliche Möglichkeit, ein Schenkungsangebot bis zum Tode rückgängig machen zu können, dazu führt, dass es nach dem Tod des Antragenden nicht länger angenommen werden kann.[188] Im Übrigen bleibt Art. 6:222 NBW anwendbar. Letzteres ist insbesondere dann von Bedeutung, wenn aus einer Vereinbarung oder aus dem Wortlaut oder dem Zweck des Angebots abgeleitet werden muss, dass dieses trotz Widerruflichkeit gültig bleibt.[189]

---

185 Megchelsen/Vegter, WPNR 6186 (1995), 412 (415).

186 Megchelsen/Vegter, WPNR 6186 (1995), 412 (415).

187 Hijma/Olthof, Compendium vermogensrecht, Nr. 562 (S. 380).

188 Asser-Perrick, deel 6A, Nr. 222 (S. 255).

189 Toelichting Voorontwerp, S. 902.

cc) Unentgeltlichkeit („om niet")

(1) Bedeutung und Inhalt

Schenking muss nach der Legaldefinition in Art. 7:175 Abs. 1 NBW „*om niet*" also „unentgeltlich" geschehen. Das bedeutet, dass sie ihrem Wesen nach *eenzijdige overeenkomst* ist und die durch den Schenker versprochene Leistung somit nicht in einem rechtlichen Zusammenhang mit einer ihm von Seiten des Beschenkten bereits zugekommenen oder noch zuzukommenden Gegenleistung stehen darf.[190] Dementsprechend kann es sich bei einem wechselseitigen Vertrag selbst dann nicht um *schenking* i. S. d. Art. 7:175 handeln, wenn dieser zum Zwecke der Bereicherung einer der beteiligten Vertragsparteien geschlossen wird.[191]

Das oben Gesagte einschränkend, kann jedoch das Gericht eine äußerst geringe Gegenleistung als „Scheinleistung" einordnen und somit bestimmen, dass diese nicht berücksichtigt wird.[192] Wann dies der Fall ist, kann in abstracto nur schwer bestimmt werden. Die Frage, ob eine Gegenleistung zwar ungleichwertig, aber noch „real" oder zu vernachlässigen ist, soll maßgeblich vom Wert der Leistung abhängen, die für die Gegenleistung erbracht wird. Falls ein Fahrrad, welches einen Verkehrswert von 800 Euro besitzt, für 500 Euro verkauft wird, handelt es sich bei dem Kaufpreis um eine „reale" Gegenleistung. Eine zu vernachlässigende Gegenleistung liegt demgegenüber vor, wenn eine Goldkette mit einem Wert von 15000 Euro für 500 Euro veräußert wird.[193]

Wird ein vereinbarter Kaufpreis vollständig nicht gezahlt, unmittelbar nach der Vereinbarung erlassen oder zurückgegeben, soll ebenfalls ein unentgeltlicher Vertrag vorliegen. Letzteres wird damit begründet, dass in Wirklichkeit niemals eine Gegenleistung erbracht werden sollte und deren Vereinbarung nur der Überdeckung des wirklichen Zwecks des Vertrags diente.[194]

Ferner ist zu beachten, dass eine Rechtshandlung, die auf den ersten Blick als *schenking* erscheint, doch keine unentgeltliche Handlung darstellt, wenn sehr wohl eine rechtlich relevante Gegenleistung besteht, die aber in der Rechtshandlung selbst

---

190 Megchelsen/Vegter, WPNR 6187 (1995), S. 468 (471).

191 Toelichting Voorontwerp, S. 893.

192 HR 19.04.1968, NJ 1969, 309; HR 06.12.1968, NJ 1969, 310; Ploeger, in: Nieuwenhuis, BW (2), Art. 7:175, S. 2672; Asser-Perrick, deel 6A, Nr. 202 (S. 239); Verstappen, in: van Mourik/Verstappen/Schols, Schenking en gift, S. 9; van Mens, Schenking, S. 47; Hidma, WPNR 6186 (1995), 419 (422); Megchelsen/Vegter, WPNR 6187 (1995), 468 (471).

193 Kortmann, WPNR 6186 (1995), 441 (446).

194 HR 19.03.1982, NJ 1983, 250; HR 10.12.1982, NJ 1983, 251; Verstappen, in: van Mourik/Verstappen/Schols, Schenking en gift, S. 10; Megchelsen/Vegter, WPNR 6187 (1995), 468 (471); van Straaten, WPNR 5736 (1985), 283 (283); a.A. Kleijn, Anmerkung zu HR 19.03.1982, NJ 1983, 250 sowie Hidma, WPNR 6186 (1995), 419 (423), die hierin nicht schenking sondern gift erblicken und dies wohl auch nur insoweit, als dies zur Anwendbarkeit erbrechtlicher Wertermittlungsnormen notwendig ist.

nicht zum Ausdruck kommt.[195] Als Beispiel wird der Fall aufgeführt, dass jemand seiner Nichte sein Haus überträgt, während diese sich (in einer anderen Rechtshandlung) zu lebenslanger Versorgung verpflichtet.[196] Zu bejahen wäre das Vorliegen einer *schenking* demgegenüber, wenn die Verschaffung des Eigentums an dem Haus lediglich in der Hoffnung der lebenslangen Versorgung erfolgt.[197]

(2) *Schenking onder een last – overeenkomst onder bezwarende titel*

Die Beantwortung der Frage, ob ein Vertrag tatsächlich unentgeltlich ist, wird dadurch erschwert, dass die Möglichkeit besteht, eine Schenkung mit *lasten* zu verbinden, ohne dass hierdurch der Charakter der Unentgeltlichkeit berührt wird. Kein Schenkungsvertrag i. S. d. Art. 7:175 NBW, sondern *gift* liegt dagegen vor, wenn eine Handlung gegen eine nicht gleichwertige Gegenleistung bewirkt oder versprochen wird.[198]

Unter den Begriff *schenking onder een last* fallen bspw. Schenkungen, welche mit einer Zweckbestimmung oder einer Bedingung zugunsten eines Dritten verbunden sind. Letztere kann *gift* sein, kann aber auch einem Gläubiger des Schenkers die Befugnis geben, von dem Beschenkten die Erfüllung einer Verpflichtung zu fordern. Wenn die Bedingung zugleich bezweckt, dass die Erfüllungspflicht auf dem Versprechenden beruht, dann handelt es sich um *last* zugunsten des Schenkers.

Es stellen sich somit die Fragen, ob es sich in diesen Fällen stets um echte *last* handelt und wie weit man mit dem Inhalt einer solchen gehen kann, ohne dass der Schenkungscharakter des Vertrages berührt wird. Dies kann zum einen dadurch geschehen, dass der Vertrag weder subjektiv noch objektiv eine Bereicherung bezweckt, und zum anderen dadurch, dass der Charakter der Unentgeltlichkeit fehlt. Um den zweiten Fall geht es nunmehr hier.

Diesbezüglich ergibt sich aus der Gesetzesbegründung, dass der Charakter der Unentgeltlichkeit jedenfalls dann restlos bestehen bleibt, wenn das Vermögen des Schenkers durch die dem Beschenkten auferlegte Pflicht oder durch deren Erfüllung nicht vermehrt wird.[199] Das ist etwa dann der Fall, wenn dem Begünstigten die Pflicht auferlegt wird, Leistungen an Dritte zu erbringen[200] oder die Verpflichtung nicht in Geld bewertbar ist, also immateriellen Charakter hat[201]. Die Grenze, wie weit solche

195 Hof Amsterdam 28.10.1918, NJ 1919, 1016.

196 Asser-Perrick, deel 6A, Nr. 202 (S. 239).

197 Asser-Perrick, deel 6A, Nr. 202 (S. 239); Schelhaas, in: Wessels/Verheij, Bijzondere overeenkomsten, Nr. 78 (S. 65).

198 Asser-Perrick, deel 6A, Nr. 204 (S. 240).

199 Toelichting Voorontwerp, S. 893.

200 Asser-Perrick, deel 6A, Nr. 204 (S. 240); Verstappen, in: van Mourik/Verstappen/Schols, Schenking en gift, S. 11; Schelhaas, in: Wessels/Verheij, Bijzondere overeen-komsten, Nr. 78 (S. 65).

201 van Mens, Schenking, S. 183. Nach Verstappen, in: van Mourik/Verstappen/Schols, Schenking en gift, S. 11, ist dies der Regelfall der last.

Verpflichtungen gehen können, ohne dass der Vertrag den Charakter einer Vereinbarung i. S. d. Art. 7:175 NBW verliert, wird hier allen voran durch die Frage bestimmt, inwiefern dennoch von einer Bereicherung gesprochen werden kann.[202]

Aber auch wenn die Erfüllung dem Vermögen des Schenkers nützt, bedeutet das für sich genommen noch nicht, dass es an der Unentgeltlichkeit fehlt. Es liegt vielmehr auch dann ein Schenkungsvertrag i. S. d. Art. 7:175 NBW vor, wenn die Verpflichtung, ohne den Charakter einer Gegenleistung zu haben, nur zu einer Verringerung des Werts der Bereicherung führt. Als Beispiel dafür wird in der Gesetzesbegründung der Fall genannt, dass sich jemand zur Bezahlung einer Schuld verpflichtet, welche durch eine Hypothek an dem geschenkten Gegenstand gesichert ist, solange trotz dieser Pflicht noch von einer Bereicherung gesprochen werden kann. Selbiges gilt für eine Schenkung unter dem Vorbehalt eines Nießbrauchrechts oder einer Erbdienstbarkeit.[203] Demgegenüber soll in dem Fall, dass sich jemand unter der Bedingung zur Übertragung seines Hauses verpflichtet, dass er darin lebenslang wohnen darf und dass für seinen Unterhalt gesorgt wird, selbst dann keine Unentgeltlichkeit mehr vorliegen, wenn der Wert des Hauses den Wert der auferlegten Leistungen erheblich übertrifft.[204] Die Entscheidung, ob von einer Gegenleistung und damit allenfalls noch von *gift* gesprochen werden kann, soll den Gerichten zur Entscheidung im Einzelfall überlassen werden.[205]

Diese durch die Gesetzesbegründung vorgenommene Abgrenzung ist indes in der Literatur auf berechtigte Kritik gestoßen, die sich unter anderem an dem oben genannten Beispiel der (Pflicht zur) Erfüllung der hypothekarisch gesicherten Forderung verdeutlichen lässt. Hier sind zweierlei Konstellationen denkbar. Zum einen die bereits erwähnte Möglichkeit, dass sich der Begünstigte verpflichtet, die Verbindlichkeit zu erfüllen. Zum anderen ist aber auch denkbar, dass vom Begünstigten ein Kaufpreis in Höhe der Forderung gezahlt wird. Legt man die Gesetzesbegründung zugrunde, soll es sich im ersten Fall um *schenking* (*onder een last*) und im zweiten Fall um einen Kaufvertrag handeln.

Die Ungleichbehandlung dieser praktisch gleich gelagerten Fälle, welche ohne erkennbaren sachlichen Grund erfolgt, hat auch durchaus praktische Auswirkungen, da zwar im zweiten Fall zugleich *gift* in Form des *negotium mixtum cum donatione* vorliegt und mithin die Vorschriften über *schenking* grundsätzlich entsprechend anwendbar sind, dies aber nicht lückenlos gilt[206]. So kann gemäß Art. 7:187 NBW in diesem

202 Toelichting Voorontwerp, S. 893.
203 Toelichting Voorontwerp, S. 893.
204 Toelichting Voorontwerp, S. 893 f.
205 Toelichting Voorontwerp, S. 894.
206 Megchelsen/Vegter, WPNR 6187 (1995), 468 (472).

Fall keine *bewind* eingestellt werden.[207] Die Abgrenzung ist ferner für die Frage von Bedeutung, ob die kaufrechtlichen Gewährleistungsvorschriften anzuwenden sind.[208] Daran anschließend wird das Element der Unentgeltlichkeit in der niederländischen Literatur teilweise für untauglich oder für überflüssig erachtet, da bereits durch die Voraussetzungen „Bereicherung" und „Freigiebigkeit" deutlich werde, dass die Handlung ein unentgeltliches Element enthalte.[209]

Festzuhalten bleibt schließlich, dass die Entscheidung darüber, ob Unentgeltlichkeit vorliegt, auch für die Anwendung anderer Vorschriften des NBW relevant ist. Hier sei nur Art. 3:86 NBW genannt, der den gutgläubigen Erwerb von Mobiliarsachen ausschließt, wenn der Erwerb nicht auf Grundlage eines entgeltlichen Geschäfts erfolgt ist. Ebenso bestehen beim Erwerb von unbeweglichen Sachen unterschiedliche steuerrechtliche Regelungen, je nachdem ob es sich um *schenking* oder *gift* handelt.[210]

c) Gift

aa) Allgemeines

Schließlich enthalten die Art. 7:186 ff. NBW besondere Bestimmungen für solche *giften*, die nicht zugleich Schenkungsvertrag i. S. d. Art. 175 NBW sind. Eine Legaldefinition dieses Begriffs findet sich in Art. 7:186 Abs. 2 NBW. Danach ist *gift* jede Handlung, die jemand vornimmt, um einen anderen auf Kosten des eigenen Vermögens zu bereichern. Diese kann sowohl selbstständige Handlung sein, als auch eine Bereicherung als Teil eines größeren Ganzen darstellen.[211] Unter den Begriff fallen, neben den o. g. Schenkungsverträgen, Verträge mit nicht gleichwertigen Leistungen, wie etwa ein Verkauf unter Wert. Daneben sind einseitige Rechtshandlungen wie auch rein tatsächliches Handeln, wie das Bauen auf dem Grundstück eines anderen, erfasst.

bb) Voraussetzung nach Art. 7:186 Abs. 2 S. 2 NBW

Gemäß Art. 7:186 Abs. 2 S. 2 NBW liegt gift erst dann vor, wenn derjenige, dessen Bereicherung durch die Handlung bezweckt wird, die Leistung empfangen hat oder diese beanspruchen kann. Dies umfasst sowohl das Forderungsrecht bezüglich der Leistung als auch die Möglichkeit, ein solches Forderungsrecht durch Annahme einer Drittbedingung (vgl. Art. 6:253 f. NBW) zu erlangen.[212]

---

207 Bewind ist ein dem niederländischen Recht eigenes Rechtsinstitut. Dem Berechtigten wird dabei die Verwaltung bestimmter Vermögensbestandteile und in gewissem Umgang die Verfügungsbefugnis entzogen. Bewind kommt auch in der Insolvenz, bei Geisteskrankheiten sowie im Erbrecht in Betracht. Vgl. Mincke, Einführung in das niederländische Recht, S. 59 f.

208 Megchelsen/Vegter, WPNR 6187 (1995), 468 (472).

209 Schuttevaer/Zwemmer, Schenking, S. 3; vgl. auch Smalbraak, NJB 1982, 695 ff., der die Unterteilung in schenking und gift für gänzlich falsch hält.

210 Vgl. Burgerhart/Schols, WPNR 6519 (2003), 113 (114).

211 Asser-Perrick, deel 6A, Nr. 206 (S. 242).

212 Asser-Perrick, deel 6A, Nr. 207 (S. 243).

Bei Lebensversicherungen ist es üblich, dass ein Dritter, der als Begünstigter benannt ist, die Benennung zu Lebzeiten des Versicherungsnehmers nur mit dessen Zustimmung annehmen kann. Solange der Versicherungsnehmer noch alle Fäden in der Hand hält, dient die Benennung des Begünstigten noch nicht dessen Bereicherung. Dies ist erst dann der Fall, wenn der Begünstigte zur Annahme übergehen kann.[213] Diese Gleichstellung mit der *gift* hat auch Bedeutung für die Anwendbarkeit der erbrechtlichen Regeln über *inkorting* und *vermindering*.[214] Auch hier gilt, dass die Benennung erbrechtlichen Konsequenzen ausgesetzt ist, sobald die Annahme möglich ist.

cc) Bedeutung des Art. 7:186 Abs. 1 NBW

Nach Art. 7:186 Abs. 1 NBW sind die Bestimmungen des dritten Titels von Buch 7 NBW auf *giften* entsprechend anwendbar, soweit dem nicht der Zweck der betreffenden Bestimmung in Verbindung mit der Art der Handlung entgegensteht.

Aufgrund der Regelung des Art. 6:215 NBW gilt für die Anwendbarkeit von Normen im NBW die Kumulationstheorie. Wenn ein Vertrag der Beschreibung von zwei oder mehreren geregelten besonderen Verträgen entspricht, dann sind die für jeden der Vertragstypen normierten Bestimmungen anwendbar, es sei denn, dass die Bestimmungen nicht miteinander zu vereinbaren sind oder der Zweck bzw. der Inhalt der Bestimmung im Zusammenhang mit der Art des Vertrages einer Anwendung entgegensteht. Weil *giften* aufgrund der in Titel 7.3 NBW gewählten Konzeption nicht unter Art. 7:175 NBW fallen, fände Art. 6:215 NBW hier keine Anwendung, während die Bestimmungen über die besonderen Verträge, unter die sie fallen, wie bspw. die Regelungen über den Kaufvertrag oder den Versicherungsvertrag, sehr wohl anwendbar wären. Nunmehr bewirkt Art. 7:186 Abs. 1 NBW, dass der Bestandteil des Vertrags, der eine *gift* darstellt, in den Anwendungsbereich von Art. 7:175 NBW fällt wird.[215] Somit soll verhindert werden, dass die für die *schenking* geltenden Regelungen durch sog. materielle Schenkungen unterlaufen werden.[216]

Angesichts der verschiedenen Formen, in denen *giften* erfolgen können, ist es nicht immer möglich, abstrakt zu bestimmen, ob eine Norm aus Titel 7.3 Anwendung findet. Insbesondere soweit einer erfolgten Bereicherung tatsächliches Handeln zugrunde liegt, scheint dies oft fraglich.[217]

Für einige Normen hat der Gesetzgeber die entsprechende Anwendung ausdrücklich ausgeschlossen. So ist Art. 7:182 NBW nicht auf Fälle des *negotium mixtum cum donatione* anzuwenden. Für die Benennung eines Begünstigten einer Summenversicherung, etwa einer Lebensversicherung, gelten die Art. 7:177, 179, 181, 182, 187 NBW nicht.

---

213 Asser-Perrick, deel 6A, Nr. 207 (S. 243).

214 Vgl. Art. 4:126 NBW.

215 Asser-Perrick, deel 6A, Nr. 208 (S. 244).

216 Toelichting Voorontwerp, S. 905.

217 Vgl. Asser-Perrick, deel 6A, Nr. 208 (S. 244).

dd) Negotium mixtum cum donatione

Schließlich enthält Art. 7.187 NBW besondere Bestimmungen für den Fall, dass der Begünstigte im Zusammenhang mit der *gift* verpflichtet ist, eine Gegenleistung zu erbringen. Art. 7:187 Abs. 1 NBW bestimmt dabei, dass Art. 7:186 Abs. 1 NBW entsprechend anwendbar ist. Aus dem Anwendungsbereich ausgenommen ist jedoch die Regelung des Art. 7:182 NBW.

Unter den Anwendungsbereich des Art. 7:187 NBW fallen bspw. Kauf oder Tausch, bei denen mit Bereicherungsabsicht ungleichwertige Leistungen erbracht werden. So kann der Verkauf eines Betriebes an ein Familienmitglied als *gift* angesehen werden, wenn der Preis weit unter dem Verkehrswert liegt.[218] Insbesondere in der Landwirtschaft soll ein solches Geschäft jedoch nicht in diesem Sinne aufgefasst werden, falls ein rentablerer Betrieb einen höheren Preis nicht zulässt und zugleich eine Bedingung aufgenommen wurde, dass der Vorteil, der durch einen Weiterkauf binnen einer gewissen Zeit erzielt wird, auch anderen, dem Verkäufer innerhalb der Familie nahe stehenden Personen zukommt. Von diesem oder ähnlichen Umständen muss also stets abhängig gemacht werden, ob tatsächlich ein *negotium mixtum cum donatione* vorliegt.[219]

Auch hinsichtlich der „Schenkung bezüglich des Todes" ist in Art. 7:187 Abs. 2 NBW eine besondere Regelung aufgenommen worden. Eine *gift* bezüglich des Todes ist gemäß Art. 7:187 Abs. 2 NBW, anders als eine *schenking* mit derartigem Inhalt (vgl. Art. 7:177 Abs. 1 NBW), nicht nichtig, sondern lediglich anfechtbar, wenn sie nicht notariell beurkundet und zum Zeitpunkt des Todes des Schenkers noch nicht ausgeführt wurde. Die Anfechtung wirkt auf den Zeitpunkt des Todes des Schenkers zurück. Sie kann jedoch durch den Begünstigten abgewendet werden, indem er eine zusätzliche Gegenleistung anbietet, die dazu führt, dass der Handlung ihre in Art. 7:186 Abs. 2 NBW genannte Bedeutung genommen wird. Diese Regelung wurde aufgenommen, um zu verhindern, dass die Anwendbarkeit von Art. 7:177 NBW auf *giften* die Nichtigkeit des gesamten *negotium mixtum cum donatione* und somit auch des Teils bewirkt, der keine Schenkung beinhaltet, wenn das Formerfordernis des Art. 7:177 NBW nicht eingehalten wurde.[220] Weiterhin ist es dem Richter gemäß Art. 7:187 Abs. 2 S. 4 NBW auf Verlangen einer der Parteien möglich, die Folgen der Handlung zu ändern, anstatt die Anfechtung auszusprechen. Eine vergleichbare Regelung enthält Art. 7:187 Abs. 3 NBW für die Anfechtung von Schenkungen an Vertrauenspersonen im medizinisch-ärztlichen Bereich.[221]

---

218 Asser-Perrick, deel 6A, Nr. 209 (S. 244).

219 Ontwerp Vaststellingswet 17 213, Kamerstukken 1-3, S. 11.

220 Asser-Perrick, deel 6A, Nr. 220 (S. 253).

221 Vgl. auch Art. IV.I.-1:202 (3) PELD, wonach der Widerruf durch den Schenker im Falle der gemischten Schenkung den ganzen Vertrag erfasst, der Beschenkte jedoch die Folgen des Wi-

Ferner bestimmt Art. 7:184 Abs. 4 NBW, dass die Absätze eins bis drei auch auf solche Handlungen anzuwenden sind, bei denen es sich zum Teil um die Erfüllung einer *natuurlijke verbintenis* (bspw. die notwendige Sorge für den Lebensunterhalt des überlebenden Ehegatten) und zum anderen Teil um *gift* (der Teil, der den normalen Lebensunterhalt übersteigt) handelt.[222] Auch hier kann insoweit von einer doppelten Ursache gesprochen werden, als *animus solvendi* und *animus donandi* zusammentreffen.[223]

ee) Begünstigung durch Summenversicherung

Soweit die *gift* darin besteht, dass jemand durch eine Summenversicherung begünstigt werden soll, enthält Art. 7:188 NBW einige gesonderte Regelungen. Zum einen ergibt sich aus dem Wortlaut dieser Bestimmung, dass die Prüfung, ob mit Bereicherungsabsicht gehandelt wurde, in einem solchen Fall entbehrlich ist. Gemäß Art. 7:188 Abs. 1 BW ist nämlich bereits die Benennung eines Begünstigten einer solchen Versicherung, die als Spezialfall des Vertrags zugunsten Dritter (vgl. Art. 6:253 NBW) angesehen werden kann[224], eine *gift*. Voraussetzung hierfür ist, dass sie angenommen worden ist oder angenommen werden kann und der Versicherungsnehmer nicht zum Zweck der Erfüllung einer Verbindlichkeit handelt.[225]

Eine weitere Besonderheit besteht darin, dass ohne die Regelung des Art. 7:188 NBW eine *gift* erst nach Annahme der Begünstigung vorläge. Denn erst zu diesem Zeitpunkt kommt es zu einer Vermögensverschiebung, die normalerweise Voraussetzung für das Vorliegen einer *gift* ist.[226] Dies hat namentlich Folgen für die Anwendbarkeit von Art.1:88 NBW, welcher die Zustimmungsbedürftigkeit von Rechtshandlungen durch einen Ehegatten betrifft.

Ferner wird in Art. 7:188 Abs. 2 und 3 NBW bestimmt, wie der Wert einer solchen *gift* zu ermitteln ist. Maßgeblich ist danach der Wert der Auszahlung durch die Versicherung, gemindert um den Teil, den der Versicherer aufgrund gesetzlicher Regelung oder einer Vereinbarung im Vertrag mit dem Versicherungsnehmer bei der Auszahlung einbehält. Durch diese Art der Wertbestimmung, die insbesondere im Erbrecht von Bedeutung ist[227], wird deutlich, dass die Bezahlung von Versicherungsprämien durch den Versicherungsnehmer nicht als Schenkung anzusehen ist.[228]

---

derrufs dadurch abwenden kann, dass er dem Schenker in einer angemessenen Zeit nach dem Widerruf eine angemessene Gegenleistung anbietet.

222 Ploeger, in: Nieuwenhuis, BW (2), Art. 7:188, S. 2685.

223 Megchelsen/Vegter, WPNR 6186 (1995), 412 (417).

224 Schuttevaer/Zwemmer, Schenking, S. 60; Megchelsen/Vegter, WPNR 6186 (1995), 412 (416).

225 Megchelsen/Vegter, WPNR 6186 (1995), 412 (418).

226 Megchelsen/Vegter, WPNR 6186 (1995), 412 (418); Wessels, WPNR 6186 (1995), 424 (430).

227 Vgl. Schols, in: van Mourik/Verstappen/Schols, Schenk-ing en gift, S. 49 ff.

228 Ploeger, in: Nieuwenhuis, BW (2), Art. 7:188, S. 2686; Burgerhart/Schols, WPNR 6519 (2003), 113 (129); Heuff, WPNR 6186 (1995), 435 (439).

Schließlich werden in Art. 7:188 Abs. 1 S. 2 NBW eine Reihe von Bestimmungen des Schenkungstitels für nicht anwendbar erklärt, falls es sich um *gift* in dem oben genannten Sinne handelt. Insbesondere entfällt das Erfordernis der notariellen Beurkundung selbst dann, wenn die Handlung als „*gift terzake des doods*" anzusehen ist.

ff) Verblijvens-, toescheidings- und overnemingsbedingen als gift?

Der Gesetzentwurf zum Schenkungstitel des NBW enthielt bis zum Jahr 1999 in Art. 7.3.12b eine Bestimmung, durch die *verblijvens-*, *toescheidings-* und *overnemingsbedingen* den *giften* unter bestimmten Voraussetzungen gleichgestellt wurden. Derartige auflösende oder aufschiebende Bedingungen bezwecken, dass ein Gut oder ein Anteil daran beim Eintreten eines bestimmten Ereignisses, wie Tod oder Insolvenz des Rechtsinhabers, auf einen anderen übergeht oder übergehen kann. Sie sind regelmäßig Teil einer weitergehenden Vereinbarung.[229]

Hierbei ist zunächst an Verträge zwischen Ehe- oder Lebenspartnern zu denken, wie etwa der Fall, dass diese sich gemeinsam ein Haus kaufen und vereinbaren, dass bei Beendigung des Zusammenwohnens der Anteil des weggezogenen oder verstorbenen Partners auf denjenigen übergeht, der weiterhin in dem Haus wohnt. Für den Fall, dass das Zusammenwohnen durch den Tod endet, wird in der Regel vereinbart, dass der Überlebende den Erben des Verstorbenen keine Gegenleistung schuldet. Hat die Beendigung andere Ursachen, ist vielfach eine Gegenleistung vereinbart, deren Höhe von dem Verhältnis der Parteien abhängig ist. Auch ist in diesem Zusammenhang an Verträge zwischen Gesellschaftern zu denken, bei denen für den Fall der Auflösung der Gesellschaft, wie etwa durch den Tod eines Gesellschafters, vereinbart wird, dass dessen Anteil an den oder die Überlebenden übergeht und zwar gegen Vergütung des Buchwerts. Ist dieser merklich geringer als der wirkliche Wert, so liegt objektiv eine Bereicherung vor.

Dennoch handelt es sich in diesen Fällen grundsätzlich nicht um *gift*, da derartige Vereinbarungen in der Regel aus sachlichen Erwägungen geschlossen werden und die Möglichkeit eines Vorteils überdies nur *kanscharakter* hat und eine bloße Aussicht ist. Bei den obigen Vereinbarungen ist etwa bei Vertragsschluss regelmäßig völlig unklar, wer zuerst verstirbt.[230] Dementsprechend urteilte auch der *Hoge Raad*, allerdings erst nachdem Art. 7.3.12b in den Schenkungsentwurf eingefügt worden war, dass es solchen Verträgen grundsätzlich an dem Merkmal der Bereicherungsabsicht fehlt und mithin regelmäßig keine Schenkung vorliegt.[231]

Um auf derartige Bedingungen dennoch die Regelungen des Titels 7.3 anwenden zu können, enthielt Art. 7.3.12b ursprünglich eine unwiderlegbare Vermutung, dass diese *giften* darstellen, wenn dem Begünstigten nicht eine redliche Gegenleistung auf-

229 Heuff, WPNR 6186 (1995), 435 (438).

230 Schuttevaer/Zwemmer, Schenking, S. 16.

231 HR 01.10.1993, NJ 1994, 257; HR 07.02.1997, 595, NJ 1997, 595.

erlegt wurde. Ausdrücklich festgelegt war, dass nicht allein aus dem Umstand, dass die Bedingung gegenseitiger Natur ist, das Vorliegen einer redlichen Gegenleistung folgt.[232] In Art. 7.3.12b Abs. 2 wurde schließlich festgelegt, dass solche Bedingungen, deren Wirkung im Todesfall eintreten soll, der notariellen Beurkundung bedürfen. Ferner wurden einige erbrechtliche Vorschriften für anwendbar erklärt. Zweck der Vermutung, welche der Vorentwurf *Meijers* noch nicht enthalten hatte, war zum einen, Gläubiger im Falle der Insolvenz durch Art. 35b Fw schützen zu können. Zum anderen sollte die Umgehung erbrechtlicher Bestimmungen verhindert werden.[233]

Die Regelung stieß jedoch in der niederländischen Literatur auf Kritik. Sie bedeute einen Bruch mit dem bis dato geltendem Recht, da Handlungen, die als *kanscontract* oder als Erfüllung einer unvollkommenen Verbindlichkeit angesehen wurden und mithin dem Zugriff durch Gläubiger oder erbrechtlich Berechtigte entzogen waren, nunmehr durch diese angreifbar seien. Ebenso führe Art. 7.3.12b dazu, dass das Element der Freigiebigkeit „wegobjektiviert" werde.[234] Insbesondere aber wurde darauf hingewiesen, dass es Gläubigern möglich sei, derartige Bedingungen und Vereinbarungen mit Wirkung *ex tunc* anzugreifen, wenn sich schließlich herausstelle, dass per saldo eine Verarmung des Schuldners vorliegt. Dies bringe Rechtsunsicherheit mit sich, da immer erst im Nachhinein, nämlich auf Grundlage der Folgen im Moment des Eintretens einer solchen Bedingung, festgestellt werden könne, ob diese durch die Bestimmung des Art. 7.3.12b erfasst sei.[235] Somit sei jedenfalls die Reichweite der Qualifikation solcher Bedingungen als *gift*, entsprechend dem gesetzgeberischen Zweck, auf Fälle der Insolvenz sowie des Erbrechts zu beschränken.[236]

Maßgeblich beeinflusst durch die o. g. Kritik[237], wurde Art. 7.3.12b durch die *Nota van Wijziging* vom 24. Juni 1999 gestrichen[238]. Begründet wurde dies mit der Erwägung, dass es für die durch die Norm erreichte Ausbreitung des Gläubigerschutzes über die derzeit anwendbaren Regelungen von *Pauliana* und *onrechtmatige daad* hinaus kein so dringendes Bedürfnis gebe, als dass dies die mit der Norm verbundenen und durch die Literatur aufgezeigten Nachteile überwiege.[239] Mithin dürfte auch die dahingehende Rechtsprechung, dass es sich bei solchen Bedingungen in der Regel nicht um *giften* handelt, ihre Gültigkeit behalten.[240]

232 Ontwerp Vaststellingswet 17 213, Kamerstukken nr. 4, S. 9.
233 Ontwerp Vaststellingswet 17 213, Kamerstukken nr. 3, S. 12 ff.
234 Megchelsen/Vegter, WPNR 6186 (1995), 412 (418).
235 Heuff, WPNR 6186 (1995), 435 (439).
236 Megchelsen/Vegter, WPNR 6186 (1995), 412 (418).
237 Vgl. Ontwerp Vaststellingswet, Kamerstukken II, nr. 4, S. 9 f.
238 Ontwerp Vaststellingswet 17 213, Kamerstukken II, nr. 4, S. 3.
239 Ontwerp Vaststellingswet 17213, Kamerstukken II, nr. 4, S. 10.
240 Schuttevaer/Zwemmer, Schenking, S. 17.

Zu beachten bleibt schließlich, dass in der o. g. *Nota van Wijziging* zugleich eine dem Art. 7.3.12b entsprechende Bestimmung nunmehr in Art. 4:126 Abs. 2 a NBW eingefügt wurde[241], womit auf derartige Bedingungen die Art. 4:126 ff. NBW anwendbar sind. Dieses führt dazu, dass Erblasser ihren Nachlass nicht wirksam durch *verblijvens-*, *toescheidings-* oder *overnemingsbeding* verkleinern können und erbrechtlich Berechtigte in dieser Hinsicht geschützt werden.

II. Die Schenkungsregelungen der §§ 516 ff. BGB

1. Allgemeines

a) Entwicklung

Die Voraussetzungen und Merkmale der Schenkung nach deutschem Recht sind in den §§ 516 ff. BGB geregelt. Im Gegensatz zum niederländischen Recht haben die Vorschriften über die Schenkung im BGB durch den Gesetzgeber in den letzten Jahren keine wesentlichen Änderungen erfahren. Selbst mit dem Schuldrechtsmodernisierungsgesetz aus dem Jahr 2002 waren nur unwesentliche Änderungen verbunden. So ist die Schenkung nicht mehr im 2., sondern im 4. Titel des 8. Abschnitts geregelt. Zudem wurde § 523 Abs. 2 BGB, der die Haftung des Schenkers im Falle eines Rechtsmangels regelt, an die geänderten Bestimmungen im Kaufrecht angepasst.[242]

b) Begrifflichkeiten: Handschenkung und Versprechensschenkung

Die §§ 516 ff. BGB gehen im Wesentlichen von zwei Formen der Schenkung aus, der Hand- bzw. Realschenkung einerseits und der Versprechensschenkung andererseits.

Die Handschenkung liegt, in Abgrenzung zu der in § 518 BGB geregelten Versprechensschenkung, gemäß § 516 BGB dann vor, wenn beide Vertragsteile darüber einig sind, dass eine bereits erfolgte (Abs. 2) oder gleichzeitig erfolgende Zuwendung (Abs. 1), durch die jemand einen anderen bereichert, unentgeltlich erfolgt. Grundlage der Handschenkung ist eine schuldrechtliche Vertragsvereinbarung, die den Beschenkten, anders als bei der Versprechensschenkung, nicht berechtigt, eine bestimmte Leistung zu fordern, sondern den Behaltensgrund darstellt und Grundlage etwaiger weiterer Ansprüche des Beschenkten, wie insbesondere von Gewährleistungsansprüchen ist.[243] Kausalgeschäft und dingliches Vollzugsgeschäft fallen bei der Handschenkung zusammen.[244]

---

241 Ontwerp Vaststellingswet, Kamerstukken II, nr. 4, S. 4.

242 Dagegen blieb § 524 BGB (Haftung für Sachmängel) unverändert; kritisch dazu: Sefrin, in: JurisPK-BGB, § 516, Rn. 5.

243 Sefrin, in: JurisPK-BGB, § 516 Rn. 4; Mühl-Teichmann, in: Soergel, BGB, § 516 Rn. 1; Wimmer-Leonhardt, in: Staudinger, BGB, § 516 Rn. 14; Larenz, Schuldrecht II/1, § 47 I (S. 200); Fischer, Unentgeltlichkeit im Zivilrecht, S. 17 f.

244 Mansel, in: Jauernig, BGB, § 516 Rn. 2.

Von der Handschenkung ist die Versprechensschenkung zu unterscheiden. Dabei handelt es sich um einen einseitig verpflichtenden Vertrag, durch den der Anspruch des Beschenkten begründet wird, die versprochene Leistung zu fordern.[245] Der Vollzug der Schenkung erfolgt hier zeitlich nach Abgabe eines Schenkungsversprechens.[246]

c) Die Einordnung der Schenkung in das Vertragssystem des BGB

Die Schenkung stellt einen bestimmten Typus unentgeltlicher Verträge dar und ist mithin von anderen Typen sowie von bloßen Gefälligkeitsverhältnissen und Stiftungen abzugrenzen.

Als weitere unentgeltliche Verträge neben der Schenkung regelt das BGB die Leihe (§§ 598-606 BGB), das zinslose Darlehen (§§ 488-498, 607 BGB), den Auftrag (§ 662 BGB) sowie die unentgeltliche Verwahrung (§ 688 BGB). Im Gegensatz zu den §§ 516 ff. BGB, welche die unentgeltliche und dauerhafte Übertragungen von Rechtsgütern behandeln, geht es bei den soeben genannten Vertragstypen um unentgeltliche Kapital- oder Nutzungsüberlassungen auf Zeit. Der Vermögensgegenstand scheidet mithin nicht endgültig aus dem Vermögen des Schuldners aus[247], womit es am Merkmal der Zuwendung im Sinne des § 516 Abs. 1 BGB fehlt.

Die Schenkung ist ferner von reinen Gefälligkeitsverhältnissen, wie der Einladung zum Essen oder der Bereitstellung einer Mitfahrgelegenheit, zu unterscheiden. Letztere liegen außerhalb des rechtsgeschäftlichen Bereichs, da es den Parteien am Rechtsbindungswillen mangelt.[248] Die Einordnung als Schenkung oder als Gefälligkeit entscheidet insbesondere darüber, ob Haftungsfragen auf vertraglicher oder auf deliktischer Ebene zu behandeln sind.[249] Sie ist anhand des Parteiwillens[250] sowie gegebenenfalls entsprechend den Regeln über die ergänzende Vertragsauslegung nach Treu und Glauben unter Berücksichtigung der Verkehrssitte vorzunehmen.[251]

Schließlich ist die Schenkung von der Stiftung nach den §§ 80 ff. BGB abzugrenzen. Diese Abgrenzung hat mit der Unterscheidung zwischen Schenkungen und Gefälligkeitsverhältnissen gemein, dass es auch hier für das Vorliegen einer Schenkung am

---

245 Mansel, in: Jauernig, BGB, § 516 Rn. 2; Sefrin, in: JurisPK-BGB, § 518 Rn. 5.

246 Sefrin, in: JurisPK-BGB, § 516 Rn. 44.

247 Wimmer-Leonhardt, in: Staudinger, BGB, § 516 Rn. 6.

248 Sefrin, in: JurisPK-BGB, § 516 Rn. 16; Wimmer-Leonhardt, in: Staudinger, BGB, § 516 Rn. 12.

249 Koch, in: MünchKomm, BGB, § 516 Rn. 2; Wimmer-Leonhardt, in: Staudinger, BGB, § 516 Rn. 12; Dendorfer, in: AnwaltKomm-BGB, § 516 Rn. 28.

250 BGHZ 21, 102 (107); RGZ 157, 228 (233).

251 Kollhosser, in: MünchKomm, BGB, 4. Aufl., § 516 Rn. 52, der im Zweifel von Schenkung ausgehen will; Wimmer-Leonhardt, in: Staudinger, BGB, § 516 Rn. 12.

Merkmal des Vertrages mangelt. Das Stiftungsgeschäft ist vielmehr ein einaktiges und einseitiges Rechtsgeschäft.[252]

2. Die Tatbestandsmerkmale der Schenkung

a) Vertrag

aa) Allgemeine Regeln

Das Vorliegen einer Schenkung setzt voraus, dass zwischen den Vertragsparteien darüber Einigkeit besteht, dass eine Zuwendung, durch welche jemand das Vermögen eines anderen bereichert, unentgeltlich erfolgen soll. Es bedarf folglich eines wirksamen Vertragsschlusses zwischen den Parteien. Diesbezüglich gelten die allgemeinen Regeln der §§ 104-185 BGB. Insbesondere sind zwei korrespondierende Willenserklärungen (Angebot und Annahme) erforderlich, wodurch sich die Schenkung vom reinen Gefälligkeitsverhältnis unterscheidet. Wie sich aus § 516 Abs. 2 BGB ergibt, kann bloßes Schweigen auch beim Schenkungsangebot nicht als Annahme gedeutet werden.[253]

Aus der Anwendbarkeit der allgemeinen Regelungen ergibt sich zudem, dass nach § 107 BGB die beschränkte Geschäftsfähigkeit des zu Beschenkenden grundsätzlich für die Wirksamkeit des Schenkungsvertrags ausreicht. Soweit es sich um ein nicht lediglich rechtlich vorteilhaftes Rechtsgeschäft handelt, bedarf die Annahme des Schenkungsangebots durch den Minderjährigen der Zustimmung des gesetzlichen Vertreters. Wurde das Schenkungsangebot durch den gesetzlichen Vertreter abgegeben, ist gemäß § 1909 BGB die Zustimmung eines gesondert zu bestellenden Ergänzungspflegers sowie gegebenenfalls gemäß §§ 1821, 1822 BGB die Zustimmung des Vormundschaftsgerichtes erforderlich. Um eine zustimmungsbedürftige, weil nicht lediglich rechtlich vorteilhafte, Willenserklärung handelt es sich jedenfalls bei der Annahme eines Angebots zum Abschluss eines gemischten Schenkungsvertrags oder einer Schenkung unter Auflage.[254]

Eine weitere allgemeine Bestimmung, die im Hinblick auf Schenkungen besondere Bedeutung erlangt, ist die Regelung des § 117 BGB über Scheingeschäfte. Häufig wollen die Vertragsparteien eine tatsächlich beabsichtigte Schenkung nach außen hin als entgeltlichen Vertrag erscheinen lassen, um etwa die Schenkungssteuer zu vermeiden, Pflichtteilsergänzungsansprüche auszuschließen oder Vertragserben zu benachteiligen. Bei diesen sog. „verschleierten“ Schenkungen ordnet § 117 Abs. 1 BGB die Nichtigkeit des nach außen hin vorgegebenen Rechtsgeschäfts an, während gemäß

---

252 Zu beachten ist jedoch, dass gemäß § 7 Abs. 1 Nr. 8 ErbStG „der Übergang von Vermögen auf Grund eines Stiftungsgeschäfts unter Lebenden“ einer „Schenkung unter Lebenden“ gleichgestellt ist.

253 LG Berlin, NJW 1992, 1327 (1328); Mühl/Teichmann, in: Soergel, BGB, § 516 Rn. 11; Wimmer-Leonhardt, in: Staudinger, BGB, § 516 Rn. 40.

254 Wimmer-Leonhardt, in: Staudinger, BGB, § 516 Rn. 48

§ 117 Abs. 2 BGB das Schenkungsrecht Anwendung findet. Der verschleierte Schenkungsvertrag ist somit wirksam, wenn alle sonstigen Gültigkeitsvoraussetzungen vorliegen. In diesem Zusammenhang ist insbesondere die Formvorschrift des § 518 BGB zu beachten.

Ein Scheingeschäft kann etwa dann vorliegen, wenn ein „Kaufvertrag" über ein Grundstück geschlossen wird, wobei der vereinbarte Kaufpreis weit unter dem tatsächlichen Wert des Grundstücks liegt. Für die Beantwortung der Frage, ob es sich noch um zulässige Vertragsgestaltung oder bereits um einen Fall des § 117 BGB handelt, hat die Rechtsprechung verschiedene Kriterien entwickelt. Dabei wird von der Prämisse ausgegangen, dass es den Parteien nach dem Prinzip der subjektiven Äquivalenz grundsätzlich freisteht, eine geringere oder höhere Gegenleistung als gleichwertig festzulegen.[255] Insbesondere dann, wenn zwischen den Parteien ein freundschaftliches oder familiäres Verhältnis besteht, soll ihnen diesbezüglich ein weiter Spielraum zugebilligt werden.[256] Dagegen ist der Parteiwille unerheblich, wenn Festlegung von Leistung und Gegenleistung vollkommen willkürlich oder ohne sachliche Grundlage vorgenommen wurde.[257]

bb) Die Sonderregelung des § 516 Abs. 2 BGB

Schließlich trifft § 516 Abs. 2 BGB eine Sonderregelung für den Fall, dass eine Zuwendung erfolgt ist, ohne dass die Parteien zuvor eine entsprechende schuldrechtliche Vereinbarung getroffen haben. Beispiele für Zuwendungen, die ohne den Willen des Empfängers erfolgen, sind die Tilgung fremder Schulden ohne Wissen des Schuldners oder der Abschluss eines Vertrages zugunsten Dritter ohne Wissen des Dritten.

Ein Rechtsgrund für das Behaltendürfen kann in diesen Fällen nachträglich durch eine Einigung zwischen Zuwendendem und Zuwendungsempfänger geschaffen werden. Insoweit ordnet § 516 Abs. 2 BGB an, dass in der erfolgten Zuwendung selbst ein konkludentes Angebot zum Abschluss eines Schenkungsvertrages zu sehen ist.[258] Dabei bleibt der Antrag, abweichend von den allgemeinen Bestimmungen der §§ 146 bis 149 BGB, bis zur Entscheidung des Zuwendungsempfängers über die Annahme wirksam.[259] Der Zuwendende kann den dadurch möglicherweise auftretenden Schwebezustand gemäß § 516 Abs. 2 S. 1 BGB dadurch beenden, dass er den Empfänger, unter Bestimmung einer angemessenen Frist, zur Erklärung der Annahme auffordert. Soweit

255 BGH, WM 1956, 353 (354); BGH, WM 1990, 1790 (1791 f.).

256 RGZ 60, 238 (242); RGZ 163, 257 (259); BGH, FamRZ 1970, 376 (377).

257 BGH, NJW 1961, 604 (605); OLG Hamm, NJW-RR 1993, 1412 (1412); Dendorfer, in: AnwaltKomm-BGB, § 516 Rn. 23.

258 Mot. II, S. 289; Herrmann, in: Erman, BGB, § 516 Rn. 18; Metzger, in: RGRK, BGB, § 516 Rn. 3; Wimmer-Leonhardt, in: Staudinger, BGB, § 516 Rn. 190.

259 Hermann, in: Erman, BGB, § 516 Rn. 18; Sefrin, in: JurisPK-BGB, § 516 Rn. 46; Koch, in: MünchKomm, BGB, § 516 Rn. 48; Mezger, in: RGRK, BGB, § 516 Rn. 4; Mühl/Teichmann, in: Soergel, BGB, § 516 Rn. 3.

die durch den Antragenden gesetzte Frist zu kurz ist, setzt sie die angemessene Frist in Lauf.[260] Nach Ablauf dieser Frist gilt das Angebot als angenommen, womit § 516 Abs. 2 BGB wiederum von den allgemeinen Regeln abweicht, indem hier Schweigen ausnahmsweise als Zustimmung gedeutet wird. Lehnt der Zuwendungsempfänger das Angebot ab, kann das Zugewendete gemäß der Rechtsfolgenverweisung des § 516 Abs. 2 S. 3 BGB nach den Vorschriften über die ungerechtfertigte Bereicherung zurückgefordert werden.

§ 516 Abs. 2 BGB gilt indes weder bei gemischten Schenkungen noch bei Schenkungen unter Auflage, da diese Pflichten für den Beschenkten begründen und insoweit der allgemeine Grundsatz Vorrang hat, dass jemand nicht durch bloßes Schweigen rechtsgeschäftlich verpflichtet werden kann.[261]

cc) Beweislastfragen

Nach herrschender Auffassung gelten hinsichtlich der Beweislast die allgemeinen Regeln.[262] Wendet also der Beklagte einer Zahlungsklage aus Vertrag oder aber auch aus § 812 BGB ein, dass eine Schenkung vorliege, so trägt der Kläger für den von ihm behaupteten Anspruch die Beweislast.[263] Gegenüber einer Herausgabeklage aus § 985 BGB hilft dem eine Schenkung behauptenden Beklagten die Vorschrift des § 1006 Abs. 1 BGB und auch hinsichtlich einer auf vertraglichen Herausgabeanspruch gestützten Klage hat der Kläger insoweit den von ihm behaupteten Vertrag zu beweisen.[264]

Die Anwendung allgemeiner Beweislastregeln wird jedoch insbesondere im Hinblick auf Rückforderungsansprüche aus § 985 BGB und Kondiktionen teilweise abgelehnt. Es müssten vielmehr der Ausnahmecharakter und der besondere Schutzzweck der Formvorschrift des § 518 BGB stärker berücksichtigt werden. Soweit jemand geltend mache, die Zuwendungen seien schenkweise erfolgt, müsse er hierfür die Beweislast tragen. Insbesondere die in §§ 816 Abs. 1 S. 2, 822, 988 BGB manifestierte Schwäche des unentgeltlichen Erwerbs spreche dafür, dass die Schenkung auch im Hinblick auf die Beweislastverteilung gesonderter Behandlung bedürfe. Letzteres werde auch dadurch deutlich, dass eine Schenkung nur in Ausnahmefällen, nämlich den in

---

260 Mezger, in: RGRK, BGB, § 516 Rn. 4.

261 Herrmann, in: Erman, BGB, § 516 Rn. 18; Kollhosser, in: MünchKomm, BGB, 4. Aufl. § 516 Rn. 46; Mezger, in: RGRK, BGB, § 516 Rn. 4; Mühl/Teichmann, in: Soergel, BGB, § 516 Rn. 3; Wimmer-Leonhardt, in: Staudinger, BGB, § 516 Rn. 190.

262 Vgl. Herrmann, in: Erman, BGB, § 516 Rn. 14; Sefrin, in: JurisPk-BGB, § 516 Rn. 68; Koch, in: MünchKomm, BGB, § 516 Rn. 51; Wimmer-Leonhardt, in: Staudinger, BGB, § 516 Rn. 181.

263 BGH, NJW 1999, 2887 (2887); Gehrlein, in: Bamberger/Roth, BGB, § 516 Rn. 18; Weidenkaff, in: Palandt, BGB, § 516 Rn. 19.

264 Gehrlein, in: Bamberger/Roth, BGB, § 516 Rn. 18; Weidenkaff, in: Palandt, BGB, § 516 Rn. 18.

§§ 685 II, 1360 b, 1620 BGB widerlegbar vermutet werde.[265] Statt allgemeiner Beweisregeln müsse der gemeinrechtliche Satz *donatio non praesumitur* Beachtung finden und die Vermutungswirkung des Besitzes in § 1006 BGB überwinden.[266]

b) Zuwendung

aa) Allgemeines

Die Schenkung wird weiterhin dadurch charakterisiert, dass der Schenker den Beschenkten durch eine Zuwendung aus seinem Vermögen bereichert. Das Merkmal der Zuwendung setzt die Verschaffung eines vermögenswerten Vorteils voraus.[267] Die Verschaffung kann grundsätzlich sowohl durch Rechtsgeschäft, wie durch Übereignung oder Eingehung einer Verbindlichkeit, als auch in sonstiger Weise, durch Handlung oder Unterlassung erfolgen.[268] Als vermögenswerte Vorteile kommen Sachen oder Rechte, der Erlass einer Forderung oder die Befreiung von einer Verbindlichkeit gegenüber einem Dritten in Betracht.[269] Daraus ergibt sich, dass rein ideelle Leistungen, etwa Musikvorführungen oder Lesungen, als Schenkungsgegenstand ausscheiden, während der Erlass einer ursprünglich für die ideelle Leistung geschuldeten Vergütung als Schenkungsgegenstand in Betracht kommt.[270]

Die genaue Bestimmung des Zuwendungsgegenstands kann in vielen Fällen Probleme bereiten. Besondere Schwierigkeiten ergeben sich diesbezüglich bei der Übertragung eines Rechts aus Sparvertrag oder Lebensversicherung. Hier wird zum Teil angenommen, dass nicht die Rechte aus dem Vertrag, sondern die aufgewandten Sparraten oder Prämien zugewandt werden.[271] Letzteres ergebe sich daraus, dass die Versicherungssumme zu keinem Zeitpunkt zum Vermögen des Schenkers gehört habe und dem Begünstigten daher unmittelbar aus dem Vermögen des Versicherers zugewandt werde.[272] Nach anderer Auffassung stellt dagegen die Versicherungssumme selbst den

---

265 Wacke, AcP 191 (1991), 1 (11 f.); zustimmend: Schiemann, JZ 2000, 570 (571 f.); Böhr, NJW 2001, 2059 (2061); ablehnend: Baumgärtel, in: Baumgärtel, Handbuch der Beweislast im Privatrecht, Band 1, § 516 Rn. 4. Für Fälle der Leistungs- und Eingriffskondiktion: S. Lorenz, in: Staudinger, BGB, § 812 Rn. 92. Für § 812 Abs. 1 S. 1 BGB in einem Fall in dem die behauptete Schenkung nicht der Form des § 518 Abs. 1 BGB genügte und erst durch Vollzug geheilt worden ist: BGH, NJW-RR 2007, 488 (489 f.).

266 Wacke, AcP 191 (1991), 1 (20, 31 f.).

267 Vgl. Mugdan II, S. 736 f.

268 Herrmann, in: Erman, BGB, § 516 Rn. 4; Mansel, in: Jauernig, BGB, § 516 Rn. 4; Weidenkaff, in: Palandt, BGB, § 516 Rn. 5; Mezger, in: RGRK, BGB, § 516 Rn. 5.

269 Schlechtriem, Schuldrecht BT, Rn. 187.

270 BGHZ 101, 229 (232); Koch, in: MünchKomm, BGB, § 516 Rn. 5; Wimmer-Leonhardt, in: Staudinger, BGB, § 516 Rn. 17.

271 BGH, FamRZ 1976, 616 (617); BGH, NJW 1995, 3113 (3113); RGZ 128, 187 (190); OLG Hamm, FamRZ 1994, 1255 (1256); Weidenkaff, in: Palandt, BGB, § 516 Rn. 2; Hoppenz, in: PWW, BGB, § 516 Rn. 9; Mezger, in: RGRK, BGB, § 516 Rn. 19.

272 BGH, NJW 1995, 3113 (3113).

Gegenstand der Schenkung dar.[273] Dies wird damit begründet, dass die Zahlung Prämien auf Grundlage des Versicherungsvertrages zwischen Versicherer und Versichertem erfolge und ausschließlich in das Vermögen des Versicherers übergingen, womit es hinsichtlich der Prämien nicht zu einer Vermögensverschiebung zwischen Versichertem und Berechtigtem komme.[274] Eine Vermögensverschiebung finde vielmehr im Hinblick auf die Versicherungssumme statt, da diese auf einer Leistung des Versicherungsnehmers beruhe und mithin wirtschaftlich von ihm erbracht sei.[275] Gegen dieses Ergebnis spreche im Übrigen auch nicht die Tatsache, dass die Versicherungssumme nicht unmittelbar aus dem Vermögen des Schenkers stamme. Dies zeige sich durch einen Vergleich mit der Situation, in welcher der Schenker ein Grundstück günstig erwerbe und mit dem Veräußerer vereinbare, dass dieses unmittelbar an den Beschenkten aufgelassen werde. Soweit zwischen den Parteien des Schenkungsvertrages insoweit Einigkeit bestehe, gelte das Grundstück und nicht etwa ein Anteil in Höhe des gezahlten Kaufpreises als geschenkt.[276]

Betrachtet man das Verhältnis zwischen Versicherer, Versichertem und Begünstigtem, so erscheint es, als dass die erste Auffassung zur Bestimmung des im „Valutaverhältnis" Zugewandten auf das „Deckungsverhältnis" abstellt, während die zweite Ansicht auf das „Zuwendungsverhältnis" rekurriert. Beides ist insoweit befremdlich, als dass letztlich das Verhältnis zwischen Schenker und Beschenkten und mithin das „Valutaverhältnis" den Ausschlag bei der Bestimmung des Zuwendungsgegenstands geben muss. Daraus ergibt sich, dass der Schenker sein Vermögen um den (durch Eintritt des Versicherungsfalls bedingten) Anspruch auf die Versicherungssumme entreichert und das des Beschenkten um diesen Anspruch bereichert, indem er ihn auf den Beschenkten überträgt.[277] Damit wird sogleich deutlich, dass sich das Verhältnis zwischen den Parteien des Schenkungsvertrages nicht auf die geleisteten Prämien bezieht. Schenkungsgegenstand kann aber bei einer solchen Betrachtungsweise auch nicht die Versicherungssumme sein, da der Schenker nicht um diese selbst, sondern um den bedingten Anspruch auf Auszahlung entreichert wird.

Daher ist letztlich der Auffassung *Gernhubers* zuzustimmen, wonach dem Begünstigten eine Anwartschaft[278] auf den späteren Erwerb zugewandt wird, die sich spä-

---

273 OLG Hamm, VersR 2002, 1409 (1410); Koch, in: MünchKomm, BGB, § 516 Rn. 89; Mühl/Teichmann, in: Soergel, BGB, § 516 Rn. 7; Elfring, ZEV 2004, 305 (307); Harder, FamRZ 1976, 617 (618).

274 Kollhosser, in: MünchKomm, BGB, 4. Aufl., § 516 Rn. 58; Wimmer-Leonhardt, in: Staudinger, BGB, § 516 Rn. 143.

275 Mühl/Teichmann, in: Soergel, BGB, § 516 Rn. 7.

276 Mühl/Teichmann, in: Soergel, BGB, § 516 Rn. 7.

277 So auch Kollhosser, in: MünchKomm, BGB, 4. Aufl. § 516 Rn. 58.

278 Gernhuber, JZ 1996, 205 (206); zustimmend auch: Wimmer-Leonhardt, in: Staudinger, BGB, § 516 Rn. 143. Ob es sich bei den (regelmäßig widerruflichen) Begünstigtenbenennungen tatsächlich um eine Anwartschaft oder nur um eine bloße Aussicht, Hoffnung oder Chance han-

ter in einen Anspruch auf Zahlung der Versicherungssumme wandelt.[279] Gegen diese Auffassung lässt sich im Übrigen auch nicht einwenden, dass es bei einer solchen Betrachtungsweise an dem für das Vorliegen einer Schenkung notwendigen Merkmal „aus dem Vermögen des Schenkers" fehle. Denn soweit der Lebensversicherungsvertrag vor Abschluss des Schenkungsvertrages zustande gekommen ist, erwirbt der Begünstigte unmittelbar vom Schenker.[280] In Fällen mit zeitlich umgekehrter Folge liegt ein Fall der mittelbaren Schenkung vor[281], deren Zulässigkeit, mangels des Erfordernisses von Identität von Entreicherung des Schenkers einerseits und Bereicherung des Beschenkten andererseits, mittlerweile allgemein anerkannt ist[282].

bb) Entreicherung des Zuwendenden

(1) Das Merkmal der Dauerhaftigkeit

Die Zuwendung muss aus dem Vermögen des Schenkers kommen. Es ist mithin eine dauerhafte Verminderung des Vermögens des Zuwendenden erforderlich.[283] Dabei bildet das Merkmal der Dauerhaftigkeit der Entreicherung das Unterscheidungskriterium der Schenkung zu anderen unentgeltlichen Verträgen, die die Überlassung von Nutzungen oder Kapital bezwecken. Dementsprechend handelt es sich nach überwiegender Auffassung bei unentgeltlichen Nutzungsüberlassungen auf Zeit, wie der unentgeltlichen Gewährung eines Wohnrechts, nicht um Schenkung, sondern um Leihe.[284] Ebenso wenig liegt eine Schenkung vor, wenn ein unverzinsliches Darlehen gewährt, eine unentgeltliche Dienstleistung erbracht[285] oder Arbeitskraft zur Verfügung gestellt wird[286]. Eine Schenkung kann in diesen Fällen vielmehr nur dann vorliegen, wenn ein ursprünglich geschuldetes Entgelt erlassen wird.[287]

Gegen diese Sichtweise wird vereinzelt vorgebracht, dass in einer unentgeltlichen Gebrauchsüberlassung und im unentgeltlichen Verrichten von Arbeiten oder Diensten

---

delt, sei insoweit dahingestellt, da feststeht, dass sie Gegenstand des Rechtsverkehrs sein können; vgl. Gernhuber, JZ 1996, 205 (205 f.).

279 Gernhuber, JZ 1996, 205 (206); zustimmend auch: Wimmer-Leonhardt, in: Staudinger, BGB, § 516 Rn. 143.

280 Gernhuber, JZ 1996, 205 (206).

281 Gernhuber, JZ 1996, 205 (206).

282 Vgl. B II. 2. b) bb) (2).

283 BGHZ 101, 229 (235); Koch, in: MünchKomm, BGB, § 516 Rn. 6; Mühl/Teichmann, in: Soergel, BGB § 516 Rn. 6.

284 BGHZ 125, 293 (298); BGH, NJW 1982, 820 (820); Mansel, in: Jauernig, BGB, § 516 Rn. 15; Koch, in: MünchKomm, BGB, § 516 Rn. 7 f.; Hoppenz, in: PWW, BGB, § 516 Rn. 7; Mühl/Teichmann, in: Soergel, BGB, § 516 Rn. 6; Wimmer-Leonhardt, in: Staudinger, BGB, § 516 Rn. 6; Schlechtriem, Schuldrecht BT, Rn. 187.

285 Mühl/Teichmann, in: Soergel, BGB, § 516 Rn. 6; Gehrlein, in: Bamberger/Roth, BGB, § 516 Rn. 4.

286 BGHZ 127, 48 (51); Hoppenz, in: PWW, BGB, § 516 Rn. 7.

287 Weidenkaff, in: Palandt, BGB, § 516 Rn. 5.

jedenfalls dann eine Schenkung zu erblicken sei, wenn dadurch ein Ertrag aufgeopfert wird, den der Schenker sonst gewonnen hätte.[288] Für eine solch weite Auslegung mag sprechen, dass die oben genannten Fälle sich bei einer wirtschaftlichen Betrachtungsweise der Schenkung annähern können, wie insbesondere bei langfristigen unentgeltlichen Gebrauchsüberlassungen.[289] Allerdings hätte dies im Fall der unentgeltlichen Gewährung eines Wohnrechts die Gleichsetzung jeder Leihe mit der Schenkung und mithin eine Typenvermengung im Bereich des Besonderen Schuldrechts zur Folge.[290] In dieser Hinsicht ist auch zu beachten, dass die Schenkung das systematische Gegenstück zum Kauf darstellt[291], die oben genannten Fälle aber bei Vorliegen von Entgeltlichkeit nicht als Kauf, sondern Miete etc. einzustufen wären. Der Charakter der Schenkung als unentgeltliches Veräußerungsgeschäft verbietet es schließlich auch, die Vermögensverschiebung in Fällen unentgeltlicher Gebrauchsüberlassung darin zu erblicken, dass die tatsächliche Nutzung eines abnutzbaren Gegenstandes für den Empfänger einen wirtschaftlichen Vorteil in Form ersparter Aufwendungen darstellt, der zur Entreicherung des Zuwendenden in Form des durch die Abnutzung eintretenden Wertverlustes führt. Diese Entreicherung tritt nämlich erst schrittweise im Nachhinein durch die Nutzung und nicht durch den Zuwendungsakt selbst ein. Letzteres ist aber für das Vorliegen einer Schenkung erforderlich, da es sich insoweit um einen statischen Tatbestand und eben nicht um ein Dauerschuldverhältnis handelt.[292] Schließlich spricht daneben die in § 517 BGB zum Ausdruck kommende gesetzgeberische Wertung gegen die Einordnung der oben genannten Fälle als Schenkung.[293] Aus diesen Gründen stellen weder die unentgeltliche Gebrauchsüberlassung noch das unentgeltliche Verrichten von Diensten oder Arbeiten Schenkungen dar.[294]

---

288 Mezger, in: RGRK, BGB, § 516 Rn. 6; so auch noch BGH, NJW 1970, 941 (941). Für das Vorliegen einer Schenkung im Falle der Gewährung eines zinslosen Darlehens: OLGR Stuttgart 2005, 489 (490).

289 Vgl. Larenz, Schuldrecht II/1, § 47 I (S. 197, Fn. 4).

290 Slapnicar, JZ 1983, 325 (328).

291 Mühl/Teichmann, in: Soergel, BGB, § 516 Rn. 6.

292 Fischer, Unentgeltlichkeit im Zivilrecht, S. 36.

293 Kollhosser, in: MünchKomm, BGB, 4. Aufl., § 516 Rn. 3.

294 Eine andere Frage ist freilich, ob nicht in solchen Fällen die §§ 516 ff. BGB und insbesondere die Formvorschrift des § 518 BGB analog angewandt werden sollten. Dafür: Reinicke, JA 1982, 326 (329); Slapnicar, JZ 1983, 325 (330 f.); Nehlsen-v. Stryk, AcP 187 (1987), 552 (566); dagegen: Gehrlein, in: Bamberger/Roth, BGB, § 516 Rn. 4; Koch, in: MünchKomm, BGB, § 516 Rn. 7 f.; Sefrin, in: JurisPK-BGB, § 516 Rn. 28.

(2) Keine Identität zwischen Entreicherungs- und Bereicherungsgegenstand erforderlich

Hinsichtlich des Gegenstandes der Entreicherung gilt, dass dieser nicht mit dem Bereicherungsgegenstand identisch sein muss.[295] Es ist demnach unschädlich, wenn das Erworbene zuvor noch nicht in seiner konkreten Gestalt im Vermögen des Schenkers vorhanden war.[296] Dies ermöglicht die sog. mittelbare Schenkung, bei der im Wesentlichen zwischen zwei Fällen unterschieden werden kann.

Zum einen die Konstellation, in welcher der Zuwendende nicht unmittelbar, sondern im Rahmen eines Vertrages zugunsten Dritter oder sonst durch Anweisung durch einen Dritten an den Zuwendungsempfänger leistet. In diesen Fällen ist eine Schenkung zu bejahen, obwohl der geschenkte Gegenstand nicht unmittelbar aus dem Vermögen des Schenkers stammt.[297] Probleme können sich in der genannten Konstellation jedoch hinsichtlich der Wirksamkeit der Schenkungsabrede, also innerhalb des Valutaverhältnisses ergeben.[298]

Zum anderen kann eine Schenkung auch dann vorliegen, wenn der Zuwendende zwar unmittelbar an den Zuwendungsempfänger leistet, allerdings mit der Maßgabe, dass dieser mit dem Zugewandten einen bestimmten Gegenstand, wie etwa ein Grundstück, erwirbt. Fraglich ist in diesen Fällen stets, was Gegenstand der Schenkung ist; angelehnt an das Beispiel, der Geldbetrag, der dem Empfänger zugewandt wurde, oder das Grundstück, das er, wie zwischen den Parteien vereinbart, mit dem Betrag erworben hat. Die Bestimmung des Schenkungsgegenstandes ist insbesondere für den Rückforderungsanspruch nach § 531 Abs. 2 BGB und die steuerrechtliche Bewertung nach § 12 ErbStG von Bedeutung. Die Beantwortung der Frage ist anhand des Willens der Parteien vorzunehmen[299], der nach den allgemeinen Auslegungsregeln zu ermitteln ist[300]. Entscheidend ist mithin, auf welchen Zuwendungsgegenstand sich die Einigung der Parteien bezieht.[301] Ein maßgebliches Kriterium ist dabei, ob und wieweit der Zuwendende dem Empfänger einen Entscheidungsspielraum beim Erwerb zubilligt.[302] Dementsprechend ist in Zweifelsfällen das Geld als Gegenstand der Schenkung anzu-

---

295 BGHZ 112, 40 (46); BFHE 126, 318 (319 f.); RGZ 167, 199 (201 f.); Mansel, in: Jauernig, BGB, § 516 Rn. 6; Koch, in: MünchKomm, BGB, § 516 Rn. 9; Mühl/Teichmann, in: Soergel, BGB, § 516 Rn. 10; Wimmer-Leonhardt, in: Staudinger, BGB, § 516 Rn. 22; Fischer, Unentgeltlichkeit im Zivilrecht, S. 22.

296 Gehrlein, in: Bamberger/Roth, BGB, § 516 Rn. 4; Hoppenz, in: PWW, BGB, § 516 Rn. 8.

297 Herrmann, in: Erman, BGB, § 516 Rn. 15; Koch, in: MünchKomm, BGB, § 516 Rn. 10.

298 Vgl. B II. 3.

299 BGHZ 112, 40 (46) BGH, NJW 1972, 247 (248); BGH, FamRZ 1970, 19 (21); Gehrlein, in: Bamberger/Roth, BGB, § 516 Rn. 4; Mansel, in: Jauernig, BGB, § 516 Rn. 5; Koch, in: MünchKomm, BGB, § 516 Rn. 9.

300 BFH, WM 1985, 591 (592).

301 Wimmer-Leonhardt, in: Staudinger, BGB, § 516 Rn. 23.

302 Herrmann, in: Erman, BGB § 516 Rn. 15.

sehen, wenn dem Zuwendungsempfänger beim Erwerb des Gegenstands Wahlfreiheit zugebilligt wird, während von einem Geschenk des Gegenstands auszugehen ist, wenn der Wille des Zuwendenden bei dessen Auswahl mitentscheidend war.[303]

Falls sich aus der Auslegung ergibt, dass nicht das Zugewandte, sondern das damit vom Zuwendungsempfänger zu Erwerbende Gegenstand der Schenkung ist, ist zu beachten, dass es sich um eine Versprechensschenkung handelt[304], die solange noch nicht vollzogen ist, bis der Schenkungsgegenstand tatsächlich angeschafft wurde, und bis zu diesem Zeitpunkt nur wirksam ist, falls die Form der notariellen Beurkundung eingehalten wurde.

cc) Bereicherung des Zuwendungsempfängers

Das Merkmal der Zuwendung setzt neben der Entreicherung des Zuwendenden voraus, dass der Zuwendungsempfänger bereichert ist. Ob die somit erforderliche Vermögensmehrung vorliegt, ist anhand einer wirtschaftlichen Betrachtung zu ermitteln.[305] Die Bereicherung kann sowohl auf einer Vermehrung der Aktiva, wie durch die Abtretung von Forderungen oder die Übertragung dinglicher Rechte, als auch in einer Verminderung der Passiva, wie der Schuldübernahme oder dem Schulderlass, beruhen.[306]

(1) Dauerhafte Vermögensmehrung

Häufig wird gefordert, dass die Vermögensmehrung beim Zuwendungsempfänger ebenso wie die Entreicherung auf Seiten des Zuwendenden von dauerhafter und endgültiger Natur sein müsse.[307] Eine nur vorübergehende Mehrung des Vermögens oder eine rein formale Rechtsstellung seien daher nicht ausreichend.[308] Dementsprechend liege keine Schenkung vor, wenn der Empfänger lediglich Mittels- oder Durchgangsperson für den eigentlich Bedachten sei und das Erhaltene sogleich, ohne einen eigenen Nutzen nehmen zu können, an diesen weitergebe oder nur fiduziarisch berechtigt sei.[309] Es handele sich regelmäßig um die Schaffung bloß fiduziarischen Eigentums

---

303 OLG Hamm, FamRZ 2001, 546 (547); Gehrlein, in: Bamberger/Roth, BGB, § 516 Rn. 4; Koch, in: MünchKomm, BGB, § 516 Rn. 9; Fischer, Unentgeltlichkeit im Zivilrecht, S. 22.

304 Wimmer-Leonhardt, in: Staudinger, BGB, § 516 Rn. 24; Söffing, Mittelbare Schenkung, S. 6; a.A. FG Bremen, EFG 1999, 1071 (1071).

305 RGZ 62, 386 (390); RGZ 105, 305 (308); Herrmann, in: Erman, BGB, § 516 Rn. 6; Koch, in: MünchKomm, BGB, § 516 Rn. 11; Wimmer-Leonhardt, in: Staudinger, BGB, § 516 Rn. 26; Larenz, Schuldrecht II/1, § 47 I (S. 197).

306 BGHZ 101, 232 (232); Gehrlein, in: Bamberger/Roth, BGB, § 516 Rn. 5; Herrmann, in: Erman, BGB, § 516 Rn. 6; Mansel, in: Jauernig, BGB, § 516 Rn. 5; Koch, in: MünchKomm, BGB, § 516 Rn. 11; Wimmer-Leonhardt, in: Staudinger, BGB, § 516 Rn. 27.

307 RGZ 62, 368 (390); Sefrin, in: JurisPK-BGB, § 516 Rn. 76; Mühl/Teichmann, in: Soergel, BGB, § 516 Rn. 8; Knobbe-Keuk, in: FS Flume II, S. 149 (155).

308 Wimmer-Leonhardt, in: Staudinger, BGB, § 516 Rn. 28.

309 Herrmann, in: Erman, BGB, § 516 Rn. 6; Mühl/Teichmann, in: Soergel, BGB, § 516 Rn. 8; Larenz, Schuldrecht II/1, § 47 I (S. 198).

auf Grundlage eines Auftrags, wenn der Empfänger wie etwa bei Sammlungen das Zugewendete einem bestimmten wohltätigen Zweck zuführen müsse.[310] Die in solchen Fällen vorzunehmende Abgrenzung zur Schenkung unter Auflage im Sinne des § 525 BGB sei danach vorzunehmen, ob dem Empfänger nach der Erfüllung seiner Verpflichtung noch eine Bereicherung verbleiben solle. Nur dann liege eine Schenkung (im Sinne des § 516 BGB) vor.

Etwas anderes gelte jedoch dann, wenn der Empfänger eine juristische Person sei und die erhaltenen Mittel satzungsgemäß für Dritte einsetze.[311] Hier liege dennoch eine Schenkung vor, da der gesamte Vermögenserwerb einer juristischen Person der Verwirklichung ihres Daseinszweckes diene.[312] Dies gelte selbst im Fall einer gebundenen Spende, bei der im Rahmen des durch die Satzung festgelegten Zwecks eine bestimmte Verwendungsangabe gemacht werde. Auch in einem solchen Fall werde nämlich der Zweck der Organisation verfolgt und es liege eine Schenkung unter Auflage vor.[313]

Aus dem oben Gesagten ergibt sich, dass das Merkmal der Dauerhaftigkeit insbesondere verwandt wird, um die Schenkung von der fiduziarischen Vermögenszuwendung auf Grundlage eines Auftrags nach § 662 BGB abzugrenzen.

Dies stößt jedoch auf Bedenken. Vorzugswürdig ist, die zweifellos notwendige Abgrenzung auf Grundlage des Zwecks der Zuwendung vorzunehmen.[314] So kann von einer Schenkung ausgegangen werden, soweit die Zuwendung zur Besorgung eigener Zwecke des Empfängers erfolgt, während fiduziarische Treuhand vorliegt, wenn es sich um einen dem Empfänger fremden Zweck handelt.[315] Der Vorteil gegenüber der Abgrenzung anhand des Merkmals der „Dauerhaftigkeit" besteht nicht zuletzt darin, dass es ansonsten nicht erklärbar ist, warum Spenden dann anders, nämlich als Schenkungen zu behandeln sind, wenn die Zuwendung an eine juristische Person erfolgt, die ihre Mittel bestimmungsgemäß für Dritte einsetzt.

Zum anderen kann das Merkmal der Dauerhaftigkeit der Bereicherung auch in anderer Hinsicht nicht konsequent durchgehalten werden. So steht nach allgemeiner Auffassung weder die Widerruflichkeit einer Schenkung entgegen[316], noch die Tatsache,

---

310 Wimmer-Leonhardt, in: Staudinger, BGB, § 516 Rn. 28.

311 Herrmann, in: Erman, BGB, § 516 Rn. 6; Weidenkaff, in: Palandt, BGB, § 516 Rn. 6.

312 RGZ 70, 15 (17); RGZ 71, 140 (140); Wimmer-Leonhardt, in: Staudinger, BGB, § 516 Rn. 29; a.A. Mühl/Teichmann, in: Soergel, BGB, § 516 Rn. 8.

313 Wimmer-Leonhardt, in: Staudinger, BGB, § 516 Rn. 29.

314 Kollhosser, in: MünchKomm, BGB, 4. Aufl., § 516 Rn. 10. In diese Richtung geht auch die Forderung, dass bei der Feststellung des (objektiven) Merkmals der Bereicherung die (subjektive) Rechtgrundabrede beachtet werden müsse, vgl. Fischer, Unentgeltlichkeit im Zivilrecht, S. 25 ff.

315 Kollhosser, in: MünchKomm, BGB, 4. Aufl., § 516 Rn. 10.

316 Vgl. BGH, NJW 1975, 382 (383 f.); BGH, WM 1976, 1130 (1130); Hoppenz, in: PWW, BGB, § 516 Rn. 10.

dass ein Anspruch auf Rückübertragung für den Fall eines bestimmten Verhaltens der Empfängers vereinbart wurde[317].

(2) Das Merkmal der Bereicherung in Dreipersonenverhältnissen

In Dreipersonenverhältnissen bedarf das Merkmal der Bereicherung regelmäßig eingehender Betrachtung. Fraglich kann insbesondere sein, welche Person durch die Zuwendung bereichert ist. Entscheidend für die Beantwortung der Frage, wer objektiv bereichert wurde, ist letztlich die subjektive Seite.[318] So kann etwa die Bezahlung einer fremden Schuld im Verhältnis zum Schuldner entgeltlich oder unentgeltlicher Natur sein. Aber auch im Verhältnis zum Gläubiger der beglichenen Forderung kann eine Schenkung vorliegen, nämlich dann, wenn der Schuldner mittellos und die Forderung mithin uneinbringlich ist. Erforderlich hierfür ist weiterhin, dass der Leistende primär beabsichtigt, den Gläubiger zu befriedigen und nicht etwa den Schuldner von seiner Leistungspflicht zu befreien.[319] Ebenso wie bei der Abgrenzung von Schenkung und fiduziarischer Vermögenszuwendung auf Grundlage des Auftrags, ist mithin die durch den Zuwendenden getroffene Zweckbestimmung entscheidend[320].

Ähnliches gilt für die Bestellung einer Sicherheit. Während eine solche dann keine Schenkung darstellt, wenn sie für eine eigene Schuld erfolgt[321], kann die Bestellung einer Sicherheit für fremde Schuld eine Schenkung des Gebers an den Gläubiger oder aber auch an den Schuldner sein. Ersteres dürfte, ebenso wie bei der Bezahlung einer fremden Schuld, vor allem dann der Fall sein, wenn die Forderung uneinbringlich ist.[322] Dagegen ist von einer Schenkung an den Schuldner der beglichenen Forderung auszugehen, wenn der Geber ihm gegenüber auf seine gesetzlichen Regressmöglichkeiten verzichtet.[323]

dd) Der Ausschlusstatbestand des § 517 BGB

Der Schenkungsbegriff wird durch § 517 BGB eingeschränkt. Die in dieser Norm getroffene Negativdefinition stellt klar, dass unter den Schenkungsbegriff nur die Ver-

---

317 Vgl. BGH, FamRZ 2002, 1399 (1399); Hoppenz, in: PWW, BGB, § 516 Rn. 10.

318 Koch, in: MünchKomm, BGB, § 516 Rn. 11.

319 Wimmer-Leonhardt, in: Staudinger, BGB, § 516 Rn. 27.

320 Gehrlein, in: Bamberger/Roth, BGB, § 516 Rn. 5.

321 Gehrlein, in: Bamberger/Roth, BGB, § 516 Rn. 5; Kollhosser, in: MünchKomm, BGB, 4. Aufl., § 516 Rn. 9; Mezger, in: RGRK, BGB, § 516 Rn. 16; Wimmer-Leonhardt, in: Staudinger, BGB, § 516 Rn. 68.

322 BGH, BB 1956, 447 (447); RGZ 54, 282 (284); RGZ 90, 171 (181); Kollhosser, in: MünchKomm, BGB, 4. Aufl., § 516 Rn. 9; Mezger, in: RGRK, BGB, § 516 Rn. 16.

323 BGH, MDR 1955, 283 (284); Weidenkaff, in: Palandt, BGB, § 516 Rn. 7; Mezger, in: RGRK, BGB, § 516 Rn. 16; Mühl/Teichmann, in: Soergel, BGB, § 516 Rn. 9; einschränkend: Wimmer-Leonhardt, in: Staudinger, BGB, § 516 Rn. 70, die nur dann von einer Schenkung an den Gläubiger ausgeht, wenn der Sicherungsgeber diesen auch tatsächlich befriedigt; a.A. Däubler, in: AK, BGB, § 516 Rn. 5.

minderung des gegenwärtigen Vermögens fällt. Der Grund für diese Einschränkung wird vor allem im Ausschluss der Rückforderungsrechte nach §§ 528 ff. BGB bzw. in der Verhinderung der durch deren Ausübung entstehenden Rechtslage gesehen.[324] Dementsprechend wird zunächst das Unterlassen eines Vermögenserwerbs durch § 517 BGB aus dem Schenkungsbegriff herausgenommen. Darunter fallen etwa die Nichtannahme eines Angebots, die Nichtgenehmigung eines Rechtsgeschäfts, das durch einen vollmachtlosen Vertreter eingegangen wurde, sowie die Nichtausübung von Gestaltungsrechten. Ebenso wenig liegt eine Schenkung vor, wenn jemand auf ein angefallenes, noch nicht endgültig erworbenes Recht verzichtet; wie etwa die Preisgabe eines aufschiebend bedingten Rechts.

Umstritten ist, ob auch der Verzicht auf ein Anwartschaftsrecht vom Tatbestand des § 517 Alt. 2 BGB erfasst wird. Dies wird von der wohl herrschenden Meinung unter Hinweis auf den Wortlaut bejaht.[325] Nach anderer Auffassung ist § 517 BGB in diesen Fällen nicht anzuwenden, da die Anwartschaft als verkehrsfähiges Gut Bestandteil des gegenwärtigen Vermögens und ihre Bestellung somit möglicher Gegenstand einer Schenkung sei; daraus wiederum ergebe sich der zwingende Gegenschluss, dass auch die Rückübertragung an den Noch-Eigentümer als Schenkung qualifiziert werden müsse.[326]

Für die Beantwortung der Frage, welcher der genannten Ansichten der Vorzug zu geben ist, ist das Wesen des Anwartschaftsrechts entscheidend. Ein Anwartschaftsrecht liegt vor, wenn von einem mehraktigen Erwerbstatbestand bereits derart viele Erfordernisse erfüllt sind, dass der Veräußerer die Rechtsposition des Erwerbers nicht einseitig beseitigen kann.[327] Es ist insoweit verkehrsfähiger Vermögensbestandteil, weshalb bei seiner unentgeltlichen Übertragung nach allgemeiner Auffassung eine Schenkung vorliegt.[328] Der Verzicht auf das Anwartschaftsrecht bezieht sich jedoch unmittelbar auf die Beziehung zwischen Anwartschaftsberechtigtem und Veräußerer. Diese Beziehung kann nur dann umfassend bzw. vollständig beurteilt werden, wenn auf das zwischen diesen Parteien bestehende Grundverhältnis abgestellt wird.[329] Für die Frage, ob eine Schenkung vorliegt, ist daher entscheidend, ob das Grundverhältnis

324 Wimmer-Leonhardt, in: Staudinger, BGB, § 517 Rn. 1; Medicus, Schuldrecht II, Rn. 173 (S. 69).

325 OLG Frankfurt, OLGZ 1980, 449 (452); Herrmann, in: Erman, § 517 Rn. 2; Mezger, in: RGRK, BGB, § 517 Rn. 2.

326 Mühl/Teichmann, in: Soergel, BGB, § 517 Rn. 5.

327 BGH, NJW 1955, 544 (544).

328 Wimmer-Leonhardt, in: Staudinger, BGB, § 517 Rn. 4; Mühl/Teichmann, in: Soergel, BGB, § 517 Rn. 5.

329 Koch, in: MünchKomm, BGB, § 517 Rn. 4; Weidenkaff, in: Palandt, BGB, § 517 Rn. 3; Wimmer-Leonhardt, in: Staudinger, BGB, § 517 Rn. 7.

unentgeltlicher oder aber entgeltlicher Natur ist, sowie im letzteren Fall, ob die Gegenleistung bereits erbracht wurde.[330]

Ebenfalls vom Schenkungsbegriff ausgenommen ist gemäß § 517 Alt. 3 BGB die Ausschlagung einer Erbschaft oder eines Vermächtnisses. Dieser Ausschließungsgrund umfasst nicht den Verzicht auf den entstandenen und mithin nicht ausschlagungsfähigen Pflichtteilsanspruch.[331]

c) Unentgeltlichkeit

aa) Einseitigkeit der Zuwendung

Schließlich setzt das Vorliegen einer Schenkung voraus, dass die Zuwendung unentgeltlich erfolgt. Das ist dann der Fall, wenn die Leistung nach dem Willen der Parteien nicht an eine Gegenleistung gekoppelt ist.[332] Mit anderen Worten liegt Unentgeltlichkeit stets dann vor, wenn objektiv keine Gegenleistung erbracht wird und subjektiv diesbezüglich Einigkeit besteht.[333] Die erforderliche Einseitigkeit einer Zuwendung ist zu bejahen, wenn kein Rechtsanspruch auf den Erwerb besteht und die Zuwendung unabhängig von einer ausgleichenden Gegenleistung des Empfängers oder eines Dritten erfolgt.[334] Sobald also mit der Zuwendung die Erfüllung einer Verbindlichkeit angestrebt wird, fehlt es an der Unentgeltlichkeit. Dies gilt selbst dann, wenn es sich um eine unvollkommene Verbindlichkeit handelt.[335]

Unentgeltlichkeit bedeutet indes nicht, dass die Zuwendung kostenlos sein muss. Entstehen dem Empfänger durch die Zuwendung Reisekosten, Anwalts- oder Notargebühren, schließt dies das Vorliegen einer Schenkung deshalb nicht aus.[336] Andererseits ist der Begriff der möglichen Leistungen des Empfängers weit zu fassen.[337] Die Unentgeltlichkeit wird mithin auch dann ausgeschlossen, wenn die Leistung des Empfängers eine Dienstleistung (z.B. Pflegeleistung)[338] oder eine Handlung mit nur immateri-

---

330 Vgl. zu Beispielen: Koch, in: MünchKomm, BGB, § 517 Rn. 4.

331 RGZ 77, 238 (240 f.); Herrmann, in: Erman, BGB, § 517 Rn. 3; Koch, in: MünchKomm, BGB, § 517 Rn. 5; Wimmer-Leonhardt, in: Staudinger, BGB, § 517 Rn. 6.

332 BGH DNotZ 1993, 521 (522); Gehrlein, in: Bamberger/Roth, BGB, § 516 Rn. 7; Weidenkaff, in: Palandt, BGB, § 516 Rn. 8; Mühl/Teichmann, in: Soergel, BGB, § 516 Rn. 11.

333 Kollhosser, in: MünchKomm, BGB, 4. Aufl., § 516 Rn. 16.

334 BGH, NJW 1982, 436 (436); BGH, NJW 1992, 2566 (2567); Sefrin, in: JurisPK-BGB, § 516 Rn. 36.

335 Koch, in: MünchKomm, § 516 Rn. 26; Mezger, in: RGRK, BGB, § 516 Rn. 13; Wimmer-Leonhardt, in: Staudinger, BGB, § 516 Rn. 31; Larenz, Schuldrecht II/1, § 47 I (S. 199); a.A. Ennerccerus/Lehmann, Bürgerliches Recht, Band 2, § 120 II 3 (S. 474 f.).

336 RGZ 163, 348 (355); Gehrlein, in: Bamberger/Roth, BGB, § 516 Rn. 7; Herrmann, in: Erman, BGB, § 516 Rn. 7; Koch, in: MünchKomm, BGB, § 516 Rn. 26; Weidenkaff, in: Palandt, BGB, § 516 Rn. 8; Wimmer-Leonhardt, in: Staudinger, BGB, § 516 Rn. 31.

337 Mühl/Teichmann, in: Soergel, BGB, § 516 Rn. 12.

338 BGH, NJW 1981, 1956 (1956); OLG Hamm, NJW-RR 1993, 1412 (1412); Mühl/Teichmann, in: Soergel, BGB, § 516 Rn. 12.

ellen Folgen ist[339], wie das Versprechen, eine Liebesbeziehung aufrechtzuerhalten[340]. Dagegen liegt Unentgeltlichkeit vor, wenn der geschenkte Gegenstand mit einem dinglichen Recht belastet ist, da hierdurch lediglich der Wert der Schenkung gemindert wird.[341]

bb) Einigung über die Unentgeltlichkeit

(1) Das Prinzip der subjektiven Äquivalenz

Die Zuwendung erfolgt entgeltlich, wenn sie mit einer Gegenleistung verknüpft ist. Erforderlich ist insoweit, dass ein rechtlicher und nicht bloß ein tatsächlicher oder wirtschaftlicher Zusammenhang besteht.[342] Dabei ist aber zu beachten, dass Entgeltlichkeit nicht nur vorliegen kann, wenn Zuwendung und Gegenleistung objektiv gleichwertig sind, sondern auch, wenn zwischen beiden objektiv ein grobes Missverhältnis besteht. Dies liegt darin begründet, dass sich die Beantwortung der Frage, ob Entgeltlichkeit oder Unentgeltlichkeit vorliegt, grundsätzlich nach der zugrunde liegenden Vorstellung der Parteien richtet (sog. Prinzip der subjektiven Äquivalenz).[343] Vor allem bei freundschaftlichen, verwandtschaftlichen oder familiären Beziehungen besteht daher ein weiter Spielraum.[344] Die Motivation, einem Freund einen Gegenstand billiger als einem Dritten zu verkaufen, macht das Geschäft nicht zur Schenkung, wenn es als entgeltlich gewollt ist.[345] Bei einem auffallend groben Missverhältnis zwischen Zuwendung und Gegenleistung soll nach der Rechtsprechung indes eine Beweiserleichterung in Form der allgemeinen Lebenserfahrung dafür eintreten, dass die Parteien das Missverhältnis erkannt und sich über die (teilweise) Unentgeltlichkeit einig waren.[346]

---

339 BGH, NJW-RR 1990, 386 (386); BGH, NJW 1992, 238 (239); Gehrlein, in: Bamberger/Roth, BGB, § 516 Rn. 7; Mansel, in: Jauernig, BGB, § 516 Rn. 8; Koch, in: MünchKomm, BGB, § 516 Rn. 25; Mühl/Teichmann, in: Soergel, BGB, § 516 Rn. 12; Wimmer-Leonhardt, in: Staudinger, BGB, § 516 Rn. 31; Heinle, FamRZ 1992, 1256 (1256).

340 BGH, NJW 1984, 797 (797).

341 BGH, NJW-RR 1996, 754 (755); OLG Köln, NJW-RR 1999, 239 (239); Gehrlein, in: Bamberger/Roth, BGB, § 516 Rn. 8; Hoppenz, in: PWW, BGB, § 516 Rn. 16; Wimmer-Leonhardt, in: Staudinger, BGB, § 516 Rn. 31; Schlechtriem, Schuldrecht BT, Rn. 188.

342 Mezger, in: RGRK, BGB, § 516 Rn. 9; Wimmer-Leonhardt, in: Staudinger, BGB, § 516 Rn. 33.

343 BGH, WM 1956, 353 (354); BGH WM 1990, 1790 (1791); Koch, in: MünchKomm, BGB, § 516 Rn. 24 f.

344 RGZ 163, 257 (259); BGH, FamRZ 1970, 376 (378).

345 OLG Koblenz, FamRZ 2002, 1029 (1029); Wimmer-Leonhardt, in: Staudinger, BGB, § 516 Rn. 58.

346 BGHZ 59, 132 (136); BGHZ 82, 274 (278); BGHZ 116, 178 (183); zustimmend: Kollhosser, in: MünchKomm, BGB, 4. Aufl., § 516 Rn. 27.

(2) Formen der Verknüpfung von Leistung und Gegenleistung

Hinsichtlich möglicher, die Entgeltlichkeit begründender, Verknüpfungen von Leistung und Gegenleistung kann zwischen synallagmatischen, konditionalen und kausalen Verknüpfungen unterschieden werden. Diese im Einzelfall oft schwierige Abgrenzung ist für die Wahl des einschlägigen Rückabwicklungstatbestands von Bedeutung.

Eine synallagmatische liegt dann vor, wenn in einem gegenseitigen Vertrag Leistung und Gegenleistung in einem wechselseitigen Abhängigkeitsverhältnis versprochen werden.[347] Insoweit ist insbesondere zu beachten, dass auch der Vergleich nach § 779 BGB ein gegenseitiger Vertrag und damit keine Schenkung ist.[348] An der Unentgeltlichkeit fehlt es ferner, wenn Leistung und Gegenleistung konditional verknüpft sind. Erforderlich hierfür ist eine finale Verknüpfung, durch die die Verpflichtung zur Leistung an die Erbringung der Gegenleistung geknüpft und diese somit Wirksamkeitsvoraussetzung für die eigene Pflicht ist.[349] Es ist daher für eine konditionale Verknüpfung nicht ausreichend, wenn eine Zuwendung unter der Bedingung versprochen wird, dass ein anderer seinerseits leistet.[350] Eine in der Praxis eher seltene, konditionale Verknüpfung liegt etwa dann vor, wenn einem Angestellten eine einmalige Geldleistung oder Rente für den Fall versprochen wird, dass er das Anstellungsverhältnis bis zu einem gewissen Zeitpunkt fortsetzt.[351] Ebenso, wenn der Bruder seiner Schwester eine Rente unter der erstrebten Bedingung verspricht, dass ihn der Vater dafür zum Erben einsetzt.[352] Eine konditionale Verknüpfung besteht auch im Falle der Auslobung nach § 657 BGB.[353]

Schließlich ist die Unentgeltlichkeit bei Vorliegen einer kausalen Verknüpfung ausgeschlossen. Hierbei handelt es sich um Vorleistungs- oder Veranlassungsfälle, bei denen die Gegenleistung nicht Wirksamkeitsvoraussetzung ist, sondern der Leistung als Zweck zugrunde gelegt wird und deren Geschäftsgrundlage ist.[354] Solch kausale Zuwendungen sollen bspw. bei einer Zuwendung vorliegen, die zur Herbeiführung eines erbrechtlichen Ausgleichs dienen soll.[355] Gleiches gilt für die Zuwendung eines

347 BGH, WM 1956, 353 (353 f.); BGH, DNotZ 1993, 521 (522); vgl. auch: Wimmer-Leonhardt, in: Staudinger, BGB, § 516 Rn. 33.

348 Koch, in: MünchKomm, BGB, § 516 Rn. 27; Wimmer-Leonhardt, in: Staudinger, BGB, § 516 Rn. 33.

349 RGZ 163, 348 (356); Koch, in: MünchKomm, BGB, § 516 Rn. 27; Wimmer-Leonhardt, in: Staudinger, BGB, § 516 Rn. 33; Keim, FamRZ 2004, 1081 (1082).

350 Koch, in: MünchKomm, BGB, § 516 Rn. 27; Wimmer-Leonhardt, in: Staudinger, BGB, § 516 Rn. 33.

351 RG, JW 1920, 139 (139).

352 BGH, NJW 1951, 268 (268).

353 Keim, FamRZ 2004, 1081 (1082).

354 Gehrlein, in: Bamberger/Roth, BGB, § 516 Rn. 7; Koch, in: MünchKomm, BGB, § 516 Rn. 28; Wimmer-Leonhardt, in: Staudinger, BGB, § 516 Rn. 33; Keim, FamRZ 2004, 1081 (1082).

355 BGH, FamRZ 1970, 376 (377 f.).

Geldbetrags durch die Mutter an ihre Tochter in der Erwartung, dass diese die pflegebedürftige Mutter in ihr Haus aufnehmen und betreuen werde.[356]

Hinsichtlich des Zeitpunkts der Verknüpfung ist zu beachten, dass eine solche auch nachträglich durch Vergütung der Leistung erfolgen kann[357], so etwa bei Erbringung einer Leistung mit der erkennbaren Absicht, unter bestimmten Voraussetzungen eine Entlohnung zu fordern. In diesem Fall stellt die Leistung die vorweggenommene Erfüllung eines noch abzuschließenden Vertrages dar[358], der durch nachträgliche Entlohnung zustande kommt[359]. Eine nachträgliche Verknüpfung kann im Rahmen der Privatautonomie auch dadurch hergestellt werden, dass eine zunächst als Schenkung erbrachte Leistung durch Einbeziehung einer nachträglichen Zuwendung in einen entgeltlichen Vertrag umgewandelt wird.[360]

(3) Sonderfall: Unbenannte Zuwendungen unter Ehegatten

Trotz objektiv fehlender Gegenleistung soll bei unentgeltlichen Zuwendungen unter Ehegatten nach überwiegender Auffassung grundsätzlich keine Schenkung vorliegen.[361] Unentgeltliche Zuwendungen unter Ehegatten dienten regelmäßig der Verwirklichung, Ausgestaltung, Erhaltung oder Sicherung der Ehe, womit es an der Einigung über die Unentgeltlichkeit fehle. Vielmehr bilde der Fortbestand der Ehe die Geschäftsgrundlage der Zuwendung, so dass in dieser Hinsicht eine kausale Verknüpfung vorliege.[362] Einschränkend sei jedoch zu beachten, dass nicht jede Zuwendung unter Ehegatten, die ohne Gegenleistung erfolge, eine unbenannte (bzw. ehebezogene) Zuwendung in dem oben genannten Sinne darstelle, sondern dass stets festgestellt werde müsse, ob die Zuwendung tatsächlich der ehelichen Lebensgemeinschaft dienen sol-

---

356 OLG Hamm, NJW-RR 1993, 1412 (1412).

357 Kollhosser, in: MünchKomm, BGB, 4. Aufl., § 516 Rn. 20.

358 OLG Hamm, NJW-RR 1995, 567 (568); OLG Düsseldorf, DNotZ 1996, 652 (653); OLG Düsseldorf, NJW-RR 2001, 1518 (1519); Wimmer-Leonhardt, in: Staudinger, BGB, § 516 Rn. 45.

359 OLG Düsseldorf, FamRZ 1997, 1110 (1111); Mezger, in: RGRK, BGB, § 516 Rn. 8; Mühl/Teichmann, in: Soergel, BGB, § 516 Rn. 18.

360 BGH, NJW-RR 1986, 164 (164); BGH, ZErb 2007, 222 (223); RGZ 72, 188 (191 f.); RGZ 75, 325 (327); Herrmann, in: Erman, BGB, § 516 Rn. 9; Koch, in: MünchKomm, BGB, § 516 Rn. 30; Mühl/Teichmann, in: Soergel, BGB, § 516 Rn. 19; Schindler, ZErb 2004, 46 (48); Wagner, ZErb 2003, 112 (113); a.A. BFH, NJW 1988, 3174 (3174 f.); OLG Frankfurt, FamRZ 1981, 778 (779); Wimmer-Leonhardt, in: Staudinger, BGB, § 516 Rn. 44; Keim, FamRZ 2004, 1081 (1084).

361 BGHZ 116, 178 (180); BGHZ 127, 48 (52); BGH, FamRZ 1998, 669 (670); Mansel, in: Jauernig, BGB, § 516 Rn. 20; Mühl/Teichmann, in: Soergel, BGB, § 516, Rn. 28; vgl. zur Kritik an dieser Auffassung: Herrmann, in: Erman, BGB, § 516 Rn. 13a; Koch, FamRZ 1995, 321 (322 f.); Seif, FamRZ 2000, 1193 ff.; Meinicke, ZEV 1995, 81 (81).

362 Gehrlein, in: Bamberger/Roth, BGB, § 516 Rn. 9.

le.[363] Eine Schenkung könne dagegen stets dann vorliegen, wenn die Ehegatten „ehefremde“ Zwecke verfolgten.[364]

Hinsichtlich der Rechtsfolgen, die durch die oben genannte Behandlung von unentgeltlichen Zuwendungen unter Ehegatten eintreten, ist zwischen Innen- und Außenverhältnis zu trennen.

Bei den Rechtsfolgen im Innenverhältnis ist ferner nach der Art des Güterstandes zu differenzieren. Im Falle des Güterstands der Zugewinngemeinschaft erfolgt die interne Abwicklung ehebezogener Zuwendung bei einer Scheidung grundsätzlich im Rahmen der güterrechtlichen Auseinandersetzung.[365] Dagegen soll die Regelung über den Fortfall der Geschäftsgrundlage nach § 313 BGB nur ausnahmsweise Anwendung finden, nämlich dann, wenn das Ergebnis des Zugewinnausgleichs schlechthin unangemessen und für den Geber unzumutbar ist.[366] Dies kann namentlich der Fall sein, wenn der Geber ein besonderes Interesse an der Rückgewähr gerade des zugewendeten Gegenstandes hat und ein bloßer Wertausgleich insoweit nicht ausreicht.[367] Die Anwendung des § 313 BGB ist ferner dann denkbar, wenn der Zugewinnausgleich versagt und der Zuwendende in Not gerät, so dass er eine Schenkung nach § 528 BGB widerrufen könnte.[368]

Für den Fall, dass der Güterstand der Gütertrennung durch Scheidung endet, sieht das BGB keine speziellen familienrechtlichen Ausgleichsvorschriften vor. Die allgemeinen schuldrechtlichen Bestimmungen, wie insbesondere § 313 BGB, sind mithin von besonderer Bedeutung, da sie hier nicht nur subsidiär eingreifen.[369] Mit dieser Maßgabe soll im Übrigen das Gleiche gelten wie beim Güterstand der Zugewinngemeinschaft. Der Zuwendende hat nur dann einen Ausgleichsanspruch, wenn ihm die Aufrechterhaltung der durch die Zuwendung an den Ehegatten entstandenen Vermögensverhältnisse unzumutbar ist, wobei eine Gesamtschau vorzunehmen ist, bei der insbesondere die Dauer der Ehe, das Alter der Ehegatten im Zeitpunkt der Scheidung sowie die Höhe der eingetretenen und noch vorhandenen Vermögensmehrung zu berücksichtigen sind.[370]

---

363 BGH, NJW 2006, 2330 (2330).

364 BGHZ 116, 178 (182); OLG Düsseldorf, NJW-RR 1997, 1497 (1497 f.).

365 Gehrlein, in: Bamberger/Roth, BGB, § 516 Rn. 10; Mühl/Teichmann, in: Soergel, BGB, § 516 Rn. 29.

366 BGHZ 82, 227 (236 f.); BGHZ 115, 132 (136); BGHZ 119, 392 (396).

367 BGHZ 115, 132 (138 f.).

368 Medicus, Bürgerliches Recht, Rn. 690 a (S. 440).

369 Gehrlein, in: Bamberger/Roth, BGB, § 516 Rn. 10; Koch, in: MünchKomm, BGB, § 516 Rn. 72; Mühl/Teichmann, in: Soergel, BGB, § 516 Rn. 31.

370 BGH NJW 1982, 2236 (2237); BGH NJW 1989, 1986 (1987); OLG Düsseldorf NJW-RR 1996, 467 (468).

Zum Schutz von Gläubigern (vgl. § 3 Abs. 1 AnfG, § 134 InsO[371], § 822 BGB[372]), Vertragserben (§ 2287 BGB) und Pflichtteilsberechtigten (§ 2325 BGB)[373] werden unbenannte Zuwendungen unter Ehegatten im Außenverhältnis dagegen wie Schenkungen behandelt. Schließlich fallen die Zuwendungen unter § 7 Abs. 1 Nr. 1 ErbStG und unterliegen damit der Schenkungssteuerpflicht.[374]

(4) Sonderfall: Unbenannte Zuwendungen innerhalb nichtehelicher Lebensgemeinschaften

Ebenso wie im Fall der Gütertrennung stehen bei nichtehelichen Lebensgemeinschaften keine güterrechtlichen Auseinandersetzungsvorschriften zur Verfügung. Daher wird gefordert, insoweit die Regelung des § 313 BGB anzuwenden, wenn zum Zeitpunkt der Zuwendung gemeinsame Erwartung war, dass die Gemeinschaft fortbesteht.[375] Demgegenüber wendet der BGH die Grundsätze über den Wegfall der Geschäftsgrundlage hier nicht an, sondern tendiert im Hinblick auf die Anschaffung gemeinsamer Vermögenswerte zu einer Auseinandersetzung nach den §§ 730 ff. BGB.[376]

cc) Abgrenzung

Die oben genannten Fälle der Entgeltlichkeit aufgrund rechtlicher Verknüpfung sind schließlich von der Zweckschenkung sowie von der Schenkung unter Auflage abzugrenzen, bei denen von Unentgeltlichkeit auszugehen ist.

(1) Die remuneratorische Schenkung (Belohnende Schenkung)

Wie bereits dargestellt, kann eine rechtliche Verknüpfung von Leistung und Gegenleistung auch im Nachhinein erfolgen. Hierbei ist jedoch stets zu prüfen, ob eine solche nachträglich versprochene oder vollzogene Zuwendung tatsächlich als Entlohnung gedacht ist, oder aber als eine Belohnung, womit sich die Handlung als remuneratorische Schenkung darstellt. Für die erforderliche Abgrenzung ist wiederum kein objektiver Maßstab anzulegen, sondern auf den Parteiwillen und insbesondere den Willen des Zuwendenden abzustellen.[377] Eine belohnende Schenkung kann etwa in dem Zahlungsversprechen an den Lebensgefährten liegen, der einige Dienste geleistet hat, oder

371 BGHZ 113, 98 (102 f.); BGHZ 113, 393 (396); BGH NJW-RR 1993, 1373 (1381).

372 BGH NJW 2000, 134 (134).

373 BGHZ 116, 167 (174); Koch, in: MünchKomm, BGB, § 516 Rn. 66.

374 BFH ZEV 1994, 188 (188); Koch, in: MünchKomm, BGB, § 516 Rn. 67; Mühl/Teichmann, in: Soergel, BGB, § 516 Rn. 30.

375 OLG Karlsruhe, NJW-RR 1994, 1157 (1158); OLG Frankfurt aM, ZEV 1999, 404 (405); Kollhosser, in: MünchKomm, BGB, 4. Aufl., § 516 Rn. 85; Mühl/Teichmann, in: Soergel, BGB, § 516 Rn. 33.

376 BGHZ 84, 388 (390); BGH, NJW 1992, 906 (906 f.); BGH, NJW-RR 1993, 774 (775).

377 Dendorfer, in: AnwaltKomm-BGB, § 516 Rn. 46; Koch, in: MünchKomm, BGB, § 516 Rn. 31.

im Zahlungsversprechen der Erben an die Lebensgefährtin des Erblassers.[378] Dementsprechend ist auch eine Zuwendung, mit der einem Ehegatten die Anerkennung für langjährig geleistete Haushaltsdienste gewährt wird, grundsätzlich nicht als Ent-, sondern als Belohnung und mithin als remuneratorische Schenkung einzustufen.[379] Anders kann es freilich liegen, wenn einem Ehegatten für langjährige Dienste eine zusätzliche Vergütung versprochen wird, die über das jeweils Angemessene deutlich hinausgeht.[380]

Freiwillige Zusatzleistungen des Arbeitgebers an den Arbeitnehmer, wie Prämien, Gratifikationen oder Ruhegeldzusagen, stellen nach allgemeiner Ansicht regelmäßig keine Schenkung dar, da jedenfalls eine kausale Verknüpfung mit der bisherigen, gegebenenfalls auch der zukünftigen Tätigkeit besteht.[381] Eine unentgeltliche Zuwendung kann jedoch vorliegen, wenn die Leistung nach dem Willen der Parteien aus dem Leistungszusammenhang des Arbeitsverhältnisses herausgenommen wird, wie bei einer einmaligen Jubiläumszuwendung.[382]

(2) Die Zweckschenkung

Ebenso wie beim Vorliegen einer kausalen Verknüpfung will der Zuwendende den Empfänger im Falle der Zweckschenkung zu einer Leistung veranlassen, auf die er im Zeitpunkt der Erbringung seiner Leistung keinen Anspruch hat.[383] Der Unterschied zwischen beiden besteht darin, dass die Leistung bei der kausalen Verknüpfung als Gegenleistung erwartet wird, während dies bei der Zweckschenkung nicht der Fall ist.[384] Entscheidend für die Abgrenzung ist der Parteiwille und hierbei insbesondere das Interesse des Zuwendenden an der Zweckerreichung. Je größer dieses Interesse ist,

---

378 OLG Düsseldorf, OLGZ 1978, 323 (324); BAGE 7, 353 (355 f.); Koch, in: MünchKomm, BGB, § 516 Rn. 31.

379 Koch, in: MünchKomm, BGB, § 516 Rn. 32; E. Koch, FamRZ 1995, 321 (323).

380 BGH, NJW-RR 1989, 706 (706 f.); Koch, in: MünchKomm, BGB § 516 Rn. 32.

381 BFH, NJW 1967, 1776 (1776); OLG München, FamRZ 1995, 1069 (1069); Dendorfer, in: AnwaltKomm-BGB, § 516 Rn. 47; Herrmann, in: Erman, BGB, § 516 Rn. 12; Koch, in: MünchKomm, BGB § 516 Rn. 33; Hoppenz, in: PWW, BGB, § 516 Rn. 20; Mühl/Teichmann, in: Soergel, BGB, § 516 Rn. 26; Weidenkaff, in: Palandt, BGB, § 516 Rn. 9a; Medicus, Bürgerliches Recht, Rn. 379 (S. 214).

382 BFH, NJW 1967, 1776 (1776); OLG München, FamRZ 1995, 1069 (1069); Dendorfer, in: AnwaltKomm-BGB, § 516 Rn. 47; Gehrlein, in: Bamberger/Roth, BGB, § 516 Rn. 8; Mühl/Teichmann, in: Soergel, BGB, § 516 Rn. 26. Zu beachten ist, dass sie dennoch der Einkommenssteuer unterliegen (§ 19 I Nr. 1 EStG), wenn sie durch das individuelle Arbeitsverhältnis jedenfalls veranlasst sind und keine gesetzliche Ausnahme eingreift; vgl. BFH, BB 1985, 1644 ff.

383 Koch, in: MünchKomm, BGB, § 516 Rn. 29; Keim, FamRZ 2004, 1081 (1082).

384 Koch, in: MünchKomm, BGB, § 516 Rn. 29; Wimmer-Leonhardt, in: Staudinger, BGB, § 516 Rn. 34.

desto mehr spricht für eine kausale Verknüpfung und damit für Entgeltlichkeit.[385] Verpflichtungen oder Leistungen des Empfängers der Zuwendung kommen dabei insbesondere dann als Gegenleistung in Betracht, wenn sie nicht nur geringfügig und kurzzeitig zu erbringen sind.[386]

(3) Die Schenkung unter Auflage

Weiterhin muss in dieser Hinsicht eine Abgrenzung der Schenkung unter Auflage nach §§ 525 ff. BGB gegenüber einer rechtlichen Verknüpfung vorgenommen werden, welche die Unentgeltlichkeit ausschließt. Die Schenkung unter Auflage stellt eine Schenkung mit der zusätzlichen Nebenabrede dar, dass der Beschenkte zu einer Leistung verpflichtet sein soll, wenn er in den Genuss des Schenkungsgegenstandes kommt.[387] Unerheblich ist, welcher Art und zu wessen Vorteil die Leistung des Beschenkten ist.[388] Die Auflage braucht auch nicht Nebenzweck der Schenkung zu sein, sondern kann durchaus deren Hauptmotiv darstellen, sofern nur die Tatbestandsmerkmale der Schenkung vorliegen.[389]

Im Fall der Schenkung unter Auflage erhält der Schenker also einen einklagbaren Anspruch gegen den Beschenkten. Dieser Anspruch auf Vollziehung der Auflage ist, soweit die Parteien nicht Abweichendes vereinbart haben, durch den Schenkungsvollzug aufschiebend bedingt.[390] Der vorleistungspflichtige Schenker hat mithin kein Zurückbehaltungsrecht, kann die Auflagenleistung aber unter Umständen durch eine einstweilige Verfügung nach §§ 935 ff. ZPO sichern.[391] Forderungsberechtigt sind der

---

385 Koch, in: MünchKomm, BGB, § 516 Rn. 29; Wimmer-Leonhardt, in: Staudinger, BGB, § 516 Rn. 34; a.A. Keim, FamRZ 2004 1081 (1082 f.), der eine rein am Parteiwillen orientierte Abgrenzung ablehnt und insbesondere dann von Zweckschenkung ausgehen will, wenn sie dem Interesse des Beschenkten dient und die gerichtliche Durchsetzung aufgrund der Art der Zweckbestimmung ausgeschlossen ist, wie bspw. die Wiederherstellung der ehelichen Lebensgemeinschaft.

386 Koch, in: MünchKomm, BGB § 516 Rn. 29; Wimmer-Leonhardt, in: Staudinger, BGB, § 516 Rn. 34.

387 Kollhosser, in: MünchKomm, BGB, 4. Auflage, § 525 Rn. 1.

388 BGH, FamRZ 1970, 185 (186); Gehrlein, in: Bamberger/Roth, BGB, § 525, Rn. 2; Mansel, in: Jauernig, BGB, § 525 Rn. 1; Weidenkaff, in: Palandt, BGB, § 525 Rn. 1; Mezger, in: RGRK, BGB, § 525 Rn. 2.

389 RGZ 60, 238 (240); Gehrlein, in: Bamberger/Roth, BGB, § 525 Rn. 2; Mansel, in: Jauernig, BGB, § 525 Rn. 1; Wimmer-Leonhardt, in: Staudinger, BGB, § 525 Rn. 7.

390 Gehrlein, in: Bamberger/Roth, BGB, § 525, Rn. 6; Mezger, in: RGRK, BGB, § 525 Rn. 8; Wimmer-Leonhardt, in: Staudinger, BGB, § 525 Rn. 34; a.A. Herrmann, in: Erman, BGB, § 525 Rn. 4.

391 Gehrlein, in: Bamberger/Roth, BGB, § 525 Rn. 5; Herrmann, in: Erman, BGB, § 525 Rn. 4; Mansel, in: Jauernig, BGB, § 525 Rn. 6; Koch, in: MünchKomm, BGB, § 525 Rn. 13.

Schenker oder dessen Rechtsnachfolger sowie gegebenenfalls ein Dritter, zu dessen Gunsten die Auflage vereinbart wurde (vgl. §§ 328, 330 S. 2 BGB).[392]

Im Gegensatz zum entgeltlichen Vertrag stehen Leistung und Gegenleistung bei der Schenkung unter Auflage nach dem Willen der Vertragsparteien im Verhältnis von Hauptsache und Nebensache.[393] Dagegen liegt ein entgeltlicher Vertrag vor, wenn die Parteien Leistung und Gegenleistung im Sinne wechselseitiger Abhängigkeit und eines Ausgleichs wollen.[394] Von einer Auflage ist dann auszugehen, wenn die Leistung des Zuwendungsempfängers aus dem Wert zu erbringen ist, während Entgeltlichkeit vorliegt, wenn die Gegenleistung aus dem Vermögen allgemein erbracht werden soll.[395] Der Wert der Leistungen stellt insoweit ein Indiz dar. Allerdings ist zu beachten, dass, wie sich aus § 526 BGB ergibt, eine Auflagenschenkung bei Gleichwertigkeit nicht ausgeschlossen ist.[396] Ausreichend ist vielmehr, wenn dem Beschenkten nach dem Parteiwillen nach Erfüllung der Auflage eine geringe Bereicherung, die z.B. in einem Zeitvorteil bestehen kann, verbleibt.[397]

Der Unterschied zwischen Schenkung unter Auflage und Zweckschenkung besteht darin, dass bei der Zweckschenkung keine einklagbare Verpflichtung des Beschenkten begründet wird. Die Zweckerreichung ist vielmehr lediglich Geschäftsgrundlage des Schenkungsvertrages. Sie bildet also insbesondere dann die passende Vertragsform, wenn die klagweise Durchsetzung aufgrund des Inhalts der Zweckbestimmung ausgeschlossen ist.[398] Für die weitere Abgrenzung ist der Parteiwille maßgeblich. Dabei ist

---

392 Gehrlein, in: Bamberger/Roth, BGB, § 525 Rn. 6; Mansel, in: Jauernig, BGB, § 525 Rn. 7; Wimmer-Leonhardt, in: Staudinger, BGB, § 525 Rn. 38 f.

393 Wimmer-Leonhardt, in: Staudinger, BGB, § 525 Rn. 24.

394 Wimmer-Leonhardt, in: Staudinger, BGB, § 525 Rn. 24.

395 BGH, NJW 1982, 818 (819); Dendorfer, in: AnwaltKomm-BGB, § 516 Rn. 10; Gehrlein, in: Bamberger/Roth, BGB, § 525 Rn. 3; Mansel, in: Jauernig, BGB, § 525 Rn. 2; Mezger, in: RGRK, BGB, § 525 Rn. 8; Mühl/Teichmann, in: Soergel, BGB, § 525 Rn. 9; Wimmer-Leonhardt, in: Staudinger, BGB, § 525 Rn. 8; Esser/Weyers, Schuldrecht II/1, § 12 IV 1 (S. 127); Medicus, Bürgerliches Recht, Rn. 375 (S. 213); Jülicher, ZEV 1998, 201 (205); a.A. Coing, NJW 1949, 260 ff., der danach abgrenzen will, ob der Empfänger die Leistung gegenständlich aus dem ihm zugewandten Gegenstand erbringen soll.

396 Gehrlein, in: Bamberger/Roth, BGB, § 525 Rn. 3; Mansel, in: Jauernig, BGB, § 525 Rn. 2; Koch, in: MünchKomm, BGB, § 525 Rn. 6; Wimmer-Leonhardt, in: Staudinger, BGB, § 525 Rn. 2.

397 Mot. II, S. 292; RGZ 60, 238 (240); RGZ 105, 305 (308); Gehrlein, in: Bamberger/Roth, BGB, § 525 Rn. 3; Herrmann, in: Erman, BGB, § 525 Rn. 3; Wimmer-Leonhardt, in: Staudinger, BGB, § 525 Rn. 2.

398 Herrmann, in: Erman, BGB, § 525 Rn. 6.

davon auszugehen, dass ein starkes Interesse des Schenkers oder eines Dritten für das Vorliegen einer Auflagenschenkung spricht.[399]

(4) Die gemischte Schenkung

Eine weitere Sonderform stellt schließlich die gemischte Schenkung (*negotium mixtum cum donatione*) dar. Diese bezeichnet einen einheitlichen Austauschvertrag, bei dem Leistung und Gegenleistung objektiv in einem Missverhältnis stehen und zwischen den Parteien Einigkeit darüber besteht, dass der Mehrwert dem Empfänger unentgeltlich zukommen soll.[400] Soweit dagegen die höherwertige Zuwendung real teilbar ist, liegt keine gemischte Schenkung vor; vielmehr handelt es sich dann um zwei selbstständige Verträge.[401] Zu beachten ist wiederum, dass es den Parteien freisteht, eine geringwertige Leistung als gleichwertig anzusehen.[402]

Jedoch indiziert das Vorliegen eines objektiven Missverhältnisses häufig das Vorliegen einer gemischten Schenkung.[403] Insoweit liegt diese nach Ansicht der Rechtsprechung regelmäßig dann vor, wenn der Wert der Gegenleistung weniger als die Hälfte des effektiven Werts der Zuwendung beträgt.[404] Soweit Interessen Dritter, wie eines Pflichtteilsberechtigten, berührt sind, ist demjenigen, der sich auf das Vorliegen einer gemischten Schenkung beruft, eine Beweiserleichterung in Form einer tatsächlichen Vermutung zu gewähren.[405]

Die gemischte Schenkung ist insbesondere von der Schenkung unter Auflage abzugrenzen. Während der Empfänger bei der gemischten Schenkung hinsichtlich eines bestimmten wertmäßigen Teils der Zuwendung eine Gegenleistung erbringt, erfolgt bei der Schenkung unter Auflage lediglich eine Leistung aus dem Wert des Zuwendungsgegenstandes. Geschenkt ist in diesem Fall der ganze Zuwendungsgegenstand

399 Gehrlein, in: Bamberger/Roth, BGB, § 525 Rn. 7; Herrmann, in: Erman, BGB, § 525 R. 6; Koch, in: MünchKomm, BGB, § 525 Rn. 8; Mühl/Teichmann, in: Soergel, BGB, § 525 Rn. 6; Esser/Weyers, Schuldrecht II/1, § 12 IV 1 (S. 128).

400 BGHZ 59, 132 (135); BGHZ 82, 274 (281); RGZ 163, 259 (260); BayObLGZ 1996, 20 (26); OLG Düsseldorf, NJW-RR 2001, 1518 (1519); Dendorfer, in: AnwaltKomm-BGB, § 516 Rn. 48; Gehrlein, in: Bamberger/Roth, BGB, § 516 Rn. 12; Herrmann, in: Erman, BGB, § 516 Rn. 16; Mansel, in: Jauernig, BGB, § 516 Rn. 17; Medicus, Bürgerliches Recht, Rn. 380 (S. 215).

401 Gehrlein, in: Bamberger/Roth, BGB, § 516 Rn. 12; Herrmann, in: Ermann, BGB, § 516 Rn. 16; Koch, in: MünchKomm, BGB, § 516 Rn. 34; Weidenkaff, in: Palandt, BGB, § 516 Rn. 13; Wimmer-Leonhardt, in: Staudinger, BGB, § 516 Rn. 201.

402 BGH, WM 1956, 353 (354); BGH, WM 1990, 1791 (1792).

403 BGH, NJW 1995, 1349 (1350); Gehrlein, in: Bamberger/Roth, BGB, § 516 Rn. 12; Mühl/Teichmann, in: Soergel, BGB, § 516 Rn. 21.

404 BGHZ 140, 275 (275).

405 BGHZ 136, 178 (183); BGH, NJW 1987, 890 (892); OLGR Frankfurt 2005, 611 (612); Mansel, in: Jauernig, BGB, § 516 Rn. 17.

und nicht lediglich der Teil, der nach Erfüllung der Auflage verbleibt.[406] Eine gemischte Schenkung ist regelmäßig dann anzunehmen, wenn der Empfänger aus seinem übrigen Vermögen Aufwendungen machen muss, um im Austausch dafür die Zuwendung zu erlangen.[407] Entscheidendes Abgrenzungskriterium zwischen gemischter Schenkung und Schenkung unter Auflage ist der durch Vertragsauslegung zu ermittelnde Wille der Vertragsparteien.[408]

Die rechtliche Behandlung der gemischten Schenkung ist äußerst umstritten. Die wesentlichen in diesem Zusammenhang vertretenen Ansichten werden hier nur kurz dargestellt werden und im späteren Verlauf immer dort vertieft, wo sie zu unterschiedlichen Ergebnissen führen. Nach der Einheitstheorie sind bei der gemischten Schenkung verschiedene Vertragstypen dergestalt verschmolzen, dass eine Aufteilung nicht möglich ist. Es sind daher grundsätzlich die Vorschriften aller betroffenen Verträge kumulativ anzuwenden. Kommt es insoweit zur Kollision zweier Normen, so entscheidet der Vertragszweck und der Parteiwille, welcher Vertragstyp eine interessengerechte Norm bereithält.[409] Dagegen behandelt die insbesondere vom Reichsgericht vertretene Trennungstheorie das Rechtsgeschäft nur insoweit nach schenkungsrechtlichen Normen, als die Vertragsparteien es unentgeltlich wollten. Der Vertrag wird mithin in einen entgeltlichen und einen unentgeltlichen Teil zerlegt, worauf auf jeden Teil gesondert dessen typische Regeln angewandt werden.[410] Das Reichsgericht begründete die soeben geschilderte rechtliche Behandlung der gemischten Schenkung damit, dass dies regelmäßig dem Parteiwillen entspreche.[411]

Demgegenüber vertritt die heute herrschende Meinung die Zweckwürdigungstheorie, die bei der rechtlichen Behandlung der gemischten Schenkung den durch den Vertragszweck objektivierten Parteiwillen als entscheidendes Kriterium bei der Frage, welche Bestimmungen anzuwenden sind, heranziehen will.[412] Es ist nach dieser Auffassung also zu untersuchen, ob entweder der unentgeltliche oder der entgeltliche Teil überwiegt, mit der Konsequenz, dass die Bestimmungen des überwiegenden Teils auf den ganzen Vertrag anzuwenden sind, oder ob sich das Geschäft in einen entgeltlichen

---

406 Mot. II, S. 299; BFH, NJW 1977, 456 (456); RGZ 105, 305 (308); RGZ 60, 238 (241 f.); Dendorfer, in: AnwaltKomm-BGB, § 516 Rn. 9; Kollhosser, in: MünchKomm, BGB, 4. Aufl., § 525 Rn. 3; Mühl/Teichmann, in: Soergel, BGB, § 525 Rn. 8.

407 Herrmann, in: Erman, BGB, § 525 Rn. 6.

408 Herrmann, in: Erman, BGB, § 525 Rn. 6.

409 Oertmann, BGB-Kommentar, § 516 Anm. 9d; v. Tuhr, AT II 2, § 72 (S. 77 ff.).

410 RGZ 54, 107 (110); RGZ 148, 236 (240 f.); RGZ 163, 257 (260); ebenso, soweit es sich um teilbare Leistung handelt: Wimmer-Leonhardt, in: Staudinger, BGB, § 516 Rn. 209.

411 RGZ 148, 236 (240 f.).

412 Gehrlein, in: Bamberger/Roth, BGB, § 516 Rn. 13; Koch, in: MünchKomm, BGB, § 516 Rn. 39; Weidenkaff, in: Palandt, BGB, § 516 Rn. 14; Esser/Weyers, Schuldrecht II/1, § 12 I 3 (S. 123 f.); im Ergebnis auch: BGHZ 3, 206 (211); BGHZ 30 120 (121 f.); BGHZ 112, 40 (53).

und einen unentgeltlichen Teil zerlegen lässt, so dass die beiden Teile nach den jeweils einschlägigen Normen beurteilt werden können.

3. Die Formbedürftigkeit des Schenkungsversprechens, § 518 BGB

Liegt nach Prüfung der genannten Voraussetzungen eine Schenkung vor, so ist zu beachten, dass zu deren Wirksamkeit unter Umständen die Einhaltung der notariellen Form notwendig ist. Dies ist gemäß § 518 Abs. 1 BGB dann der Fall, wenn es sich um ein nicht sofort vollzogenes Schenkungsversprechen handelt. Das Gleiche gilt gemäß § 518 Abs. 1 S. 2 BGB für schenkweise erteilte abstrakte Schuldversprechen oder Schuldanerkenntnisse i. S. d. §§ 780, 781 BGB. Durch die in diesen Fällen bestehende Beurkundungspflicht soll der Schenker vor Gefahren bewahrt werden, die unbedachte schenkweise Zuwendungen mit sich bringen. Die Norm dient damit in erster Linie dem Schutz vor Übereilung.[413] Daneben bezweckt sie die Klarstellung der Ernstlichkeit des Schenkungswillens sowie die Vermeidung einer Umgehung der für Verfügungen von Todes wegen bestehenden Formvorschriften.[414]

a) Umfang, Inhalt und Reichweite des Formerfordernisses

Die Regelung des § 518 Abs. 1 S. 1 BGB setzt einen einseitig verpflichtenden Vertrag voraus, der dadurch zustande kommt, dass der zu Beschenkende das durch das Schenkungsversprechen abgegebene Angebot des Schenkers annimmt. Die Annahme des Schenkungsversprechens unterliegt dabei nicht der Beurkundungspflicht des § 518 BGB und kann somit konkludent und formfrei erfolgen, wenn nicht andere Formerfordernisse den gesamten Vertrag erfassen.[415] Um in dieser Hinsicht terminologische Missverständnisse zu vermeiden, ist es sinnvoll, den auf dem Schenkungsversprechen beruhenden und noch zu vollziehenden Vertrag als Versprechensschenkung zu bezeichnen.[416] Der Schenkungsgegenstand bei der Versprechensschenkung ist die durch

413 Motive II, S. 293; BGHZ 82, 354 (359); Gehrlein, in: Bamberger/Roth, BGB, § 518 Rn. 1; Herrmann, in: Erman, BGB, § 518 Rn. 1; Saenger, in: Hk-BGB, § 518 Rn. 1; Weidenkaff, in: Palandt, BGB, § 518 Rn. 1a; Mühl/Teichmann, in: Soergel, BGB, § 518 Rn. 1.

414 Motive II, S 293; Gehrlein, in: Bamberger/Roth, BGB, § 518 Rn. 1; Koch, in: MünchKomm, BGB, § 518 Rn. 1; Wimmer-Leonhardt, in: Staudinger, BGB, § 518 Rn. 2.

415 Motive II, S. 293; RGZ 98, 124 (127); Gehrlein, in: Bamberger/Roth, BGB, § 518 Rn. 2; Herrmann, in: Erman, § 518 Rn. 3; Mansel, in: Jauernig, BGB, § 518 Rn. 4; Sefrin, in: JurisPK-BGB, § 518 Rn. 5; Koch, in: MünchKomm, BGB, § 518 Rn. 4; Hoppenz, in: PWW, BGB, § 518 Rn. 2; Mühl/Teichmann, in: Soergel, BGB, § 518 Rn. 3; Wimmer-Leonhardt, in: Staudinger, BGB, § 518 Rn. 5.

416 Vgl. Kollhosser, in: MünchKomm, BGB, 4. Aufl., § 518 Rn. 2.

das Zustandekommen des Vertrages begründete Forderung des Beschenkten, die durch Vollzug erfüllt wird.[417]

Die Pflicht, das Schenkungsversprechen notariell zu beurkunden, umfasst inhaltlich den vollen Umfang der Leistung des Schenkers. Dazu gehören auch etwaige Nebenpflichten, wie die Verpflichtung, die Schenkungssteuer zu übernehmen.[418] Soweit es sich um eine Auflagenschenkung handelt, muss auch die Auflage beurkundet werden, da diese das Ausmaß der Schenkung konkretisieren kann.[419] Auch belohnende Schenkungen[420] sowie die sog. ehebezogenen Zuwendungen bedürfen der Form des § 518 Abs. 1 BGB[421].

Nach (wohl) herrschender Auffassung soll es auf die Beurkundung der *causa donandi* nicht ankommen.[422] Das ergebe sich für abstrakte Forderungen eindeutig aus § 518 Abs. 1 S. 2 BGB. Für kausale Verpflichtungen nach § 518 Abs. 1 S. 1 BGB könne insoweit nichts anderes gelten. Dieser Auffassung kann indes nicht gefolgt werden. Zum einen legt bereits der Wortlaut des § 518 Abs. 1 S. 1 BGB, der davon spricht, dass „eine Leistung schenkweise versprochen wird", eine Einbeziehung der *causa donandi* in die Beurkundungspflicht nahe.[423] Zum anderen erfordert dies auch der Sinn und Zweck des § 518 BGB. Die hier statuierte Beurkundungspflicht bezweckt den Schutz des Schenkers und übt mithin eine Warnfunktion aus. Des besonderen Schutzes bedarf der Schenker, da er, anders als im Falle eines gegenseitigen Vertrages, kein wirtschaftliches Äquivalent für seine Leistung erhält. Es entspricht mithin dem Sinn und Zweck des § 518 BGB, dem Schenker den drohenden Verlust vor Augen zu führen und daher gerade auch die *causa donandi* der Beurkundungspflicht zu unter-

---

417 BGH, NJW 1992, 2566 (2568); Gehrlein, in: Bamberger/Roth, BGB, § 518 Rn. 2; Weidenkaff, in: Palandt, BGB, § 518 Rn. 3; Wimmer-Leonhardt, in: Staudinger, BGB, § 518 Rn. 7; a.A. Pruskowski, Das Merkmal der Zuwendung, S. 55 ff; Harder, NJW 1986, 3127 (3128).

418 Gehrlein, in: Bamberger/Roth, BGB, § 518 Rn. 3; Herrmann, in: Erman, BGB, § 516 Rn. 3; Koch, in: MünchKomm, BGB, § 518 Rn. 4; Mühl/Teichmann, in: Soergel, BGB, § 518 Rn. 4.

419 Koch, in: MünchKomm, BGB, § 516 Rn. 4; Weidenkaff, in: Palandt, BGB, § 525 Rn. 2; Hoppenz, in: PWW, BGB, § 518 Rn. 3; Mühl/Teichmann, in: Soergel, BGB, § 518 Rn. 4; a.A. Herrmann, in: Erman, BGB, § 518 Rn. 3.

420 Weidenkaff, in: Palandt, BGB, § 518 Rn. 1; Hoppenz, in: PWW, BGB, § 518 Rn. 1; Wimmer-Leonhardt, in: Staudinger, § 518 Rn. 8.

421 Herrmann, in: Erman, BGB, § 518 Rn. 3; Seiler, in: FS Henrich, S. 551 (562); Sandweg, NJW 1989, 1965 (1969); a.A. OLG Bremen, FamRZ 2000, 671 (671); Wimmer-Leonhardt, in: Staudinger, BGB, § 518 Rn. 12; Morhard, NJW 1987, 1734 (1736).

422 RGZ 98, 123 (127); RGZ 101, 99 (101); KG, MDR 200, 147 (148); Mansel, in: Jauernig, BGB, § 518 Rn. 4; Koch, in: MünchKomm, BGB, § 516 Rn. 4; Mezger, in: RGRK, BGB, § 518 Rn. 1.

423 Mühl/Teichmann, in: Soergel, BGB, § 518 Rn. 4.

werfen.[424] Es muss daher aus der Urkunde hervorgehen, dass die Leistung schenkweise erfolgt.

Fraglich sind die Reichweite und der Umfang der Beurkundungspflicht auch im Falle der gemischten Schenkung. Nach der Einheitstheorie[425] müsste insoweit stets gefragt werden, ob der entgeltliche oder der unentgeltliche Teil überwiegt. Nur im letztgenannten Fall gelangte § 518 BGB zur Anwendung und eine Beurkundung wäre erforderlich. Dieses Ergebnis zeigt, dass die Einheitstheorie jedenfalls dann auf Bedenken stößt, wenn es um die Frage der Formbedürftigkeit geht. Die Norm des § 518 Abs. 1 BGB stellt nämlich zwingendes Recht dar und erfasst jedes Schenkungsversprechen ohne Rücksicht auf den Wert. Das Formerfordernis darf nicht dadurch umgangen werden, dass das Schenkungsversprechen in eine gemischte Schenkung eingebettet wird, bei der es gegenüber den entgeltlichen Teilen eine untergeordnete Rolle spielt.[426] Es findet deshalb auch dann Anwendung, wenn die unentgeltliche Komponente nur eine ganz untergeordnete Bedeutung hat.[427] Andererseits besteht kein Grund zu verlangen, dass auch der entgeltliche Teil notariell beurkundet werden muss. Daher ist die gemischte Schenkung in einen entgeltlichen und einen unentgeltlichen Teil zu trennen und nur der unentgeltliche Teil beurkundungspflichtig.[428] Liegt danach hinsichtlich des unentgeltlichen Teils Formnichtigkeit vor, so ist gemäß § 139 BGB regelmäßig auch der entgeltliche Teil nichtig.[429] Soweit die versprochene Leistung eine unteilbare Einheit bildet, ist das gesamte Leistungsversprechen zu beurkunden.[430]

Wird das Schenkungsversprechen nachträglich geändert, ist diese Änderung nach dem primären Schutzzweck des § 518 BGB nur beurkundungsbedürftig, wenn damit eine Erweiterung der Pflichten des Schenkers verbunden ist. Erfolgt eine Änderung oder gar Aufhebung des Versprechens zum Vorteil des Schenkers, so ist dies formfrei

---

424 Mühl/Teichmann, in: Soergel, BGB, § 518 Rn. 4; Wimmer-Leonhardt, in: Staudinger, BGB, § 518 Rn. 6; kritisch zur h.M. auch: Herrmann, in: Erman, BGB, § 518 Rn. 3.

425 Vgl. B. II. 2. c) cc) (4).

426 Kollhosser, in: MünchKomm, BGB, 4. Aufl., § 516 Rn. 35.

427 A.A. wohl Larenz/Canaris, Schuldrecht II/2, § 63 III 1 (S. 54); Medicus, Bürgerliches Recht, Rn. 381 (S. 216).

428 RGZ 148, 236 (240 f.); Gehrlein, in: Bamberger/Roth, § 516 Rn. 14; Herrmann, in: Erman, BGB, § 516 Rn. 16 a; Weidenkaff, in: Palandt, BGB, § 516 Rn. 15; Mühl/Teichmann, in: Soergel, BGB, § 518 Rn. 2.

429 Gehrlein, in: Bamberger/Roth, BGB, § 516 Rn. 14; Herrmann, in: Erman, BGB, § 516 Rn. 16a.

430 Sefrin, in: JurisPK-BGB, § 516 Rn. 52; Hoppenz, in: PWW, BGB, § 518 Rn. 6; Wimmer-Leonhardt, in: Staudinger, BGB, § 516 Rn. 212.

möglich.[431] Die Abänderung kann jedoch einen ursprünglichen Formmangel nicht heilen, auch wenn sie für sich genommen formgültig ist.[432]

b) Die Sonderregelung des § 518 Abs. 1 S. 2 BGB

Gemäß § 518 Abs. 1 S. 2 BGB bedarf auch ein abstraktes Schuldversprechen oder Schuldanerkenntnis (§§ 780, 781 BGB) der notariellen Beurkundung. Es geht in dieser Hinsicht um Fälle, in denen ein Anerkenntnis ohne Gegenleistung und im Einverständnis darüber erteilt wird, dass die Schuld in Wirklichkeit nicht besteht.[433] Da der Gesetzgeber darin ein Schenkungsversprechen und nicht eine real bereits vollzogene Schenkung sieht[434], wird, um den Schenker vor Übereilung zu schützen, das ansonsten bestehende Schriftformerfordernis dieser abstrakten Verpflichtungserklärung im Fall der Schenkung verschärft.[435] Nach allgemeiner Auffassung ist § 518 Abs. 1 S. 2 BGB analog auf andere abstrakte Versprechen, wie Wechsel oder Scheck, anzuwenden.[436]

c) Die Heilung des Formmangels durch den Vollzug der Schenkung

Soweit ein formbedürftiges Schenkungsversprechen nicht notariell beurkundet wurde, wird dieser Mangel gemäß § 518 Abs. 2 BGB durch die Bewirkung der versprochenen Leistung geheilt. Die Heilung des Formmangels setzt demnach den Vollzug der Schenkung voraus. Soweit die Vollziehung nur teilweise erfolgt, tritt die Heilung nur für den Teil der versprochenen Leistungen ein, der vollzogen wurde.[437] Die Heilung tritt im Übrigen nur ein, wenn der Vollzug freiwillig und nicht etwa durch einseitige Maßnahmen des Beschenkten, wie Aufrechnung, Zwangsvollstreckung[438] oder einen

---

431 Gehrlein, in: Bamberger/Roth, BGB, § 518 Rn. 3; Herrmann, in: Erman, BGB, § 518 Rn. 3; Weidenkaff, in: Palandt, BGB, § 518 Rn. 5; Mühl/Teichmann, in: Soergel, BGB, § 518 Rn. 5; Wimmer-Leonhardt, in: Staudinger, BGB, § 518 Rn. 13.

432 Gehrlein, in: Bamberger/Roth, BGB, § 518 Rn. 3; Herrmann, in: Erman, BGB, § 518 Rn. 3; Weidenkaff, in: Palandt, BGB, § 518 Rn. 5; Mühl/Teichmann, in: Soergel, BGB, § 518 Rn. 5; Wimmer-Leonhardt, in: Staudinger, BGB, § 518 Rn. 13.

433 Wimmer-Leonhardt, in: Staudinger, BGB, § 518 Rn. 14.

434 Motive II, S. 294.

435 Gehrlein, in: Bamberger/Roth, BGB, § 518 Rn. 4; Koch, in: MünchKomm, BGB, § 518 Rn. 5; Wimmer-Leonhardt, in: Staudinger, BGB, § 518 Rn. 14.

436 Gehrlein, in: Bamberger/Roth, BGB, § 518 Rn. 4; Herrmann, in: Erman, BGB, § 518 Rn. 4; Mansel, in: Jauernig, BGB, § 518 Rn. 4; Sefrin, in: JurisPK-BGB, § 518 Rn. 15; Koch, in: MünchKomm, BGB, § 518 Rn. 6 ff.; Weidenkaff, in: Palandt, BGB, § 518 Rn. 6; Mezger, in: RGRK, BGB, § 518 Rn. 2; Wimmer-Leonhardt, in: Staudinger, BGB, § 518 Rn. 15; Coenen, Formfreie Schenkung der Gesellschafterstellung, S. 69 ff., 76.

437 RGZ 77, 333 (335); Gehrlein, in: Bamberger/Roth, BGB, § 518 Rn. 6; Koch, in: MünchKomm, BGB, § 518 Rn. 15; Weidenkaff, in: Palandt, BGB, § 518 Rn. 8; Wimmer-Leonhardt, in: Staudinger, BGB, § 518 Rn. 23; Herrmann, Vollzug von Schenkungen, S. 187 f.

438 Motive II, S. 295; Gehrlein, in: Bamberger/Roth, BGB, § 518 Rn. 5; Koch, in: MünchKomm, BGB, § 518 Rn. 10; Weidenkaff, in: Palandt, BGB, § 518 Rn. 8; Mühl/Teichmann, in: Soergel,

Akt der Usurpation, erfolgt[439]. Sie wird dagegen nicht durch eine etwaige Unkenntnis des Schenkers vom Formmangel verhindert.[440] Schließlich vermag das Bewirken der Leistung nur den Mangel der nach § 518 Abs. 1 BGB erforderlich Form zu heilen. Der Vertrag wird mithin trotz Vollzugs nicht wirksam, soweit er noch aus anderem Grund der Form bedarf (vgl. bspw. §§ 2033, 2371, 2385 BGB) oder aus anderen Gründen unwirksam ist.[441] Wird dagegen durch den Vollzug des Geschäfts ein anderer Formmangel geheilt (vgl. bspw. § 311b Abs. 1 S. 2 BGB), so tritt auch Heilung gemäß § 518 Abs. 2 BGB ein.[442]

Streitig ist, wann genau Vollzug i. S. d. § 518 Abs. 2 BGB vorliegt. Nach herrschender Auffassung ist dies bereits dann der Fall, wenn der Schenker alle seinerseits erforderlichen Leistungshandlungen erbracht, der Beschenkte mithin eine gewisse sichere Erwerbsposition erlangt hat.[443] Dementsprechend liegt regelmäßig auch dann Heilung des Formmangels vor, wenn der Vollzug gemäß §§ 158, 163 BGB bedingt oder befristet ist.[444] Zur Begründung dieser Auffassung wird zunächst der Schutzzweck des § 518 BGB angeführt. Des Übereilungsschutzes bedürfe es nämlich dann nicht mehr, wenn der Schenker bereits Handlungen vorgenommen hat, die sich als Entreicherung im Sinne des § 516 BGB darstellten. Weiterhin müsse das „Bewirken" nach § 518 Abs. 2 BGB mit dem Merkmal des „Vollzugs" nach § 2301 Abs. 2 BGB gleichgesetzt werden, da diese beiden Vorschriften identische Schutzzwecke verfolgten.

Nach anderer Auffassung ist eine Leistung erst dann im Sinne von § 518 Abs. 2 BGB bewirkt, wenn auch der Leistungserfolg eingetreten ist.[445] Diese Ansicht stützt sich auf den übereinstimmenden Wortlaut bei § 518 Abs. 2 BGB einerseits und §§ 362 Abs. 1, 267 Abs. 1 BGB andererseits. Da bei den beiden letztgenannten Normen der

---

BGB, § 518 Rn. 11; Wimmer-Leonhardt, in: Staudinger, BGB, § 518 Rn. 22; Reichel, AcP 104 (1909), 1 (15).

439 Sefrin, in: JurisPK-BGB, § 518 Rn. 16; Wimmer-Leonhardt, in: Staudinger, BGB, § 518 Rn. 22.

440 Gehrlein, in: Bamberg/Roth, BGB, § 518 Rn. 5; Koch, in: MünchKomm, BGB, § 518 Rn. 10; a.A. Harder, Zuwendungen unter Lebenden auf den Todesfall, S. 111 ff., 114.

441 Herrmann, in: Erman, BGB, § 518 Rn. 6; Mühl/Teichmann, in: Soergel, BGB, § 518 Rn. 17.

442 Kollhosser, in: MünchKomm, BGB, 4. Aufl., § 518 Rn. 11; Herrmann, Vollzug von Schenkungen, S. 221; a.A. RGZ 73, 208 (208).

443 BGHZ 98, 226 (230); BGHZ 99, 97 (99); LG Köln, NJW 1973, 1180 (1881); Saenger, in: Hk-BGB, § 518 Rn. 4; Mansel, in: Jauernig, BGB, § 518 Rn. 6; Weidenkaff, in: Palandt, BGB, § 518 Rn. 9; Wimmer-Leonhardt, in: Staudinger, BGB, § 518 Rn. 21; Brox, in: FS Bosch 1977, S. 75 (88); Nieder, BWNotZ 1996, 129 (131).

444 BGH, NJW 1970, 941 (942); BGH, NJW-RR 1989, 1282 (1282).

445 OLG Frankfurt, NJW-RR 1991, 1157 (1157); Gehrlein, in: Bamberger/Roth, BGB, § 518 Rn. 6; Herrmann, in: Erman, BGB, § 518 Rn. 5; Koch, in: MünchKomm, BGB, § 518 Rn. 11 ff.; Herrmann, Vollzug von Schenkungen, S. 155 ff., 169, 186; Reinicke, JA 1982, 326 (327).

Eintritt des Erfüllungserfolges erforderlich sei, müsse im Rahmen des § 518 Abs. 2 BGB, mangels erkennbar abweichenden Willens des Gesetzgebers, das Gleiche gelten. Ferner führe die herrschende Meinung zu der systemwidrigen Konsequenz, dass zwar ohne Leistungserfolg keine Zuwendung nach § 516 BGB, unter Umständen aber ein Vollzug nach § 518 BGB eintrete. Auch setzte ein Kondik- tionsanspruch, der mit § 518 Abs. 2 BGB ausgeschlossen werden solle, einen Leistungserfolg voraus.

Die genannten Auffassungen unterscheiden sich insbesondere im Hinblick auf Fälle der Begründung einer Anwartschaft. Nach herrschender Auffassung ist diese für den Vollzug und mithin für eine Heilung ausreichend. Folgt man demgegenüber der zweiten Ansicht, ist durch Auslegung zu prüfen, ob die Parteien sogleich das Vollrecht oder zunächst ein Anwartschaftsrecht übertragen wollten, das dann zum Vollrecht erstarkt. Nur im letztgenannten Fall liegt mit der Begründung der Anwartschaft Vollzug im Sinne des § 518 Abs. 2 BGB vor.[446] Dagegen besteht zwischen beiden Auffassungen insoweit Einigkeit, als die Vereinbarung eines Widerrufsvorbehalts den Vollzug regelmäßig nicht hindert.[447]

Soweit die Leistung nach dem Tode des Schenkers erfolgt, ist zu unterscheiden, ob es sich um eine Schenkung von Todes wegen handelt. Ist dies der Fall, finden ab dem Zeitpunkt des Todes gemäß § 2301 Abs. 1 BGB die Vorschriften des Erbrechts Anwendung und es besteht nicht die Möglichkeit der Heilung.[448] Handelt es sich dagegen um eine Schenkung ohne Überlebensbedingung im Sinne des § 2301 Abs. 1 BGB, ist eine Heilung möglich, soweit der Vollzug noch rechtlich möglich ist und die Schenkungsabrede fortbesteht. So etwa, wenn die versprochene Leistung mittels einer unwiderrufenen postmortalen Vollmacht zugunsten des Beschenkten oder eines Dritten bewirkt wird und die Schenkungsabrede weder auflösend auf den Tod des Schenkers befristet noch durch die Erben widerrufen worden ist.[449]

III. Zusammenfassung und Folgerungen

Aus den dargestellten Schenkungsregelungen in BGB und NBW ergibt sich, dass sowohl das niederländische als auch das deutsche Recht von zwei Schenkungsbegriffen ausgehen. Die in beiden Rechtsordnungen vorgenommene Zweiteilung basiert freilich auf unterschiedlichen Ansatzpunkten. Während im BGB eine Unterscheidung zwischen Handschenkung und Versprechensschenkung erforderlich ist, da nur das Schen-

---

446 Gehrlein, in: Bamberger/Roth, BGB, § 518 Rn. 7; Herrmann, in: Erman, BGB, § 518 Rn. 5a; Mühl/Teichmann, in: Soergel, BGB, § 518 Rn. 10; Kollhosser, ZEV 2002, 518 (519).

447 Mezger, in: RGRK, BGB, § 518 Rn. 3; Wimmer-Leonhardt, in: Staudinger, BGB, § 518 Rn. 20; a.A. Knobbe-Keuk, in: FS Flume II, S. 149 (152 ff.).

448 BGHZ 87, 19 (24); BGHZ 97, 99 (100); Herrmann, in: Erman, BGB, § 518 Rn. 5a; Koch, in: MünchKomm, BGB, § 518 Rn. 16

449 BGHZ 99, 97 (99); BGHZ 127, 239 (242); Herrmann, in: Erman, BGB, § 518 Rn. 5a; Koch, in: MünchKomm, BGB, § 518 Rn. 16.

kungsversprechen der notariellen Beurkundung bedarf, kann hierauf im niederländischen Recht verzichtet werden, weil das Formerfordernis für Schenkungen hier grundsätzlich entfallen ist.[450] Es ist daher diesbezüglich nicht länger notwendig, danach zu differenzieren, ob die Schenkung sofort vollzogen wird. Der Begriff *schenking* in Art. 7:175 NBW erfasst sowohl die Versprechensschenkung als auch Handschenkungen.

Demgegenüber knüpft die im niederländischen Recht vorgenommene Unterscheidung zwischen *schenking* und *gift* daran an, dass mit dem Begriff *gift* ein Auffangtatbestand für solche bereichernden Handlungen aus Freigiebigkeit geschaffen wurde, denen es am Merkmal des Vertrages und/oder am Merkmal der Unentgeltlichkeit fehlt.

Anstelle des Formerfordernisses soll im niederländischen Recht nunmehr die Beweislastumkehr nach Art. 7:176 NBW den Schenker vor Unüberlegtheit und Übereilung schützen. Diese greift nur dann nicht ein, wenn die Schenkung notariell beurkundet wurde. Im Ergebnis wird hiermit auf direktem Wege das erreicht, was die Nichteinhaltung der für das Schenkungsversprechen vorgeschriebenen Form nach § 518 Abs. 1 BGB faktisch bewirkt bzw. was dem Normzweck der Formbedürftigkeit entspricht: Verlangt jemand eine Sache nach Bereicherungsrecht heraus und wendet der Beklagte ein, dass der Kläger ihm diese geschenkt habe, so hat der Kläger grundsätzlich das Fehlen des behaupteten Rechtsgrundes in Gestalt einer Schenkung zu beweisen. Dies gilt jedoch nicht, wenn die behauptete Schenkung nicht der Form des § 518 Abs. 1 BGB genügt. Hier muss der angeblich Beschenkte die Umstände beweisen, die das Vorliegen der Heilung nach § 518 Abs. 2 BGB begründen.[451]

Es gilt jedoch zu beachten, dass die in Art. 7:176 NBW angeordnete Beweislastumkehr nur für solche Fälle gilt, in denen der Schenker die Schenkung wegen *misbruik van omstandigheden* anficht und mithin behauptet, die Schenkung in einem Zeitpunkt bewirkt zu haben, in dem er sich in einem anormalen Geisteszustand befand, von welchem der Beschenkte wusste.[452] Durch *Hidma* wird in diesem Zusammenhang auf die Gefahr hingewiesen, die mit der Ersetzung der Formbedürftigkeit durch diese Beweislastumkehr verbunden ist. Ein bspw. durch vermeintliche Undankbarkeit des Beschenkten verstimmter Schenker kann dazu verleitet werden, den arglosen Begünstigten in schlechtem Licht darzustellen und wird durch den Gesetzgeber mit einer komfortablen Beweislage belohnt.[453]

---

450 Auch in Dänemark ist das formlose Schenkungsversprechen nach der dortigen løfte-Theorie verbindlich; vgl. Dübeck, Einführung in das dänische Recht, S. 215 f.

451 BGH, NJW-RR 2007, 488 (490); Weidenkaff, in: Palandt, BGB, § 516 Rn. 1b; Koch, in: MünchKomm, BGB, § 516 Rn. 53; Böhr, NJW 2001, 2059 (2060 f.).

452 Eine Privilegierung hinsichtlich eines vergleichbaren Anfechtungstatbestands enthalten auch die PELD. Gemäß Art. IV.I.-2:104 kann sich der Schenker auf den allgemeinen Anfechtungstatbestand „Unfair exploitation" berufen, ohne dass es dem Beschenkten ermöglicht wird, zu beweisen, dass er die Situation des Schenkers nicht ausgenutzt hat.

453 Hidma, WPNR 6186 (1995), 419 (421 f.).

Die Form der notariellen Beurkundung ist im niederländischen Recht nach Art. 7:177 Abs. 1 S. 1 NBW weiterhin für Schenkungen „*terzake des doods*" notwendig, so dass sich an dieser Stelle Abgrenzungsfragen stellen. Dies gilt freilich auch im deutschen Recht, da auf eine Schenkung von Todes wegen gemäß § 2301 Abs. 1 BGB die Vorschriften über Verfügungen von Todes wegen Anwendung finden. Hiermit ist die Form eines Erbvertrages (§ 2276 BGB) oder (nach wohl überwiegender Auffassung[454]) die eines Testaments verlangt. Die Frage, ob eine Schenkung von Todes wegen vorliegt, ist insbesondere deshalb von Bedeutung, weil in diesem Fall ab dem Zeitpunkt des Todes keine Heilung des Formmangels mehr möglich ist. Ebenso wie Art. 7:177 NBW bezweckt § 2301 BGB das Unterlaufen erbrechtlicher Formen zu verhindern.

Zu beachten ist indes, dass die Begriffe Schenkungsversprechen von Todes wegen (§ 2301 BGB) und *schenking terzake des doods* (Art. 7:177 NBW) nicht identisch sind.[455] Durch § 2301 BGB werden nämlich nur solche Schenkungsversprechen erfasst, die unter der Bedingung stehen, dass der Beschenkte den Schenker überlebt und erst nach dem Tode des Schenkers erfüllt werden sollen. Ist dagegen bspw. nur die Erfüllung bis zum Tode des Schenkers aufgeschoben, während das Schenkungsversprechen selbst unbedingt gegeben wurde und mithin bereits zu Lebzeiten ein Anspruch entsteht, sind die Vorschriften der Schenkung unter Lebenden, nicht die über Verfügungen von Todes wegen anwendbar.[456] Dagegen ist es für die Anwendbarkeit von Art. 7:177 NBW nicht erforderlich, dass der Vertrag unter der Bedingung geschlossen wurde, dass der Beschenkte den Schenker überlebt. Vielmehr werden alle Schenkungen erfasst, die nach dem Willen der Parteien erst nach dem Tode des Schenkers ausgeführt werden sollen.

In beiden Rechtsordnungen setzt das Vorliegen einer Schenkung voraus, dass das Vermögen des Beschenkten vermehrt wird, während es auf Seiten des Schenkers zu einer Vermögensminderung kommen muss. Insoweit ist stets die Verschaffung eines vermögenswerten Vorteils erforderlich, womit eine rein ideelle Bereicherung nicht genügt. Probleme können sich bei der Bestimmung des Zuwendungsgegenstandes ergeben. So ist es bspw. im deutschen Recht umstritten, welches der Bereicherungsgegenstand im Fall der Ernennung eines anderen als Begünstigter der Lebensversicherung ist. Diese Frage wurde auch in der niederländischen Rechtswissenschaft diskutiert, ist jedoch durch die Einführung des Art. 7:188 Abs. 1 NBW als geklärt anzuse-

---

454 RGZ 87, 223 (227); Musielak, in: MünchKomm, BGB, § 2301 Rn. 13; a.A. Kanzleiter, in: Staudinger, BGB, § 2301 Rn. 3 m. w. N.

455 Zu dem Begriff bzw. der Behandlung der Schenkung von Todes wegen in anderen Rechtsordnungen vgl.: Henrich, in: FS Firsching (1985), S. 111 ff.

456 BGHZ 8, 23 (31 f.); RGZ 53, 294 ff.; Stürner, in: Jauernig, BGB, § 2301 Rn. 8; Musielak, in: MünchKomm, BGB, § 2301 Rn. 4; Kregel, in: RGRK, BGB, § 2301 Rn. 5; M. Wolf, in: Soergel, BGB, § 2301 Rn. 4; a.A. Olzen, Jura 1987, 16 (22).

hen. Diese Bestimmung verdeutlicht, dass nicht die Prämienzahlung sondern die Begünstigung aus der Versicherung als geschenkt anzusehen ist.[457] Dabei stellt bereits die Benennung des Begünstigten eine Schenkung dar, womit diesbezüglich auf das Erfordernis der Vermögensverschiebung verzichtet wird, welche normalerweise für das Vorliegen einer Schenkung erforderlich ist.[458]

Vereinzelt wird diskutiert, ob unentgeltliche Arbeits- und Dienstleistungen (wie auch unentgeltliche Gebrauchsüberlassungen) als Schenkungen zu qualifizieren sind. In Deutschland wird dies von der h.L. grundsätzlich verneint. Es liegt somit bspw. keine Schenkung vor, wenn jemand einem anderen kostenlos beim Bau seines Hauses hilft. Nach Auffassung des BGH soll bei Arbeits- bzw. Dienstleistungen indes etwas anderes gelten, wenn der Zuwendende seine Arbeitskraft anderweitig gegen Entgelt hätte einsetzen können.[459] Auch im niederländischen Recht wird mangels Entreicherung das Vorliegen einer Schenkung grundsätzlich abgelehnt, wenn jemand Arbeits- oder Dienstleistungen kostenlos erbringt. Der Rechtsprechung des BGH vergleichbar, wird jedoch teilweise erwogen, die vom Hoge Raad zur Vermögensminderung im Sinne des Art. 6:212 NBW entwickelten Grundsätze auf Art. 7:175 NBW zu übertragen, wonach der bewusste Verzicht auf eine Vermögensmehrung der Entreicherung gleichgestellt werden soll.[460] Bei Übertragung dieser Grundsätze läge im Falle kostenloser Arbeiten bzw. Dienstleistungen regelmäßig eine Schenkung vor, soweit diese nach der Verkehrsauffassung über „normale" Nachbarschaftshilfe oder Freundschaftsdienst hinausgeht bzw. anderweitig gegen Entgelt hätten erbracht werden können.[461]

Diese Extension des Schenkungsbegriffs stößt indes in beiden Rechtsordnungen auf gewichtige Bedenken.[462] Zum einen setzt das Vorliegen von *gift* stets *„handelen"* voraus, zum anderen verdeutlicht § 517 BGB, dass das Unterlassen eines Vermögenserwerbs nicht vom Schenkungsbegriff erfasst wird. Beide Rechtsordnungen fordern für das Vorliegen einer Schenkung eine Entreicherung auf Seiten des Zuwendenden; er muss sich mithin eines Vermögensbestandteils entledigt haben. Anders als beim Erlass einer bereits bestehenden Forderung, ist dies aber gerade dann nicht der Fall, wenn ein Vergütungsanspruch zu keiner Zeit bestand. Es droht ansonsten die Vermengung (unentgeltlicher) Vertragstypen und der entsprechenden gesetzlichen Bestimmungen. Immer dann, wenn jemand eine unentgeltliche Verpflichtung eingeht, obwohl er möglicherweise ein Entgelt hätte erzielen können, müssten demnach nicht nur die Vorschriften des Auftrags, sondern daneben auch Schenkungsrecht angewandt werden.

457 Asser-Perrick, deel 6A, Nr. 212 (S. 247).

458 Megchelsen/Vegter, WPNR 6186 (1995), 412 (418).

459 BGHZ 101, 229 (232 f.).

460 Dagegen: Megchelsen/Vegter, WPNR 6187 (1995), 468 (469).

461 In diese Richtung: Verstappen, in: van Mourik/ Verstappen/Schols, Schenking en gift naar nieuw recht, S. 12.

462 Vgl. auch B. I. 4. a) bb) (2); B. II. 2. b) bb) (1).

Dass dies gerade nicht gesetzgeberischer Wille war, ergibt sich aus den Protokollen: *„(...)Der Schenkungsbegriff würde ins Schwanken gerathen und die Praxis mit Schwierigkeiten und Zweifeln zu kämpfen haben. Es würde darüber gestritten werden, ob auch die Gebrauchsleihe und die unentgeltliche Dienstleistung hierher gehören*“[463]. Die vom BGH wie auch von Teilen der niederländischen Literatur befürwortete Extension des Schenkungsbegriffs ist daher abzulehnen. Bei der Frage, ob eine Handlung als Schenkung einzuordnen ist, muss vielmehr stets Beachtung finden, dass die Schenkung nicht Oberbegriff sondern spezieller Typus unentgeltlicher Rechtshandlungen ist.

Neben der Entreicherung des Zuwendenden ist für das Vorliegen einer Schenkung sowohl nach niederländischem als auch nach deutschem Recht die Bereicherung des Zuwendungsempfängers erforderlich, mithin eine objektive Vermögensmehrung. Die Bereicherung kann insoweit darin bestehen, dass dem Bedachten eine ansonsten notwendige Ausgabe erspart wird.[464] So liegt es etwa, wenn jemand die Reise eines anderen bezahlt, die dieser ohnehin unternehmen wollte, oder wenn die für das Erbrachte zu beanspruchende Gegenleistung erlassen wird.

Weiterhin setzen sowohl die Schenkung nach § 516 BGB als auch *schenking* im Sinne des Art. 7:175 NBW das Vorliegen von Unentgeltlichkeit voraus. Die Zuwendung darf demnach nicht an eine Gegenleistung gekoppelt sein.[465] Problematisch ist in dieser Hinsicht insbesondere die Abgrenzung zwischen einer Auflage, welche den Charakter der Unentgeltlichkeit unberührt lässt und einer „echten“ Gegenleistung. Im deutschen Recht wird diese überwiegend danach vorgenommen, ob die Leistung des Zuwendungsempfängers nach dem Willen der Parteien aus dem Wert der Zuwendung oder aus dem Vermögen im Allgemeinen erbracht werden soll. In den Niederlanden erfolgt diesbezüglich eine zweistufige Abgrenzung. Zunächst ist zu fragen, ob die Verpflichtung des Zuwendungsempfängers bzw. deren Erfüllung dem Vermögen des Zuwendenden zugute kommen soll. Ist dies nicht der Fall, etwa weil sich der Zuwendungsempfänger gegenüber dem Zuwendenden zu einer Leistung an einen Dritten verpflichtet, liegt keine die Unentgeltlichkeit ausschließende Gegenleistung vor. Vermehrt die dem Zuwendungsempfänger auferlegte Verpflichtung dagegen das Vermögen des Zuwendenden, ist weiter zu fragen, ob diese lediglich den Wert des Zuwendungsgegenstandes verringert, wie etwa bei der Verpflichtung, eine Schuld zu tilgen, welche durch eine Hypothek auf dem geschenkten Grundstück gesichert ist.

463 Prot. II, S. 4.

464 Vgl. Asser-Perrick, deel 6A, Nr. 196 (S. 232); Schelhaas, in: Wessels/Verheij, Bijzondere overeenkomsten, Nr. 80 (S. 67); Wimmer-Leonhardt, in: Staudinger, BGB, § 516 Rn. 19.

465 Eine die Unentgeltlichkeit ausschließende Verknüpfung besteht jedenfalls dann nicht, wenn jemand einem anderen etwas allein in der Hoffnung zuwendet, er werde etwas zurückerhalten. Vgl. zur „Hoffnungsschenkung“: Asser-Perrick, deel 6A, Nr. 202 (S. 238); Wimmer-Leonhardt, in: Staudinger, BGB, § 525 Rn. 18.

Nach niederländischem Recht bleibt also der Charakter der Unentgeltlichkeit dann restlos bestehen, wenn die Erfüllung der Auflage nicht dem Vermögen des Schenkers nützt.[466] Allgemein gesagt, fehlt es nur dann an der Unentgeltlichkeit, wenn eine (Gegen-) Leistung des Zuwendungsempfängers vorliegt, die in Geld bewertbar ist.[467] Dagegen steht es der Qualifizierung als die Unentgeltlichkeit im Sinne des § 516 Abs. 1 BGB ausschließende Gegenleistung nicht entgegen, wenn die Leistung des Zuwendungsempfängers nicht geldwerter, sondern immaterieller Art ist.[468]

In diesem Zusammenhang ist zu beachten, dass § 516 Abs. 1 BGB die Einigung der Parteien über die Unentgeltlichkeit fordert. Die entgeltliche Sphäre wird mithin subjektiv von der unentgeltlichen abgegrenzt. Damit ist der Schenkungstatbestand nicht nur aufgrund der Verfolgung wirtschaftlicher Interessen ausgeschlossen. Vielmehr genügt es, wenn sich der Zuwendende von der Gegenleistung ausschließlich einen Nutzen verspricht, der nicht vermögensrechtlicher Art ist.[469] Art. 7:175 NBW verzichtet demgegenüber auf eine besondere Betonung der subjektiven Seite der Unentgeltlichkeit. Stattdessen setzen sowohl *schenking* als auch jede andere *gift* voraus, dass die Bereicherung der anderen Partei bezweckt wird. Dieses Element der Schenkung wird in der niederländischen Literatur regelmäßig als *animus donandi* (*ac recipiendi*) bzw. *vrijgevigheid* (Freigiebigkeit) bezeichnet. Letzteres darf indes nicht darüber hinwegtäuschen, dass die inneren Beweggründe bzw. das hinter der Bereicherung stehende Motiv des Schenkers nicht nur nach deutschem sondern auch nach niederländischem Recht für das Vorliegen einer Schenkung unerheblich sind.[470] Es ist somit für das Vorliegen einer Schenkung grundsätzlich nicht hinderlich, wenn der Zuwendende mit der Zuwendung primär eigene Belange verfolgt, etwa wenn er sich von der Zuwendung mittelbar die Mehrung des eigenen Vermögens erhofft[471]. So ist denn bspw. auch die Zahlung von Bestechungsgeldern in beiden Rechtsordnungen zivilrechtlich

---

466 Toelichting Voorontwerp, S. 893. Kritisch zu dieser Einordnung: Megchelsen/Vegter, WPNR 6187 (1995), 468 (472).

467 Vgl. van Mens, Schenking, S. 47.

468 BGH, NJW-RR 1990, 386 (386); BGH, NJW 1992, 238 (239); Koch, in: MünchKomm, BGB, § 516 Rn. 25; Mühl/Teichmann, in: Soergel, § 516 Rn. 12; Wimmer-Leonhardt, in: Staudinger, BGB, § 516 Rn. 31. Als Beispiel kann insoweit die Abfindung des anderen Ehegatten für die Überlassung der Kinder genannt werden; vgl. RG, WarnR 1915, Nr. 102. Damit hat sich die diesbezüglich früher vertretene Gegenauffassung (vgl. Cosack, Anfechtungsrecht, 1884, S. 137; Glaser, Die Begriffe der Entgeltlichkeit und Unentgeltlichkeit im bürgerlichen Recht, 1924, S. 36), dass die Gegenleistung vermögensrechtlichen Charakter haben müsse, um als entgeltlich aufgefasst werden zu können, im Schenkungsrecht nicht durchgesetzt.

469 Vgl. Fischer, Unentgeltlichkeit im Zivilrecht, S. 80.

470 Vgl. auch Art. IV.I.-1:203 PELD, der klarstellt, dass es nicht deswegen an der für das Vorliegen einer Schenkung erforderlichen intention to benefit fehlt, weil der Zuwendende moralisch verpflichtet ist oder mit der Zuwendung gewerblichen Zweck verfolgt.

471 RGZ 94, 322 ff.; Asser-Perrick, deel 6A, Nr. 197 (S. 234).

dann als Schenkung einzuordnen, wenn der Empfänger keine Zusage hinsichtlich des vom Zahlenden gewünschten Erfolges getätigt hat.[472] Unerheblich ist, dass der Zahlende hofft, den Empfänger durch die Zahlung günstig zu stimmen und mithin nicht primär zur Bereicherung des anderen oder aus altruistischen Motiven handelt. Anderseits fehlt es am *animus donandi* bzw. an der Einigung über die Unentgeltlichkeit, wenn durch die Zuwendung eine Naturalverpflichtung erfüllt wird.[473]

Somit weisen die Schenkungstatbestände nach deutschem und niederländischem Recht beide eine subjektive Seite auf. Die Begriffe „Einigung über die Unentgeltlichkeit" und „*strekking*" bzw. „*die ertoe strekt*" haben indes unterschiedliche Bezugspunkte, da sich die beiden letzt- genannten nicht auf das Merkmal der Unentgeltlichkeit sondern auf das Vorliegen von Be- und Entreicherung beziehen. Der Unterschied kann am bereits erwähnten Fall einer immateriellen Gegenleistung des Zuwendungsempfängers verdeutlicht werden. Diese schließt die Einigung über die Unentgeltlichkeit und somit eine Schenkung im Sinne des § 516 Abs. 1 BGB aus. Nach niederländischem Recht könnte hingegen von einer Schenkung auszugehen sein, da sich der Empfänger der Wertlosigkeit seiner Gegenleistung bewusst ist und somit beiderseitige Kenntnis von Be- und Entreicherung besteht. Eine weitere Auswirkung des Unterschiedes hinsichtlich der „subjektiven Seite" der Schenkung wird ferner darin erblickt, dass beweisrechtlich nach deutschem Recht eher von einer Schenkung auszugehen sei, als nach niederländischem Recht.[474] Diese Folgerung muss m.E. jedoch bereits aufgrund der durch Art. 3:35 NBW bewirkten Objektivierung des Freigiebigkeitserfordernisses in Zweifel gezogen werden.

Besondere Beachtung verdienen schließlich die Bestimmungen der Art. 7:186 ff. NBW. Diese bezwecken den Anwendungsbereich der Schenkungsregeln zu erweitern und erklären dementsprechend die Art. 7:175 ff. NBW grundsätzlich auf solche Handlungen für entsprechend anwendbar, bei denen zwar die Merkmale der Be- und Entreicherung sowie ein entsprechender Parteiwille vorliegen, die jedoch nicht unentgeltlich sind und/oder keinen Vertrag darstellen. Der Grund für die Erweiterung des Anwendungsbereichs der Schenkungsregelungen ist, dass der niederländische Gesetzgeber die Möglichkeit erkannte, dass jemand einen anderen bereichert, ohne dass zugleich *schenking* vorliegt und verhindert werden sollte, dass die Schenkungsregeln durch solche Konstruktionen umgangen werden. Als Beispiele hierfür wurden insbesondere die

---

472 Vgl. Asser-Perrick, deel 6A, Nr. 197 (S. 234).

473 Zu beachten ist, dass das BGB kein allgemeines Äquivalent zum Begriff natuurlijke verbintenis nach Art. 6:3 NBW enthält. Jedoch sind § 656 BGB (Heiratsvermittlung), § 762 (Spiel, Wette) als Naturalverpflichtungen ausgestaltet. Außerdem sind in diesem Zusammenhang die §§ 534, 1641, 1804, 2113 Abs. 2 BGB zu beachten. So werden Schenkungen aufgrund „moralischer Verpflichtung" von Schenkungsverboten ausgenommen bzw. unterfallen nicht den speziellen Widerrufgründen.

474 van Mens, Schenking, S. 297.

Fälle genannt, in denen jemand auf dem Grundstück eines anderen baut oder die Schuld eines anderen gegenüber einem Dritten tilgt.[475]

Diese den Schenkungsbegriff betreffenden Unterschiede in den Rechtsordnungen Deutschlands und der Niederlande sollten jedoch in ihren praktischen Auswirkungen grundsätzlich nicht überschätzt werden, zumal der Anwendungsbereich der materiellen Schenkung bzw. gift durch die Ausweitung des Anwendungsbereichs der formellen Schenkung deutlich verkürzt wurde.

Soweit bezüglich der gemischten Schenkung in der deutschen Rechtsprechung und Literatur überwiegend vertreten wird, dass diese in einen entgeltlichen und einen unentgeltlichen Teil zu zerlegen ist und nur auf den unentgeltlichen Teil die Schenkungsbestimmungen anzuwenden sind, führt dies zu dem Schluss, dass es hier an einem der materiellen Schenkung vergleichbaren Rechtsphänomen fehlt.[476] Inwieweit dies bei der Anwendung der Normen, die die erleichterte Auflösbarkeit der Schenkung begründen sowie hinsichtlich der Haftung des Schenkers im Falle des *negotium mixtum cum donatione* zu unterschiedlichen Ergebnissen führt, wird in den nachfolgenden Kapiteln dieser Arbeit zu untersucht.

---

475 Toelichting Voorontwerp, S. 905.

476 So auch: van Mens, Schenking, S. 301.

C. Wirkungsschwächen der Schenkung zum Schutz des Schenkers

I. Einführung

Sowohl das niederländische als auch das deutsche Recht enthalten Normen, die zum Schutze des Schenkers die erleichterte Auflösbarkeit von Schenkungen ermöglichen. Daneben kann sich der Schenker auf allgemeine Auflösungsgründe berufen. Dazu zählen insbesondere die allgemeinen Anfechtungstatbestände von NBW und BGB, wie die Anfechtbarkeit wegen Irrtums[477] oder arglistiger Täuschung[478]. Im niederländischen Recht sind die Anfechtungstatbestände im allgemeinen Vermögensrecht (Buch 3 NBW) sowie im allgemeinen Obligationenrecht (Buch 6 NBW) geregelt.[479] Die Rechtsfolgen der Anfechtung, welche in beiden Rechtsordnungen *ex tunc* wirkt[480], richten sich in den Niederlanden nach den Vorschriften über *onverschuldigde betaling* (Art. 6:203 ff. NBW[481]).

Ebenso wie nach §§ 812 ff. BGB ist der Beschenkte somit nach wirksamer Anfechtung verpflichtet, das durch den Schenker Geleistete zurückzugewähren. Hat er diese Pflicht zurechenbar verletzt, haftet er dem Schenker nach Art. 6:74 ff., Art. 6:81 ff. NBW auf Schadensersatz. Die Zurechenbarkeit wird durch Art. 6:204 NBW kon-

477 Vgl. § 119 BGB, Art. 6:228 NBW. Bezüglich des Art. 6:228 NBW ist zu beachten, dass dieser bei Vorliegen einer gift grundsätzlich nur dann Anwendung finden kann, wenn diese einen Vertrag darstellt. Soweit die gift im konkreten Fall durch rein tatsächliches Handeln erfolgt, sind nur die Anfechtungsgründe des 3. Buches anwendbar. Vgl. Schelhaas, in: Wessels/Verheij, Bijzondere overeenkomsten, Nr. 92 (S. 75).

478 Vgl. § 123 BGB, Art. 3:44 Abs. 3 NBW.

479 Diese stehen neben den besonderen Anfechtungsgründen des Titels 7.3 NBW und werden nicht verdrängt. Dafür spricht insbesondere der Wortlaut von Art. 7:176 NBW, der sich auf den in Art. 3:44 Abs. 4 NBW geregelten Anfechtungsgrund bezieht; vgl. Rb. Dordrecht, 06.08.1986, NJ 1988, 409; Hijma/Olthof, Compendium vermogens-recht, Nr. 563 (S. 381); Schelhaas, in: Wessels/Verheij, Bijzondere overeenkomsten Nr. 92 (S. 75 f.).

480 Hartkamp, Compendium vermogensrecht, Nr. 73 (S. 88 f.). Zu beachten ist jedoch, dass das Gericht die Rückwirkung gemäß Art. 3:53 Abs. 2 NBW ganz oder zum Teil aufheben kann, soweit ansonsten ein Konflikt zu den Belangen des Rechtsverkehrs entstünde. Unklar ist diesbezüglich, welche Folgen ein solcher Ausschluss der Rückwirkungen auf die dingliche Rechtslage hat. Vgl. Nota, Kamerstukken II, 17 213, 2000/01, nr. 6, S. 10 f. Nach Hartkamp erlaubt Art. 3:53 Abs. 2 NBW dem Richter den Ausschluss der Rückwirkung auch insoweit einzuschränken, als dass er diesen auf die dingliche Wirkung beschränken und nur den schuldrechtlichen Vertrag für vernichtet erklären kann. Vgl. Hartkamp, WPNR 6030 (1991), 868 (871 f.).

481 Die Art. 6:203-211 NBW regeln die condictio indebiti. Sie werden flankiert von einem allgemeinen Bereicherungstatbestand (ongerechtvaardigde verrijking) in Art. 6:212 NBW; vgl. ausführlich zu Art. 6:212 NBW: van Knooten, in: Grundstrukturen eines Europäischen Bereicherungsrechts, S. 221 ff.

kretisiert, wonach ein Mangel an Sorgfalt (vgl. Art. 6:27 NBW) in einem Zeitraum, in dem der Bereicherungsschuldner nicht mit der Verpflichtung zur Rückgabe rechnen musste, nicht zugerechnet wird. Liegt keine zurechenbare Verletzung vor, kann der Beschenkte dem Schenker gegenüber dennoch zum Ersatz verpflichtet sein. Falls er die Sache nicht oder nicht unbeschädigt zurückgeben kann, weil er sie veräußert hat, oder die Sache durch einen Dritten beschädigt wurde, hat er dem Schenker den Erlös herauszugeben bzw. etwaige Ersatzansprüche abzutreten. Eine ähnliche Anordnung treffen die §§ 818, 819 BGB. Ist die Herausgabe unmöglich, hat der Bereicherungsschuldner Wertersatz zu leisten, es sei denn, dass er sich auf den Einwand der Entreicherung berufen kann. Letzteres ist jedoch ab dem Zeitpunkt ausgeschlossen, ab dem er den Mangel des rechtlichen Grundes kannte oder das Herausgabeverlangen rechtshängig ist.

Soweit sich wesentliche Umstände des Vertrages geändert haben, kommt eine Auflösung des Vertrages über die Regelungen zum „Wegfall der Geschäftsgrundlage" nach Art. 6:258 ff. NBW, §§ 313 f. BGB in Betracht. Dagegen kann der Schenker regelmäßig nicht vom Vertrag zurücktreten oder den Vertrag auflösen, da die entsprechenden Regelungen der Art. 6:265 ff. NBW, §§ 323, 346 ff. BGB Bestandteil der Vorschriften über gegenseitige Verträge und daher nicht auf den Schenkungsvertrag anwendbar sind. Etwas anderes kann jedoch zum einen dann gelten, wenn der Vertrag im konkreten Fall nicht nur unentgeltliche, sondern auch entgeltliche Elemente enthält. Zum anderen erweitert Art. 6:261 Abs. 2 NBW den Anwendungsbereich der Vorschriften über die *ontbinding*. Danach sind die Art. 6:265 ff. NBW nicht nur auf gegenseitige Verträge anwendbar, sondern auch auf andere Rechtsbeziehungen, die das wechselseitige Erbringen von Leistungen bezwecken. Im Falle der *schenking onder een last* kann der Schenker somit vom Schenkungsvertrag zurücktreten, wenn der Beschenkte sich mit der Erfüllung der *last* im Verzug befindet und der Schenker diesbezüglich Erfüllung verlangen kann.[482]

II. Auflösung der Schenkung wegen Fehlverhaltens des Beschenkten

Zu den besonderen Auflösungsgründen, die BGB und NBW zum Schutz des Schenkers be-reithalten, gehören zunächst solche, die an ein Fehlverhalten des Beschenkten anknüpfen. Nach Art. 7:184 Abs. 1 b), c) NBW ist der Schenker berechtigt, den Schenkungsvertrag anzufechten, wenn der Beschenkte eine Straftat gegen ihn oder eine ihm nahestehende Person begangen hat, oder wenn er im Verzug mit der Erfüllung einer ihm gegenüber dem Schenker obliegenden Unterhaltspflicht ist. Im Schen-

482 Soweit der Schenker nicht die Erfüllung der dem Beschenkten auferlegten Verpflichtung verlangen kann, kann er den Schenkungsvertrag unter den Voraussetzungen des Art. 7:184 Abs. 1 a) NBW, welche im Wesentlichen den Voraussetzungen der ontbinding entsprechen, anfechten.

kungstitel des BGB ist das Fehlverhalten des Beschenkten, welches den Schenker zum Widerruf berechtigt, weniger konkret umschrieben.

Nach § 530 BGB, der einen Sonderfall der Störung der Geschäftsgrundlage darstellt[483], kann der Schenker die Schenkung widerrufen, wenn der Beschenkte sich durch eine schwere Verfehlung gegen den Schenker oder dessen Angehörigen des groben Undanks gegenüber dem Schenker schuldig gemacht hat. Im ersten Entwurf zum BGB waren dagegen in § 449 noch einzelne Fallgruppen schwerer Verfehlungen kasuistisch aufgezählt.[484] Dazu gehörten die Bedrohung des Lebens oder der Freiheit, vorsätzliche körperliche Misshandlung, schwere Beleidigung sowie die vorsätzliche erhebliche Vermögensbeschädigung. Der Gesetzgeber hat dieses Modell jedoch nicht übernommen. Hierdurch sollte nicht etwa die Erheblichkeitsschwelle gesenkt, sondern vielmehr dem richterlichen Ermessen ein größerer Spielraum eingeräumt werden, um der Vielgestaltigkeit der in der Praxis vorkommenden Fälle Rechnung tragen zu können.[485] Dabei können die genannten Fallgruppen weiterhin als Indiz für das Vorliegen einer schweren Verfehlung im Sinne des § 530 BGB herangezogen werden.[486]

Wurde die Schenkung durch den Schenker wegen Fehlverhaltens des Beschenkten wirksam aufgehoben, richtet sich die Rückgewähr nach §§ 531 Abs. 2, 812 ff. BGB[487]

483 BGH, NJW-RR 2006, 699 (700); Dendorfer, in: AnwaltKomm-BGB, § 530 Rn. 1; Weidenkaff, in: Palandt, BGB, § 530 Rn. 1; Hoppenz, in: PWW, BGB, § 530 Rn. 1; Muscheler, AcP 203 (2003), 469 (499).
Soweit der Anwendungsbereich des § 530 BGB nicht eröffnet ist, bleibt § 313 BGB anwendbar. Dies gilt auch, wenn die Schenkung bereits vollständig vollzogen ist. Vgl. BGHZ 90, 386 (387); BGHZ 112, 259 (261); Herrmann, in: Erman, BGB, § 530 Rn. 6; Koch, in: MünchKomm, BGB, § 530 Rn. 16; Wimmer-Leonhardt, in: Staudinger, BGB, § 531 Rn. 31.

484 Vgl. Mot. II, S. 302 f. Eine entsprechende Fallgruppenbildung findet sich ferner in §§ 2333, 2339 BGB, betreffend die Entziehung des Pflichtteils eines Abkömmlings bzw. die Erbunwürdigkeit.

485 Prot. II, S. 36; vgl. auch: BGHZ 91, 273 (277); Koch, in: MünchKomm, BGB, § 530 Rn. 2; Wimmer-Leonhardt, in: Staudinger, BGB, § 530 Rn. 1.

486 Koch, in: MünchKomm, BGB, § 530 Rn. 2.

487 Zu beachten ist, dass § 531 Abs. 2 BGB nach überwiegender Auffassung keine Rechtsfolgen- sondern eine Rechtsgrundverweisung (auf § 812 Abs. 1 S. 2 Alt. 1 BGB) enthält; vgl. BGHZ 132, 105 (108); OLG Koblenz, NJW-RR 2006, 437 (438); Gehrlein, in: Bamberger/Roth, BGB, § 531 Rn. 2; Herrmann, in: Erman, BGB, § 531 Rn. 2; Sefrin, in: JurisPK-BGB, § 531 Rn. 7; Koch, in: MünchKomm, BGB, § 531 Rn. 4; Mezger, in: RGRK, BGB, § 531 Rn. 7; Mühl/Teichmann, in: Soergel, BGB, § 531 Rn. 2; Wimmer-Leonhardt, in: Staudinger, BGB, § 531 Rn. 6; a.A.: RGZ 139, 17 (22); Mansel, in: Jauernig, BGB, §§ 530-533 Rn. 8. Dies hat insbesondere zur Folge, dass eine Rückforderung nach § 817 S. 2 BGB ausgeschlossen ist, wenn Schenker und Beschenkter mit der Zuwendung gemeinschaftlich einen sitten- der gesetzeswidrigen Zweck verfolgt haben; vgl. BGHZ 35, 103 (107 f.); OLG Hamm, NJW 1978, 224 (224); Herrmann, in: Erman, BGB, § 531 Rn. 2; Koch, in: MünchKomm, BGB, § 531 Rn. 4; Wimmer-Leonhardt, in: Staudinger, BGB, § 531 Rn. 16; Hadding, in: FS Mühl, S. 225 (236).

bzw. Art. 6:203 ff. NBW. Danach ist der Beschenkte verpflichtet, dem Schenker den Schenkungsgegenstand herauszugeben. Diese Verpflichtung entfällt, wenn die Herausgabe unmöglich ist. Der Unmöglichkeit ist es i. R. d. §§ 530 f., 818 ff. BGB gleichzusetzen, wenn der geschenkte Gegenstand, wie im Falle von grundlegenden Umbaumaßnahmen auf einem geschenkten Grundstück, eine so wesentliche Änderung erfahren hat, dass nach wirtschaftlicher Betrachtungsweise ein anderer Gegenstand vorliegt[488], oder dem Beschenkten die Herausgabe in natura sonstwie unzumutbar ist[489]. Dieser Einschränkung gleicht die Regelung des Art. 6:210 Abs. 2 NBW, wonach nicht Herausgabe, sondern allenfalls Wertersatz verlangt werden kann, wenn es aufgrund der Art der Leistung ausgeschlossen ist, dass diese rückgängig gemacht wird. Davon werden nicht nur Fälle erfasst, bei denen die Leistung nicht in der Übertragung eines Gegenstandes oder der Zahlung einer Geldsumme bestand, sondern auch solche, in denen die Herausgabe wirtschaftlich sinnlos bzw. unzumutbar ist, wie beim Bau eines Hauses.[490] Soweit die Herausgabepflicht nicht besteht, hat der Leistungsempfänger dann Wertersatz zu leisten, wenn er bereichert ist. Ist die Herausgabe in natura unmöglich, kann der Beschenkte nach niederländischem Recht noch aus anderen Gründen ersatzpflichtig sein. Dies ist insbesondere dann der Fall, wenn er ein Surrogat erhalten hat oder die Voraussetzungen einer Haftung auf Schadensersatz nach Art. 6:74 ff. 6:81 ff. NBW vorliegen. Ist dem Beschenkten die Herausgabe nach erfolgtem Widerruf gemäß § 530 BGB unmöglich, hat er grundsätzlich Wertersatz zu leisten (§ 818 Abs. 2 BGB), es sei denn, er kann sich auf den Einwand der Entreicherung berufen.[491] Der Beschenkte kann sich nicht erfolgreich auf Entreicherung berufen, sobald ihn die verschärfte Haftung nach §§ 818 Abs. 4, 819 Abs. 1 (292, 989) BGB trifft, welche im Fal-

488 BGH NJW-RR 1988, 584 (585), BGH NJW 1981, 2687 (2888); RGZ 169, 65 (76); RGZ 133, 293 (294 f.); RGZ 117, 112 (113); Koch, in: MünchKomm, BGB, § 531 Rn. 6; Wimmer-Leonhardt, in: Staudinger, BGB, § 531 Rn. 8.

489 BGH, NJW-RR 1988, 584 (585); BGH, NJW 1981, 2687 (2688); Koch, in: MünchKomm, BGB, § 531 Rn. 6.

490 Hartkamp, Compendium vermogensrecht, 5. druk, Nr. 346 (S. 344).

491 Im Rahmen einer etwaigen Entreicherung nach § 818 Abs. 3 BGB sind vermögensmindernde Aufwendungen auf den Schenkungsgegenstand, sowie sonstige Vermögensopfer zu berücksichtigen, die der Beschenkte vor Zugang der Widerrufserklärung im Zusammenhang mit dem Schenkungsgegenstand gemacht hat; vgl. Herrmann, in: Erman, BGB, § 531 Rn. 3; Koch, in: MünchKomm, BGB, § 531 Rn. 7; Wimmer-Leonhardt, in: Staudinger, § 531 Rn. 11. Nicht erforderlich ist, dass es sich um notwendige oder nützliche, d.h. wertsteigernde Verwendungen handelt; so aber noch BGH, NJW 1992, 183 (184). Darüber hinaus kommt ein eigener Anspruch des Beschenkten aus Verwendungskondiktion nach §§ 812 Abs. 1 S. 2 Hs. 2, 812 Abs. 1 S. 1 Alt. 2, 292 Abs. 2, 994 Abs. 2, 995 BGB in Betracht, der dem Schenker durch Aufrechnung oder Zug um Zug-Einrede entgegengehalten werden kann; vgl. BGHZ 140, 275 (277 ff.); BGHZ 107, 156 (156); Herrmann, in: Erman, BGB, § 531 Rn. 3; Sefrin, in: JurisPK-BGB, § 531 Rn. 13; Koch, in: MünchKomm, BGB, § 531 Rn. 8; Wimmer-Leonhardt, in: Staudinger, BGB, § 531 Rn. 12.

le des Widerrufs gemäß § 530 BGB nach überwiegender Auffassung mit Zugang der Widerrufserklärung beginnt.[492]

Hinsichtlich der Rechtsfolgen ist ferner zu beachten, dass die Anfechtung nach Art. 7:184 NBW grundsätzlich Rückwirkung entfaltet, während der Widerruf nach § 530 BGB *ex nunc* wirkt. Soweit die dingliche Rückwirkung nicht ausnahmsweise gemäß Art. 3:53 Abs. 2 NBW durch den Richter ausgeschlossen wurde, erfolgt der Schutz Dritter nach den Vorschriften über den gutgläubigen Erwerb gemäß Art. 3:86, 3:88 NBW. Die erforderliche Gutgläubigkeit des Dritten liegt vor, wenn dieser redlicherweise nicht mit dem Vorliegen eines Anfechtungsgrundes rechnen musste. Zu beachten ist, dass der gutgläubige Erwerb von Mobiliarsachen voraussetzt, dass der Dritte nicht unentgeltlich erworben hat. Die Rechtsfolgen des Widerrufs wegen groben Undanks gemäß § 530 BGB richten sich nach den Vorschriften über die ungerechtfertigte Bereicherung. Auch hier kann der Schenker ausnahmsweise auf einen Dritterwerber zurückgreifen, wenn die Voraussetzungen des § 822 BGB vorliegen, also insbesondere unentgeltliche Weitergabe des Geschenkten durch den Beschenkten an einen Dritten sowie Entreicherung des Beschenkten. Hat der Beschenkte dagegen mit dem Geschenk eine Sache erworben und diese unentgeltlich einem Dritten übertragen, so haftet der Dritte nicht auf Herausgabe sondern auf Wertersatz; er kann sich jedoch von dieser Verpflichtung durch Herausgabe der Sache befreien.[493]

1. Anfechtbarkeit nach Art. 7:184 Abs. 1 b), c) NBW

Der Schenker hat nach Art. 7:184 Abs. 1 b), c) NBW die Möglichkeit, die Schenkung anzufechten, wenn der Beschenkte eine Straftat begangen hat oder seinen Unterhaltsverpflichtungen nicht nachgekommen ist. Für die Möglichkeit der Anfechtung durch den Schenker ist es gemäß Art. 7:184 Abs. 1 NBW unerheblich, ob die Schenkung bereits vollzogen wurde.

Die Befugnis zur Anfechtung verjährt, abweichend von der in Art. 3:52 NBW geregelten regelmäßigen Verjährungsfrist von drei Jahren, gemäß Art. 7:185 Abs. 1 NBW nach einem Jahr. Die Verjährungsfrist beginnt ab dem Zeitpunkt zu laufen, in dem der Schenker Kenntnis von den Tatsachen erhält, die die Anfechtbarkeit begründen. Soweit es sich, bspw. mangels Unentgeltlichkeit, nicht um *schenking* sondern um *gift* handelt, ist Art. 7:184 NBW aufgrund der Vorschrift des Art. 7:186 Abs. 1 NBW (ggf. in Verbindung mit Art. 7:187 Abs. 1 NBW) entsprechend anwendbar.

---

492 BGHZ 140, 275 (281); Herrmann, in: Erman, BGB, § 531 Rn. 3; Koch, in: MünchKomm, BGB, § 531 Rn. 9; Mezger, in RGRK, BGB, § 531 Rn.2; Mühl/Teichmann, in: Soergel, BGB, § 531 Rn. 3; Wimmer-Leonhardt, in: Staudinger, BGB, § 531 Rn. 15; a.A. Jülicher, ZEV 1998, 201 (203), der auf den Zeitpunkt der Vornahme der den Widerruf rechtfertigenden Handlung abstellt, da der Beschenkte bereits ab diesem Zeitpunkt mit dem Widerruf rechnen müsse und ihn ein Abstellen auf den Zugang der Widerrufserklärung ungerechtfertigt privilegiere.

493 BGH, NJW 2004, 1314 (1314 f.); Wimmer-Leonhardt, in: Staudinger, BGB, § 531 Rn. 14.

a) Straftat gegen den Schenker oder ihm nahestehende Personen

Der Schenker kann die Schenkung gemäß Art. 7:184 Abs. 1 b) NBW anfechten, wenn der Beschenkte vorsätzlich/schuldhaft eine Straftat (*misdrijf*) gegen den Schenker oder dem Schenker nahe stehende Personen begangen hat.[494]

Ob im konkreten Fall tatsächlich eine Straftat vorliegt, muss nach dem niederländischen Strafgesetzbuch (Sr)[495], beurteilt werden.[496] Aufgrund der in Art. 7:184 Abs. 2 NBW getroffenen Regelung werden auch der Versuch (Art. 45 Sr), die Vorbereitung (Art. 46 Sr) oder Teilnahme (Art. 47 Sr) an einer Straftat erfasst.[497]

Bezüglich der vorsätzlichen/schuldhaften Begehung ist nicht erforderlich, dass dies Teil der strafrechtlichen Deliktsumschreibung ist. Es geht vielmehr darum, dass der Beschenkte sich vorsätzlich einer Straftat gegen den Schenker oder einer ihm nahe stehenden Person schuldig macht.[498] Die Möglichkeit der Anfechtung nach Art. 7:184 Abs. 1 b) NBW entfällt dementsprechend, wenn sich der Täter auf einen der in den Art. 39 ff Sr genannten Umstände, wie psychische Störung, höhere Gewalt oder Notwehr berufen kann.

Anders als nach Art. 1725 Nr. 2 BW und bei der Unwürdigkeit im Erbrecht (vgl. Art. 4:3 NBW) ist für die Berufung auf Art. 7:184 Abs. 1 b) NBW keine strafrechtliche Verurteilung erforderlich. Ausweislich der Gesetzesbegründung könne vom Schenker nicht verlangt werden, die Tat anzuzeigen[499] oder auf eine strafrechtliche Verurteilung zu warten[500]. Die Gesetzesbegründung lässt jedoch die Beantwortung der Frage offen, was rechtens ist, wenn die Anwendung dieses Anfechtungsgrundes durch den Zivilrichter einem strafrechtlichen Freispruch folgt. Anzunehmen ist, dass der zivilrechtliche Beweis nicht in Zusammenhang zum Ergebnis des Strafprozesses steht.[501]

---

494 Vgl. auch die ähnliche Regelung über die Unwürdigkeit im Erbrecht (Art. 4:3 Abs. 1 NBW).

495 Wetboek van Strafrecht.

496 Asser-Perrick, deel 6A, Nr. 232 (S. 262); Ploeger, in: Nieuwenhuis, BW (2), Art. 7:184, S. 2681.
Das niederländische Strafgesetzbuch unterscheidet zwischen misdrijven und overtredingen. Letztere sind leichte Verstöße, für welche gesetzlich nicht mehr als ein Jahr Freiheitsstrafe bzw. Geldstrafe vorgesehen ist. Overtredingen berechtigen nicht zum Widerruf der Schenkung.

497 Im Gegensatz zur Unwürdigkeit im Erbrecht (vgl. Art. 4:3 Abs. 1 NBW) setzt die Schenkungsanfechtung jedoch nicht voraus, dass das Gesetz für die Straftat einen Strafrahmen von mindestens bis zu vier Jahren vorsieht. Der Gesetzgeber war insoweit der Auffassung, dass vom Schenker auch bei weniger schweren Straftaten nicht verlangt werden könne, dass er die Schenkung aufrecht erhalte; vgl. Nota, Kamerstukken II 1998/99, 17 213, nr. 4, S. 7.

498 Asser-Perrick, deel 6A, Nr. 232 (S. 262).

499 Nota, Kamerstukken II 2000/01, 17 213, nr. 6, S. 10.

500 Nota, Kamerstukken II 1998/99, 17 213, nr. 4, S. 7.

501 Ploeger, in: Nieuwenhuis, BW (2), Art. 7:184, S. 2682; Asser-Perrick, deel 6A, Nr. 232 (S. 262).

Die vom Beschenkten begangene Straftat muss sich gegen den Schenker oder ihm nahestehende Personen richten. Unter „nahestehende Personen" sollen alle Personen fallen, die zum Schenker in einem Verhältnis stehen, das den Begriff „*family life*" i. S. d. Art. 8 EMRK erfüllt.[502] Dazu gehören in erster Linie Ehegatten, eingetragene Lebenspartner oder andere Lebensgefährten. Ferner nächste Verwandte wie Eltern, Kinder und Geschwister.[503] Letztlich soll es den Gerichten überlassen sein, die Grenze im konkreten Fall näher zu bestimmen.[504]

b) Nichterfüllung einer Verpflichtung zum Lebensunterhalt, Art. 7:184 Abs. 1 c) NBW

Der Schenker kann die Schenkung nach Art. 7:184 Abs. 1 c) NBW ferner dann anfechten, wenn der Beschenkte gesetzlich oder vertraglich verpflichtet ist, zum Unterhalt des Schenkers beizutragen und sich mit der Erfüllung dieser Verpflichtung im Verzug befindet. Die gesetzliche Unterhaltsverpflichtung ist in Art. 1:392 ff. NBW geregelt. Grundsätzlich zu Unterhaltsleistungen verpflichtet sind danach bspw. Kinder, Eltern oder Schwiegereltern. Letzteres gilt gemäß Art. 1:392 Abs. 3 NBW nicht, wenn der Bedürftige seinen Unterhalt von einem Ehegatten, früheren Ehegatten oder (früheren) eingetragenen Lebenspartner erlangen kann.

2. Widerruf wegen groben Undanks, §§ 530-533 BGB

Nach deutschem Recht kann ein Schenker die Schenkung wegen Fehlverhaltens des Beschenkten widerrufen, wenn die Voraussetzungen des Widerrufs nach § 530 ff. BGB vorliegen. Der Beschenkte muss sich danach durch eine schwere Verfehlung gegen den Schenker oder nahestehende Personen des Schenkers groben Undanks gegen den Schenker schuldig gemacht haben. Der Widerruf erfolgt durch formlose, einseitige, empfangsbedürftige Willenserklärung durch den Schenker, auf die die §§ 104 ff. BGB anzuwenden sind. Die Erklärung muss nicht die Bezeichnung „Widerruf" enthalten. Es genügt vielmehr, dass der Schenker den Willen erkennen lässt, sich von der Schenkung zu lösen.[505] Hinsichtlich der Begründung genügt ein Hinweis auf grob undankbares Verhalten, welches der Schenker zu substantiieren und gegebenenfalls zu beweisen hat.[506] Nach (wohl) überwiegender Auffassung folgt aus der Höchstpersön-

---

502 Nota, Kamerstukken II 2000/01, 17 213, nr. 6, S. 10.

503 Ploeger, in: Nieuwenhuis, BW (2), Art. 7:184, S. 2681; Grabenwarter, Europäische Menschenrechtskonvention, S. 183 f.

504 Toelichting Voorontwerp, S. 905; Nota, Kamerstukken II 2000/01, 17 213, nr. 6, S. 10.

505 BGHZ 3, 206 (210); Herrmann, in: Erman, BGB, § 531 Rn. 1; Koch, in: MünchKomm, BGB, § 531 Rn. 2; Wimmer-Leonhardt, in: Staudinger, BGB, § 531 Rn. 1.

506 Herrmann, in: Erman, BGB, § 531 Rn. 1.

lichkeit des Widerrufsrechts, dass § 530 BGB nicht anzuwenden ist, wenn der Schenker[507] oder der Beschenkte[508] eine Juristische Person ist.

Wurde der Widerruf wirksam erklärt, bewirkt dies das Erlöschen des Schenkungsvertrages als schuldrechtlicher Vereinbarung mit ex-nunc Wirkung. Mithin entfällt beim Schenkungsversprechen nach § 518 Abs. 1 BGB der Anspruch auf Erfüllung, während bei bereits vollzogener Schenkung der Rechtsgrund nachträglich erlischt und der Schenker das Geleistete nach §§ 812 Abs. 1 S. 2 Alt. 1, 531 Abs. 2 BGB zurückverlangen kann. Soweit eine gemischte Schenkung vorliegt, ist danach zu differenzieren, ob es sich um einen teilbaren oder einen unteilbaren Schenkungsgegenstand handelt. Im Fall der Teilbarkeit wird nur der unentgeltliche Teil vom Widerruf erfasst, womit sich der Rückgewähranspruch auch nur auf ihn bezieht. Handelt es sich dagegen um einen unteilbaren Gegenstand, ist nach überwiegender Auffassung zu unterscheiden, ob der unentgeltliche oder der entgeltliche Charakter des Rechtsgeschäfts überwiegt.[509] Ein Anspruch auf Rückgabe des Gegenstands kommt nur dann in Betracht, wenn der Vertrag überwiegend unentgeltlicher Natur ist.

a) Schwere Verfehlung des Beschenkten

Die Möglichkeit des Widerrufs nach § 530 BGB setzt zunächst eine schwere Verfehlung des Beschenkten gegen den Schenker oder nahe Angehörige des Schenkers voraus. Dies erfordert objektiv ein gewisses Maß an Schwere und subjektiv eine tadelnswerte Gesinnung, die in erheblichem Maße die Dankbarkeit vermissen lässt, die der Schenker redlicherweise erwarten kann.[510] Dies ist durch eine Gesamtwürdigung aller Umstände des Einzelfalls festzustellen, bei der insbesondere Motiv, Art und Umfang der Schenkung sowie Anlass und Art der Verfehlung zu berücksichtigen sind.[511]

507 BGH, NJW 1962, 955 (956); Weidenkaff, in: Palandt, BGB, § 530 Rn. 1; Mühl/Teichmann, in: Soergel, BGB, § 530 Rn. 13; Wimmer-Leonhardt, in: Staudinger, BGB, § 530 Rn. 30; Muscheler, WM 2003, 2213 (2217); a.A. Herrmann, in: Erman, BGB, § 530 Rn. 3; Sefrin, in: JurisPK-BGB, § 530 Rn. 12; Koch, in MünchKomm, BGB, § 530 Rn. 14.

508 OLG Düsseldorf, NJW 1966, 550 (551); Weidenkaff, in: Palandt, BGB, § 530 Rn. 1; Mezger, in: RGRK, BGB, § 530 Rn. 4; Mühl/Teichmann, in: Soergel, BGB, § 530 Rn. 13; a.A. Herrmann, in: Erman, BGB, § 530 Rn. 3; Sefrin, in: JurisPK-BGB, § 530 Rn. 12; Koch, in: MünchKomm, BGB, § 530 Rn. 14; Wimmer-Leonhardt, in: Staudinger, BGB, § 530 Rn. 30.

509 BGHZ 112, 40 (53); BGHZ 107, 156 (156); Herrmann, in: Erman, BGB, § 516 Rn. 16; Weidenkaff, in: Palandt, BGB, § 516 Rn. 16; Mühl/Teichmann, in: Soergel, BGB, § 531 Rn. 3.

510 BGHZ 87, 145 (149); BGHZ 145, 35 (38 f.); BGH, NJW-RR 1993, 1410 (1411); RGZ 158, 141 (144); OLG Celle, OLGR 2003, 256 (257); OLG Frankfurt aM, NJW-RR 1996, 781 (782); Gehrlein, in: Bamberger/Roth, BGB, § 530 Rn. 3; Mansel, in: Jauernig, BGB, §§ 530-533 Rn. 2; Sefrin, in: JurisPK-BGB, § 530 Rn. 6; Koch, in: MünchKomm, § 530 Rn. 2; Wimmer-Leonhardt, in: Staudinger, BGB, § 530 Rn. 8; kritisch: Karakatsanes, FamRZ 1896, 1178 (1182).

511 Herrmann, in: Erman, BGB, § 530 Rn. 2.

Das Fehlverhalten kann in einer oder mehreren Handlungen sowie in einem fortgesetzten Verhalten bestehen.[512]

Soweit gegenläufiges Handeln des Beschenkten sittliche Pflicht war, kommt auch ein Fehlverhalten durch Unterlassen in Betracht.[513] Eine solche „schwere Verfehlung durch Unterlassen" nahm der BGH bspw. in einem Fall an, in dem die Beschenkte ein (unberechtigtes) Anwaltsschreiben mit einem an den Schenker gerichteten Benutzungsverbot bezüglich eines Gartengrundstücks in Auftrag gegeben hatte. Der Anwalt hatte das Schreiben daraufhin in einer „unangemessenen Schärfe" formuliert und dem Schenker mit einer Strafanzeige gedroht. Hier hätte es die von der Beschenkten geschuldete Dankbarkeit erfordert, sich von dem Schreiben zu distanzieren.[514]

Nicht notwendig ist, dass das Fehlverhalten des Schenkers objektiv rechtswidrig ist; es setzt vielmehr Vorwerfbarkeit im moralischen Sinne voraus.[515] Ist das Verhalten des Beschenkten jedoch durch einen Rechtfertigungsgrund gedeckt, liegt keine moralische Vorwerfbarkeit vor.[516] Erforderlich ist ferner, dass auf Seiten des Schenkers Verschuldensfähigkeit im Sinne der §§ 827, 828 BGB gegeben ist.[517] Soweit eine Verfehlung eines Dritten vorliegt, ist diese dem Beschenkten grundsätzlich nicht über § 278 BGB oder § 166 BGB zurechenbar.[518] Jedoch sind Verfehlungen Dritter dann von Bedeutung, wenn der Beschenkte sie dazu veranlasst oder ihr Tun duldet, obwohl es ihm möglich und zumutbar gewesen wäre, Abhilfe zu schaffen. Mithin ist hinsichtlich der Vorwerfbarkeit stets auf die Person des Beschenkten selbst abzustellen.[519]

Dem Art. 7:184 Abs. 1 b) NBW vergleichbar, muss sich die schwere Verfehlung gemäß § 530 BGB entweder gegen den Schenker selbst oder gegen nahe Angehörige des Schenkers richten. Der Begriff „nahe Angehörige" wird im BGB nicht konkreti-

---

512 Sefrin, in; JurisPK-BGB, § 530 Rn. 7; Wimmer-Leonhardt, in: Staudinger, BGB, § 530 Rn. 11.

513 BGHZ 91, 273 (277); Gehrlein, in: Bamberger/Roth, BGB, § 530 Rn. 3; Herrmann, in: Erman, BGB, § 530 Rn. 2; Sefrin, in: JurisPK-BGB, § 530 Rn. 7; Mühl/Teichmann, in: Soergel, BGB, § 530 Rn. 6; Wimmer-Leonhardt, in: Staudinger, BGB, § 530 Rn. 11.

514 BGH, NJW 1992, 183 (184).

515 Herrmann, in: Erman, BGB, § 530 Rn. 2; Gehrlein, in: Bamberger/Roth, BGB, § 530 Rn. 3; Sefrin, in: JurisPK-BGB, § 530 Rn. 8; Mühl/Teichmann, in: Soergel, BGB, § 530 Rn. 6; Wimmer-Leonhardt, in: Staudinger, BGB, § 530 Rn. 12; Larenz, Schuldrecht II/1, § 47 IIc 3 Fn. 25 (S. 205).

516 Gehrlein, in: Bamberger/Roth, BGB, § 530 Rn. 3; Sefrin, in: JurisPK-BGB, § 530 Rn. 8; Mühl/Teichmann, in: Soergel, BGB, § 530 Rn. 7; Wimmer-Leonhardt, in: Staudinger, BGB, § 530 Rn. 15.

517 Koch, in: MünchKomm, BGB, § 530 Rn. 7; Wimmer-Leonhardt, in: Staudinger, BGB, § 530 Rn. 12; Larenz, Schuldrecht II/1, § 47 IIc 3 Fn. 25 (S. 205).

518 Gehrlein, in: Bamberger/Roth, BGB, § 530 Rn. 3; Herrmann, in: Erman, BGB, § 530 Rn. 2; Mansel, in: Jauernig, BGB, § 530 Rn. 2; Wimmer-Leonhardt, in: Staudinger, BGB, § 530 Rn. 12; Larenz, Schuldrecht II/1, § 47 IIc 3 Fn. 25 (S. 205).

519 BGH, NJW 1962, 955 (956); OLG Hamburg, FamRZ 1960, 151 (151); Herrmann, in: Erman, BGB, § 530 Rn. 2; Wimmer-Leonhardt, in: Staudinger, BGB, § 530 Rn. 12.

siert. Ein bestimmter Verwandtschaftsgrad ist nicht erforderlich.[520] Als Anhaltspunkt kann jedoch § 11 Abs. 1 Nr. 1 StGB herangezogen werden.[521] Danach sind Angehörige Verwandte und Verschwägerte gerader Linie, der Ehegatte, der Lebenspartner, der Verlobte, Geschwister und deren Ehegatten oder Lebenspartner, Geschwister der Ehegatten oder Lebenspartner sowie Pflegeeltern und Pflegekinder. Dem Normzweck entsprechend, entscheidet jedoch letztlich das tatsächliche persönliche Verhältnis zum Schenker und ob die Verfehlung geeignet ist, beim Schenker das Empfinden einer eigenen Kränkung hervorzurufen.[522] Erforderlich ist stets, dass dem Beschenkten die Nähebeziehung des Schenkers zum Gekränkten bekannt war.[523]

b) Grober Undank

Die schwere Verfehlung des Beschenkten muss einen groben Undank beinhalten. Undank ist insoweit als innere Empfindung oder als Mangel einer solchen zu verstehen.[524] Damit diese innere Empfindung rechtliche Erheblichkeit erlangt, muss sie sich in einem Tun oder Unterlassen äußern.[525]

Das Gesetz lässt indes nicht jede Form des Undanks genügen, sondern fordert „groben" Undank. Ob ein derartiges Maß an Schwere, das dem Beschenkten bewusst sein muss[526], vorliegt, ist anhand der Umstände des Einzelfalls zu beurteilen[527]. Dabei ist das Verhalten beider Seiten, wie bspw. ein vorangegangenes anstößiges Verhalten des Schenkers sowie auch ein enges Verwandtschaftsverhältnis zwischen Schenker und Beschenktem zu berücksichtigen.[528] Letzterem kommt jedoch nicht per se ein erhöhtes Gewicht zu.

---

520 Herrmann, in: Erman, BGB, § 530 Rn. 3; Wimmer-Leonhardt, in: Staudinger, BGB, § 530 Rn. 16.

521 Sefrin, in: JurisPK-BGB, § 530 Rn. 9; Mühl/Teichmann, in: Soergel, BGB, § 530 Rn. 11; Wimmer-Leonhardt, in: Staudinger, BGB, § 530 Rn. 16.

522 Prot. II, S. 38; BGH, NJW 1999, 1623 (1623); OLG Karlsruhe, MDR 1989, 2136 (2136); Herrmann, in: Erman, BGB, § 530 Rn. 3; Mansel, in: Jauernig, BGB, §§ 530-533 Rn. 4; Mühl/Teichmann, in: Soergel, BGB, § 530 Rn. 11; Wimmer-Leonhardt, in: Staudinger, BGB, § 530 Rn. 16.

523 Herrmann, in: Erman, BGB, § 530 Rn. 3; Wimmer-Leonhardt, in: Staudinger, BGB, § 530 Rn. 16.

524 BGH, DStR 1993, 332 (333); Sefrin, in: JurisPK-BGB, § 530 Rn. 10; Wimmer-Leonhardt, in: Staudinger, BGB, § 530 Rn. 17.

525 Sefrin, in: JurisPK-BGB, § 530 Rn. 10; Wimmer-Leonhardt, in: Staudinger, BGB, § 530 Rn. 17.

526 BGH NJW 1980, 1789 (1790); Sefrin, in: JurisPK-BGB, § 530 Rn. 10.

527 Sefrin, in: JurisPK-BGB, § 530 Rn. 10.

528 Sefrin, in: JurisPK-BGB, § 530 Rn. 10; Wimmer-Leonhardt, in: Staudinger, BGB, § 530 Rn. 18.

c) Ausschluss des Widerrufsrechts

Der Gesetzgeber hat in § 532 BGB Gründe normiert, die den Widerruf einer Schenkung wegen groben Undanks ausschließen. Diesen Gründen ist gemein, dass sie sich auf einen erst noch zu vollziehenden Widerruf beziehen und mithin keine Anwendung finden, wenn der Schenker den Widerruf bereits erklärt hat.

Der Widerruf ist gemäß § 532 S. 1 Alt. 1 BGB ausgeschlossen, wenn der Schenker dem Beschenkten verziehen hat. Die Verzeihung ist ein rein tatsächliches Verhalten aus dem hervorgeht, dass der Schenker die ihm durch den Beschenkten zugefügte Kränkung nicht mehr als solche empfindet.[529] Das Recht zum Widerruf erlischt gemäß § 532 S. 1 Alt. 2 BGB ferner, wenn seit dem Zeitpunkt, in dem der Schenker vom Eintritt der Voraussetzungen seines Widerrufs Kenntnis erlangt hat, ein Jahr verstrichen ist.[530]

Während die in Art. 7:184 NBW geregelten Anfechtungsgründe grundsätzlich auf alle Schenkungen anwendbar sind, wird die Möglichkeit des Widerrufs nach § 530 BGB insoweit durch § 534 BGB beschränkt. Ein Widerruf wegen groben Undanks kommt danach nicht in Betracht, falls es sich um eine Pflicht- oder Anstandsschenkung handelt. Der Sinn und Zweck dieses Ausschlusses besteht darin, den Beschenkten in solchen Fällen vor einer Rückgabeverpflichtung zu schützen, in denen ein solcher Schutz aus Gründen der Sittlichkeit oder des Anstands geboten erscheint.[531] Schenkungen die auf einer sittlichen Pflicht oder auf Anstand beruhen, erfahren auch durch andere Vorschriften eine besondere Stellung. So gelten hier die allgemeinen Verfügungsbeschränkungen und Zustimmungserfordernisse von Vormundschafts- und Nachlassgericht nicht.[532] Zudem ist gemäß § 814 BGB eine bereicherungsrechtliche Rückforderung dann ausgeschlossen, wenn die Leistung auf einer sittlichen Pflicht oder einer auf den Anstand zu nehmenden Rücksicht beruht. Liegen die Voraussetzungen des § 534 BGB vor, gelangt das Rückforderungsrecht nicht zur Entstehung. Es handelt sich nach überwiegender Ansicht um eine rechtshindernde, also von Amts wegen zu berücksichtigende Tatsache.[533]

---

529 BGHZ 93, 273 (280); BGH, NJW 1974, 1084 (1085).

530 Ebenso wie bei § 529 BGB ist umstritten, ob es sich bei den verschiedenen Ausschlussgründen des § 532 BGB um vom Beschenkten zu erhebende Einreden oder von Amts wegen zu berücksichtigende Einwendungen handelt. Nach überwiegender Auffassung gilt letzteres für den Fristablauf nach § 532 S. 1 Alt. 2 BGB und für den Ausschlusstatbestand des § 532 S. 2 BGB. Dagegen soll es sich bei § 532 S. 1 BGB um eine Einrede handeln. Vgl. Herrmann, in: Erman, BGB, § 532 Rn. 1; Sefrin, in: JurisPK-BGB, § 532 Rn. 11; Mezger, in: RGRK, BGB, § 532 Rn. 2; Wimmer-Leonhardt, in: Staudinger, BGB § 532 Rn. 10; teilweise anders: Koch, in: MünchKomm, BGB, § 532 Rn. 6, der auch den Fristablauf als Einrede auffasst.

531 Sefrin, in: JurisPK-BGB, § 534 Rn. 2.

532 Vgl. §§ 1425, 1641, 1804, 2113 Abs. 2, 2205, 2207, 2330 BGB.

533 RG JW 1916, 119; Gehrlein, in: Bamberger/Roth, BGB, § 534 Rn. 3; Herrmann, in: Erman, BGB, § 534 Rn. 1; Mezger, in: RGRK, BGB, § 534 Rn. 5; Mühl/Teichmann, in: Soergel,

Der Begriff der Pflicht- und Anstandsschenkung deckt in etwa die Arten von Schenkungen ab, die gemeinrechtlich als remuneratorische Schenkungen bezeichnet wurden.[534] Zu beachten ist jedoch, dass diesbezüglich keine völlige Übereinstimmung dieser Begrifflichkeiten besteht. So wird in den Protokollen angeführt, dass die Frage der Möglichkeit eines Widerrufs bei belohnenden oder remuneratorischen Schenkungen stets nur anhand einer Beurteilung der konkreten Umstände des Einzelfalls beantwortet werden könne. Der Widerruf sei nicht ausgeschlossen, wenn der Umfang der Schenkung erheblich über das Maß an Freigiebigkeit hinausgehe, das der Beschenkte redlicherweise als Ausgleich für eigene Leistungen habe erwarten dürfen.[535]

Der Begriff der Pflichtschenkung umfasst dabei all jene Schenkungen, die durch eine über die allgemeine Nächstenliebe hinausgehende, in den konkreten Umständen des Einzelfalls wurzelnde sittliche Pflicht getragen und nicht nur sittlich gerechtfertigt, sondern sittlich geboten sind.[536] Bei der stets anhand der konkreten Umstände des Einzelfalls vorzunehmenden Feststellung, ob eine Pflichtschenkung vorliegt, sind insbesondere das Vermögen, sowie die Lebensstellung und die persönlichen Beziehungen der Beteiligten zu berücksichtigen.[537] Ein typisches Beispiel für eine Pflichtschenkung stellt insoweit die Unterstützung bedürftiger naher, aber nicht unterhaltsberechtigter Verwandter, z.B. der Geschwister, dar.[538] Bei der Anstandsschenkung ist die moralische Bindung des Zuwendenden schwächer ausgeprägt als bei einer Pflichtschenkung.[539] Eine Anstandsschenkung liegt vor, wenn die Schenkung nach der Anschauung der sozialen Gruppe des Schenkers nicht unterbleiben kann, ohne dass dieser an Achtung oder Ansehen verliert.[540] Hierzu gehören bspw. Geschenke unter Verwand-

---

BGB, § 534 Rn. 6; Larenz, Schuldrecht II/1, § 47 I (S. 199); a.A. Sefrin, in: JurisPK-BGB, § 534 Rn. 14, Koch, in: MünchKomm, BGB, § 534 Rn. 7.

534 Prot. II, S. 37; Kollhosser, in: MünchKomm, BGB, 4. Aufl., § 534 Rn. 1; Herrmann, in: Erman, BGB, § 534 Rn. 1.

535 Prot. II, S. 37.

536 BGHZ 91, 273 (277); BGH, NJW 1986, 1926 (1926); OLG Naumburg, FamRZ 2001, 1406 (1407); Gehrlein, in: Bamberger/Roth, BGB, § 534 Rn. 1; Herrmann, in: Erman, BGB, § 534 Rn. 2; Koch, in: MünchKomm, BGB, § 534 Rn. 2.

537 BGH, NJW 2000, 3488 (3488); RGZ 70, 15 (19); Gehrlein, in: Bamberger/Roth, BGB, § 534 Rn. 1; Herrmann, in: Erman, BGB, § 534 Rn. 2; Weidenkaff, in: Palandt, BGB, § 534 Rn. 2; Wimmer-Leonhardt, in: Staudinger, BGB, § 534 Rn. 7.

538 BGH, NJW 1986, 1926 (1926 f.); Gehrlein, in: Bamberger/Roth, BGB, § 534 Rn. 1; Koch, in: MünchKomm, BGB, § 524 Rn. 3; Wimmer-Leonhardt, in: Staudinger, BGB, § 534 Rn. 8. Vgl. auch: BGH, NJW 1984, 2939 (2940).

539 Koch, in: MünchKomm, BGB, § 534 Rn. 4; Mühl/Teichmann, in: Soergel, BGB, § 534 Rn. 1.

540 BGH, NJW 1981, 111 (111); RGZ 98, 318 (326); RGZ 73, 46 (49 f.); OLG Köln, FamRZ 1997, 1113 (1113 f.); Gehrlein, in: Bamberger/Roth, BGB, § 534 Rn. 2; Herrmann, in: Erman, BGB, § 534 Rn. 3; Wimmer-Leonhardt in: Staudinger, BGB, § 534 Rn. 9.

ten, wie insbesondere Geburtstags-, Hochzeits- oder Weihnachtsgeschenke[541], aber auch Zuwendungen im Rahmen öffentlicher Sammlungen oder aus Anlass eines Besuchs[542]. Nach umstrittener Auffassung stellt schließlich auch das Geben eines Trinkgeldes im Verhältnis zum Zuwendenden regelmäßig kein nachträgliches Entgelt für guten Service, sondern eine Anstandsschenkung dar.[543]

Hinsichtlich beider Varianten des § 534 BGB ist zu beachten, dass der Ausschluss des Widerrufsrechts nur soweit reicht, wie die Schenkung eine Pflicht- oder Anstandsschenkung darstellt. Ist der Schenkungsgegenstand nicht teilbar, ist je nach Interessenlage ein Anspruch auf Wertersatz in Höhe des nicht als Pflicht- oder Anstandsschenkung zu bewertenden Teils oder ein Anspruch auf Rückgabe des gesamten Schenkungsgegenstands Zug um Zug gegen eine der sittlichen Pflicht entsprechende Leistung zu gewähren.[544]

Schließlich ist anzumerken, dass das Widerrufsrecht nach § 530 BGB nicht im Vorhinein abdingbar und gemäß § 533 BGB nicht verzichtbar ist. Den Parteien steht es aber grundsätzlich frei, für den Widerruf eine bestimmte Form zu vereinbaren. Eine solche Vereinbarung soll jedoch unwirksam sein, wenn sie die Ausübung des Widerrufsrechts ohne sachlichen Grund unverhältnismäßig erschwert.[545]

3. Sonderfall: Nichterfüllung einer dem Beschenkten auferlegten Pflicht

Weiterhin enthalten Art. 7:184 Abs. 1 a) NBW und § 527 BGB Regelungen für den Fall, dass dem Beschenkten im Zusammenhang mit der Schenkung eine *last* bzw. Auflage auferlegt wurde, welche dieser nunmehr nicht erfüllt. Hintergrund der Bestimmungen ist, dass es nach beiden Rechtsordnungen möglich ist, dem Beschenkten Pflichten aufzuerlegen, ohne dass dies den unentgeltlichen Charakter des Vertrages berührt.[546] Da in solchen Fällen aber weiterhin ein unentgeltlicher und einseitiger Schenkungsvertrag vorliegt, kann der Schenker nicht zurücktreten, wenn der Be-

---

541 Gehrlein, in: Bamberger/Roth, BGB, § 534 Rn. 2; Koch, in: MünchKomm, BGB, § 534 Rn. 4; Wimmer-Leonhardt, in Staudinger, BGB, § 534 Rn. 9.

542 Herrmann, in: Erman, BGB, § 524 Rn. 3; Wimmer-Leonhardt, in: Staudinger, BGB, § 534 Rn. 9.

543 Mezger, in: RGRK, BGB, § 534 Rn. 3; Koch, in: MünchKomm, BGB, § 534 Rn. 4; Wimmer-Leonhardt, in: Staudinger, BGB, § 534 Rn. 10; Holzhauer, FamRZ 2000, 1063 (1064); a.A. Kollhosser, in: MünchKomm, BGB, 4. Aufl., § 534 Rn. 7; Larenz, Schuldrecht II/1, § 47 I (S. 199).

544 BGH, MDR 1963, 575 (576); Gehrlein, in: Bamberger/Roth, BGB, § 534 Rn. 2; Koch, in: MünchKomm, BGB, § 534 Rn. 6; Weidenkaff, in: Palandt, BGB, § 534, Rn. 1; Wimmer-Leonhardt, in: Staudinger, BGB, § 534 Rn. 15.

545 Sefrin, in: JurisPK-BGB, § 531 Rn. 6; Wimmer-Leonhardt, in: Staudinger, BGB, § 531 Rn. 4.

546 Vgl. zur Abgrenzung zwischen noch unentgeltlicher last bzw. Auflage zur „echten“ Gegenleistung: B. I. 4. b) cc) (2); B. II. 2. c) cc) (3).

schenkte seiner Verpflichtung nicht nachkommt, da die Rücktrittsregelungen grundsätzlich nur auf gegenseitige Verträge anwendbar sind. Die hierdurch entstehende Lücke, wird durch Art. 7:184 Abs. 1 a) NBW und § 527 BGB geschlossen. Der Schenker kann die Schenkung danach anfechten bzw. widerrufen, wenn der Beschenkte seiner Verpflichtung nicht nachkommt. Hinsichtlich der Rechtsfolgen einer Anfechtung nach Art. 7:184 Abs. 1 a) NBW kann auf die entsprechenden Ausführungen zu Art. 7:184 Abs. 1 b), c) NBW verwiesen werden. Ebenso wie beim Widerruf wegen groben Undanks, verweist § 527 BGB bezüglich der Rechtsfolgen des Widerrufs auf bereicherungsrechtliche Vorschriften. Zu beachten ist jedoch, dass es sich hierbei nicht etwa auch um eine Rechtsgrund- sondern um eine Rechtsfolgenverweisung auf die §§ 818 ff. BGB handelt.[547] Das Rückforderungsrecht des Schenkers ist in zweierlei Hinsicht eingeschränkt. Zum einen reicht es gemäß § 527 Abs. 1 BGB nur soweit, als das Geschenk zur Vollziehung der Auflage hätte verwandt werden müssen.[548] Zum anderen ist die Rückforderung gemäß § 818 Abs. 3 BGB ausgeschlossen, wenn der Beschenkte nicht mehr bereichert ist. Letzteres ist jedoch dann nicht der Fall, wenn der Beschenkte nach § 819 Abs. 1 BGB verschärft haftet. Die verschärfte Haftung tritt zu dem Zeitpunkt ein, in dem der Schenker das Geschenk zurückfordert.[549]

a) Nichterfüllung einer auferlegten Verpflichtung, Art. 7:184 Abs. 1 a) NBW

Gemäß Art. 7:184 Abs. 1 a) NBW kann eine Schenkung angefochten werden, wenn der Beschenkte mit der Begleichung einer ihm im Rahmen der Schenkung auferlegten Pflicht, von der weder der Schenker noch ein Dritter Erfüllung verlangen können, im Verzug ist.

---

547 Herrmann, in: Erman, BGB, § 527 Rn. 3; Koch, in: MünchKomm, BGB, § 527 Rn. 3; Wimmer-Leonhardt, in: Staudinger, BGB, § 527 Rn. 12.

548 Daraus ergibt sich u.a., dass § 527 BGB nicht zur Anwendung gelangt, wenn die Auflage keinen Vermögenswert hat. Nach anderer Auffassung soll sich der Schenker jedoch in einem derartigen Fall unter Umständen auf die gewöhnliche Bereicherungsklage nach § 812 Abs. 1 S. 2 Alt. 2 BGB stützen können; vgl. Wimmer-Leonhardt, in: Staudinger, BGB, § 527 Rn. 14; Enneccerus/Lehmann, Lehrbuch des Bürgerlichen Rechts, Band 2, § 125 IV (S. 487). Dieser Auffassung wird indes zu recht entgegengehalten, dass hier nicht etwa der Tatbestand des § 527 BGB, sondern lediglich die Rechtsfolge ins Leere geht und daher für die Rückabwicklung nach bereicherungsrechtlichen Vorschriften kein Raum bleibt. Vgl. Gehrlein, in: Bamberger/Roth, BGB, § 527 Rn. 2; Sefrin, in: JurisPK-BGB, § 527 Rn. 11; Koch, in: MünchKomm, BGB, § 527 Rn. 4; Weidenkaff, in: Palandt, BGB, § 527 Rn. 5; Mezger, in: RGRK, BGB, § 527 Rn. 1; Mühl/Teichmann, in: Soergel, BGB, § 527 Rn. 4. Differenzierend: Herrmann, in: Erman, BGB, § 527 Rn. 4, der die Anwendbarkeit von § 812 Abs. 1 S. 2 Alt. 1 BGB auf Fälle beschränken will, bei denen ansonsten ein „unbefriedigendes Ergebnis“ entstünde.

549 Mezger, in: RGRK, BGB, § 527 Rn. 3; Wimmer-Leonhardt, in: Staudinger, BGB, § 527 Rn. 12.

Ob die Voraussetzungen des Verzugs vorliegen, bestimmt sich nach Art. 6:81 NBW. Danach ist der Verzug bei jeder zurechenbaren Verzögerung der Erfüllung einer fälligen Verpflichtung, ohne dass diese dauerhaft unmöglich ist, zu bejahen. Voraussetzung ist grundsätzlich die Inverzugsetzung (*ingebrekestelling*), was wiederum regelmäßig durch schriftliche Mahnung, durch die dem Schuldner eine redliche Frist zur Leistungserbringung gesetzt wird, zu geschehen hat.[550] Auf *ingebrekestelling* kann gemäß Art. 6:83 NBW insbesondere dann verzichtet werden, wenn ein Termin festgelegt wurde, an dem die Leistung zu erfolgen hat (*dies interpellat pro homine*).

Die Beschränkung der Anfechtungsmöglichkeit auf Verpflichtungen, deren Erfüllung nicht rechtlich durchgesetzt werden kann, liegt darin begründet, dass bei rechtlicher Durchsetzbarkeit zwar kein gegenseitiger Vertrag, aber doch eine gegenseitige Rechtsbeziehung im Sinne des Art. 6:261 Abs. 2 NBW vorläge und der Schenker den Vertrag mithin gemäß Art. 6:265 NBW grundsätzlich auflösen könnte, wenn der Beschenkte sich im Verzug befände. In solchen Fällen besteht daher für eine Anfechtungsmöglichkeit kein Bedarf.[551] Fraglich ist indes, wann es in diesem Sinne an einem Erfüllungsanspruch fehlt. Entscheidend wird insoweit eine Auslegung des Einzelfalls sein, bei der in erster Linie auf den Willen der Parteien abzustellen ist. Denkbar ist, dass danach insbesondere solche Fälle erfasst werden, bei dem das Geschenkte zweckgebunden verwandt werden soll und dieser Zweck anschließend verfehlt wird; mithin Konstellationen, welche nach deutschem Recht über Zweckverfehlungskondiktion nach § 812 Abs. 1 S. 2 Alt. 2 BGB gelöst werden können. Übergibt bspw. der Schenker dem Beschenkten einen Geldbetrag, damit dieser die lang ersehnte Reise unternehmen kann, so wird man im Zweifel nicht annehmen können, dass der Schenker den Beschenkten dazu zwingen kann, die Reise auch tatsächlich anzutreten. Jedenfalls kann er aber die Schenkung nach Art. 7:184 Abs. 1 a) NBW anfechten und das Geleistete zurückverlangen, wenn das Geld „zweckwidrig" verwandt wird.

Falls nicht der Schenker aber ein Dritter einen Erfüllungsanspruch hat, kann der Schenker grundsätzlich nicht zurücktreten (vgl. Art. 6:253, 279 NBW). Hiermit wäre eine Anfechtungsmöglichkeit nur schwerlich in Einklang zu bringen.[552]

b) Rückforderung wegen Nichterfüllung der Auflage, § 527 BGB

Das BGB sieht in § 527 BGB ein Rückforderungsrecht des Schenkers für den Fall vor, dass es sich um eine Schenkung unter einer Auflage handelt[553] und die Vollziehung der Auflage unterbleibt. Anders als bei *last* im Rahmen des Anfechtungsrechts nach

550 Ausnahmsweise genügt jedoch eine schriftliche Mitteilung, aus der deutlich wird, dass der Schuldner für das Ausbleiben der Leistung in Anspruch genommen werden soll, vgl. Art. 6:82 Abs. 2 NBW.

551 Nota, Kamerstukken II 2000/01, 17 213, nr. 6, S. 10; Asser-Perrick, deel 6A, Nr. 232 (S. 262).

552 Nota, Kamerstukken II 2000/01, 17 213, nr. 1-3, S. 10.

553 Zu Begriff und Abgrenzung der Schenkung unter Auflage vgl. B. II. 2. c) cc) (3).

Art. 7:184 Abs. 1 a) NBW, handelt es sich bei einer Auflage um eine Verpflichtung des Beschenkten, von der der Schenker stets Erfüllung verlangen kann (§ 525 BGB). Der Regelung des § 527 BGB bedarf es dennoch, da es im deutschen Recht an einer dem Art. 6:261 Abs. 2 NBW vergleichbaren Regelung fehlt, der Schenker also trotz des Erfüllungsanspruchs nicht vom Vertrag zurücktreten kann, wenn der Beschenkte die Auflage nicht vollzieht. Der Rückforderungsanspruch aus § 527 BGB erlangt insbesondere dann Bedeutung, wenn der Anspruch des Schenkers auf Erfüllung der Auflage aus § 525 BGB bspw. wegen Unmöglichkeit ins Leere geht und es zudem an den tatbestandlichen Voraussetzungen eines sekundären Schadensersatzanspruchs, wie bspw. an einem ersatzfähigen Schaden mangelt.

Ebenso wie im Rahmen der §§ 528, 530 BGB ist auch bei § 527 BGB im Falle einer gemischten Schenkung zunächst danach zu differenzieren, ob der Schenkungsgegenstand teilbar oder unteilbar ist. Im Falle der Teilbarkeit kann der für die Auflage vorgesehene, höchstens jedoch der durch die Gegenleistung nicht ausgeglichen Mehrwert zurückgefordert werden.[554] Liegt ein unteilbarer Schenkungsgegenstand vor, ist folgendes zu beachten: Der Anspruch auf Rückforderung ist von vornherein auf das beschränkt, was zur Erfüllung der Auflage hätte verwandt werden müssen. Bei einem unteilbaren Schenkungsgegenstand hat dementsprechend auch der Schenker einer reinen Schenkung nur einen Geldanspruch. Daher sollte bei einer gemischten Schenkung unter Auflage im Rahmen des § 527 BGB von vornherein nur ein Anspruch auf Wertersatz bestehen, welchen der Beschenkte jedoch durch Herausgabe des Zuwendungsgegenstandes abwenden kann.[555]

Soweit ein Sachverhalt in den Regelungsbereich von § 527 BGB fällt, sind andere gesetzliche Rückforderungsregelungen ausgeschlossen.[556] Außerhalb des Anwendungsbereichs des § 527 BGB ist dagegen die Anwendung allgemeiner Vorschriften,

---

554 RGZ 68, 326 (329).

555 Ähnlich: Koch, in: MünchKomm, BGB, § 516 Rn. 42; Mühl/Teichmann, in: Soergel, BGB, § 527 Rn. 2. Anders die h.M., die nach dem Schwerpunkt der Zuwendung differenziert. Eine Rückforderung in natura komme nur dann in Betracht, wenn der unentgeltliche Teil überwiege und der Gegenstand vollständig der Erfüllung der Auflage dienen solle, wie bspw. dann, wenn ein Haus verbilligt mit der Auflage veräußert werde, dieses als Altenheim zu nutzen. Soweit dagegen nur ein Teil des Schenkungsgegenstandes zur Erfüllung der Auflage verwandt werden solle, könne lediglich Ersatz in Höhe des Wertes der Auflage, höchstens des Schenkungsanteils verlangt werden. Wenn der entgeltliche Charakter überwiege, sei nur der Schenkungsteil zu ersetzen. Vgl. Gehrlein, in: Bamberger/Roth, BGB, § 516 Rn. 15; Sefrin, in: JurisPK-BGB, § 516 Rn. 52; Weidenkaff, in Palandt, BGB, § 516 Rn. 16; Wimmer-Leonhardt, in: Staudinger, BGB, § 527 Rn. 11.

556 Herrmann, in: Erman, BGB, § 527 Rn. 4; Koch, in: MünchKomm, BGB, § 527 Rn. 4; Wimmer-Leonhardt, in: Staudinger, BGB, § 527 Rn. 17.

wie § 313 BGB und § 812 Abs. 1 S. 2 Alt. 2 BGB, zulässig.[557] Der Anwendungsbereich von § 527 BGB ist insbesondere dann nicht eröffnet, wenn es sich nicht um eine Schenkung unter Auflage, sondern um eine Zweckschenkung handelt, also zwar auch um eines Erfolges willen geschenkt wird, jedoch ohne dass dem Beschenkten eine einklagbare Verpflichtung auferlegt wird. In diesen Fällen, kann der Schenker das Geleistete nach § 812 Abs. 1 S. 2 Alt. 2 BGB zurückverlangen, wenn der mit der Schenkung beabsichtigte Zweck nicht erreicht wurde.[558] Fehlt es hinsichtlich des mit der Schenkung verfolgten Zwecks an einer tatsächlichen Einigung der Parteien fehlt, gelangt § 812 Abs. 1 S. 2 Alt. 2 BGB nicht zur Anwendung. Eine Rückforderung kommt in solchen Fällen aber nach den Regeln über den Wegfall der Geschäftsgrundlage (§ 313 BGB) in Betracht.[559]

aa) Voraussetzungen

Die Rückforderung nach § 527 BGB setzt zunächst voraus, dass die Erfüllung der Auflage durch den Beschenkten ganz oder teilweise unterblieben ist.

Weiterhin müssen die Voraussetzungen des Rücktritts nach § 326 Abs. 5 BGB oder nach § 323 BGB vorliegen. Diesbezüglich ist zu beachten, dass die Notwendigkeit des Vorliegens der Rücktrittsvoraussetzungen vor der Schuldrechtsmodernisierung zu Folge hatte, dass das Rückforderungsrecht bspw. dann nicht bestand, wenn der Beschenkte die Unmöglichkeit der Auflagenerfüllung nicht zu vertreten hatte.[560] Umstritten ist nunmehr, ob das Verschuldenserfordernis, das als Voraussetzung des Rücktritts entfallen ist, beim Rückforderungsrecht nach § 527 BGB weiterhin besteht. Dies wird von einer Auffassung bejaht.[561] § 527 BGB sei nämlich auf § 325 BGB a.F. abgestimmt, der ein Verschulden voraussetzte. Es sei kein Hinweis ersichtlich, dass der Gesetzgeber mit der Änderung der Rücktrittsvoraussetzungen auch eine Änderung der Voraussetzungen des § 527 BGB verbinden wollte. Ferner sei das Verschuldenserfor-

---

557 Herrmann, in: Erman, BGB, § 527 Rn. 4; Koch, in: MünchKomm, BGB, § 527 Rn. 4; Mühl/Teichmann, in: Soergel, BGB, § 527 Rn. 6; Wimmer-Leonhardt, in: Staudinger, BGB, § 527 Rn. 17; a.A. OLG Düsseldorf, NJW 1966, 550 (551).

558 BGHZ 44, 321 (323); BGH, NJW 1984, 233 (233); BGH, NJW-RR 1991, 1154 (1154); BGH, FamRZ 1994, 503 (503 f.); OLG Köln, NJW 1994, 1540 (1541); Gehrlein, in: Bamberger/Roth, BGB, § 525 Rn. 7; Wimmer-Leonhardt, in: Staudinger, BGB, § 525 Rn. 16.

559 Koch, in: MünchKomm, BGB, § 525 Rn. 8; Wimmer-Leonhardt, in: Staudinger, BGB, § 525 Rn. 16.

560 Auch zu Art. 1725 BW war umstritten, ob das Anfechtungsrecht des Schenkers lediglich voraussetzte, dass der Beschenkte die ihm obliegende Verpflichtung nicht erfüllt, oder ob er letzteres zudem schuldhaft unterlassen haben musste; vgl. Asser-Kleijn, deel 5.4 (4./5. Auflage), Nr. 275 (S. 215). Diese Frage wurde durch den niederländischen Gesetzgeber entschieden. Für die Anfechtung nach Art. 7:184 Abs. 1 a) NBW müssen die Voraussetzungen des Verzugs vorliegen, mithin (u.a.) eine zurechenbare Nichtleistung.

561 Sefrin, in: JurisPK-BGB, § 527 Rn. 7, 8.

dernis auch sachgerecht, da der Schenker nicht erwarten könne, dass der Beschenkte eine Garantiehaftung übernehme, zumal insbesondere kein Synallagma bestehe.

Dieser Auffassung kann indes nicht gefolgt werden. Ihr ist zunächst der Wortlaut des § 527 BGB entgegenzuhalten, der das Rückforderungsrecht vom Vorliegen der Voraussetzungen des Rücktrittsrechts bei gegenseitigen Verträgen abhängig macht. Ferner kann aus dem mangelnden Hinweis darauf, dass der Gesetzgeber mit der Neufassung des Rücktrittsrechts auch eine Änderung der Voraussetzungen des § 527 BGB verknüpfen wollte, keineswegs gefolgert werden, dass an dem Verschuldenserfordernis festgehalten werden sollte. Vielmehr ließe sich in dieser Hinsicht auch der Schluss ziehen, dass für § 527 BGB gerade keine von den §§ 323 ff BGB (n. F.) abweichenden Voraussetzungen bestehen sollen. Gegen das Verschuldenserfordernis spricht schließlich auch, dass § 527 BGB nicht etwa Spezialvorschrift des Widerrufs wegen groben Undanks ist. Vielmehr wird durch das Rückforderungsrecht nach § 527 BGB funktional die Lücke geschlossen, die dadurch entsteht, dass die Rücktrittsregelungen des allgemeinen Schuldrechts nicht anwendbar sind, obwohl ein Vertrag vorliegt, bei dem beide Parteien zu einer Leistung verpflichtet sind. Es besteht daher kein Anlass, die Rückforderung wegen Nichtvollziehung der Auflage an andere Voraussetzungen zu knüpfen als den Rücktritt nach §§ 323 ff. BGB. Zwar ist richtig, dass bei der Schenkung unter Auflage kein synallagmatisches Verhältnis besteht, sondern die Unentgeltlichkeit im Vordergrund steht. Dem wird jedoch bereits auf der Rechtsfolgenebene durch die Beschränkungen des Rückforderungsrechts Rechnung getragen. Insoweit entsteht auch keine „Garantiehaftung“ des Beschenkten. Vielmehr ist nicht ersichtlich, warum es gerade „billig“ sein soll, dass das Risiko, dass die Erfüllung der Auflage unmöglich wird, gerade dem Schenker und nicht dem Beschenkten aufgebürdet wird. Anders als im niederländischen Recht, ist es daher für das Rückforderungsrecht nach § 527 BGB unerheblich, ob der Beschenkte das Leistungshindernis zu vertreten hat.[562]

bb) Ausschluss

Ähnlich wie die Möglichkeit der Anfechtung nach Art. 7:184 Abs. 1 a) NBW, ist auch der Rückforderungsanspruch gemäß § 527 Abs. 2 BGB ausgeschlossen, wenn ein Dritter berechtigt ist, die Vollziehung der Auflage zu verlangen. Dies gilt unabhängig davon, ob der Dritte allein oder neben dem Schenker berechtigt ist.[563]

Da das Rückforderungsrecht nach § 527 BGB an die Voraussetzungen für das Rücktrittsrecht bei gegenseitigen Verträgen geknüpft ist, scheidet ein Herausgabeverlangen des Schenkers gemäß § 527 BGB aus, wenn er die Nichtvollziehung der Auflage zu verantworten hat (§§ 323 Abs. 6, 326 Abs. 5 BGB).

---

562 So auch: Koch, in: MünchKomm, BGB, § 527 Rn. 2; Weidenkaff, in: Palandt, BGB, § 527 Rn. 4; Wimmer-Leonhardt, in: Staudinger, BGB, § 527 Rn. 4; Medicus, Bürgerliches Recht, Rn. 375 (S. 213).

563 Wimmer-Leonhardt, in: Staudinger, BGB, § 527 Rn. 6.

4. Aufhebungsmöglichkeiten der Erben nach dem Tod des Schenkers

Für den Fall, dass der Schenker verstorben und somit die Befugnis zur Anfechtung nach Art. 7:184 NBW auf die Erben übergegangen ist, bestimmt Art. 7:185 Abs. 2 NBW in Abweichung von der Grundregel des Art. 3:49 NBW, dass die Anfechtung nur durch Urteil und somit nicht außergerichtlich stattfinden kann. Die Anfechtung durch die Erben aufgrund eines der in Art. 184 Abs. 1 b) oder c) NBW genannten Gründe, ist gemäß Art. 7:185 Abs. 2 NBW zudem nur möglich, wenn die zur Anfechtung berechtigende Tatsache den Tod des Schenkers verursacht hat.[564] In ähnlicher Weise wird das Recht des Widerrufs der Erben nach § 530 BGB eingeschränkt. Die Erben des Schenkers können die Schenkung gemäß § 530 Abs. 2 BGB nur dann wegen groben Undanks widerrufen, wenn der Beschenkte den Schenker vorsätzlich und widerrechtlich getötet oder am Widerruf gehindert hat. Mit dieser Einschränkung soll dem höchstpersönlichen Charakter dieser Widerrufsgründe Rechnung getragen werden. Mangels eines solchen Charakters enthalten daher Art. 7:184 Abs. 1 a) NBW, § 527 BGB keine gesteigerten tatbestandlichen Anforderungen für den Fall, dass die Geltendmachung nicht durch den Schenker selbst, sondern nach seinem Tod durch die Erben erfolgt.

III. Notbedarf bzw. Verarmung des Schenkers

1. Einführende Bemerkungen

Die §§ 516 ff. BGB enthalten umfassende Regelungen für den Fall, dass der Schenker in eine finanzielle Notlage gerät.[565] Soweit die Voraussetzungen des § 519 BGB vorliegen, kann er die Erfüllung der Schenkung verweigern. Ist die Schenkung bereits vollzogen, hat der verarmte Schenker nach §§ 528 f. BGB die Möglichkeit, Herausgabe des Schenkungsgegenstandes nach den Vorschriften über die ungerechtfertigte Bereicherung zu verlangen. Beiden Bestimmungen liegt der Gedanke zugrunde, dass der Schenker durch seine Freigiebigkeit nicht der Gefahr des wirtschaftlichen Ruins ausgesetzt werden soll.[566] Die Regelungen stellen eine spezielle Ausprägung der Störung der Geschäftsgrundlage dar und gehen insofern davon aus, dass die Schenkung unter dem stillschweigenden Vorbehalt wirtschaftlicher Leistungsfähigkeit steht. Innerhalb

---

564 Kritisch dazu: van Mens, Schenking, S. 186 f.

565 Vgl. auch Art. IV.I.-4:202 DCFR (Impoverishment of the donor). Dem Schenker ist es danach möglich, die Schenkung zu widerrufen, wenn er nicht mehr in der Lage ist, sich aus seinem eigenen Vermögen oder Einkommen zu unterhalten. Wenn der Schenker noch nicht geleistet hat, kann er die Erfüllung gemäß Art. IV.I.-4:202 (4) DCFR verweigern, wenn er sich in der Lage befindet, seinen Unterhalt nicht bestreiten zu können bzw. eine solche Lage unmittelbar bevorsteht.

566 Prot. II, S. 22.

des Regelungsbereichs der §§ 519, 528 BGB ist damit ein Rückgriff auf § 313 BGB ausgeschlossen. Ein solcher ist freilich dann möglich, wenn die Geschäftsgrundlage aus anderen Gründen gestört wird, wie etwa durch eine starke Geldentwertung.[567]

Der Schenkungstitel des niederländischen Rechts enthält dagegen scheinbar keine Vorschrift, die dem Schenker im Falle des Notbedarfs bzw. der Verarmung eine derartige Auflösungsmöglichkeit gibt. Dies verwundert insbesondere deshalb, da gerade das Rückforderungsrecht aus § 528 BGB in Deutschland von hoher praktischer Relevanz ist.[568] Dies ist vorrangig darauf zurückzuführen, dass sich die tatsächlichen Rahmenbedingungen der Norm gewandelt haben. Ursprünglich sollte § 528 BGB den in Not geratenen Schenker und auch dessen nächste Verwandte schützen, um deren Unterhalt sicherzustellen. Durch den Ausbau des Sozialstaats hat der in wirtschaftliche Not geratene Schenker mittlerweile jedoch regelmäßig einen Anspruch auf Sozialhilfe. Typische Normsituation ist insoweit der Fall, dass jemand etwas im Wege der vorweggenommenen Erbfolge verschenkt, worauf sich später herausstellt, dass er seinen Lebensunterhalt, der im Alter regelmäßig durch Medikamentenbedarf, Heimaufenthalte etc. steigt, nicht mit dem verbliebenen Vermögen decken kann.[569] Während es in früheren Zeiten zu Lasten des Schenkers ging, wenn er seine Zuwendung nicht zurückerhielt, geht Letzteres mittlerweile zu Lasten der Allgemeinheit, da der verarmte Schenker einen Anspruch auf staatliche Leistungen hat.[570] Wurden diese gewährt, kann der Sozialhilfeträger den Anspruch aus § 528 BGB durch schriftliche Anzeige an den Beschenkten gemäß § 93 Abs. 1 S. 1 SGB XII bis zur Höhe seiner Aufwendungen auf sich überleiten. Hinsichtlich dieses zweiten Schutzzweckes den § 528 BGB durch den fortschreitenden Ausbau des Sozialstaats erhalten hat, entsteht jedoch durch das Fehlen einer entsprechenden Bestimmung im Schenkungstitel des NBW keine Regelungslücke. Soweit ein Schenker in den Niederlanden verarmt und in Folge dessen staatliche Leistungen in Anspruch nimmt, kann die leistende Einrichtung unter den Voraussetzungen der §§ 99 *Algemene Bijstandswet*, 16 g *Wet op het Bejaardenoorden* beim Beschenkten Regress nehmen. Einer überleitenden Norm bedarf es daher nicht.

---

567 Herrmann, in: Ermann, BGB, § 519 Rn. 5; Koch, in: MünchKomm, BGB, § 519 Rn. 1; Mezger, in RGRK, BGB, § 519 Rn. 5; Wimmer-Leonhardt, in: Staudinger, BGB, § 519 Rn. 7.

568 Auch andere europäische Rechtsordnungen sehen Lösungsmöglichkeiten für den Schenker vor, wenn dieser sich in einer finanziellen Notlage befindet. Vgl. bspw. Art. 501 des griechischen ZGB; Art. 250 II SchwOR.

569 Koch, in: MünchKomm, BGB, § 528 Rn. 2.

570 Der Schutz Dritter, insbesondere der Sozialhilfeträger, ist auch primärer Zweck des Widerrufsrechts aus Art. IV.I.-4:202 PELD. Dies wird insbesondere in Art. IV.I.-4:202 (2) PELD deutlich:

The donor is not in position to maintain himself or herself, if

(a) he or she would be entitled to maintenance from another if that other were in a position to provide the maintenance; or

(b) he or she is entitled to social assistance.

Gegenstand der folgenden Ausführungen sind somit die §§ 519, 528 f. BGB in ihrem „schenkerschützenden“ Zweck sowie die Frage, ob es dem in Not geratenen Schenker auch nach niederländischem Recht möglich ist, sich vom Schenkungsvertrag zu lösen. Die Frage, unter welchen Voraussetzungen die Träger der Sozialhilfe Regress beim Beschenkten nehmen können, wenn sie an den bedürftigen Schenker geleistet haben, ist demgegenüber Teil der Ausführungen über die Wirkungsschwächen zum Schutz Dritter.[571]

2. Rückforderung wegen Verarmung des Schenkers , §§ 528, 529 BGB

Für den Fall einer finanziellen Notlage nach Schenkungsvollzug wird dem Schenker durch §§ 528 f. BGB unter bestimmten Voraussetzungen die Möglichkeit gegeben, die Schenkung zu widerrufen und das im Rahmen der Schenkung Geleistete zurückzufordern. Dabei ist angesichts der dargelegten veränderten Bedeutung des Rückforderungsrechts in Literatur und Rechtsprechung die Tendenz zu beobachten, die Bestimmung schenkerfreundlich auszulegen, da den Interessen des Beschenkten nicht nur die Belange des Schenkers und seiner Unterhaltsgläubiger sondern auch die der Allgemeinheit gegenüberstehen.[572] Daraus, dass § 528 BGB zumindest auch dem Schutz der Allgemeinheit dient, ergibt sich zudem, dass es sich hierbei um zwingendes Recht handelt.[573]

a) Notbedarf

Der Rückforderungsanspruch setzt tatbestandlich voraus, dass der Schenker in eine finanzielle Notlage gerät. Der Anspruch kann in zeitlicher Hinsicht nur geltend gemacht werden, falls die Schenkung bereits vollzogen wurde. Unerheblich ist dagegen, ob die Notlage des Schenkers vor oder nach Vollziehung der Schenkung eingetreten ist.[574] Mithin ist auch nicht erforderlich, dass diese gerade durch die Schenkung herbeigeführt wurde.[575] Im Falle eines Rechtsstreits beurteilt sich das Vorliegen der Notlage grundsätzlich nach dem vorhandenen Vermögen des Schenkers zum Zeitpunkt des Schlusses der letzten mündlichen Verhandlung.[576]

---

571 Vgl. D. VI.

572 BGH, FamRZ 2003, 224 (228); Koch, in: MünchKomm, BGB, § 528 Rn. 3; Wimmer-Leonhardt, in: Staudinger, BGB, § 528 Rn. 2.

573 BGH, NJW 1995, 2287 (2288); Gehrlein, in: Bamberger/Roth, BGB, § 528 Rn. 1; Mezger, in: RGRK, BGB, § 528 Rn. 6; Mühl/Teichmann, in: Soergel, BGB, § 528 Rn. 1.

574 Mezger, in: RGRK, BGB, § 528 Rn. 3; Wimmer-Leonhardt, in: Staudinger, BGB, § 528 Rn. 6.

575 Mezger, in: RGRK, BGB, § 528 Rn. 3; Wimmer-Leonhardt, in: Staudinger, BGB, § 528 Rn. 6; Schwarz, JZ 1997, 545 (546).

576 Mezger, in: RGRK, BGB, § 528 Rn. 2; Wimmer-Leonhardt, in: Staudinger, BGB, § 528 Rn. 6. Soweit der Anspruch gemäß § 95 SGB XII auf den Sozialhilfeträger übergeleitet wurde, ent-

Eine Notbedarfslage liegt auf Seiten des Schenkers dann vor, wenn er nicht in der Lage ist, seinen eigenen angemessenen Unterhalt zu bestreiten oder die ihm gesetzlich aus §§ 1360 ff., 1569 ff., 1601 ff., 1615 ff. BGB oder §§ 5, 12, 16 LPartG obliegenden Unterhaltspflichten zu erfüllen. Dagegen bleiben freiwillig übernommene oder letztwillig auferlegte Unterhaltspflichten des Schenkers unberücksichtigt.[577] Anders als bei der Notbedarfseinrede nach § 519 BGB, ist auch unerheblich, ob der Schenker seine sonstigen Verpflichtungen erfüllen kann, da nach Schenkungsvollzug nicht länger ein Befriedigungsvorrang anderer Gläubiger besteht.[578] Die Voraussetzungen des § 528 BGB liegen mithin auch dann nicht vor, wenn der Schenker verpflichtet ist, den zurückverlangten Gegenstand einem Dritten zu übergeben, da § 528 BGB bezweckt, den Schenker in die Lage zu versetzen, seinen Unterhalt selbst bestreiten zu können und der Zweck gerade nicht erreicht wird, wenn er verpflichtet ist, den Gegenstand sogleich weiterzugeben.[579]

Hinsichtlich des Vorliegens der Voraussetzungen des Rückforderungsrechts aus § 528 BGB ist zunächst fraglich, ob diesbezüglich bereits eine Gefährdung des Unterhalts genügt. Eine Gefährdung wird von *Kollhosser* unter Hinweis auf den Zweck der Regelung des § 528 BGB für ausreichend erachtet.[580] Dieser bestehe darin, den Schenker durch die Rückgabe des Geleisteten in die Lage zu versetzen, seinen Notbedarf aus eigenen Mittel decken zu können. Dem werde es aber gerade nicht gerecht, wenn er die Rückgabe erst im Nachhinein verlangen könne. Dagegen setzt die überwiegende Auffassung, teilweise unter Hinweis auf die im Vergleich zu § 519 BGB engeren Voraussetzungen des Rückforderungsanspruches nach § 528 BGB[581], voraus, dass der Notbedarf bereits tatsächlich eingetreten ist.[582]

Die praktische Bedeutung dieser Frage sollte m. E. jedoch nicht überschätzt werden. Dies liegt zum einen daran, dass selbst wenn man eine Gefährdung des Unterhalts genügen lässt, objektiv feststehen muss, dass zur Deckung einer bevorstehenden Verarmung Aufwendungen erforderlich werden[583], so dass das Vorliegen der Vorausset-

scheidet dagegen der Zeitpunkt des Antrags auf Sozialhilfe; vgl. BGH, NJW 2003, 2449 (2450); BGH, NJW 2005, 670 (671); Weidenkaff, in: Palandt, BGB, §528 Rn. 5.

577 Koch, in: Münch-Komm, BGB, § 528 Rn. 5; Wimmer-Leonhardt, in: Staudinger, BGB, § 528 Rn. 12.

578 Herrmann, in: Erman, BGB, § 528 Rn. 2; Koch, in: MünchKomm, BGB, § 528 Rn. 3; Wimmer-Leonhardt, in: Staudinger, BGB § 528 Rn. 10.

579 OLG Celle, NJW-RR 1999, 197 (197 f.); Koch, in: MünchKomm, BGB, § 528 Rn. 3; Weidenkaff, in: Palandt, BGB, § 528 Rn. 5; Wimmer-Leonhardt, in: Staudinger, BGB, § 528 Rn. 10.

580 Kollhosser, in: MünchKomm, BGB, 4. Aufl., § 528 Rn. 6; ders. ZEV 2001, 289 (290).

581 Vgl. Gehrlein, in: Bamberger/Roth, BGB, § 528 Rn. 2.

582 BGHZ 155, 57 (60); BGH, NJW 2000, 728 (729); Gehrlein, in: Bamberger/Roth, BGB, § 528 Rn. 2; Mansel, in: Jauernig, BGB, § 528 Rn. 1; Weidenkaff, in: Palandt, BGB, § 528 Rn. 5; Wimmer-Leonhardt, in: Staudinger, BGB § 528 Rn. 7; Rundel, MittBayNot 2003, 177 (178).

583 Vgl. Kollhosser, in MünchKomm, BGB, 4. Aufl., § 528 Rn. 6.

zungen des § 528 BGB auch nach dieser Auffassung wohl nicht allzu voreilig zu bejahen sein dürfte. Zum anderen ist hier bereits ausgeführt worden, dass der Rückforderungsanspruch wegen Verarmung in der Praxis regelmäßig erst später geltend gemacht wird, da sich der verarmte Schenker in den meisten Fällen zunächst an den Sozialhilfeträger wendet.

Zur Beantwortung der Frage, ob ein Fall der Verarmung vorliegt, ist eine Bilanzierung des Vermögens des Schenkers erforderlich. Rechnungsposten ist auf der einen Seite das Aktivvermögen des Schenkers. Hierbei sind, ebenso wie bei der Feststellung des Notbedarfs i. S. d. § 519 BGB, gesetzliche Unterhaltsansprüche des Schenkers nicht zu berücksichtigen, da der Schenker durch § 528 BGB gerade in die Lage gebracht werden soll, seinen Unterhalt selbst bestreiten zu können.[584] Es muss daher bspw. unberücksichtigt bleiben, wenn eine in finanzielle Not geratene Mutter ihren Unterhalt mit Hilfe von Unterhaltsansprüchen gegen ihre Kinder hätte sicherstellen können.[585] Demgegenüber sind gesicherte Erwerbsaussichten und zumutbare Erwerbsmöglichkeiten bei der Feststellung des Aktivvermögens mit einzubeziehen.[586] Ebenso ist dem Schenker regelmäßig zuzumuten, sich seinen Unterhalt aus der Verwertung von Vermögensgegenständen zu verschaffen.[587] Es soll von ihm jedoch keine gänzlich unwirtschaftliche Verwertung bzw. Verwertung in unwirtschaftlicher Weise verlangt werden können.[588]

Dem somit festgestellten Aktivvermögen des Schenkers sind die Kosten für den angemessenen Unterhalt und für die gesetzlichen Unterhaltspflichten gegenüberzustellen. Angemessen ist nicht derjenige Unterhalt, der dem bisherigen Lebensstil des Schenkers entspricht, sondern der objektiv seiner Lebensstellung nach Vollzug der Schenkung angemessen ist.[589] Diese „objektivierende“ Auslegung des Begriffs der Angemessenheit begründet sich mit dem Sinn und Zweck des § 528 BGB. Letzterer

584 BGHZ 147, 288 (290); RG, JW 1936, 987 (989); Herrmann, in: Erman, BGB, § 528 Rn. 2; Koch, in: MünchKomm, BGB, § 528 Rn. 4.

585 Vgl. BGH, NJW 1991, 1824 (1824).

586 OLG Koblenz, NJW-RR 2004, 1375 (1375); Koch, in: MünchKomm, BGB, § 528 Rn. 4; Weidenkaff, in: Palandt, BGB, § 528 Rn. 5; Mezger, in: RGRK, BGB, § 528 Rn. 2; Mühl/Teichmann, in: Soergel, BGB, § 528 Rn. 3; Wimmer-Leonhardt, in: Staudinger, BGB, § 528 Rn. 9.

587 OLG München, FuR 2000, 350 (351); Herrmann, in: Erman, BGB, § 528 Rn. 2; Kollhosser, in: MünchKomm, BGB, 4. Aufl., § 528 Rn. 5; Wimmer-Leonhardt, in: Staudinger, BGB, § 528 Rn. 9; Germer, BWNotZ 1987, 61 (62).

588 RG, HRR 1930, Nr. 1798; Herrmann, in: Erman, BGB, § 528 Rn. 2; Mezger, in: RGRK, BGB, § 528 Rn. 2.

589 BGH, FamRZ 2003, 224 (228); Sefrin, in: JurisPK-BGB, § 528 Rn. 14; Kollhosser, ZEV 2003, 206 (207); Medicus, EWiR 2003, 253 (254).

will nämlich ermöglichen, dass der Schenker seinen Unterhalt bestreiten kann, ohne die Allgemeinheit in Anspruch nehmen zu müssen.[590]

Die Beweislast für das Vorliegen der Bedürftigkeit liegt beim Schenker.[591] Dabei wird die Feststellung, ob sich der Schenker in einer Notlage i. S. d. § 528 BGB befindet, in der Praxis regelmäßig dadurch erleichtert, dass bereits Sozialhilfe geleistet und der Notbedarf mithin vorgeprüft wurde.[592]

b) Ausschluss der Rückforderung wegen Verarmung

Zu beachten ist, dass das Rückforderungsrecht wegen Verarmung trotz Vorliegens einer finanziellen Notlage auf Seiten des Schenkers ausgeschlossen sein kann. Zunächst ist die Rückforderung wegen Verarmung des Schenkers, ebenso wie der Widerruf wegen groben Undanks, ausgeschlossen, wenn es sich um eine Schenkung handelt, durch die einer sittlichen Pflicht oder auf den Anstand zu nehmenden Rücksicht entsprochen wird.[593]

Ferner enthält § 529 BGB drei Tatbestände bei deren alternativen Vorliegen die Rückforderung nach § 528 BGB ausgeschlossen ist. Den drei Ausschlusstatbeständen des § 529 BGB ist gemein, dass sie Sachverhalte erfassen, in denen eine Rückforderung unbillig und mithin mit den Grundsätzen von Treu und Glauben unvereinbar wäre.

Eine Rückforderung wegen Verarmung ist gemäß § 529 Abs. 1 Alt. 1 BGB dann ausgeschlossen, wenn der Schenker seine Bedürftigkeit entweder vorsätzlich oder grob fahrlässig selbst herbeigeführt hat. Ein solch mutwilliges Herbeiführen der Notlage liegt bspw. bei Luxusausgaben, unseriösen Spekulationen oder mutwilligen Verzicht auf Erwerbstätigkeit durch den Schenker vor.[594] Voraussetzung für den Ausschluss nach § 529 Abs. 1 Alt. 1 BGB ist stets, dass der Schenker seine Bedürftigkeit nachträglich herbeigeführt hat und dies für den Beschenkten bei der Schenkung nicht vorhersehbar war.[595] Liegt eine dieser beiden Voraussetzungen nicht vor, mangelt es auf

---

590 BGH, FamRZ 2003, 224 (227); BGH, NJW 1991, 1824 (1824); Gehrlein, in: Bamberger/Roth, BGB, § 528 Rn. 1; Herrmann, in: Erman, BGB, § 528 Rn. 1.

591 BGH, NJW-RR 2003, 53 (54); Herrmann, in: Erman, BGB, § 528 Rn. 7; Weidenkaff, in: Palandt, BGB, § 528 Rn. 5; Mühl/Teichmann, in: Soergel, BGB, § 528 Rn. 3; Schmidt, Jus 2003, 295 (295).

592 BGH, NJW 1996, 987 (987); Herrmann, in: Erman, BGB, § 528 Rn. 2; Koch, in: MünchKomm, BGB, § 528 Rn. 4.

593 Zu den Voraussetzungen des § 534 BGB vgl. C. II. 2) c).

594 Vgl. Gehrlein, in: Bamberger/Roth, § 529 Rn. 2; Herrmann, in: Erman, BGB, § 529 Rn. 2; Mansel, in: Jauernig, BGB, §§ 528, 529 Rn. 5; Koch, in: MünchKomm, BGB, § 529 Rn. 2; Wimmer-Leonhardt, in: Staudinger, BGB, § 529 Rn. 4.

595 BGH, ZEV 2003, 114 (116); Mansel, in: Jauernig, BGB, §§ 528, 529 Rn. 5; Koch, in: MünchKomm, BGB, § 529 Rn. 2; Mühl/Teichmann, in: Soergel, BGB, § 529 Rn. 2; Wimmer-Leonhardt, in: Staudinger, BGB, § 529 Rn. 6; a.A Herrmann, in: Erman, BGB, § 529 Rn. 2,

Seiten des Beschenkten an einem schutzwürdigen Vertrauen auf den Bestand der Schenkung.

Die Rückforderung ist gemäß § 529 Abs. 1 Alt. 2 BGB ferner dann unzulässig, wenn bei Eintritt der Bedürftigkeit bereits zehn Jahre seit der Leistung des bewirkten Gegenstands vergangen sind. Maßgeblich für den Fristablauf ist der Eintritt der Bedürftigkeit und nicht der Zeitpunkt der Geltendmachung des Rückforderungsanspruchs. Letzterer kann auch noch nach Ablauf der zehn Jahre geltend gemacht werden, soweit nur die Bedürftigkeit innerhalb der genannten Frist eingetreten ist.

Nicht ausreichend für die Wahrung der Frist des § 529 Abs. 1 Alt. 2 BGB ist es, wenn vor deren Ablauf lediglich Umstände eingetreten sind, aus denen sich eine Erschöpfung des Vermögens voraussichtlich ergeben wird, wie bspw. die Einweisung in ein Heim. Vielmehr muss die Vermögenserschöpfung innerhalb der Frist bereits eingetreten sein.[596] Soweit jedoch vor Fristablauf ein fortlaufendes Bedürfnis, wie etwa in dem gerade genannten Beispiel die Heimunterbringungskosten, eintritt, kann der Rückforderungsanspruch nach § 528 BGB auch wegen des nach Ablauf der Frist fortdauernden Bedürfnisses geltend gemacht werden.[597] Andererseits besteht die Möglichkeit einer Rückforderung wegen Notbedarfs nicht, wenn während der Frist ein vorübergehendes Bedürfnis gedeckt wird und nach Fristablauf ein neues Bedürfnis entsteht.[598]

Weiterhin ist die Rückforderung wegen Bedürftigkeit gemäß § 529 BGB dann ausgeschlossen, wenn der Beschenkte selbst bedürftig ist und bei Berücksichtigung seiner sonstigen Verpflichtungen außer Stande ist, dass Geschenk herauszugeben, ohne dass sein angemessener Unterhalt oder die Erfüllung seiner gesetzlichen Unterhaltsverpflichtungen gefährdet wird. Die Voraussetzungen entsprechen denen des § 519 Abs. 1 BGB.[599] Für den Ausschluss des Rückforderungsrechts gemäß § 529 Abs. 2 BGB ist es grundsätzlich unerheblich, zu welchem Zeitpunkt und wodurch die Bedürftigkeit des Beschenkten entstanden ist. Allerdings kann sich der Beschenkte wegen unzulässiger Rechtsausübung nicht auf § 529 Abs. 2 BGB berufen, wenn er seine eigene Bedürftigkeit mutwillig herbeigeführt hat, obwohl er Kenntnis von der

---

nach dessen Auffassung die Rückforderung auch dann nach § 529 Abs. 1 Alt. 1 BGB ausgeschlossen ist, wenn der Schenker bereits vor dem Vollzug der Schenkung bedürftig geworden ist.

596 BGH, NJW 2000, 728 (729); BGH, NJW 2001, 1063 (1065); Mansel, in: Jauernig, BGB, §§ 528, 529 Rn. 5; Sefrin, in: JurisPK-BGB, § 529 Rn. 7; Koch, in: MünchKomm, BGB § 529 Rn. 3.

597 Koch, in: MünchKomm, BGB, § 529 Rn. 3.

598 Koch, in: MünchKomm, BGB, § 529 Rn. 3; Wimmer-Leonhardt, in: Staudinger, BGB, § 529 Rn. 7; Rundel, MittBayNot 2003, 177 (180).

599 Vgl. C. III. 3.

Bedürftigkeit des Schenkers und der Geltendmachung des Rückforderungsrechts nach § 528 Abs. 1 S. 1 BGB hatte.[600]

Bezüglich der genannten Ausschlussgründe ist umstritten, welche Rechtsnatur diese aufweisen. Hierzu werden, soweit ersichtlich, drei verschiedene Auffassungen vertreten. Zum Teil werden alle drei Varianten als Einreden qualifiziert.[601] Begründet wird diese Auffassung damit, dass es sich bei § 529 BGB um eine Norm handele, die den Schutz des Beschenkten bezwecke und es insoweit sachgerecht erscheine, es Letzterem selbst zu überlassen, ob er diesen Schutz auch tatsächlich in Anspruch nehmen wolle.

Demgegenüber soll nach den beiden anderen Ansichten zwischen den verschiedenen Ausschlussgründen zu differenzieren sein. Zum einen wird vertreten, dass nur § 529 Abs. 1 Alt. 1 BGB und § 529 Abs. 2 BGB als Einreden zu qualifizieren seien, da sich das Vorliegen dieser Ausschlusstatbestände nach einer anhand der Umstände des Einzelfalls vorzunehmenden Einzelfallentscheidung bestimme, welche nur vorzunehmen sei, wenn der Beschenkte sich darauf berufen möchte.[602] Demgegenüber mache die Ausschlussfrist nach § 529 Abs. 1 Alt. 2 BGB jegliche Wertung und Entscheidung des Beschenkten im Einzelfall entbehrlich und sei daher als rechtsvernichtende Einwendung zu qualifizieren.[603]

Nach anderer Auffassung sind dagegen beide Alternativen des § 529 Abs. 1 BGB als Einwendungen einzuordnen.[604] Sie beruft sich dabei insbesondere auf den Wortlaut: „ist ausgeschlossen". Dagegen ergebe sich aus dem Zusammenhang zwischen § 519 Abs. 1 BGB und § 529 Abs. 2 BGB, dass es sich bei dem Ausschlussgrund der eigenen Bedürftigkeit des Beschenkten ebenso wie bei § 519 BGB um eine Einrede handele.[605]

Schließlich kann eine Rückforderung nach § 528 BGB ausgeschlossen sein, wenn ansonsten ein Verstoß gegen die Grundsätze von Treu und Glauben gemäß § 242 BGB vorläge. Zwar stellen auch die Fallgruppen des § 529 BGB Ausprägungen dieses

---

600 BGHZ 155, 57 (63); BGH, NJW 2001, 1207 (1209); Gehrlein, in: Bamberger/Roth, BGB, § 529 Rn. 4; Herrmann, in: Erman, BGB, § 529 Rn. 2; Mansel, in: Jauernig, BGB, §§ 528, 529 Rn. 5; Koch, in: MünchKomm, BGB, § 529 Rn. 4; Wimmer-Leonhardt, in: Staudinger, BGB, § 529 Rn. 10.

601 Gehrlein, in: Bamberger/Roth, BGB, § 529 Rn. 1; Herrmann, in: Erman, BGB, § 529 Rn. 1; Mansel, in Jauernig, BGB, §§ 528, 529, Rn. 5; Koch, in: MünchKomm, BGB, § 529 Rn. 6; Weidenkaff, in: Palandt, BGB, § 529 Rn. 1; Mezger, in: RGRK, BGB, § 529 Rn. 1; Krauß, ZEV 2001, 417 (423).

602 Wimmer-Leonhardt, in: Staudinger, BGB, § 529 Rn. 13; Sefrin, in: JurisPK-BGB, § 529 Rn. 12.

603 Wimmer-Leonhardt, in: Staudinger, BGB, § 529 Rn. 13; Sefrin, in: JurisPK-BGB, § 529 Rn. 12.

604 Mühl/Teichmann, in: Soergel, BGB, § 529 Rn. 5.

605 Mühl/Teichmann, in: Soergel, BGB, § 529 Rn. 5.

Grundsatzes dar, allerdings ist die letztgenannte Norm insoweit nicht abschließend.[606] Der Rückforderungsanspruch des Schenkers ist beispielsweise dann gemäß § 242 BGB zu versagen, wenn der Schenkungsgegenstand keinen nennenswerten Verkaufswert hat und der Notbedarf daher im Falle der Rückübertragung im Wesentlichen fortbestünde.[607] Auch kann dem Beschenkten die Herausgabe oder Verwertung eines geschenkten Grundstückteils unzumutbar sein, wenn er auf dem Grundbesitz mittlerweile sein Wohnhaus mit erheblichen Eigenmitteln errichtet hat.[608]

c) Rechtsfolgen

aa) Herausgabe, § 528 Abs. 1 S. 1 BGB

Wenn die tatbestandlichen Voraussetzungen des § 528 Abs. 1 S. 1 BGB vorliegen und die Rückforderung nicht aus einem der genannten Gründe ausgeschlossen ist, kann der Schenker vom Beschenkten die Herausgabe des Geschenkten nach den Vorschriften über die ungerechtfertigte Bereicherung verlangen. Es handelt sich hierbei um eine Rechtsfolgenverweisung auf die §§ 818 ff. BGB.[609] Der Anspruch auf Herausgabe ist einerseits durch den Wert des Schenkungsgegenstandes und andererseits durch den angemessenen Unterhalt des Schenkers begrenzt.[610]

Ist es zur Deckung des Unterhalts nicht erforderlich, die gesamte Zuwendung zurückzugewähren, muss danach unterschieden werden, ob das Geschenk teilbar ist. Soweit dies der Fall ist, muss der Beschenkte nur die zur Unterhaltssicherung notwendigen Teile herausgeben. Liegt dagegen ein unteilbarer Gegenstand, wie bspw. ein Grundstück vor, ist der Schenker auf Wertersatz nach § 818 Abs. 2 BGB in Höhe des

606 Herrmann, in: Erman, BGB, § 529 Rn. 3; Sefrin, in: JurisPK-BGB, § 529 Rn. 10; Koch, in: MünchKomm, BGB, § 529 Rn. 5; Weidenkaff, in: Palandt, BGB, § 529 Rn. 1; Wimmer-Leonhardt, in: Staudinger, BGB, § 529 Rn. 1; a.A. wohl BGHZ 147, 288 (295), wonach ein über § 529 BGB und § 818 Abs. 3 BGB hinausgehender Schutz des Beschenkten nicht anzuerkennen sei.

607 OLG München, HRR 1938, Nr. 1327; Herrmann, in: Erman, BGB, § 529 Rn. 3; Sefrin, in: JurisPK-BGB, § 529 Rn. 10; Koch, in: MünchKomm, BGB, § 529 Rn. 5; Wimmer-Leonhardt, in: Staudinger, BGB, § 529 Rn. 1.

608 OLG Hamm FamRZ 1993, 1436 (1436); Sefrin, in: JurisPK-BGB, § 529 Rn. 10; Koch, in: MünchKomm, BGB, § 529 Rn. 5; Wimmer-Leonhardt, in: Staudinger, BGB, § 529 Rn. 1.

609 BGH, NJW 2001, 1207 (1208); OLG Köln, FamRZ 1986, 988 (989); Gehrlein, in: Bamberger/Roth, BGB, § 528 Rn. 3; Herrmann, in: Erman, BGB, § 528 Rn. 3; Koch, in: MünchKomm, BGB, § 528 Rn. 5; Weidenkaff, in: Palandt, BGB, § 528 Rn. 6; Mühl/Teichmann, in: Soergel, BGB, § 528 Rn. 4; Wimmer-Leonhardt, in: Staudinger, BGB, § 528 Rn. 17; Hadding, in: FS Mühl 1984, S. 225 (234); Knütel, NJW 1989, 2504 (2504); Schwarz, JZ 1997, 545 (547).

610 BGHZ 137, 76 (83); BGH, NJW 1996, 987 (987 f.); BVerwGE 90, 245 (248); Herrmann, in: Erman, BGB, § 528 Rn. 3; Koch, in: MünchKomm, BGB, § 528 Rn. 5.

zur Unterhaltsdeckung notwendigen Teils beschränkt.[611] Im Falle eines regelmäßig wiederkehrenden Unterhaltsbedarfs, bspw. durch Heim- oder Pflegekosten, richtet sich die Verpflichtung des Beschenkten von vornherein auf wiederkehrende Geldleistungen in Höhe des angemessenen Unterhaltsbedarfs; sie ist auf den Zeitpunkt beschränkt, in dem der Wert des Schenkungsgegenstandes erschöpft ist.[612] Der Beschenkte kann sich durch Herausgabe des Geschenks in natura von der Verpflichtung zum (Teil-)Wertersatz befreien.[613] Letzteres lässt sich mit der Rechtsnatur des § 528 BGB als Billigkeitsanspruch begründen und wird teilweise auf § 242 BGB oder § 518 Abs. 1 S. 2 BGB gestützt.[614] Insbesondere hinsichtlich der Verpflichtung zum Wertersatz bei unteilbaren Schenkungsgegenständen ist hervorzuheben, dass diese Beschränkung des Rückforderungsanspruchs dem Schutz des Beschenkten dient und daher nicht ersichtlich ist, warum es diesem nicht möglich sein sollte, auf diese Privilegierung zu verzichten.[615]

Wertersatz im Umfang der Herausgabepflicht bis zur Höhe des Geschenkwertes im Zeitpunkt der Anspruchsentstehung unter Abzug der damit verbundenen Nachteile ist nach § 818 Abs. 2, 3 BGB auch dann zu leisten, wenn dem Beschenkten die Herausgabe unmöglich ist.[616]

Der Anspruch auf Herausgabe bezieht sich gemäß § 818 Abs. 1 BGB auch auf die aus dem Schenkungsgegenstand gezogenen Nutzungen sowie auf die erlangten Surrogate. Dagegen kommt eine analoge Anwendung auf Nutzungen, die aus Gegenständen, die durch Rechtsgeschäft als Gegenwert für das Erlangte in das Vermögen des Beschenkten gelangt sind, nicht in Betracht.[617]

---

611 BGHZ 96, 380 (382); BGHZ 94, 141 (143 f.); BGH, NJW-RR 2003, 53 (54); BGH, NJW 2001, 1063 (1064); BGH, NJW 1996, 987 (987 f.); Gehrlein, in: Bamberger/Roth, BGB, § 528 Rn. 3; Herrmann, in: Erman, BGB, § 528 Rn. 3; Mansel, in: Jauernig, BGB, §§ 528, 529 Rn. 3; Sefrin, in: JurisPK-BGB, § 528 Rn. 22; Koch, in: MünchKomm, BGB, § 528 Rn. 5; Wimmer-Leonhardt, in: Staudinger, BGB, § 528 Rn. 17; Brähler-Boyan/Mann, NJW 1995, 1866 (1868).

612 BGHZ 137, 76 (83); BGH, NJW-RR 2003, 53 (54); Koch, in: MünchKomm, BGB, § 528 Rn. 5; Wimmer-Leonhardt, in: Staudinger, BGB, § 528 Rn. 17.

613 Mansel, in: Jauernig, BGB, §§ 528, 529 Rn. 3; Sefrin, in: JurisPK-BGB, § 528 Rn. 24; Koch, in: MünchKomm, BGB, § 528 Rn. 6; Wimmer-Leonhardt, in: Staudinger, BGB, § 528 Rn. 17; Schwarz JZ 1997, 545 (547); einschränkend: Hörlbacher, ZEV 1995, 202 (204), der eine vertragliche Vereinbarung der Ersetzungsbefugnis als zulässig ansieht; so auch Skibbe ZEV 1994, 254 (255); offen gelassen in BGHZ 125, 283 (285).

614 Vgl. Kollhosser, in: MünchKomm, BGB, 4. Aufl., § 528 Rn. 7; Schwarz, JZ 1997, 545 (547).

615 Sefrin, in: JurisPK-BGB, § 528 Rn. 24; Koch, in: MünchKomm, BGB, § 528 Rn. 6; Wimmer-Leonhardt, in: Staudinger, BGB, § 528 Rn. 17.

616 BGHZ 96, 380 (382); BGHZ 94, 141 (143 f.); BGH, NJW 2003, 1384 (1387); Herrmann, in: Erman, BGB, § 528 Rn. 3; Mansel, in: Jauernig, BGB, §§ 528, 529 Rn. 3.

617 BGHZ 158, 63 (68); BGH, NJW 1983, 868 (870); Wimmer-Leonhardt, in: Staudinger, BGB, § 528 Rn. 18.

Die Rechtsfolgenverweisung auf das Bereicherungsrecht bewirkt weiterhin, dass sich der Herausgabeanspruch gemäß §§ 818 Abs. 3 BGB mindert oder gänzlich entfällt, wenn der Beschenkte das Geschenk in Unkenntnis des den Rückforderungsanspruch begründenden Notbedarfs ersatzlos und ohne Ersparnis an anderer Stelle verbraucht hat, wie bspw. für ansonsten nicht besuchte Seminare oder für eine sonst nicht gebuchte Urlaubsreise[618], und mithin entreichert ist. Zu einer Verminderung des Umfangs der Bereicherung führen auch Aufwendungen des Beschenkten auf den Schenkungsgegenstand. Beim Vorliegen einer Schenkung unter Auflage ist gegebenenfalls der Wert der Auflage in Abzug zu bringen.[619]

Bei der Weiterleitung des Schenkungsgegenstandes vom Beschenkten an einen Dritten ist zu differenzieren. Soweit diese Weiterleitung entgeltlich geschieht, hat der Schenker nach dem oben Gesagten weiterhin einen Anspruch gegen den Beschenkten.

Soweit die Weitergabe dagegen unentgeltlich geschieht, ist der Beschenkte, wenn nicht die §§ 818 Abs. 4, 819 BGB eingreifen, entreichert. Fraglich ist, ob § 822 BGB in dieser Konstellation anzuwenden ist, mit der Folge, dass der Schenker Herausgabe vom Dritten verlangen kann. Bedenken hinsichtlich der Anwendung des § 822 BGB ergeben sich, wenn man diese Norm der wohl herrschenden Auffassung folgend als eigenständige Anspruchsgrundlage ansieht.[620] In diesem Fall wäre § 822 BGB als anspruchsbegründende Vorschrift gerade nicht von der Rechtsfolgenverweisung des § 528 Abs. 1 BGB erfasst. Eine solche Einordnung lässt indes die systematische Stellung des § 822 BGB außer acht. Dieser ist nicht etwa hinter § 816 BGB eingefügt worden, sondern im Anschluss an die Regelungen zum Anspruchsumfang.[621] § 822 BGB ist daher nicht als eigene Anspruchsgrundlage, sondern als gesetzlich geregelter Schuldeintritt anzusehen.[622]

Als Argument gegen die (direkte) Anwendung kann jedoch der Wortlaut des § 528 BGB vorgebracht werden[623], wonach die Rückforderung „von dem Beschenkten" erfolgt. Andererseits erscheint der Dritte im Falle der unentgeltlichen Weitergabe nicht schutzwürdiger als der ursprüngliche Beschenkte. Um zu verhindern, dass § 528 BGB durch die unentgeltliche Weitergabe zu Lasten Unterhaltsverpflichteter oder der

618 Vgl. BGHZ 127, 354 (359).

619 Sefrin, in: JurisPK-BGB, § 528 Rn. 26; Koch, in: MünchKomm, BGB, § 528 Rn. 7; Wimmer-Leonhardt, in: Staudinger, BGB, § 528 Rn. 19; Krauss, ZEV 2001, 417 (422).

620 Vgl. Koppensteiner/Kramer, Ungerechtfertigte Bereicherung, S. 23; Reuter/Martinek, Ungerechtfertigte Bereicherung, S. 360 f.

621 Knütel, NJW 1989, 2504 (2505).

622 Wendehorst, in: Bamberger/Roth, BGB, § 822 Rn. 1; H. P. Westermann, in: Erman, BGB, § 822 Rn. 1; Bockholdt, JZ 2004, 796 (797); Knütel, NJW 1989, 2504 (2505).

623 So bspw.: OLG Düsseldorf, FamRZ 1984, 887 (890).

Allgemeinheit umgangen werden kann, sollte die Norm daher jedenfalls entsprechend angewandt werden.[624]

bb) Ersetzungsbefugnis, § 528 Abs. 1 S. 2, 3 BGB

Der Beschenkte hat gemäß § 528 Abs. 1 S. 2 BGB die Befugnis, die Herausgabe des Geschenks abzuwenden, indem er erklärt den erforderlichen Unterhaltsbedarf zahlen zu wollen.[625] Wenn der Beschenkte von diesem Recht Gebrauch macht, wandelt sich das Rückforderungsrecht des Beschenkten kraft Gesetzes in einen Unterhaltsanspruch des Schenkers auf Zahlung einer wiederkehrenden Rente um. Auf diesen Anspruch sind über die Verweisung des § 528 Abs. 1 S. 3 BGB die §§ 760, 1613, 1615 BGB anwendbar.[626] Daraus folgt, dass die Rente drei Monate in voraus zu entrichten ist, Unterhalt für die Vergangenheit nur unter den Voraussetzungen des § 1613 BGB verlangt werden kann und der Anspruch mit dem Tod des Schenkers erlischt.

Umstritten ist allerdings, ob dieser Unterhaltsanspruch auf den Wert der Zuwendung begrenzt ist. Für eine derartige Begrenzung spricht, dass kein sachlicher Grund ersichtlich ist, warum der Unterhaltsanspruch des Schenkers wertmäßig höher sein sollte, als der ursprünglich bestehende Rückforderungsanspruch. Es erscheint vielmehr angezeigt, die Unterhaltsverpflichtung aus § 528 Abs. 1 S. 2 BGB ebenso zu behandeln wie den in etwa gleich gelagerten Fall des primären Rückforderungsanspruchs im Falle wiederkehrenden Unterhaltsbedarfs. Der Umfang der Unterhaltspflicht ist daher der Höhe nach auf die Bereicherung des Beschenkten zu begrenzen.[627]

Schließlich soll § 528 Abs. 1 S. 2 BGB nach der Rechtsprechung nicht anwendbar sein, wenn der Rückforderungsanspruch zur Deckung eines in der Vergangenheit liegenden, abgeschlossenen Zeitraumes der Bedürftigkeit zurückverlangt wird.[628] Durch diese restriktive Auslegung wird bezweckt, den Anwendungsbereich der Verwei-

---

624 Für eine direkte Anwendung: BGHZ 106, 354 (356 ff.); BGH, NJW 2000, 134 (136); Weidenkaff, in: Palandt, BGB, § 528 Rn. 6; Mezger, in: RGRK, BGB, § 528 Rn. 5; Wimmer-Leonhardt, in: Staudinger, BGB, § 528 Rn. 20.

625 A.A. OLG Düsseldorf, FamRZ 1984, 887 (889), wonach die Wirkung des § 528 Abs. 1 S. 2 BGB erst mit der geleisteten Zahlung eintritt.

626 Die Verweisung des § 518 Abs. 1 S. 3 BGB bezieht sich nur auf Renten, die vom Beschenkten nach § 528 Abs. 1 S. 2 BGB übernommen wurden, nicht dagegen auf den sich aus § 528 Abs. 1 S. 1 BGB ergebenen Anspruch, vgl. Koch, in: MünchKomm, BGB, § 528 Rn. 24 m. w. N.; a.A. Herrmann, in: Erman, BGB, § 528 Rn. 4; Seyfarth, Schenkungsrückforderung wegen Notbedarf, S. 48 ff; Franzen, FamRZ 1997, 528 (532).

627 Herrmann, in: Erman, BGB, § 528 Rn. 4; Sefrin, in: JurisPK-BGB, § 528 Rn. 43; Koch, in: MünchKomm, § 528 Rn. 22 (anders noch Kollhosser, 4. Auflage, Rn. 21); Mühl/Teichmann, in: Soergel, BGB, § 528 Rn. 12; Wimmer-Leonhardt, in: Staudinger, BGB, § 528 Rn. 29; Franzen, FamRZ 1997, 528 (530); a.A. Gehrlein, in: Bamberger/Roth, BGB, § 528 Rn. 5; Mansel, in: Jauernig, BGB, §§ 528, 529 Rn. 5; Mezger, in: RGRK, BGB, § 528 Rn. 7; Germer, BWNotZ 1987, 61 (63); Hörlbacher, ZEV 1995, 202 (203); Krauß, ZEV 2001, 417 (421).

628 BGHZ 94, 141 (144); BGH, NJW 1986, 1926 (1927).

sungsnorm des § 528 Abs. 1 S. 3 BGB einzugrenzen, um eine ungerechtfertigte Befreiung des Beschenkten von seiner Verpflichtung zu verhindern. Letzteres soll nach anderer Auffassung dadurch erreicht werden, dass § 528 Abs. 1 S. 3 BGB einschränkend ausgelegt und nur auf den Teil des Unterhaltsanspruchs angewandt werden soll, der nach Ausübung der Ersetzungsbefugnis entsteht.[629]

d) Das Rückforderungsrecht im Falle gemischter Schenkungen

Das Rückforderungsrecht steht dem Schenker auch im Falle einer gemischten Schenkung zu. Soweit der Schenkungsgegenstand teilbar ist, erstreckt sich der Rückforderungsanspruch nur auf den unentgeltlichen Teil.

Umstritten ist jedoch, worauf die Rückforderung bei unteilbaren Schenkungsobjekten gerichtet ist. Nach überwiegender Auffassung ist hierfür entscheidend, ob der entgeltliche oder der unentgeltliche Charakter des Vertrages überwiegt. Soweit der Schenkungsteil überwiege, solle der Schenker den Zuwendungsgegenstand gegen Rückerstattung der Gegenleistung zurückerhalten. Im umgekehrten Fall dagegen forderten die berechtigten Interessen des Beschenkten, dass er den zugewendeten Gegenstand behalten dürfe und lediglich Wertersatz in Höhe des die Gegenleistung übersteigenden Betrages zu leisten habe.[630]

M.E. ist diese Differenzierung im Hinblick auf den Sinn und Zweck des Rückforderungsrechts aus § 528 BGB wenig überzeugend. Der Schenker kann mit § 528 BGB stets nur das heraus verlangen, was er zur Deckung seines Unterhaltsbedarfs benötigt. Ist dieser Betrag geringer als der Wert des zugewandten Gegenstandes, so ist sein Anspruch von vornherein auf Wertersatz beschränkt. Der Rückforderungsanspruch des Schenkers ist somit, wie auch durch § 528 Abs. 1 S. 2 BGB zu Ausdruck kommt, von vornherein stark eingeschränkt. Wenn nun aber bereits der Schenker einer „reinen Schenkung" diese Einschränkungen hinnehmen muss, sollte dies erst recht beim Vorliegen einer gemischten Schenkung gelten.[631] Daher hat der Beschenkte im Falle einer gemischten Schenkung stets lediglich Wertersatz zu leisten, wenn die Voraussetzungen des § 528 Abs. 1 S. 1 BGB vorliegen.

e) Mehrere Beschenkte

Im Falle mehrerer Beschenkter ist zu differenzieren. Soweit es sich um gleichzeitig Beschenkte handelt, haften diese als Gesamtschuldner. Für die Feststellung der

---

629 Kollhosser, in: MünchKomm, BGB, 4. Aufl., § 528 Rn. 23 f.; Wimmer-Leonhardt, in: Staudinger, BGB, § 528 Rn. 31.

630 BGHZ 30, 120 (122 ff.); BGHZ 107, 156 (158); BGHZ 112, 40 (53); Gehrlein, in: Bamberger/Roth, BGB, § 516 Rn. 15; Sefrin, in: JurisPK-BGB, § 516 Rn. 52; Weidenkaff, in: Palandt, BGB, § 516 Rn. 16; Wimmer-Leonhardt, in: Staudinger, BGB, § 528 Rn. 39 (anders indes für das Einrederecht aus § 519 BGB; vgl. die Kommentierung zu § 516, Rn. 218).

631 Wie hier: Kollhosser, in: MünchKomm, BGB, 4. Aufl., § 516 Rn. 36 f.

Gleichzeitigkeit ist auf den Zeitpunkt des Vertragsschlusses abzustellen.[632] Liegt Gleichzeitigkeit vor, muss jeder Beschenkte, soweit er nicht den Entreicherungseinwand nach § 818 Abs. 3 BGB geltend machen kann, für den vollen Notbedarf einstehen.[633] Der Ausgleich unter den Beschenkten erfolgt nach § 426 Abs. 1, 2 BGB.[634] Dieser interne Ausgleichsanspruch entsteht auch, wenn die zugewandten Gegenstände nicht gleichartig sind.[635]

Sind die Schenkungen dagegen zeitlich nacheinander erfolgt, haftet der früher Beschenkte gemäß § 528 Abs. 2 BGB nur soweit, wie der Notbedarf des Schenkers durch die Leistungspflicht des später Beschenkten nicht abgedeckt wird. Nach wohl überwiegender Auffassung ist in diesem Zusammenhang nicht die abstrakte Leistungspflicht, sondern die konkrete Leistungsfähigkeit des später Beschenkten ausschlaggebend.[636]

3. Einrede des Notbedarfs, § 519 BGB

Während § 528 BGB in zeitlicher Hinsicht die Fälle erfasst, in denen der Schenker nach Schenkungsvollzug in eine finanzielle Notlage gerät, beschränkt sich der Anwendungsbereich des § 519 BGB auf den Zeitraum zwischen der Begründung des Schenkungsversprechens und der Erfüllung.

Aufgrund der noch nicht erfolgten Erfüllung und der damit einhergehenden geringeren Schutzwürdigkeit des Beschenkten, sind die Voraussetzungen der Einrede des § 519 BGB im Vergleich zu den Voraussetzungen einer Rückforderung wegen Verarmung nach § 528 BGB weniger streng. Dies zeigt sich zum einen darin, dass die Notlage nicht bereits vorliegen muss, sondern dass eine drohende Notlage ausreicht. Zum anderen sind für die Feststellung der finanziellen Notlage nicht nur gesetzliche Unter-

---

632 BGHZ 137, 76 (81); Heiter, JR 1995, 313 (315); Keim, ZEV 1998, 375 (377); Rundel, MittBayNot 2003, 177 (178).

633 BGH 137, 76 (76); BGH, NJW 1991, 1824 (1825); Gehrlein, in: Bamberger/Roth, BGB, § 528 Rn. 6; Herrmann, in: Erman, BGB, § 528 Rn. 5; Koch, in: MünchKomm, BGB, § 528 Rn. 27; Mühl/Teichmann, in: Soergel, BGB, § 528 Rn. 9; a.A.: Gerner, BWNotZ 1987, 61 (62), der darauf abstellt, dass es sich bei § 528 BGB um einen Spezialfall des Wegfalls der Geschäftsgrundlage handele und nur eine anteilige Haftung eine zweckmäßige Vertragsanpassung sei; die h.M. ablehnend auch Heiter, JR 1995, 313 (316).

634 BGHZ 137, 76 (76); BGH, NJW 1991, 1824 (1825); Gehrlein, in: Bamberger/Roth, BGB, § 528 Rn. 6; Herrmann, in: Erman, BGB, § 528, Rn. 5; Mansel, in: Jauernig, BGB, §§ 528, 529 Rn. 4; Koch, in: MünchKomm, BGB, § 528 Rn. 27.

635 BGH, NJW 1998, 537 (539); Wimmer-Leonhardt, in: Staudinger, BGB, § 528 Rn. 34; Kollhosser, EWiR 1998, 106 (107); Schmidt, JuS 1998, 370 (370 f.).

636 Sefrin, in JurisPK-BGB, § 528 Rn. 33; Koch, in MünchKomm, BGB, § 528 Rn. 26 (anders noch Kollhosser, 4. Auflage, Rn. 23); Wimmer-Leonhardt, in: Staudinger, BGB, § 528 Rn. 33; a.A. Gehrlein, in: Bamberger/Roth, BGB, § 528 Rn. 6; Mühl/Teichmann, in: Soergel BGB, § 528 Rn. 9.

haltspflichten des Schenkers zu berücksichtigen. Schließlich fehlt eine dem § 529 BGB vergleichbare Beschränkung. Dagegen haben beide Rechtsbehelfe gemein, dass es nicht auf den Zeitpunkt des Eintritts der Bedürftigkeit ankommt.

a) Voraussetzungen

Die Möglichkeit des Schenkers, die Erfüllung des Schenkungsversprechens gemäß § 519 BGB zu verweigern, setzt voraus, dass der angemessene Unterhalt des Schenkers (§ 1610 Abs. 1 BGB) oder seiner Unterhaltsgläubiger (§§ 1360 - 1362, 1601 – 1615o BGB) gefährdet erscheint. Eine derartige Gefährdung liegt vor, wenn die begründete Besorgnis besteht, dass das verbleibende Aktivvermögen des Schenkers unter Berücksichtigung von Substanz und Einkünften nach Erfüllung des Schenkungsversprechens nicht mehr ausreicht, um zukünftige Unterhaltskosten zu tragen.[637] Bei dieser Prognose sind, anders als bei § 528 Abs. 1 BGB, auch die sonstigen Verpflichtungen des Schenkers, wie etwa weitere Schulden zu berücksichtigen. Eigene Unterhaltsansprüche des Schenkers sind dagegen unbeachtlich, da der Schenker durch die Einrede nach § 519 BGB in die Lage versetzt werden soll, seinen Unterhalt sowie die Erfüllung der Ansprüche seiner Unterhaltsgläubiger selbst sicherzustellen.[638] Zur Orientierung, was als „angemessener" Unterhalt anzusehen ist, kann insbesondere auf die von der Rechtsprechung im Zusammenhang mit dem familienrechtlichen Unterhalt entwickelten Unterhaltstabellen zurückgegriffen werden.[639]

Schließlich ist im Rahmen des § 519 BGB unerheblich wodurch die Bedürftigkeit des Schenkers herbeigeführt wurde, insbesondere ob er diese durch Leichtsinn selbst herbeigeführt hat.[640] § 519 BGB soll den Schenker mithin auch vor selbst verschuldeter Not schützen, womit ein Vorausverzicht auf die Einrede unzulässig ist.[641]

b) Umfang der Einrede

Soweit die Voraussetzungen des § 519 BGB vorliegen, hat der Schenker das Recht die Erfüllung des Schenkungsversprechens zu verweigern.

---

637 BGH, NJW 2000, 3488 (3489); Sefrin, in: JurisPK-BGB, § 519 Rn. 6; Koch, in: MünchKomm, BGB, § 519 Rn. 2; Wimmer-Leonhardt, in: Staudinger, BGB, § 519 Rn. 6.

638 Sefrin, in: JurisPK-BGB, § 519 Rn. 6; Koch, in: MünchKomm, BGB, § 519 Rn. 2; Weidenkaff, in: Palandt, BGB, § 519 Rn. 4; Wimmer-Leonhardt, in: Staudinger, BGB, § 519 Rn. 7; Zeranski, Der Rückforderungsanspruch des verarmten Schenkers, S. 19 f.

639 Wimmer-Leonhardt, in: Staudinger, BGB, § 519 Rn. 9.

640 BGH, NJW 2000, 1207 (1208); Herrmann, in: Erman, BGB, § 519 Rn. 2; Koch, in: MünchKomm, BGB, § 519 Rn. 2; Weidenkaff, in: Palandt, BGB, § 519 Rn. 4; Wimmer-Leonhardt, in: Staudinger, BGB, § 519 Rn. 10.

641 Herrmann, in: Erman, BGB, § 519 Rn. 2; Koch, in: MünchKomm, BGB, § 519 Rn. 1; Mühl/Teichmann, in: Soergel, BGB, § 519 Rn. 1; Wimmer-Leonhardt, in: Staudinger, BGB, § 519 Rn. 5; Enneccerus/Lehmann, Lehrbuch des Bürgerlichen Rechts, Band 2, § 122 I 7 (S. 480).

Dieses Recht reicht jedoch nur soweit, wie bei Berücksichtigung der sonstigen Verpflichtungen Bedürftigkeit eintreten würde. Falls der Schenkungsgegenstand unteilbar ist, kann der Schenker jedoch die ganze Leistung verweigern.[642] Umstritten ist, ob dem Beschenkten in einer solchen Situation das Recht zusteht, den Notbedarf durch entsprechende Geldzahlung zu befriedigen und mithin die Einrede aufzuheben. Dies wird teilweise mit dem Argument verneint, dass § 519 BGB keine dem § 528 Abs. 1 S. 2 BGB entsprechende Regelung enthalte, woraus sich im Gegenschluss ergebe, dass dem Beschenkten ein solches Recht im Rahmen des § 519 BGB verwehrt werden müsse.[643] Diese Auffassung ist jedoch abzulehnen. § 519 BGB bezweckt gerade nicht das Interesse des Schenkers an dem konkreten Schenkungsgegenstand, sondern lediglich einen gewissen Kern seines Vermögens zu schützen. Dem ist aber auch dann Genüge getan, wenn man dem Beschenkten das Recht gibt, die Einrede durch Geldzahlung aufzuheben.[644]

Die Einrede nach § 519 BGB wirkt ferner in zeitlicher Hinsicht nur solange, wie die Bedürftigkeit des Schenkers im Sinne des § 519 Abs. 1 BGB gegeben ist. Schließlich ist die Einrede höchstpersönlicher Natur, so dass sie Bürgen, Schuldübernehmern, Schuldmitübernehmern und Erben grundsätzlich nicht zugute kommt.[645]

c) Mehrere Beschenkte

Treffen mehrere Schenkungsversprechen zusammen, so greift die Notbedarfsrede gemäß § 519 Abs. 2 BGB zunächst gegenüber dem später entstandenen Anspruch ein.[646] Der Beschenkte kann die Einrede nach § 519 Abs. 1 BGB demnach erst dann gegenüber dem früher Beschenkten geltend machen, wenn der zukünftige Unterhaltsbedarf durch die Verweigerung der Erfüllung des später entstandenen Anspruchs nicht sichergestellt ist. Setzt der Schenker die Einrede dem früher klagenden jüngeren Gläubiger nicht entgegen, verliert er diese älteren Gläubigern gegenüber insoweit, als er sie dem jüngeren gegenüber versäumt hat.[647] Dem Schenker verbleibt in diesem Fall die

---

642 Koch, in: MünchKomm, BGB, § 519 Rn. 3; Wimmer-Leonhardt, in: Staudinger, BGB, § 519 Rn. 14.

643 Sefrin, in: JurisPK-BGB, § 519 Rn. 10; Koch, in: MünchKomm, BGB, § 519 Rn. 3.

644 Ebenso: Wimmer-Leonhardt, in: Staudinger, BGB, § 519 Rn. 14.

645 Herrmann, in: Erman, BGB, § 519 Rn. 3; Koch, in: MünchKomm, BGB, § 519 Rn. 4; Mezger, in: RGRK, BGB, § 519 Rn. 2; Mühl/Teichmann, in: Soergel, BGB, § 519 Rn. 5; Wimmer-Leonhardt, in: Staudinger, BGB, § 519 Rn. 17.

646 Für den Zeitpunkt der Entstehung ist die Annahme des Schenkungsversprechens entscheidend. Dies gilt auch bei bedingten, befristeten oder einredebehafteten Forderungen; vgl. Mezger, in: RGRK, BGB, § 519 Rn. 4; Koch, in; MünchKomm, BGB, § 519 Rn. 5; Wimmer-Leonhardt, in: Staudinger, BGB, § 519 Rn. 21.

647 Mühl/Teichmann, in: Soergel, BGB, § 519 Rn. 6; Wimmer-Leonhardt, in: Staudinger, BGB, § 519 Rn. 22; a.A. Gehrlein, in: Bamberger/Roth, BGB, § 519 Rn. 4; Sefrin, in: JurisPK-BGB, § 519 Rn. 12; Koch, in: MünchKomm, BGB, § 519 Rn. 5; Mezger, in: RGRK, BGB, § 519 Rn.

Möglichkeit, das an den jüngeren Gläubiger Geleistete gemäß § 528 BGB herauszuverlangen.[648]

Keine Regelung enthält § 519 BGB für den Fall mehrerer gleichzeitig angenommener Schenkungsversprechen. Nach überwiegender Auffassung ist eine gleichmäßige Kürzung der Ansprüche vorzunehmen.[649]

d) Die Einrede im Falle gemischter Schenkungen

Bei gemischten Schenkungen ist wiederum danach zu differenzieren, ob der Schenkungsgegenstand teilbar ist. Soweit eine solche Teilbarkeit zu bejahen ist, bezieht sich das Einrederecht des Schenkers nur auf den unentgeltlichen Teil. Liegt dagegen Unteilbarkeit vor, ist dem Schenker die Einrede des Notbedarfs zu gewähren, wenn bei Vollzug der gemischten Schenkung, mithin unter Berücksichtigung der Leistung des Beschenkten, die in § 519 BGB umschriebene Notsituation eintreten würde.[650] Auch hier sollte jedoch dem Beschenkten die Möglichkeit gegeben werden, die Gegenleistung um den Notbedarf aufzustocken und dadurch die Einrede aufzuheben.[651]

4. Die Reichweite des Anfechtungsrechts aus Art. 7:184 Abs. 1c) NBW

Wie gesehen gibt das deutsche Recht dem in finanzielle Notlage geratenen Schenker unter bestimmten Voraussetzungen die Möglichkeit, die Erfüllung des Schenkungsversprechens zu verweigern (§ 519 BGB) sowie das im Rahmen der Schenkung Geleistete herauszuverlangen (§ 528 BGB). Bei der Suche nach einer vergleichbaren Möglichkeit im niederländischen Recht könnte zunächst erwogen werden, derartige „Verarmungsfälle“ über Art. 7:184 Abs. 1c) NBW zu lösen. Dieser gibt dem Schenker die Möglichkeit die Schenkung anzufechten, wenn der Beschenkte im Verzug mit der Erfüllung einer ihm gegenüber bestehenden Pflicht zum Unterhalt ist.[652] Die Möglichkeit der Anfechtung besteht unabhängig davon, ob die Schenkung bereits ausgeführt wurde.

4; Zeranski, Der Rückforderungsanspruch des verarmten Schenkers, S. 20, die dem Schenker die Einrede gegen den älteren Anspruch nur verweigern, wenn der Schenker den jüngeren Anspruch in der Absicht erfüllt hat, den älteren zu schmälern.

648 Mühl/Teichmann, in: Soergel, BGB, § 519 Rn. 6.

649 Gehrlein, in: Bamberger/Roth, BGB, § 519 Rn. 4; Koch, in: MünchKomm, BGB, § 519 Rn. 5; Weidenkaff, in: Palandt, BGB, § 519 Rn. 5; Wimmer-Leonhardt, in: Staudinger, BGB, § 519 Rn. 23; Heiter, JR 1996, 313 (316); a.A. Herrmann, in: Erman, BGB, § 519 Rn. 4; Mansel, in: Jauernig, BGB, § 519 Rn. 1; Sefrin, in: JurisPK-BGB, § 519 Rn. 13, die dem Schenker die Wahl geben wollen, ob er die Einrede ganz oder teilweise gegenüber den einzelnen Versprechensempfängern erhebt.

650 Kollhosser, in: MünchKomm, BGB, 4. Aufl., § 519 Rn. 4; Wimmer-Leonhardt, in: Staudinger, BGB, § 516 Rn. 218.

651 A.A. Sefrin, in: JurisPK-BGB, § 519 Rn. 10.

652 Vgl. C. II. 1. b).

a) Reichweite der Widerrufsmöglichkeit nach Art. 955 CC

Einen ähnlichen Inhalt hat die Regelung des Art. 955 CC. Dieser nennt drei Fälle des Widerrufs wegen groben Undanks. Dazu gehört insbesondere auch die Verweigerung von Unterhaltszahlungen (*refus d'aliments*). Die französische Rechtsprechung und Rechtslehre legen insoweit an das Bestehen der dafür erforderlichen Unterhaltspflicht keine allzu strengen Maßstäbe an und lassen daher eine moralische Pflicht zum Unterhalt genügen, die insbesondere auch dann besteht, wenn sich der Schenker in einer finanziellen Notlage befindet.[653] Das wiederum ermöglicht es, Fälle zu erfassen, bei deren Vorliegen andere Rechtsordnungen dem Schenker die Möglichkeit eröffnen, die Schenkung wegen Verarmung zu widerrufen.[654]

b) Übertragbarkeit auf Art. 7:184 Abs. 1 c) NBW

Diese extensive Auslegung des Art. 955 CC kann jedoch nicht auf Art. 7:184 Abs. 1c) NBW übertragen werden. Letzterer verlangt nämlich nicht lediglich irgendeine Unterhaltsverpflichtung, sondern eine Pflicht zum Unterhalt aus Gesetz oder Rechtsgeschäft.[655] Zwar ist weder in der Gesetzesbegründung noch an anderer Stelle ausdrücklich ausgeschlossen, dass nicht die Schenkung selbst eine rechtsgeschäftliche Unterhaltsverpflichtung begründet. Dagegen spricht jedoch, dass der Gesetzentwurf zunächst nur ein Widerrufsrecht für den Fall vorsah, dass der Beschenkte einer gesetzlichen Unterhaltsverpflichtung nicht nachkommt. Der Zusatz „*or krachtens overeenkomst*" wurde erst nachträglich in den Entwurf des Art. 7:184 Abs. 1 c) NBW eingefügt, ohne dass damit eine wirkliche inhaltliche Änderung vollzogen werden sollte. Auch bezüglich der Vorgängerregelung des Art. 1725 BW wurde in den Vordergrund gestellt, dass durch die Schenkung keine Unterhaltspflicht des Beschenkten gegenüber dem Schenker entsteht.[656] In diesem Zusammenhang ist auch zu beachten, dass die Schenkungsregeln nach dem BW zwar viele Ähnlichkeiten zum CC aufwiesen, an dieser Stelle jedoch von dem französischen Vorbild abwichen, indem Art. 1725 Nr. 3 BW diesbezüglich eine ausdrückliche Regelung vorsah. Dem verarmten Schenker war es möglich die Schenkung rückgängig zu machen, wenn der Beschenkte sich weigerte, ihm Lebensunterhalt zu verschaffen.[657] Das Anfechtungsrecht nach Art. 7:184 Abs. 1

---

653 Vgl. Schlechtriem, Restitution und Bereicherungsausgleich in Europa, Band 1, S. 775 f. m. w. N.

654 Ähnlich wie im deutschen Recht (vgl. § 529 Abs. 2 BGB) ist kein Widerruf nach Art. 955 CC wegen Unterhaltsverweigerung bei Verarmung des Schenkers möglich, wenn der Beschenkte selbst bedürftig ist.

655 Kritisch hinsichtlich dieser Einschränkung: Barbaix, Hoe anders is de overeenkomst schenking, en waarom?, S. 589, 895.

656 Vgl. Asser-Kleijn, deel 5.4 (4./5. Auflage), Nr. 281 (S. 219).

657 Warum diese Vorschrift letztlich gestrichen wurde, ist unklar. In der Toelichting findet sich insoweit lediglich ein Hinweis darauf, dass die Bestimmung viele Unklarheiten verursacht habe, vgl. Toelichting, S. 905.

c) NBW erfasst also nur solche „Verarmungsfälle“ bei denen der Beschenkte zugleich Unterhaltsverpflichteter ist.

5. Anwendbarkeit von Art. 6:258 NBW bei finanzieller Notlage des Schenkers

Da Schenkungen einerseits regelmäßig an nahe Verwandte erfolgen und in Not geratenen Schenkern andererseits oftmals von Seiten der Sozialhilfeträger geholfen wird, können viele Fälle der finanziellen Notlage befriedigend über Art. 7:184 Abs. 1 c) NBW und öffentlich-rechtliche Regressnormen gelöst werden. Es besteht freilich eine Lücke in den Fällen, in denen der Beschenkte nicht Unterhaltsverpflichteter ist und der Zugriff auf ihn durch den Schenker selbst und nicht etwa durch Träger der Sozialhilfe erfolgen soll.

In diesem Fall verbleibt dem Schenker, der nach Vertragsschluss in Armut verfällt, nur die Möglichkeit auf die Vorschrift des Art. 6:258 NBW zurückzugreifen.[658] Es ist daher zu untersuchen, ob diese Norm in derartigen Fällen Anwendung finden und dem Schenker die Möglichkeit geben kann, sich vom Vertrag zu lösen. In rechtsvergleichender Hinsicht liegt ein solcher Rückgriff jedenfalls nahe, da Art. 6:258 NBW durchaus Parallelen zur Störung der Geschäftsgrundlage nach § 313 BGB aufweist[659] und die §§ 519, 528 BGB spezialgesetzliche Ausformungen dieser Norm darstellen.

a) Allgemeines

Gemäß Art. 6:258 Abs. 1 S. 1 NBW kann der Richter die Rechtsfolgen eines Vertrages auf Verlangen einer der Parteien ändern oder den Vertrag auflösen, wenn unerwartete Umstände eingetreten sind, die von solcher Art sind, dass die Gegenpartei nach den Grundsätzen von Redlichkeit und Billigkeit kein Festhalten am Vertrag erwarten kann. Nach Satz 2 kann dieser Änderung oder Auflösung zudem rückwirkende Kraft beigemessen werden.

Die Regelung des Art. 6:258 NBW umfasst insbesondere die Hauptfälle vom „Fortfall der Geschäftsgrundlage“, d.h. Äquivalenzstörung und Zweckvereitelung, ist jedoch nicht auf diese beschränkt.[660] Voraussetzung für das Eingreifen der Norm ist stets das Vorliegen unerwarteter Umstände. Dies sind solche Umstände, die nach Vertragsschluss eingetreten sind und von den Parteien weder ausdrücklich noch still-

---

658 van Schaick/Schoordijk, WPNR, 6445 (2001), 461 (463 f.).

659 Vgl. Nestl, Wegfall der Geschäftsgrundlage in modernen Kodifikationen und Regelwerken, S. 39 ff. (insbesondere zum Einfluss von § 242 BGB auf die Ausarbeitung des Art. 6:258 NBW).

660 Hartkamp, AcP 191 (1991), 396 (405).

schweigend im Vertrag berücksichtigt wurden.[661] Letzteres ist Auslegungsfrage, bei deren Beantwortung Wesen und Inhalt des Vertrages, die Umstände unter denen dieser zustande gekommen ist, die allgemeine Verkehrsanschauung sowie die Grundsätze von Treu und Glauben zu berücksichtigen sind. Die Anwendbarkeit der Norm setzt ferner voraus, dass die Gegenpartei redlicherweise nicht erwarten kann, dass der Vertrag unverändert bestehen bleibt und dass der veränderte Umstand nicht auf Rechnung desjenigen geht, der sich auf Art. 6:258 NBW beruft (vgl. Art. 6:258 Abs. 2 NBW).

b) Anwendbarkeit bei finanzieller Notlage

Fraglich ist nunmehr, ob diese Merkmale erfüllt sein können, wenn der Schenker nach Vertragsschluss in eine finanzielle Notlage gerät und er in solchen Fällen somit dem Erfüllungsverlangen des Gläubigers wirksam entgegentreten bzw. das Geleistete zurückverlangen kann. Da Art. 6:258 NBW ausweislich seiner systematischen Stellung keine Norm ist, die nur auf gegenseitige Verträge anwendbar ist[662], ist die Anwendung auf Schenkungen grundsätzlich möglich: Verschenkt ein Patenonkel dem Brautpaar aus Anlass der Vermählung einen Geldbetrag zur Finanzierung der gemeinsamen Wohnung, so kann er nach Art. 6:258 NBW Auflösung und Rückgängigmachung verlangen, wenn die Hochzeit abgesagt wird.[663]

Gegen eine Anwendung von Art. 6:258 NBW auf Fälle, in denen der Schenker verarmt, spricht jedoch, dass diese Norm eine spezielle Ausformung des Art. 6:248 Absatz 2 NBW ist und daher mit der gleichen Zurückhaltung angewandt werden muss.[664] Dies liegt darin begründet, dass die in der Norm genannten Grundsätze von Treu und Glauben in erster Linie das Vertrauen an das gegebene Wort und mithin an das unveränderte Bestehen des Vertrags schützen.[665] In diesem Zusammenhang ist zu berücksichtigen, dass der Umstand der finanziellen Notlage meist keine Gegebenheit ist, die außerhalb der Sphäre einer der Parteien liegt. Vielmehr erscheint eine diesbezügliche Veränderung regelmäßig als typisches Risiko der Partei, bei der der Umstand eintritt.

Allerdings lässt eine solche Betrachtungsweise den Umstand unberücksichtigt, dass es sich bei einer Schenkung, jedenfalls soweit *schenking* im Sinne des Art. 7:175 NBW vorliegt, um ein unentgeltliches Rechtsgeschäft handelt und das Vertragsrisiko in der Regel ausschließlich bei einer der Vertragsparteien, nämlich beim Schenker liegt. Insbesondere in die Verabredung der Höhe von Leistung und Gegenleistung

---

661 Parl. Gesch., Boek 6, S. 968; Asser-Hartkamp, deel 4.2, Nr. 333 (S. 346); Valk, in: Nieuwenhuis, BW (2), Art. 6:258, S. 844.

662 Dies gilt nur für Art. 6:261 ff. NBW.

663 Parl. Gesch., Boek 6, S. 976 ff.

664 Parl. Gesch., Boek 6, S. 974; Valk in: Nieuwenhuis, BW (2), Art. 6:258, S. 843; so auch HR 20.02.1988, NJ 1988, 493.

665 Asser-Hartkamp, deel 4.2, Nr. 334 (S. 348), Hartkamp, Compendium vermogensrecht, Nr. 378 (S. 391); vgl. auch die Regelung des Art. 3:35 NBW.

können etwaige Risiken bei Vertragsschluss nicht einbezogen werden. Die einzige Möglichkeit eine eventuell eintretende finanzielle Notlage bereits bei Vertragsschluss zu berücksichtigen, läge dementsprechend in der Vereinbarung einer auflösenden Bedingung für diesen Fall.

Nach Ansicht von *Van Schaijk* und *Schoordijk* ist Art. 6:258 NBW daher insgesamt als Bestimmung einzustufen, die mit Blick auf entgeltliche Verträge verfasst wurde.[666] Fraglich ist nun aber, ob diese Regelung nicht dennoch auf Fälle Anwendung finden kann, in denen der Schenker in eine finanzielle Notlage geraten ist. Wie bereits dargestellt, ist bei der Prüfung, ob die Voraussetzungen des Art. 6:258 NBW vorliegen, eine Auslegung vorzunehmen, bei der insbesondere die Grundsätze von Treu und Glauben sowie die Art des Vertrages zu berücksichtigen sind. Letzteres ermöglicht es m.E. grundsätzlich, unentgeltliche Rechtshandlungen innerhalb der Prüfung des Art. 6:258 NBW anders zu behandeln, als entgeltliche.[667] Dass dies im Falle der Verarmung des Schenkers erforderlich sein kann, ergibt sich wiederum aus den Grundsätzen von Treu und Glauben. Denn das Vertrauen des Gläubigers auf den Bestand des Vertrages ist beim Vorliegen von Unentgeltlichkeit als weniger schutzwürdig einzustufen[668], während dem altruistischen Schenker nicht zugemutet werden kann, an einem Schenkungsversprechen festzuhalten, das ihn in den finanziellen Ruin treibt. Sollte dem Beschenkten durch die Aufhebung des Vertrags nach Art. 6:258 NBW ausnahmsweise doch ein Vertrauensschaden drohen, kann dessen Eintritt mit Hilfe der Bestimmung des Art. 6:260 NBW verhindert werden. Danach kann das Gericht die Änderung oder Auflösung von einer Bedingung abhängig machen, wovon insbesondere dann Gebrauch gemacht werden soll, wenn es als gerechtfertigt erscheint, dass die Partei, die sich auf Art. 6:258 NBW beruft, der Gegenpartei einen Betrag zur Schad-

---

666 van Schaick/Schoordijk, WPNR 6445 (2001), 461 (464).

667 So wohl auch: van Schaick/Schoordijk, WPNR 6445 (2001), 461 (464).
Vgl. insoweit auch Art. IV.I.-4:203 DCFR (Residual right to revoke):
(1) A contract for the donation of goods may also be revoked to the extent that other essential circumstance upon which it was based have materially changed after the conclusion of the contract, provided that as a result of that change
(a) the benefit to the donee is manifestly inappropriate or excessive; or
(b) it is manifestly unjust to hold the donor to the donation.
(2) Paragraph (1) applies only if
(a) the change of circumstances was not so foreseeable at the time of the conclusion of the contract that the donor could reasonably have been expected to provide for it; and
(b) the risk of that change of circumstances was not assumed by the donor.

668 Vgl. auch Roth, in: MünchKomm, BGB, § 313 Rn. 125: „Bei unentgeltlichen Zuwendungen ist häufig für die Berücksichtigung der Interessen des Zuwendenden unter dem Gesichtspunkt der Geschäftsgrundlage größerer Raum, weil die Interessen des Empfängers in geringerem Maße als schutzwürdig erscheinen können."

losstellung bezahlt[669]. Für dieses Ergebnis spricht schließlich auch der Vergleich mit anderen Billigkeitsnormen des NBW. So soll sich etwa eine Partei gerade nicht auf die Schutznorm des Art. 3:35 NBW und mithin bspw. auf das Zustandekommen eines Vertrages berufen können, wenn sie durch das Ausbleiben des Schutzes keinen Nachteil erleidet, während die Durchführung der fraglichen Rechtshandlung für die Gegenpartei nachteilig wäre.[670]

Daher ist festzustellen, dass ein Rückgriff des Schenkers auf Art. 6:258 NBW grundsätzlich möglich sein sollte, wenn er in eine schwere finanzielle Notlage gerät und dieses zum Zeitpunkt der Schenkung nicht vorhergesehen hat.[671]

c) Besonderheiten bei *giften*, die nicht *schenking* sind

Schließlich ist anzumerken, dass Art. 6:258 NBW bei Schenkungen, denen es am Merkmal des Vertrags fehlt und die daher als *gift* einzuordnen sind, über die Norm des Art. 6:216 NBW Anwendung finden kann.[672]

Bei nicht unentgeltlichen *giften* wird man im Falle einer finanziellen Notlage des Schenkers stets genau prüfen müssen, ob die Voraussetzungen des Art. 6:258 NBW tatsächlich erfüllt sind, da hier das Vertrauen des Beschenkten schutzwürdiger erscheint, als in Fällen, in denen dieser keine Gegenleistung erbringt. Anders als bei unentgeltlichen Schenkungen, kommt in einem solchen Fall m.E. nicht nur die Auflösung sondern auch die Änderung des Vertrags in Betracht. Dies ist auch im Hinblick auf die Regelung des Art. 7:187 Abs. 2, S. 3 NBW und somit den Willen des Gesetzgebers nahe liegend. Danach hat der Beschenkte im Falle einer nicht unentgeltlichen *gift* bei einer Anfechtung durch den Schenker aufgrund des Art. 7:177 NBW die Möglichkeit, die Auflösung durch Zusage einer höheren, das Merkmal der Bereicherung ausschließenden, Gegenleistung abzuwenden.

d) Anwendbarkeit von Art. 6:258 NBW nach Vollzug

Für Fälle, in denen die finanzielle Notlage erst zu einem Zeitpunkt eintritt, nachdem die Schenkung vollzogen wurde, kommt der Bestimmung des Art. 6:258 Abs. 1 S. 2 NBW besondere Bedeutung zu. Denn nur wenn das Gericht der Rechtsfolge Rückwirkung zuerkennt, kann der Schenker das Geleistete aufgrund der Vorschriften über die

---

669 Parl. Gesch., Boek 6, S. 970; Valk, in: Nieuwenhuis, BW (2), Art. 6:258, S. 845.

670 Vgl. HR 12.09.1986, NJ 1987; HR 15.04.1988, NJ 1988, 951; HR 15.11.2002; Hijma/Olthof, Compendium vermogensrecht, Nr. 38a (S. 25 f.).

671 Weitergehend treten van Schaick und Schoordijk aus den oben genannten Erwägungen für eine Änderung des Wortlauts ein. Statt des Begriffs „onvoorzien" („unerwartet") solle man die Formulierung „veranderd " („verändert") einfügen, so dass Absatz 2 dergestalt gestrichen werden könne, dass das Erfordernis, das sich auf die Art des Vertrages beziehe, in den ersten Absatz übergehe; van Schaick/Schoordijk, WPNR 6445 (2001), 461 (464); für eine Änderung des Wortlauts in diesem Sinn auch: Abas, Onvoorziene omstandigheden, S. 269.

672 Valk, in: Nieuwenhuis, BW (2), Art. 6:258, S. 844.

onverschuldigde betaling (Art. 6:203 ff NBW) zurückverlangen. Auch ist zu beachten, dass hier gesteigerte Voraussetzungen an die Geltendmachung zu stellen sein dürften, da der Beschenkte einem Anspruch ausgesetzt wird, die Folgen mithin schwerer wiegen, als bei einer Auflösung vor dem Vollzug der Schenkung.

6. Exkurs: Besondere Auslegung allgemeiner Anfechtungsbestimmungen bei Schenkungen?

Das obige Ergebnis, nämlich dass Art. 6:258 NBW in den Fällen eine besondere Auslegung erfahren sollte, bei denen es um ein Rechtsgeschäft geht, dass zur willentlichen Bereicherung lediglich einer der beiden Vertragsparteien führt, gibt Anlass zu der Frage, ob nicht auch bei Anwendung der allgemeinen Anfechtungsbestimmungen der Bücher 3 und 6 des NBW zu berücksichtigen ist, ob es sich um eine unentgeltliche oder eine entgeltliche Vermögensverschiebung handelt.[673]

Dies gilt insbesondere für den Fall der Anfechtung wegen Irrtums (*dwaling*) gemäß Art. 6: 228 NBW.[674] Aus Gründen von Treu und Glauben könnte es gerechtfertigt erscheinen, die Anfechtung des Schenkers wegen Irrtums eher zuzulassen als bspw. die durch einen Verkäufer erklärte Anfechtung wegen Irrtums.[675] So bestünde nach dem Wortlaut des Art. 6:228 NBW bspw. die Möglichkeit das Merkmal der Unentgeltlichkeit, innerhalb des Ausschlusstatbestands des Art. 6:228 Abs. 2 NBW zu berücksichtigen. Danach ist eine Anfechtung wegen Irrtums ausgeschlossen, wenn sich der Irrtum auf einen ausschließlich zukünftigen Umstand bezieht oder es sich um einen Irrtum handelt, der nach dem Wesen des Vertrages, der Verkehrsanschauung oder den Gegebenheiten des konkreten Falles zu Lasten des Irrenden geht. Geht man von der Prämisse aus, dass der Ausschluss der Irrtumsanfechtung in solchen Fällen das Ergebnis einer Abwägung zwischen den Interessen des Vertragspartners und seines Gegenübers ist, so spricht dies zumindest dann für eine gesonderte Behandlung unentgeltlicher Verträge, wenn der Gegenpartei durch die Anfechtung kein Nachteil entsteht, der über den Verlust des ihm ohne Gegenleistung Zugewendeten hinausgeht. Für eine dem

---

673 Der polnische Kodeks cywilny sieht hinsichtlich der Anfechtung wegen Irrtums und arglistiger Täuschung eine Differenzierung zwischen entgeltlichen und unentgeltlichen Rechtsgeschäften ausdrücklich vor: Nach Art. 84 § 1 KC ist die Anfechtung einer empfangsbedürftigen Willenserklärung wegen Irrtums des Erklärenden über den Inhalt des Rechtsgeschäfts grundsätzlich nur dann möglich, wenn der Erklärungsempfänger den Irrtum hervorgerufen hat, ihn kannte oder ihn leicht hätte erkennen können. Diese Einschränkung gilt indes nicht, wenn es um die Anfechtung eines unentgeltlichen Rechtsgeschäfts geht. Nach Art. 86 KC setzt die Anfechtung wegen arglistiger Täuschung voraus, dass der Erklärungsempfänger den Anfechtenden getäuscht hat; bei unentgeltlichen Rechtsgeschäften kann Täuschender auch ein Dritter sein.

674 Vgl. bspw. Art. 787 des italienischen Codice civile: „Eine Schenkung ist anfechtbar wegen Irrtums im Motiv, sei es über eine Tatsache oder eine Rechtsfrage, wenn das Motiv aus dem Geschäft hervorgeht und den Schenker zu seiner Freigiebigkeit allein bestimmt hat."

675 Dafür tritt insbesondere Schoordijk, NTBR 2001, 13 ff. ein.

Art. 6:258 NBW entsprechende Behandlung, soweit es um eine Berücksichtigung des Merkmals der Unentgeltlichkeit geht, spricht zudem, dass dieser sehr enge Berührungspunkte zu Art. 6:228 NBW aufweist. Zwar bezieht sich ersterer auf Umstände, die sich nach Vertragsschluss geändert haben, während die Irrtumsregeln solche Umstände betreffen, die bereits zum Zeitpunkt des Vertragsschlusses bestanden, allerdings ist die Unterscheidung in der Praxis häufig schwierig[676] und wird, insbesondere da beide Normen ähnliche Rechtsfolgen anordnen, teilweise offen gelassen[677].

Andererseits bedeutet eine solch erweiterte Möglichkeit der Anfechtung im Falle der Unentgeltlichkeit wiederum eine Einschränkung des Grundsatzes *pacta sunt servanda*, die aufgrund des hohen Stellenwerts dieser Maxime nicht allzu voreilig vorgenommen werden darf. In diesem Zusammenhang ist auch zu beachten, dass der niederländische Gesetzgeber für einen allgemeinen Anfechtungsgrund bereits eine Sonderreglung geschaffen hat, nämlich für den Fall des Missbrauchs von Umständen. Gemäß Art. 7:176 NBW gilt hier eine Beweislastumkehr zugunsten des Schenkers, wenn die Schenkung nicht notariell beurkundet wurde. Im Umkehrschluss könnte daraus gefolgert werden, dass es gerade nicht gesetzgeberischer Wille ist, auch andere allgemeine Anfechtungsbestimmungen, wie insbesondere Art. 6:228 NBW, einer gesonderten Behandlung im Falle unentgeltlicher Vermögensverschiebungen zu unterwerfen. Diesbezüglich enthält der Schenkungstitel nämlich keinerlei Hinweis. Insbesondere die besonderen schenkungsrechtlichen Anfechtungsbestimmungen der Art. 7:178, 184 NBW enthalten lediglich zusätzliche Anfechtungsmöglichkeiten.

Schließlich ist hervorzuheben, dass es vorliegend um die sehr allgemeine Frage geht, ob die Irrtumsregelungen im Falle eines unentgeltlichen Rechtsgeschäfts besonders auszulegen sind. Im Gegensatz zu dem vergleichsweise konkreten Problem, ob im Verarmungsfall ein Lösungsrecht auf Grundlage des Art. 6:258 NBW besteht, lässt sich hier daher nur schwer eine allgemeingültige Aussage treffen. Daher wird man eine Entscheidung letztlich anhand der konkreten Umstände des Einzelfalls treffen müssen. In diese Richtung gehen im Übrigen auch die Überlegungen zum Vorentwurf des NBW. Hier verzichtete man bei vielen Schutzvorschriften auf das Nachteilserfordernis, um zu verhindern, dass dadurch die konkreten Umstände in den Hintergrund gedrängt werden.[678]

676 Asser-Hartkamp, deel 4.2, Nr. 341 (S. 356).

677 HR 28.11.1997, NJ 1998, 659.

678 Vgl. D. I. 2.

IV. Anfechtbarkeit von Schenkungen an Vertrauenspersonen im medizinischen Bereich

1. Einführung

Einen besonderen Anfechtungstatbestand hält Art. 7:178 NBW schließlich für den Fall bereit, dass zwischen Schenker und Beschenktem ein medizinisch-ärztliches Vertrauensverhältnis besteht. In diesem Fall wird durch Art. 7:178 NBW unwiderlegbar vermutet, dass die Schenkung unter Ausnutzung dieses Vertrauensverhältnis zustande gekommen ist. Einen ähnlichen Zweck verfolgt Art. 20 des *Wet op het Notarisambt*, wonach Schenkungen an einen Notar Beschränkungen unterworfen sind.

Im Schenkungsabschnitt des BGB fehlt es an einer Einschränkung von Schenkung an (medizinisch-ärztliche) Vertrauenspersonen. Allerdings enthält § 14 HeimG, der gemäß Art. 125a Abs. 1 GG als Bundesrecht in Hessen, Niedersachsen, Sachsen und Thüringen als Bundesrecht fortgilt und im Übrigen durch landesrechtliche Regelungen, wie bspw. in Nordrhein-Westfalen durch § 10 des Gesetzes über das Wohnen mit Assistenz und Pflege in Einrichtungen (Wohn- und Teilhabegesetz – WTG), ersetzt wurde, eine vergleichbare Beschränkung von Schenkungen an Träger, Leiter, Beschäftigte und sonstige Mitarbeiter von Heimen. Liegt ein Verstoß gegen dieses Verbot vor, so führt dies, anders als bei Art. 7:178 Abs. 2 NBW nicht zu Anfechtbarkeit, sondern i. V. m. § 134 BGB zur Nichtigkeit der Schenkung.[679]

Weiterhin ist es Ärzten durch die entsprechenden Berufsordnungen regelmäßig untersagt, Geschenke von Patienten oder Anderen anzunehmen. Inwieweit jedoch dieses berufsrechtliche Verbot Einfluss auf die zivilrechtliche Wirksamkeit des Schenkungsvertrages hat, ist zweifelhaft.

2. Anfechtbarkeit von Schenkungen an Vertrauenspersonen nach Art. 7:178 NBW

Nach Art. 7:178 NBW kann der Schenker die Schenkung anfechten, wenn sie an Personen erfolgt ist, die im Bereich der Gesundheitsfürsorge tätig sind. Zweck der Vorschrift ist es zu verhindern, dass (medizinisch-ärztliche) Vertrauensverhältnisse ausgenutzt werden. Soweit im konkreten Fall keine *schenking*, sondern *negotium mixtum cum donatione* vorliegt, besteht gemäß Art. 7:187 Abs. 3 i. V. m. Art. 3:54 NBW die Möglichkeit durch die Zusage einer ergänzenden Leistung, die Anfechtung zu verhindern. Ebenfalls wird es beiden Parteien somit ermöglicht, das Gericht zu ersuchen, die Rechtsfolgen der Handlung zu verändern.

Eine Schenkung ist gemäß Art. 7:178 Abs. 1 NBW zunächst dann anfechtbar, wenn sie zu einem Zeitpunkt getätigt wurde, an dem der Schenker erkrankt war und der Beschenkte auf dem Gebiet der individuellen Gesundheitsfürsorge i. S. d. *Wet op*

679 Wimmer-Leonhardt, in: Staudinger, BGB, § 516 Rn. 228.

de beroepen in de individuele gezondheidszorg (BIG) beruflich tätig war[680] oder dem Schenker während der Krankheit als „Geistlicher Fürsorger" beistand. Nicht erforderlich ist, dass der Schenker an der fraglichen Krankheit gestorben ist.[681] Hierin liegt mithin ein Unterschied zum Erbrecht, wo ebenfalls Beschränkungen für Zuwendungen an Vertrauenspersonen bestehen (vgl. Art. 4:59 Abs. 1 NBW). Dieser Unterschied liegt darin begründet, dass der Erblasser den letzten Willen (*uiterste wilsbeschikking*) jederzeit widerrufen kann, während dies bei der *schenking* grundsätzlich nicht der Fall ist.[682] Anderes gilt freilich, wenn eine Widerrufsmöglichkeit zwischen den Parteien vereinbart wurde.

Nach Art. 7:178 Abs. 2 NBW ist eine Schenkung ebenso anfechtbar, wenn sie während des Aufenthalts in einer Einrichtung getätigt wurde, die der Versorgung und Verpflegung von alten und geistig behinderten Menschen dient und zugunsten der Betreiber dieser Einrichtung, deren Leitung oder deren Beschäftigten erfolgte.

Diese Bestimmung kann insbesondere auch dann von Nutzen sein, wenn sich nach dem Tode des Bewohners einer solchen Einrichtung kostbarer Schmuck etc. im Besitz einer oder mehrerer der genannten Personen befindet. Ohne diese Regelung könnten sich diese nämlich stets auf ihren Besitz berufen, so dass es an den Erben wäre, zu beweisen, dass die durch den Besitzer behauptete Schenkung nicht stattgefunden hat.[683]

Um zu verhindern, dass die Regelungen der beiden ersten Absätze allzu leicht umgangen werden können[684], ist die Anfechtung gemäß Art. 7:178 Abs. 3 i. V. m. Art. 4:62 Abs. 2, 3 NBW auch dann möglich, wenn die Schenkung zugunsten einer *tussenbeidekomende persoon* vorgenommen wurde. Dies sind gemäß Art. 4:62 Abs. 3 NBW jedenfalls der Vater, die Mutter, der Ehegatte oder Nachkommen einer nach Art. 7:178 Abs. 1, 2 NBW ausgeschlossenen Person, außer wenn sie zum Schenker selbst in direkter Linie blutsverwandt sind. Bei einer Person, die nicht zu den Genannten gehört, muss derjenige, der sich auf den Anfechtungsgrund beruft, den Beweis dafür antreten, dass der Beschenkte als *tussenbeidekomende persoon* angesehen werden muss.[685]

Abweichend von der Grundregel des Art. 3:52 Abs. 1 d) NBW, verjährt das Anfechtungsrecht gemäß Art. 7:178 Abs. 4 NBW drei Jahre nach Ende der Krankheit oder des Aufenthalts in einer Einrichtung i. S. d. Absatz 2. Denn erst ab diesem Zeitpunkt liegt der Umstand nicht mehr vor, durch welchen der Gesetzgeber eine unzulässige Beeinflussung fürchtet.[686]

---

680 Personen in diesem Sinne sind bspw. Krankenpfleger, Ärzte, Zahnärzte, Psychotherapeuten.

681 Ploeger, in: Nieuwenhuis, BW (2), Art. 7:178, S. 2676.

682 Toelichting Voorontwerp, S. 901; Nota, Kamerstukken II 2000/01, 17 213, nr. 6, S. 5.

683 Asser-Perrick, deel 6A, Nr. 230 (S. 260).

684 Ploeger, in: Nieuwenhuis, BW (2), Art. 7:178, S. 2676.

685 Asser-Perrick, deel 6A, Nr. 230 (S. 260); Ploeger, in: Nieuwenhuis, BW (2), Art. 7:178, S. 2676.

686 Nota, Kamerstukken II 2000/2001, 17 213, nr. 7, S. 3.

Gemäß Art. 7:178 Abs. 5 NBW geht die Befugnis zur Anfechtung nach dem Tod des Schenkers auf alle diejenigen über, die durch die Schenkung einen Nachteil erlitten haben. Diese Bestimmung führt zum einen dazu, dass auch andere als die Erben, bspw. durch Vermächtnis Begünstigte, anfechtungsberechtigt sind. Zum anderen muss die Anfechtung nicht durch die Erben gemeinschaftlich erfolgen.[687] Gemäß Art. 7:178 Abs. 5 S. 2 NBW wirkt die Anfechtung relativ, also jeweils soweit, wie dies zur Aufhebung des Nachteils desjenigen notwendig ist, der sich auf die Anfechtbarkeit beruft. Hinsichtlich der Verjährung verweist Satz 3 auf den in Art. 4:54 NBW bestimmten Zeitpunkt. Jedenfalls tritt die Verjährung drei Jahre nach dem Ende der Krankheit odes des Aufenthaltes in der Einrichtung ein. Letzteres bezweckt, dass der Beschenkte nach dem Tod des Schenkers nicht länger mit der Anfechtung rechnen sollen muss, als dies der Fall gewesen wäre, wenn der Schenker noch gelebt hätte.[688]

Schließlich ist anzumerken, dass jemand, der Hilfe von einer anderen Personen erhalten hat und dadurch zu einer Schenkung an diese bewegt wurde, ohne dass die Voraussetzungen des Art. 7:178 NBW vorliegen, die Schenkung möglicherweise nach Art. 3:44 NBW (*misbruik van omstandigheden*) anfechten kann. Soweit die Schenkung nicht notariell beurkundet wurde, kommt dem Schenker dabei regelmäßig die Beweislastumkehr des Art. 7:176 NBW zu Gute. Der Beschenkte muss also beweisen, dass die Schenkung nicht unter missbräuchlichen Umständen zustande gekommen ist.[689]

In umgekehrter Hinsicht wirft die strikte Bestimmung des Art. 7:178 NBW die Frage auf, ob die Norm einer teleologischen Reduktion zugänglich ist, wenn feststeht, dass die Schenkung im konkreten Fall nicht unter Ausnutzung des bestehenden medizinisch-ärztlichen Vertrauensverhältnisses zustande gekommen ist. Maßgeblich für die Möglichkeit einer solchen einschränkenden Auslegung ist die Zielrichtung des Verbots nach Art. 7:178 NBW. Soweit es hierbei um ein rein ordnungspolitisches Anliegen geht, wird man eine teleologische Reduktion ablehnen müssen[690]; anders aber möglicherweise, wenn Art. 7:178 NBW einen Sonderfall der Anfechtung wegen Willens-

687 Nota, Kamerstukken II 2000/2001, 17 213, nr. 7, S. 3.

688 Nota, Kamerstukken II 2000/2001, 17 213, nr. 7, S. 3.

689 Einschränkend ist insoweit jedoch auf das Urteil des HR vom 02.11.2007 hinzuweisen. Hier verschenkte ein Erblasser einen Vermögensgegenstand an eine Versorgeperson. Die Voraussetzungen des Schenkungsverbots nach Art. 4:953 BW lagen indes nicht vor, da die Schenkung nicht während des Aufenthalts in einer Pflegeeinrichtung getätigt wurde. Auch wurde unter Hinweis auf die entgegenstehenden Belange von Treu und Glauben die Anwendbarkeit der Beweislastumkehr nach Art. 7:176 NBW verneint. Der HR billigte insoweit die Ausführungen der Vorinstanz, die eine Beweislastumkehr u.a. deshalb ablehnte, weil der Schenker zum Zeitpunkt der Schenkung nicht auf die Dienste des Beschenkten angewiesen war. Vgl. HR, 02.11.2007, C06/106.

690 In diese Richtung HR, 02.11.2007, C06/106. Der HR lehnte eine teleologische Extension von Art. 4:953 BW mit dem Argument ab, dass die Norm ein Abhängigkeitsverhältnis als selbstständige Voraussetzung nicht enthalte.

mangel (vgl. auch Art. 6:228 NBW) betrifft. Auf eine jedenfalls bestehende Möglichkeit, in bestimmten Fällen zur „Nichtanwendbarkeit" von Art. 7:178 NBW zu gelangen, weist die *Toelichting* im Hinblick auf die vergleichbare erbrechtliche Bestimmung des Art. 4:59 NBW hin. Danach können dieselben Personen, die von Art. 7:178 NBW erfasst werden, nicht wirksam durch letztwillige Verfügung bedacht werden. Eine Ausnahme gilt gemäß Art. 4:60 a) NBW unter bestimmten Voraussetzungen dann, wenn dies zur Vergütung erbrachter Dienste geschieht. Eine entsprechende Ausnahme wurde nicht in Art. 7:178 NBW aufgenommen, da in diesen Fällen regelmäßig nicht Schenkung sondern bereits *natuurlijke verbintenis* vorliege. Liegt eine Zuwendung innerhalb eines Vertrauensverhältnisses i. S. d. Art. 7:178 NBW vor, wird also stets genau zu prüfen sein, ob es sich überhaupt um eine (anfechtbare) Schenkung handelt, oder ob die Anwendbarkeit des Art. 7:178 NBW ausgeschlossen ist, weil bereits tatbestandlich keine Schenkung vorliegt.

3. Nichtigkeit von Schenkungen gemäß § 14 HeimG i. V. m. § 134 BGB

Dem Art. 7:178 Abs. 2 NBW vergleichbar, untersagen es § 14 Abs. 1, 5 HeimG bzw. die entsprechenden landesgesetzlichen Vorschriften den Trägern, der Leitung, den Mitarbeitern und anderen Beschäftigten von Heimen, zusätzlich zu ihrer Vergütung Leistungen anzunehmen. Anders als im niederländischen Recht, sind geringwertige Aufmerksamkeiten jedoch ausdrücklich von dem Verbot ausgenommen. Zweck der Vorschrift ist es zu verhindern, dass alte und pflegebedürftige Menschen, welche in einem Heim untergebracht sind und sich dessen Leitung, Personal etc. anvertraut haben, in ihrer Hilfs- und Arglosigkeit ausgenutzt werden.[691] Soweit ein Schenkungsvertrag gegen das Verbot verstößt, ist dieser gemäß § 14 Abs. 1, 5 HeimG i. V. m. § 134 BGB nichtig.[692] Erfolgt eine Schenkung nicht an eine vom Verbot betroffene Person, sondern an deren Angehörige, so dass im niederländischen Recht ein Fall des Art. 7:178 Abs. 3 NBW vorläge, ist nach deutschem Recht zu prüfen, ob dadurch die Verbotsvorschriften des HeimG umgangen werden sollen. Ist dies der Fall, ergibt sich die Nichtigkeit der Schenkung aus §§ 117 Abs. 2, 134 BGB.

691 Kunz/Butz/Wiedemann, Heimgesetz, § 14 Rn. 1. Daneben soll, auch unabhängig von möglichen unlauteren Willensbeeinflussungen, verhindert werden, dass einzelne Heimbewohner durch den Heimträger aufgrund empfangener oder versprochener Zuwendung bevorzugt behandelt bzw. andere Bewohner benachteiligt werden; vgl. BVerwGE 78, 357 (359 f.); BVerwG, NJW 1990, 2268 (2268).

692 Wimmer-Leonhardt, in: Staudinger, BGB, § 516 Rn. 228.

4. Schenkungsverbote durch Vorschriften der Berufsordnungen der Ärztekammern

Zwar enthalten die §§ 516 ff. BGB kein dem Art. 7:178 NBW entsprechendes generelles Verbot von Schenkungen an Personen, die auf dem Gebiet der Gesundheitsfürsorge beruflich tätig sind. Jedoch kann bspw. eine Schenkung an Ärzte gegen die entsprechende ärztliche Berufsordnung verstoßen. So verbietet es etwa § 32 S. 1 Berufsordnung der Ärztekammer Niedersachsen den Ärzten, von Patienten oder anderen Personen Geschenke oder sonstige Vorteile für sich oder Dritte zu fordern, sich oder Dritten versprechen zu lassen oder anzunehmen, wenn hierdurch der Eindruck erweckt wird, dass die Unabhängigkeit der ärztlichen Entscheidung beeinflusst wird. Eine Beeinflussung liegt nach der widerleglichen Vermutung gemäß § 32 S. 2 der Berufsordnung nicht vor, wenn der Wert des Geschenkes oder anderen Vorteils geringwertig ist.[693]

Es stellt sich indes die Frage, ob und inwieweit es sich auf die Wirksamkeit eines Schenkungsvertrages auswirkt, wenn gegen das Verbot verstoßen wird. Zunächst kommt in Betracht, dass die genannten Vorschriften der Berufsordnungen Verbotsgesetze i. S. d. § 134 BGB darstellen, ein Verstoß mithin die Nichtigkeit der Schenkung zur Folge hat. Zum Begriff des „Gesetzes" i. S. d. § 134 BGB gehören dabei jedenfalls nicht nur Gesetze im formellen Sinne sondern auch Verordnungen.[694] Ob berufsständische Satzungen von Selbstverwaltungskörperschaften, wie bspw. die Berufsordnungen der Ärztekammern, Gesetze i. d. S. darstellen können, ist dagegen umstritten, wird jedoch, soweit eine berufsständische Kammer über öffentlich-rechtliche Rechtssetzungskompetenz verfügt, überwiegend bejaht.[695]

Die Frage, ob auch der für § 134 BGB erforderlich Verbotscharakter vorliegt, ist durch Auslegung zu beantworten. Insofern mag der Wortlaut der Norm („nicht gestat-

---

693 Ebenso § 32 Berufsordnung der Ärztekammer Nordrhein: „Es ist nicht gestattet, von Patientinnen und Patienten oder Anderen Geschenke oder andere Vorteile für sich oder Dritte zu fordern, sich oder Dritten versprechen zu lassen oder anzunehmen, wenn hierdurch der Eindruck erweckt wird, dass die Unabhängigkeit der ärztlichen Entscheidung beeinflusst wird. Eine Beeinflussung liegt dann nicht vor, wenn der Wert des Geschenkes geringwertig ist."
Ein solches Verbot ist auch in § 32 Berufsordnung der Bundesärztekammer enthalten. Insoweit ist jedoch zu beachten, dass diese lediglich eine „Musterberufsordnung" darstellt, nach der sich die verbindlichen Berufsordnungen der Ärztekammern in den Bundesländern richten, um somit gravierende Unterschiede in den Berufsordnungen der einzelnen Länder zu vermeiden.

694 Armbrüster, in: MünchKomm, BGB, § 134 Rn. 30.

695 BGH, NJW 1986, 2360 (2361); BayObLGZ 2000, 301 (308); Armbrüster, in: MünchKomm, BGB, § 134 Rn. 30; Sack, in: Staudinger, BGB, § 134 Rn. 27; a.A. Taupitz, JZ 1994, 221 (226), der Charakter eines Verbotsgesetztes verneint, da den Kammern die Kompetenz fehle, die zivilrechtlichen Beziehungen der Kammermitglieder zu regeln.
Kein Gesetz i. S. d. § 134 BGB ist freilich die (Muster)Berufsordnung der Bundesärztekammer, da die Bundesärztekammer einen privatrechtlichen Zusammenschluss von Kammern darstellt; vgl. Sack, in: Staudinger, BGB, § 134 Rn. 16.

tet") dafür sprechen, dass § 32 Berufsordnung der Ärztekammer Niedersachsen sowie die entsprechenden Vorschriften anderer Landesärztekammern auch diese Voraussetzung erfüllen.[696] Entscheidendes Kriterium für die Frage, ob eine Verbotsvorschrift vorliegt, ist indes der Sinn und Zweck der jeweiligen Bestimmung. Schutzgut des § 32 Berufsordnung der Ärztekammer Niedersachsen ist die Unabhängigkeit der ärztlichen Entscheidung gegen Beeinflussung durch Patienten und Dritte.[697] Der Zweck weicht somit von dem des Art. 7:178 NBW ab, bei dem es primär um den Schutz des „abhängigen" Patienten hegt.

Ob nach alldem von einem Verbotscharakter ausgegangen werden kann, bleibt offen. Eine zivilgerichtliche Entscheidung zu dieser Frage ist, soweit ersichtlich, noch nicht ergangen. Jedenfalls wird der Verbotscharakter bei anderen Normen, die sich mit der Wahrung der ärztlichen Unabhängigkeit bei der Zusammenarbeit des Arztes mit einem Dritten befassen, teilweise angenommen.[698]

Soweit man den Verbotscharakter der in den Berufsordnungen vorgesehenen Normen, welche Schenkungen an Ärzten untersagen, verneint, kommt bei einem Verstoß gegen diese Bestimmungen möglicherweise Nichtigkeit wegen Sittenwidrigkeit gemäß § 138 BGB in Betracht.[699] Ein sittenwidriges Rechtgeschäft liegt nämlich u.a. dann vor, wenn es geeignet ist, gewichtige, durch die Rechts- oder Sittenordnung insgesamt anerkannte und abgesicherte Allgemeininteressen zu beeinträchtigen oder zu gefährden. Dies ist insbesondere zu bejahen, wenn das Rechtsgeschäft unmittelbar oder mittelbar in die sachliche Unabhängigkeit und die eigenverantwortliche Aufgabenwahrnehmung des Freiberuflers eingreift oder diese zumindest konkret gefährdet.[700] Somit genügt die abstrakte Möglichkeit einer solchen Gefährdung zwar nicht. Geht man aber davon aus, dass Berufsordnungen geeignet sind, den Inhalt der Sittenwidrigkeit mitzubestimmen[701], ist bei einem Verstoß gegen § 32 Berufsordnung der Ärztekammer Niedersachsen bzw. entsprechender Bestimmungen anderer Landesärztekammern regelmäßig von Sittenwidrigkeit auszugehen, da diese Verbote gerade dem Schutz der ärztlichen Unabhängigkeit zu dienen bestimmt sind.

---

696 Vgl. auch BGH, NJW 1986, 2360 (2361), zu § 18 Berufsordnung der Ärztekammer Nordrhein.

697 Vgl. Lippert, in: Ratzel/Lippert, Kommentar zur Musterberufsordnung der deutschen Ärzte, § 32 Rn. 1.

698 Vgl. BGH, NJW 1986, 2360 (bzgl. § 18 Berufsordnung der Ärztekammer Nordrhein); Lippert, in: Ratzel/Lippert, Kommentar zur Musterberufsordnung der deutschen Ärzte, § 33 Rn. 35; Ratzel, MedR 2002, 63 (63). Vgl. aber BGH, NJW 1981, 2007 (2008), wonach keine Kompetenz der Ärztekammer zur Regelung der privatrechtlichen Beziehungen der Kammerangehörigen zu Dritten besteht (im Kontext zu § 823 Abs. 2 BGB); restriktiv auch: Palm, in: Erman, BGB, § 134 Rn. 8.

699 Palm, in: Erman, BGB, § 134 Rn. 50; Sack, in: Staudinger, BGB, § 134 Rn. 27.

700 BGH, NJW 1996, 1954 (1956); Palm, in: Erman, BGB, § 138 Rn. 86.

701 Sack, in: Staudinger, BGB, § 134 Rn. 27.

D. Wirkungsschwächen zum Schutze Dritter

I. Einführung

1. Allgemeines

Neben den erweiterten Auflösungsmöglichkeiten zum Schutze des Schenkers, gründet die Schwäche des schenkweisen Erwerbs auf Bestimmungen, welche NBW und BGB zum Schutze Dritter bereithalten. Die Notwendigkeit solcher Einschränkungen der Wirksamkeit von Schenkungen ergibt sich insbesondere aus dem Umstand, dass der Schenker kein wirtschaftliches Äquivalent für den weggegebenen Gegenstand erhält, was wiederum regelmäßig zu einer Benachteiligung Dritter führt. So können Schenkungen etwa zur Schmälerung des Pflichtteilsrechtes führen oder die Verpflichtung der Sozialhilfeträger zur Leistungserbringung begründen.

2. Unentgeltlichkeit und *derdenbescherming* in BW und NBW

In vielen Fällen in denen ein Dritter geschützt wurde, weil er auf einen bestimmten Schein vertraut hatte, wurde unter Geltung des BW durch die niederländische Rechtsprechung und Rechtslehre für ein Eingreifen des Schutzes gefordert, dass der Dritte auf irgendeine Weise einen Nachteil erlitten hatte, der bei einer richtigen Vorstellung unterblieben wäre; etwa weil er im Vertrauen auf die Wirksamkeit einer Rechtshandlung eine Gegenleistung erbracht oder sich zu einer solchen verpflichtet hatte. Ein derartiges Erfordernis wurde durch die Rechtsprechung bspw. für das Eingreifen des Schutzes aus Art. 1910 BW sowie Art. 2014 BW gestellt.

Das NBW kennt demgegenüber keine Grundregel, wonach die gerechtfertigt vertrauende Gegenpartei oder der gutgläubige Dritterwerber nur Schutz verdienen, wenn entgeltlich gehandelt wurde.[702] So ist das Vorliegen von Entgeltlichkeit denn auch nicht Tatbestandsvoraussetzung der Art. 3:24 ff., 3:35, 3:36, 3:61 Abs. 2, 3:88 NBW. Diese greifen mithin auch dann ein, wenn jemand schenkweise und somit unentgeltlich erworben hat.

Hierfür sind während der parlamentarischen Beratungen verschiedene Motive genannt worden, vom Billigkeitsargument bis hin zu Rechtssicherheit und Effektivität des Rechtsverkehrs.[703] Letztlich sollte damit aber kein prinzipieller Kurswechsel gegenüber dem BW vollzogen werden.[704] Vielmehr geht diesbezüglich aus der Gesetzes-

702 Kortmann, WPNR 6186 (1995), 441 (444).
703 Kortmann, WPNR 6186 (1995), 441 (444).
704 Hartkamp, Compendium vermogensrecht, Nr. 50 (S. 47).

begründung zu Art. 3:35 NBW[705] hervor, dass das Erfordernis eines Nachteils oder Schadens wenig Sicherheit mit sich bringe, wenn nicht zugleich feststehe, welcher Nachteil für den Schutz im konkreten Fall hinreichend sei. Zudem bestehe die Gefahr, dass ein solches Erfordernis zu einer mechanischen Handhabung der jeweiligen Bestimmung führe.[706]

Die Schutzbestimmungen des NBW setzen daher regelmäßig nicht voraus, dass jemand einen Nachteil erlitten hat. Wie sich etwa am Beispiel der Art. 6:2 Abs. 2, 6:248 Abs. 2 NBW zeigt, greifen sie stattdessen dann nicht ein, wenn die Anwendung im konkreten Fall nach den Maßstäben von Treu und Glauben zu unerträglichen Ergebnissen führen würde. Dabei kann die Frage, ob jemand einen Nachteil erlitten hat, wiederum relevant sein kann. So soll sich eine Partei bspw. nicht auf den Schutz des Art. 3:35 NBW berufen können, wenn sie durch das Ausbleiben des Schutzes keinen Nachteil erleidet, während die Durchführung der betreffenden Rechtshandlung für die Gegenpartei nachteilig wäre; dies ergebe sich gemäß Art. 6:2 Abs. 2 NBW aus den Grundsätzen von Treu und Glauben.[707] Diese Einschränkung gilt jedoch bei sachenrechtlichen Schutzbestimmungen nicht ausnahmslos, da dort vielfach Belange der Rechtssicherheit einer solchen Unterscheidung entgegenstehen können. Man denke bspw. an den Schutz des Erwerbers, der sich auf öffentliche Register verlassen hat.

Von der aufgezeigten Tendenz abweichend enthält das NBW jedoch einige Normen, welche tatbestandsmäßig Entgeltlichkeit (*om baat*) voraussetzen und die daher bei Vorliegen von *schenking* nicht eingreifen. Dieses Merkmal ist anzutreffen in den Bestimmungen der Art. 1:89, 1:422 Abs. 2, 3:45, 3:86, 7:42 Abs. 1 NBW. Art. 3:45 NBW behandelt die Gläubigeranfechtung, während es in der Bestimmung des Art. 3:86 NBW um den Schutz des Dritten geht, der eine bewegliche Sache, Nicht–Registergut, Inhaberpapier etc. von jemandem erworben hat, der nicht zur Verfügung befugt war. Art. 7:43 Abs. 2 NBW befasst sich mit dem Schutz des Dritten von dem eine Sache aufgrund des *recht van reclame* zurückgefordert wird. Schließlich betrifft Art. 1:89 NBW den Fall, dass ein Ehegatte eine Rechtshandlung ohne die aus Art. 1:88 Abs. 1 NBW erforderliche Zustimmung des anderen Ehegatten vorgenommen hat.

---

705 Nach Art. 3:35 NBW kann sich jemand nicht auf das Fehlen eines entsprechenden Willens berufen, wenn der andere seine Erklärung oder sein Verhalten, übereinstimmend mit dem Sinn der dieser Erklärung oder diesem Verhalten unter den gegebenen Umständen redlicher-weise beigemessen werden durfte, als an ihn gerichtete Erklärung mit einem bestimmten Zweck aufgefasst hat.

706 Vgl. Toelichting zu Art. 3:35 NBW.

707 HR 15.04.1988, NJ 1988, 951; Hijma/Olthof, Compen-dium vermogensrecht, Nr. 38a (S. 25 f.).

II. Schutz dinglich Berechtigter

Zum Kreis der Dritten, zu deren Schutz NBW und BGB die erleichterte Auflösbarkeit von Schenkungen begründen, gehören zunächst dinglich Berechtigte. So werden Eigentümer unter bestimmten Voraussetzungen vor dem Verlust des Eigentums nach den Vorschriften über den gutgläubigen Erwerb geschützt. Die Schwäche des unentgeltlichen Erwerbs zugunsten dinglich Berechtigter zeigt sich weiterhin i. R. d. Vorschriften über das *recht van reclame* (Art. 7:39 ff. NBW) sowie innerhalb der Bestimmungen über das Eigentümer-Besitzer-Verhältnis (§§ 987 ff. BGB).

1. Ausschluss bzw. Korrektur der Vorschriften über den gutgläubigen Erwerb

a) Einführung

In beiden Rechtsordnungen wird den Interessen des gutgläubigen Erwerbers (und des Rechtsverkehrs) regelmäßig gegenüber denen des Alteigentümers der Vorrang gewährt. Jedoch ist der gutgläubige Erwerb direkt oder jedenfalls mittelbar ausgeschlossen, wenn jemand einen fremden Gegenstand unentgeltlich an einen Dritten veräußert.[708] Anders als beim entgeltlichen Erwerb wird der Alteigentümer somit grundsätzlich vor einem gutgläubigen Erwerb durch Schenkung geschützt.

Im niederländischen Recht wird dieses Ergebnis dadurch erreicht, dass die Vorschrift über den gutgläubigen Erwerb von Mobiliarsachen (Art. 3:86 NBW) tatbestandlich voraussetzt, dass der Erwerb nicht unentgeltlich erfolgt ist. Dieser Weg ist dem deutschen Recht aufgrund des geltenden Abstraktionsprinzips versperrt. Da die Wirksamkeit der dinglichen Übereignung unabhängig vom zugrundeliegenden Kausalgeschäft zu beurteilen ist, darf dem Umstand, dass Letzteres unentgeltlich erfolgte, im Rahmen der Vorschriften über den gutgläubigen Erwerb keine Bedeutung zukommen. Einen Ausgleich hierfür schafft jedoch § 816 Abs. 1 S. 2 BGB. Damit steht das Vorliegen von Unentgeltlichkeit dem gutgläubigen Erwerb zwar nicht unmittelbar entgegen, jedoch wird dieses Ergebnis schuldrechtlich korrigiert, indem § 816 Abs. 1 S. 2 BGB das unentgeltlich erworbene Recht für kondizierbar erklärt. Anstelle eines Vindikationsanspruchs ist der Eigentümer somit auf den, in der Insolvenz schwächeren, bereicherungsrechtlichen Anspruch verwiesen.

Zu abweichenden Resultaten führt der aufgezeigte Unterschied zunächst dann, wenn der unentgeltliche Erwerber den Gegenstand seinerseits weiterverschenkt. Im niederländischen Recht steht dem Eigentümer hier weiterhin der Eigentumsherausgabeanspruch aus Art. 5:2 NBW zu, da der Erwerber als Nichtberechtigter verfügt hat

708 In den Niederlanden betrifft dies indes nicht den gutgläubigen Immobiliarsachenerwerb. Dieser ist in Art. 3:88 NBW geregelt und wird nicht durch das Vorliegen von Unentgeltlichkeit ausgeschlossen.

und ein gutgläubiger Erwerb wiederum an der fehlenden Entgeltlichkeit scheitert. Demgegenüber greift § 816 Abs. 1 S. 2 BGB nicht ein, da der Erwerber nach deutschem Recht als sachenrechtlich Berechtigter verfügt hat. Im Fall der unentgeltlichen Verfügung eines Berechtigten greift indes § 822 BGB ein, so dass der ursprüngliche Eigentümer vom Dritten Herausgabe verlangen kann.

Zu unterschiedlichen Ergebnissen gelangen beide Rechtsordnungen schließlich, soweit es um den gutgläubigen Erwerb von Immobiliarsachen geht. Letzterer ist im niederländischen Recht nicht dadurch ausgeschlossen, dass die Veräußerung auf Grundlage einer Schenkung erfolgt ist. Diese gesetzgeberische Entscheidung begründet sich freilich nicht damit, dass man den unentgeltlichen Erwerber in diesem Fall für besonderes schutzwürdig erachtet. Vielmehr wurde hier dem Vertrauen des Rechtsverkehrs auf die Richtigkeit des Registers der Vorzug vor den Rechten und Interessen des ursprünglichen Eigentümers eingeräumt. Dagegen ist es für den bereicherungsrechtlichen Anspruch nach § 816 Abs. 1 S. 2 BGB grundsätzlich unerheblich, ob es sich um eine bewegliche oder unbewegliche Sache handelt.

b) Unentgeltlichkeit und gutgläubiger Erwerb von Mobiliarsachen, Art. 3:86 NBW

Der gutgläubige Erwerb von beweglichen Sachen, Nicht-Registergütern, Inhaberpapieren und *rechten aan order* ist im niederländischen Recht in Art. 3:86 NBW geregelt. Der gutgläubige Erwerb setzt danach unter anderem voraus, dass dieser nicht unentgeltlich erfolgt ist. Gemäß Art. 3:98 NBW findet diese Regel entsprechende Anwendung auf beschränkt dingliche Rechte an beweglichen Sachen, wie bspw. den Nießbrauch. Letzteres gilt sowohl für deren Übertragung als auch deren Begründung.[709] Eine Sonderregelung besteht gemäß Art. 3:238 NBW für das Pfandrecht.

aa) Die „Entgeltlichkeit" in der Entstehungsgeschichte von Art. 3:86 NBW

Bis zur endgültigen Verabschiedung der nunmehr geltenden Fassung des Art. 3:86 NBW wurde der diesbezügliche Entwurf mehrmals grundlegend geändert. Dabei ist auffällig, dass das hier im Vordergrund stehende Merkmal der fehlenden Unentgeltlichkeit als Voraussetzung für die Möglichkeit des gutgläubigen Erwerbs in vielen Vorentwürfen nicht enthalten war. Das wird vorliegend zum Anlass genommen, die Entstehungsgeschichte des Art. 3:46 NBW in dieser Hinsicht zu untersuchen.

Der Entwurf Meijers aus dem Jahre 1954 enthielt als Voraussetzung für den gutgläubigen Erwerb unter anderem das Erfordernis der Entgeltlichkeit. Wenn der Dritte dagegen unentgeltlich erworben hatte, sollte ihm der Schutz versagt werden. Dies wurde damit begründet, dass in einem solchen Fall das Interesse desjenigen, der zum Zeitpunkt des Erwerbs des Dritten noch Rechtsinhaber war, schwerer wiege. Dem unentgeltlich Begünstigten sollte dagegen nur ein Schadensersatzanspruch gegen denje-

709 Asser-Mijnssen/de Haan, deel 3.1, Nr. 331 (S. 217).

nigen zustehen, von dem er das Gut erworben hatte.[710] Die Entgeltlichkeit wurde auch im Regierungsentwurf aus demselben Jahr für die Möglichkeit des gutgläubigen Erwerbs vorausgesetzt. Ferner wurde die Möglichkeit des gutgläubigen Erwerbs durch zwei weitere Regelungen eingeschränkt. Zum einen sahen die Entwürfe vor, dass abhanden gekommene bewegliche Sachen und Inhaberpapiere vom ursprünglichen Eigentümer binnen drei Jahren herausverlangt werden konnten. Letzteres aber nur gegen die Erstattung des vom gutgläubigen Dritten gezahlten Kaufpreises. Zum anderen war ein Rückübereignungsanspruch des Alteigentümers vorgesehen. Dieser, auch im ungarischen und nunmehr im schwedischen Recht zu findende Anspruch[711], sah vor, dass der frühere Eigentümer vom gutgläubigen Erwerber oder dessen Rechtsnachfolgern die Rückübereignung der betreffenden Sache verlangen konnte. Da die Verjährungsfrist gemäß Art. 3.11.10 des Entwurfs zwanzig Jahre betrug, war es theoretisch denkbar, dass der Alteigentümer noch nach neunzehn Jahren die Übertragung des Guts aus den Händen des neunzehnten Erwerbers einforderte.[712] Die Verjährungsfrist wurde später auf drei Jahre verkürzt. Voraussetzung war stets, dass er ihm im Gegenzug den durch die Rückgabe erlittenen Schaden ersetzte. Der hinter dieser Regelung stehende Gedanke war, dass der gutgläubige Dritte zwar schützenswert sei, dieser Schutz aber nicht weiter gehen solle, als bis zur Höhe des erlittenen Vermögensschadens.[713]

Von den genannten Entwürfen unterscheiden sich die Vorschläge *Langmeijers*.[714] Danach sollte der gutgläubige Erwerb von beweglichen Sachen, Nicht–Registergütern sowie von Order- und Inhaberpapieren grundsätzlich bereits dann stattfinden, wenn neben einem wirksamen Titel und einer gültigen Lieferung allein Gutgläubigkeit vorlag. Auf das Erfordernis der Entgeltlichkeit wie auch auf die Differenzierung zwischen anvertrauten und abhanden gekommenen Sachen wurde verzichtet. Stattdessen erfolgte eine „mittelbare" Privilegierung des entgeltlichen Erwerbs, indem Art. 3.4.2.3a des Entwurfs nunmehr ein generelles Recht des ursprünglichen Eigentümers enthielt, vom gutgläubigen Erwerber die Rückübertragung der Sache verlangen zu können; er jedoch im Gegenzug verpflichtet sein sollte, dem Erwerber den Wert der Leistung zu ersetzen.[715] Die Geltendmachung seines Rechts wäre für den Alteigentümer demnach im Falle des unentgeltlichen Erwerbs völlig risikolos gewesen, während bei Vorliegen von Entgeltlichkeit stets die Gefahr der wirtschaftlichen Entwertung des Anspruchs bestanden hätte.[716]

---

710 Toelichting Voorontwerp, S. 215.

711 Vgl. § 118 II ungarisches ZGB; § 4 schwed. Lagen om godtrosförvärv av lösöre.

712 Brahn, WPNR 5739 (1985), 333 (336).

713 Toelichting Voorontwerp, S. 218.

714 Abgedruckt in: Asser-Mijnssen, deel 3.1, Nr. 326 (S. 353).

715 Der Wert der Leistung sollte i. d. R. mit dem vom Erwerber gezahlten Kaufpreis übereinstimmen; vgl. Brahn WPNR 5739 (1985), 333 (337).

716 Thorn, Mobiliarerwerb vom Nichtberechtigten, S. 122.

Die Vorschläge *Langemeijers* wurden durch die Entwürfe zum Einführungsgesetz aus den Jahren 1982, 1983 und 1985 nochmals grundlegend geändert. Dabei wurde das Rückkaufsrecht des Alteigentümers gestrichen und zum Ausgleich wiederum die Voraussetzung des nicht unentgeltlichen Erwerbs in Art. 3:86 Abs. 1 NBW aufgenommen.[717] Zudem ist gemäß Art. 3:86 Abs. 3 NBW ein sofortiger gutgläubiger Erwerb gestohlener Sachen nur im Rahmen eines Verbraucherkaufs (*consumentenkoop*) möglich. Schließlich trifft den gutgläubigen Erwerber nach Art. 3:87 NBW eine Auskunftspflicht (*wegwijspflicht*).

bb) Die Voraussetzungen des gutgläubigen Erwerbs nach Art. 3:86 BW

Nach Art. 3:86 NBW erfordert der gutgläubige Erwerb, dass mit Ausnahme der Verfügungsbefugnis alle Voraussetzungen des Erwerbs vom Berechtigten nach Art. 3:84 NBW vorliegen. Weiterhin muss der Erwerber zum Zeitpunkt des Erwerbs gutgläubig gewesen sein und auf Grundlage eines entgeltlichen Rechtsgeschäfts erworben haben.

Zunächst muss dem Erwerb ein wirksamer Erwerbstitel zu Grunde liegen. Demgegenüber war die bis dato geltende Regelung des Art. 2014 BW, der in seinem Wortlaut Art. 2279 CC entsprach, ursprünglich durch die niederländische Rechtsprechung im Sinne des französischen Vorbilds ausgelegt worden.[718] Mithin konnten auch Mängel des schuldrechtlichen Vertrages geheilt werden. Später schloss sich jedoch die Rechtsprechung der sog Legitimationstheorie an, womit ein Putativtitel nicht mehr für den gutgläubigen Erwerb ausreichte.[719] Letzteres ist nunmehr im Wortlaut des Art. 3:86 Abs. 1 NBW ausdrücklich dadurch verankert, dass dieser im Vergleich zum Erwerbstatbestand des Art. 3:84 NBW nur auf die mangelnde Verfügungsbefugnis des Veräußerers verzichtet.

Weiterhin ist eine gültige Lieferung der Sache i. S. d. Art. 3:90, 3:91 und 3:93 NBW notwendig. Das Merkmal der Lieferung enthält zwei Elemente. Zum einen die eigentliche Lieferungshandlung und zum anderen eine *goedenrechtelijke* (vormals *zakenlijke*) *overeenkomst*, also eine wirksame dingliche Einigung.[720] Die Rechtsfigur des dinglichen Vertrages stammt aus der Rechtslehre.[721] Er ist vom o.g. Titel, der nur obligatorische Wirkung entfaltet, zu unterscheiden und wird definiert als ein auf die Übereignung gerichteter Vertrag zwischen Erwerber und Veräußerer[722]. Da Art. 3:86 NBW nur über die mangelnde Verfügungsbefugnis hinweghilft, kann sich derjenige nicht auf seinen Schutz berufen, der auf Grundlage eines an rechtlichen Mängeln leidenden dinglichen Vertrages geliefert bekommt. Die Vorschrift hilft also bspw. weder über

717 Thorn, ZEuP 1997, 442 (445).

718 HR 04.06.1920, NJ 1920, 712.

719 HR 05.05.1950, NJ 1951, 1.

720 Senne/Wohlmann, JA 2000, 810 (812).

721 Nieper/Ploeger, in: Sachenrecht in Europa, Band 3, S. 178.

722 HR 07.05.1982, NJ 1983, 241.

fehlende Geschäftsfähigkeit noch über mangelnde Vertretungsmacht des Veräußerers hinweg.[723]

Für die weiterhin notwendige Besitzverschaffung ist regelmäßig erforderlich, dass der Veräußerer im Zeitpunkt der Lieferung als Besitzer (*bezitter*) oder Gewahrsamsinhaber (*houder*[724]) die tatsächliche Sachherrschaft ausübt.[725] Dieses Erfordernis kann mit der Grundlage des durch Art. 3:86 NBW gewährten Schutzes begründet werden. Dieser beruht darauf, dass für den schlichten Besitzer die Vermutung des Eigenbesitzes und dem folgend der Berechtigung besteht (Art. 3:109 i. V. m. 119 NBW).[726] Es soll derjenige geschützt werden, der sich gutgläubig auf den dadurch erweckten Rechtsschein verlässt.[727] Ferner muss der Besitzerwerb unter ausdrücklicher oder zumindest stillschweigender Mitwirkung des Veräußerers stattfinden.[728] Dabei soll es auch ausreichen, dass sich der Veräußerer, mit Billigung oder aus Unachtsamkeit des Eigentümers, als Besitzer der Sache aufspielen kann und dadurch die Lieferung der Sache an den Erwerber bewirkt, womit auch ein gutgläubiger Geheißerwerb möglich ist.[729] Mangels Mitwirkung findet Art. 3:86 NBW dagegen keine Anwendung auf die einseitige Besitznahme, wie sie bspw. beim Fund erfolgt.[730] Der gutgläubige Erwerb scheitert ebenfalls, wenn die Sache in den Händen des Veräußerers bleibt, wie insbesondere bei der Vereinbarung eines Besitzkonstituts.[731] In dem Fall, dass der Veräuße-

---

723 Thorn, ZEuP 1997, 442 (448).

724 „Bezitter" ist im niederländischen Recht nur der Eigenbesitzer, der Fremdbesitzer wird als „houder" bezeichnet; vgl. Hijma/Olthof, Compendium vermogensrecht, Nr. 170 (S. 115).

725 HR 01.05.1987, NJ 1988, 852.

726 Nieper/Ploeger, in: Sachenrecht in Europa, Band 3, S. 184.

727 Brahn, WPNR 5739 (1985), 333 (341).

728 HR 01.05.1987, NJ 1988, 852; Asser-Mijnssen/de Haan, deel 3.1, Nr. 331 (S. 358).

729 Thorn, Mobiliarerwerb vom Nichtberechtigten, S. 103. Innerhalb der deutschen Rechtsprechung und Rechtslehre ist umstritten, unter welchen Voraussetzungen ein „gutgläubiger Geheißerwerb" möglich ist. Nach h.L. setzt die Anwendbarkeit des § 932 BGB in diesen Fällen voraus, dass sich der angewiesene unmittelbare Besitzer der Weisung des Veräußerers auch tatsächlich unterworfen hat und die Übergabe sich als bewusste Befolgung der Weisung darstellt. Dementsprechend könne kein gutgläubiger Erwerb stattfinden, wenn der angewiesene unmittelbare Besitzer eigene Zwecke verfolge. Vgl. Quack, in: MünchKomm, BGB, § 929 Rn. 145; Bassenge, in: Palandt, BGB, § 932 Rn. 4. Dagegen lässt es der BGH ausreichen, wenn der Dritte aus Sicht des Empfängers auf Anweisung übergibt, obwohl er tatsächlich eigene Leistungszwecke verfolgt; vgl. BGH NJW 1974, 1132 (1133 f.).

730 Thorn, ZEuP 1997, 442 (448).

731 Parl. Gesch., Boek 3, S. 382. Siehe auch § 933 BGB (Gutgläubiger Erwerb bei Besitzkonstitut), wonach eine Übergabe i. S. d. § 929 BGB zu den Erfordernissen des § 930 BGB hinzutreten muss, da die Begründung nur mittelbaren Besitzes nicht als ausreichende Rechtsscheinbasis für einen gutgläubigen Erwerb angesehen wird. Somit ist die Erwerbsform des § 930 BGB (Besitzkonstitut) für den Gutglaubensschutz auch durch den deutschen Gesetzgeber praktisch aufgehoben; vgl. Wiegand, in: Staudinger, BGB, § 933 Rn. 2.

rer die Sachgewalt für den wirklichen Eigentümer ausübt, ist ein Besitzkonstitut mangels wirksamer Lieferung bereits nach Art. 3:111 NBW (i. V. m. Art. 3:115a NBW) ausgeschlossen. Wenn der Veräußerer dagegen für sich selbst besitzt, hat die Vereinbarung eines Besitzkonstituts zwar die Übertragung zur Folge. Diese ist jedoch gemäß Art. 3:90 Abs. 2 NBW dem Eigentümer gegenüber so lange relativ unwirksam, wie der Erwerber nicht in den Besitz der Sache gelangt. Es ist indes nicht stets die tatsächliche Übergabe erforderlich. Vielmehr kann die Besitzverschaffung durch zweiseitige Erklärung, wie bspw. in den Fällen der *brevi manu traditio* oder der Besitzanweisung (*longa manu traditio*), genügen.[732]

Durch die Regelung des Art. 3:86 NBW wird nicht nur der gute Glaube an das Eigentum, sondern allgemein an die Verfügungsbefugnis des Veräußerers geschützt.[733] Ein gutgläubiger Erwerb ist daher auch dann möglich, wenn der Erwerber weiß, dass der Veräußerer nicht Eigentümer der Sache ist, aber an dessen Berechtigung zur Verfügung glaubt. Mangelnde Verfügungsbefugnis kann darin bestehen, dass der Verfügende in keiner Weise über das Gut verfügen darf oder dass er insoweit beschränkt ist, als an dem Gut bereits andere Rechte begründet worden sind.[734]

Für die Frage, wann Gutgläubigkeit vorliegt, bestimmt Art. 3:11 NBW, dass es daran fehlt, wenn der Erwerber, die dem Erwerb entgegenstehenden Tatsachen, i. R. d. Art. 3:86 NBW also die mangelnde Verfügungsbefugnis, kannte oder unter den gegebenen Umständen hätte kennen müssen. Der Erwerber ist daher gehalten, Nachforschungen anzustellen, wenn aus objektiver Sicht Gründe bestanden, an der Verfügungsbefugnis zu zweifeln.[735] Hinsichtlich der Beweislast ist festzustellen, dass der sein Eigentum behauptende Kläger die Bösgläubigkeit des Erwerbers nachweisen muss.[736] Maßgeblicher Zeitpunkt für die Gutgläubigkeit ist der Moment des Eigen-

---

732 Asser-Mijnssen/de Haan, Zakenrecht I, Nr. 338 (S. 368); Thorn, Mobiliarerwerb vom Nichtberechtigten, S. 104.

733 Thorn, ZEuP, 1997, 442 (450). Ebenso bspw. Art. 933 schweizerisches ZGB. Dagegen wird der gute Glaube an die Verfügungsbefugnis durch §§ 929 ff. BGB nicht geschützt. Dieser Schutz sollte nach dem Willen des deutschen Gesetzgebers auf den kaufmännischen Verkehr beschränkt bleiben (§ 366 HGB).

734 Nieper/Ploeger, in: Sachenrecht in Europa, Band 3, S. 184.

735 HR 24.11.1967, NJ 1968, Nr. 74; Haak/Kortmann, Ars Aequi 46 (1997), 306 (306). Beim Erwerb eines gebrauchten Autos ist es daher jedenfalls notwendig, dass der Erwerber sich die entsprechenden autopapieren zeigen lässt; vgl. Asser-Mijnssen/de Haan, deel 3.1, Nr. 333 (S. 360). Auch der gutgläubigen Erwerb nach §§ 932 ff. BGB setzt insoweit regelmäßig voraus, dass sich der Erwerber den Kraftfahrzeugbrief vorlegen lässt, da er ansonsten grob fahrlässig i. S. d. § 932 Abs. 2 BGB handelt; vgl. Wiegand, in: Staudinger, BGB, § 932 Rn. 140.

736 Thorn, Mobiliarerwerb vom Nichtberechtigten, S. 150. Zu beachten ist jedoch die Sonderregelung des Art. 35 Abs. 3 Fw, die für den Fall gilt, dass der Veräußerer insolvent ist. Sobald das Urteil, in welchem die Insolvenz erklärt wurde, veröffentlicht ist, wird der Erwerber nicht länger als gutgläubig angesehen. Art. 35 Abs. 3 Fw gilt indes nur für den Erwerb vom Zahlungs-

tumserwerbs, der in der Regel mit dem der Besitzverschaffung übereinstimmt.[737] Später eintretende Bösgläubigkeit hindert den gutgläubigen Erwerb nach Art. 3:86 NBW mithin nicht.[738] Im Falle des Besitzkonstituts stellt die h.M. auf den Zeitpunkt ab, in dem der Erwerber die tatsächliche Sachherrschaft erlangt, mithin den Moment der Übergabe.[739]

Schließlich setzt Art. 3:86 NBW voraus, dass der Erwerb nicht unentgeltlich erfolgt ist. Dieses Erfordernis gründet auf einer Abwägung der Belange des Alteigentümers einerseits und des gutgläubigen Erwerbers andererseits. Ersterer wird im Falle der Unentgeltlichkeit als schutzwürdiger angesehen, da dem gutgläubigen Erwerber lediglich ein Vorteil entgeht, er aber dadurch, dass er das Gut nicht erworben hat und es mithin herausgeben muss, im Vergleich zum Zeitpunkt vor dem Erwerb, nicht in eine nachteiligere Position gerät und deshalb durch die Herausgabepflicht an den Eigentümer keinen Schaden erleidet.[740] Dies ist nur dann der Fall, wenn der Erwerber eine Gegenleistung erbracht hat.

Im Hinblick darauf, dass das NBW derartige Beschränkungen beim Schutz aufgrund guten Glaubens grundsätzlich nicht enthält, wird diese Ausnahme zusätzlich dadurch gerechtfertigt, dass der Schutz des Art. 3:86 NBW unabhängig davon eingreift, ob die Tatsachen, auf die der Erwerber vertraut hat, durch das Zutun des ursprünglichen Rechtsinhabers entstanden sind.[741] Zu beachten ist schließlich, dass sich aus der Formulierung „*anders dan om niet*" ergibt, dass der gutgläubige Erwerb nur dann ausgeschlossen ist, wenn der Erwerber gar keine Gegenleistung erbracht hat. Es schadet dagegen nicht, wenn der Kaufpreis, den der Erwerber zahlt, weit unter dem tatsächlichen Wert der Sache liegt.[742] Damit ist ein gutgläubiger Erwerb bei Vorliegen einer nicht unentgeltlichen *gift* i. S. d. Art. 7:186 NBW möglich.

cc) Rechtsfolgen

Wenn die genannten Voraussetzungen vorliegen, kann der Erwerber Eigentum erlangen. Erforderlich hierfür ist, dass der Erwerber sich auf die Wirkung des Art. 3:86 NBW beruft. Der gutgläubige Erwerb tritt mithin nicht von Rechts wegen ein.[743] Wenn der Erwerber diese weder kannte noch kennen musste, erlöschen gemäß Art. 3:86 Abs.

---

unfähigen, nicht jedoch für nachfolgende Erwerber; vgl. Kortmann, Ars Aequi 46 (1997), 316 (321).

737 Asser-Mijnssen/de Haan, deel 3.1, Nr. 334 (S. 361).

738 Thorn, Mobiliarerwerb vom Nichtberechtigten, S. 145.

739 Vgl. Asser-Mijnssen/de Haan, deel 3.1, Nr. 334 (S. 362).

740 Asser-Mijnssen/de Haan, deel 3.1, Nr. 335 (S. 362 f.).

741 Parl. Gesch., Boek 3, 5 en 6, S. 1210.

742 Brahn, WPNR 5739 (1995), 333 (340); Thorn, Mobiliarerwerb vom Nichtberechtigten, S. 120 f.

743 Asser-Mijnssen/de Haan, deel 3.1, Nr. 339 (S. 370 f.), Thorn, ZEuP 1997, 442 (451); a.A. Chao-Duivis, WPNR 5942 (1989), S. 799 ff.

2 NBW zusammen mit dem Erwerb auch alle dinglichen Rechte, mit denen die Sache belastet ist.

Der gutgläubige Erwerber kann sich nicht erfolgreich auf Art. 3:86 NBW berufen, wenn er seiner Auskunftspflicht aus Art. 3:87 NBW nicht nachkommt. Danach muss er dem Alteigentümer innerhalb eines Zeitraums von drei Jahren nach dem Erwerb alle Angaben machen, die nötig sind, um den Veräußerer zu finden. Obwohl den Erwerber im Rahmen der Gutgläubigkeit grundsätzlich keine Nachforschungspflicht trifft, zwingt ihn diese Regel, die gemäß Art. 3:87 Abs. 2 NBW nicht auf Geld anwendbar ist, beim Erwerb faktisch dazu, Nachforschungen über die Identität des Veräußerers anzustellen, um späterer diesbezügliche Auskünfte erteilen zu können.[744]

Im Übrigen ist jedoch zu beachten, dass Art. 3:87 NBW an sich nichts mit dem Merkmal Gutgläubigkeit zu tun hat, sondern vielmehr eine Art Buchführungspflicht statuiert.[745] Kannte etwa der Erwerber den Namen des Veräußerers zum Zeitpunkt des Erwerbs, hat diesen jedoch vergessen oder die Rechnung verloren, so liegt zwar Gutgläubigkeit vor, eine Berufung auf Art. 3:86 Abs. 1 NBW scheidet aber dennoch aus, da er seiner Pflicht aus Art. 3:87 Abs. 1 NBW nicht nachgekommen ist.[746]

Nicht unproblematisch ist schließlich die Frage nach dem Anwendungsbereich des Art. 3:87 NBW. Dieses liegt darin begründet, dass die Auskunftspflicht bereits in dem Entwurf von *Langemeijer* enthalten war, welcher in Art. 3.4.2.3a vorsah, dass der Alteigentümer stets ein Rückkaufsrecht gegenüber dem gutgläubigen Erwerber hatte. Mithin konnte die Rechtsfolge des Art. 3:87 NBW auch beim Erwerb vom Berechtigten eintreten, wenn dieser oder einer der Vorerwerber binnen der letzten drei Jahre gutgläubig Eigentum an der Sache erworben hatte.[747] Nachdem ein Rückkaufsrecht des ursprünglichen Eigentümers nicht mehr vorgesehen ist, ist Art. 3:87 NBW grundsätzlich nicht auf Fälle anzuwenden, bei denen jemand von einem Veräußerer erworben hat, der sich erfolgreich auf Art. 3:86 Abs. 1 NBW hätte berufen können. Praktisch wird aber der Besitzer innerhalb der Frist des Art. 3:87 NBW verpflichtet, die Identität seines Vormannes nachzuweisen, entweder um zu beweisen, dass dieser bereits als Berechtigter verfügt hat oder um der Auskunftspflicht des Art. 3:87 NBW nachzukommen.[748]

Während Art. 2014 Abs. 2 BW auf den unfreiwilligen Besitzverlust abstellte, unterscheidet das niederländische Recht beim gutgläubigen Erwerb nach Art. 3:86 NBW nicht mehr zwischen anvertrauten und abhanden gekommenen Sachen und hat sich

744 Thorn, Mobiliarerwerb vom Nichtberechtigten, S. 224.

745 Brahn, WPNR 5739 (1985), 333 (338).

746 Thorn, Mobiliarerwerb vom Nichtberechtigten, S. 224 f., Brahn, WPNR 5739 (1985), 333 (338).

747 Parl. Gesch., Boek 3, S. 344.

748 Asser-Mijnssen/de Haan, deel 3.1, Nr. 336 (S. 364).

insofern weitestgehend vom „Veranlassungsprinzip" entfernt.[749] Einzig für gestohlene Gegenstände wurde in Art. 3:86 Abs. 3 NBW eine Sonderregelung geschaffen. Hier bleibt der gutgläubige Besitzer für die Dauer von drei Jahren einem Herausgabeanspruch des Eigentümers ausgesetzt. Diese Verwirkungsfrist wird von der Begehung des Diebstahls an berechnet.[750] Der Vindikationsanspruch besteht unabhängig von der Frage, ob der Eigentümer den Diebstahl selbst durch eigene Unvorsichtigkeit ermöglicht hat.[751]

Gemäß Art. 3:86 Abs. 3 a) NBW ist ein Herausgabeanspruch des Eigentümers jedoch ausgeschlossen, wenn eine natürliche Person, die nicht in Ausübung eines Berufs oder für einen Betrieb handelte, die betreffende Sache von einem regulären Händler auf andere Art als durch Auktion erworben hat. Hier bleibt es also bei der Regel des Art. 3:86 Abs. 1 NBW. Das gleiche gilt nach Art. 3:86 Abs. 3 b) NBW, wenn es sich bei dem fraglichen Gegenstand um Geld, Inhaberpapiere oder *rechten aan order* handelt.

dd) Möglichkeiten zur Privilegierung des entgeltlichen Erwerbs

Anders als in den Entwürfen *Langemeijers*, ist in Art. 3:86 NBW das Merkmal der fehlenden Unentgeltlichkeit als Voraussetzung für die Möglichkeit des gutgläubigen Erwerbs von beweglichen Sachen, Nicht-Registergütern, Inhaberrechten und *rechten aan order* vorgesehen. Demgegenüber sieht das Gesetz, anders als die Vorentwürfe, kein Rückerwerbsrecht des Alteigentümers vor. Dieser kann sich nach nunmehr geltendem Recht wegen möglicher Ansprüche also nicht an den Erwerber oder dessen Rechtsnachfolger sondern nur noch an denjenigen halten, dem er sein Gut überlassen hat.

(1) Vorteile des Rückerwerbsrechts

Alle Entwürfe für die neue Bestimmung zum gutgläubigen Erwerb seit der Version *Langemeijers* aus dem Jahre 1971 verzichteten zugunsten eines generellem Rückerwerbsrechts des Alteigentümers auf das Erfordernis der Entgeltlichkeit.

Der Vorteil dieser Regelung liegt insbesondere darin, dass die häufig schwierige Abgrenzung, ob Unentgeltlichkeit vorliegt, welche insbesondere im Rahmen der Abgrenzung von *schenking onder een last* und *schenking onder bezwarende titel* zu Problemen führen kann, weitgehend vermieden wird. Man nehme das Beispiel, dass eine Sache, deren objektiver Wert bei 5000 € liegt, von einem Nichtberechtigten veräußert wurde. Der Alteigentümer konnte diese nunmehr von dem gutgläubigen Dritten zurückerwerben. Hat der Dritte einen Kaufpreis von 5000 € gezahlt, dann kann der Alteigentümer sein Recht nur gegen die Zahlung dieses Betrages durchsetzen. Hat der

749 Vgl. dagegen § 935 BGB.

750 Asser-Mijnssen/de Haan, deel 3.1, Nr. 341 (S. 373); Thorn, Mobiliarerwerb vom Nichtberechtigten, S. 159 f.

751 Thorn, ZEuP 1997, 442 (453).

Erwerber dagegen nur einen Preis von 2000 € gezahlt, weil der Veräußerer ihm den restlichen Preis „schenkweise erlassen" wollte, so muss auch der Alteigentümer dem gutgläubigen Dritten nur 2000 € zahlen, um seinen Anspruch durchzusetzen. Schließlich schuldet er dem Erwerber keinerlei Vergütung, wenn dieser die Sache unentgeltlich erlangt hat.

An diesem Beispiel wird deutlich, dass das Rückerwerbsrecht als Mittel zur Privilegierung des entgeltlichen Erwerbs gegenüber dem Tatbestandsmerkmal der fehlenden Unentgeltlichkeit den Vorteil hat, dass das Problem hinsichtlich der genauen Bestimmung, wo der entgeltliche Erwerb endet und der unentgeltliche beginnt, weitgehend vermieden wird. Stattdessen werden die Nuancen erfasst, die sich zwischen einem Erwerb gegen vollwertige Gegenleistung einerseits und dem unentgeltlichen Erwerb andererseits ergeben können,[752] um insoweit einen angemessenen Ausgleich zwischen den konkret betroffenen Interessen des gutgläubigen Erwerbers und des Eigentümers zu ermöglichen.

(2) Motive für die Streichung des Rückerwerbsrechts

Dennoch wurde der Anwendungsbereich des Rückerwerbsrechts bereits in dem Entwurf zum Einführungsgesetz aus dem Jahre 1982 erheblich verkürzt. Es war danach bspw. für sachenrechtliche Wertpapiere, ungebrauchte Sachen sowie solche, die zum Verbrauch oder zur Verarbeitung bestimmt waren, ausgeschlossen. In dem Entwurf aus dem Jahre 1983 wurde das Rückerwerbsrecht gänzlich gestrichen. Die in diesem Entwurf vorgenommenen Änderungen waren generell durch das Ziel der Vereinfachung des Gesetzestextes motiviert.[753] Als maßgeblicher Grund für die Verkürzung des Anwendungsbereichs des Rückerwerbsrechts und schließlich dessen gänzliche Streichung wurden die Bedürfnisse des Handelsverkehrs angeführt[754], insbesondere dessen reibungsloser Verlauf[755]. Dies wurde vor allem an dem Beispiel verdeutlicht, dass eine bewegliche Sache unter Eigentumsvorbehalt an den Käufer geliefert wird, der diese dann, ohne dazu befugt zu sein, an einen gutgläubigen Dritten weiterveräußert, welcher die Sache weiterverarbeitet will. Billigte man nun dem ursprünglichen Eigentümer ein Rückerwerbsrecht zu, drohte einerseits die Gefahr einer Verzögerung des Produktionsablaufs. Andererseits sei der gutgläubige Erwerber auch dann erheblicher Rechtsunsicherheit ausgesetzt, wenn er im Nachhinein von der mangelnden Verfügungsbefugnis erfahre, da er bei der Vornahme eines Ersatzkaufs Gefahr liefe, dass der Alteigentümer von seinem Rückerwerbsrecht keinen Gebrauch mache und er mithin auf dem doppelten Ankauf „sitzen bleibe". Ferner könne das Rückerwerbsrecht insofern missbraucht werden, als dass es von Alteigentümern nicht vornehmlich dazu

752 Parl. Gesch., Boek 3, 5 en 6, S. 347.

753 Parl. Gesch., Boeken 3, 5 en 6, S. 1216 ff.

754 Thorn, ZEuP 1997, 442 (445).

755 Parl. Gesch., Boeken 3, 5 en 6, S. 1206.

genutzt werde könne, den fraglichen Gegenstand zurückzuerhalten, sondern vielmehr als Druckmittel, um den endgültigen Abnehmer zu einer zusätzlichen Zahlung zu bewegen.[756] Schließlich wurde angenommen, dass das Rückerwerbsrecht häufig zu Komplikationen zwischen den Parteien und mithin zu einer Flut von Prozessen führen werde.[757] Motiv für die Streichung war somit letztlich, dass dieses zwar einen angemessenen Ausgleich der widerstreitenden Interessen von Eigentümer und Erwerber herbeiführt, aber mit den Belangen des Verkehrsschutzes nur schwer in Einklang zu bringen ist.

c) Unentgeltliche Verfügung eines Nichtberechtigten, § 816 Abs. S. 2 BGB

Anders als im niederländischem Recht, ist der gutgläubige Erwerb vom Nichtberechtigten nach §§ 932 ff. BGB nicht ausgeschlossen, wenn dieser auf Grundlage eines unentgeltlichen Rechtsgeschäfts erfolgt ist. Jedoch wird der unentgeltliche Erwerber auch im deutschen Recht als weniger schutzwürdig angesehen als der ursprüngliche Eigentümer. Letzterem wird daher trotz der sachenrechtlichen Wirksamkeit des Erwerbs unter den Voraussetzungen des § 816 Abs. 1 S. 2 BGB ein schuldrechtlicher Anspruch auf Rückübereignung gegen den unentgeltlichen Erwerber gewährt. Dieser wird somit gegenüber dem Berechtigten demjenigen gleichgestellt, der als Nichtberechtigter über eine fremde Sache verfügt hat und deswegen Wertersatz schuldet.

Der Grund, warum das Gesetz die Möglichkeit des gutgläubigen Erwerbs auch im Falle der Unentgeltlichkeit zunächst zulässt und nur einen obligatorischen Ausgleich vorsieht, liegt im Abstraktionsprinzip. Das Verfügungsgeschäft kann danach ohne Rücksicht auf die Verbindlichkeit des Grundgeschäfts wirksam durchgeführt werden. Dies muss erst recht gelten, wenn das Grundgeschäft nicht etwa unwirksam sondern lediglich unentgeltlicher Natur ist. Die Durchbrechung der Bestandskraft des gutgläubigen Erwerbs ist neben der mangelnden Schutzwürdigkeit des unentgeltlichen Erwerbers dadurch gerechtfertigt, dass der Anspruch auf Herausgabe des Erlangten, den der ursprüngliche Eigentümer nach § 816 Abs. 1 S. 1 BGB grundsätzlich gegen den nichtberechtigt Verfügenden hat, in den Konstellationen des § 816 Abs. 1 S. 2 BGB regelmäßig nicht in Betracht kommt, da der Nichtberechtigte vom Erwerber keinen Gegenwert erhalten hat. Liegen die Voraussetzungen des § 816 Abs. 1 S. 2 BGB vor, haftet der Erwerber dem Berechtigten gegenüber auf den durch die Verfügung erlangten Gegenstand oder das erworbene Recht. Im Übrigen gelten die allgemeinen Rechtsfolgen der §§ 818 ff. BGB.

---

756 Parl. Gesch., Boeken 3, 5 en 6, S. 1206 f.

757 Parl. Gesch., Boeken 3, 5 en 7, S. 1208.

aa) Allgemeine Voraussetzungen

Ebenso wie der Anspruch aus § 816 Abs. 1 S. 1 BGB setzt § 816 Abs. 1 S. 2 BGB die wirksame Verfügung eines Nichtberechtigten voraus. Zudem müssen die weiteren Tatbestandsmerkmale des § 816 Abs. 1 S. 2 BGB vorliegen.

Der Begriff der Verfügung im Sinne des § 816 Abs. 1 BGB umfasst in Übereinstimmung mit dem allgemeinen privatrechtlichen Verfügungsbegriff die rechtsgeschäftliche Zuordnungsänderung an einem Gegenstand durch Übertragung, Belastung, Inhaltsänderung oder Aufhebung des dinglichen Rechts.[758] Die Verfügung kann sich sowohl auf Sachen als auch auf Rechte, wie bspw. ein Urheberrecht[759], beziehen.

Damit genügt eine schuldrechtliche Verpflichtung ebenso wenig wie, mangels rechtsgeschäftlichen Charakters, ein hoheitlicher Akt der Zwangsvollstreckung. Um keine Verfügung handelt es sich ferner bei bewusstem Nichttätigwerden, wie bspw. der Säumnis im Prozess trotz der materiellrechtlichen Folgen[760], oder bei Realakten aller Art, denen verfügungsähnliche Wirkung zukommt, wie Verarbeitung, Verbindung, Vermischung[761].

Eine analoge Anwendung des § 816 Abs. 1 S. 2 BGB auf Fälle, in denen jemand eine fremde Sache unberechtigt an einen Dritten verleiht, ist mit der h.M. abzulehnen.[762] Zwar werden in einem solchen Fall Gebrauchsvorteile, die dem Eigentümer gebühren, unentgeltlich zugewandt. Allerdings ist hiermit gerade keine Änderung der dinglichen Rechtslage verbunden. Vielmehr stellen diese Gebrauchsvorteile Nutzungen dar, die der Eigentümer lediglich bei Vorliegen der Voraussetzungen der §§ 987, 988 BGB herausverlangen kann.

Der Anspruch nach § 816 Abs. 1 S. 2 BGB setzt weiterhin voraus, dass die Verfügung durch einen Nichtberechtigten vorgenommen wurde. Zur Bestimmung der Person des Verfügenden ist entscheidend, wer im eigenen Namen und für eigene Rechnung gehandelt hat.[763] Dementsprechend ist im Falle der offenen Stellvertretung der

758 von Sachsen Gessaphe, in: AnwaltKomm-BGB, § 816 Rn. 6; Wendehorst, in: Bamberger/Roth, BGB, § 816 Rn. 4; Martinek, in: JurisPK-BGB, § 816 Rn. 7; Lieb, in: MünchKomm, BGB, § 816 Rn. 13; S. Lorenz, in: Staudinger, BGB, § 816 Rn. 4; Loewenheim, Bereicherungsrecht, S. 101; Wieling, Bereicherungsrecht, § 4 III 1 a (S. 57).

759 BGH, NJW 1999, 1966 (1967).

760 RG, WarnR 1914, Nr. 98; S. Lorenz, in: Staudinger, BGB, § 816 Rn. 5; Fischer, Unentgeltlichkeit, S. 266.

761 S. Lorenz, in: Staudinger, BGB, § 816 Rn. 5; Fischer, Unentgeltlichkeit, S. 266; a.A. Reuter/Martinek, Ungerechtfertigte Bereicherung, § 10 II 2 (S. 402 ff.), § 12 II (S. 458 ff.).

762 Vgl. Lieb, in: MünchKomm, BGB, § 816 Rn. 43; Heimann-Trosien, in: RGRK, BGB, § 816 Rn. 20; Reuter/Martinek, Ungerechtfertigte Bereicherung, § 8 II 1 (S. 333).

763 von Sachsen Gessaphe, in: AnwaltKomm-BGB, § 816 Rn. 10; Wendehorst, in: Bamberger/Roth, BGB, § 816 Rn. 4; Lieb, in: MünchKomm, BGB, § 816 Rn. 20.

Vertretene als Verfügender anzusehen[764], während der mittelbare Stellvertreter selbst Verfügender ist[765].

Die Frage, ob der Verfügende als Nichtberechtigter anzusehen ist, beurteilt sich nach den allgemeinen Vorschriften. An der Nichtberechtigung fehlt es, wenn der Verfügende unbeschränkter Inhaber des betroffenen Rechts war oder wenn der Rechtsinhaber gemäß § 185 Abs. 1 BGB in die Verfügung eingewilligt hat.[766] Der Rechtsinhaber selbst kann als Nichtberechtigter verfügen, wenn er über einen belasteten Gegenstand verfügt und der gutgläubigen Erwerber gemäß § 936 BGB lastenfreies Eigentum erwirbt.[767] Eine Genehmigung nach § 185 Abs. 2 S. 1 BGB macht den Verfügenden dagegen trotz Rückwirkung nicht zum Berechtigten.[768] An der Berechtigung fehlt es auch dann, wenn die Verfügungsmacht nachträglich mit Rückwirkung weggefallen ist, wie bspw. durch wirksame Anfechtung.[769]

Die Verfügung des Nichtberechtigten muss dem Berechtigten gegenüber wirksam sein. Auch die Frage der Wirksamkeit der Verfügung ist nach allgemeinen sachenrechtlichen Grundsätzen zu beurteilen. Es kommt insofern entscheidend darauf an, ob die Voraussetzungen des gutgläubigen bzw. des gutgläubig lastenfreien Erwerbs nach §§ 892 ff., 932 ff., 1032, 1138, 1155, 1192, 1207 f., 2366 f. BGB, 366 HGB erfüllt sind.

Die Verpflichtung aus § 816 Abs. 1 S. 2 BGB trifft ferner nur denjenigen, der aus der Verfügung einen unmittelbaren rechtlichen Vorteil erlangt. Der Durchgriff auf den Erwerber ist somit lediglich dann zulässig, wenn sein Erwerb durch dasselbe Rechtsgeschäft begründet wurde, wie der Rechtsverlust des Berechtigten. Diese Voraussetzung ist nicht erfüllt, wenn der Nichtberechtigte das durch die Verfügung Erlangte zunächst dem eigenen Vermögen einverleibt und daraus eine unentgeltliche Zuwendung in gleicher Höhe tätigt, wie bspw. bei der Einzahlung unterschlagener Gelder auf das

---

764 BGH, NJW 1968, 1326 (1327); BGH NJW 1999, 1026 (1027); Lieb, in: MünchKomm, BGB, § 816 Rn. 20; S. Lorenz, in: Staudinger, BGB, § 816 Rn. 4.

765 OLG Karlsruhe, WM 2003, 584 (585); von Sachsen Gessaphe, in: AnwaltKomm-BGB, § 816 Rn. 10; Wendehorst, in: Bamberger/Roth, BGB, § 816 Rn. 5; Lieb, in: MünchKomm, BGB, § 816 Rn. 20; a.A. Rabe, JuS 1968, 211 ff.

766 von Sachsen Gessaphe, in: AnwaltKomm-BGB, § 816 Rn. 10; Wieling, Bereicherungsrecht, § 4 III 1b (S. 57 f.).

767 von Sachsen Gessaphe, in: AnwaltKomm-BGB, § 816 Rn. 10; Martinek, in: JurisPK-BGB, § 816 Rn. 13; Lieb, in: MünchKomm, BGB, § 816 Rn. 20.

768 Stadler, in: Jauernig, BGB, § 816 Rn. 3; Martinek, in: JurisPK-BGB, § 816 Rn. 12; Wieling, Bereicherungsrecht, § 4 III 1b (S. 58).

769 RGZ 138, 45 (47); Martinek, in: JurisPK-BGB, § 816 Rn. 14; Lieb, in: MünchKomm, BGB, § 816 Rn. 20.

eigene Konto und anschließender Zahlung an einen Dritten.[770] Als Anspruchsgrundlage für einen Rückgriff gegen den Beschenkten kommt in einem solchen Fall lediglich § 822 BGB in Betracht, soweit die Inanspruchnahme des Verfügenden ausgeschlossen ist.

bb) Unentgeltlichkeit

Der Anspruch aus § 816 Abs. 1 S. 2 BGB setzt die Unentgeltlichkeit des der Verfügung zugrunde liegenden Rechtsgeschäfts voraus. Es kommt also darauf an, dass der Erwerber für den Gegenstand keine Gegenleistung erbringen sollte und erbracht hat.[771] Da das Entgelt auch einem Dritten zugeflossen sein kann, ist für die Frage der Unentgeltlichkeit der Standpunkt des Erwerbers entscheidend.[772]

Fraglich ist, ob der die Unentgeltlichkeit ausschließende Gegenwert auch in der Verfügung selbst liegen kann, wie bei einer wirksamen Schuldbefreiung.[773] Diese Frage wird insbesondere im Fall der Versprechensschenkung relevant. Gibt ein Nichtberechtigter eine Sache an einen Dritten weiter und erfüllt somit eine diesem gegenüber bestehende Verpflichtung aus wirksamer Versprechensschenkung, ist er nach einer Auffassung in Gestalt der Befreiung von einer Verbindlichkeit oder durch Ersparnis eigener Aufwendungen auf Kosten des Berechtigten bereichert. Es bestünde somit mangels Unentgeltlichkeit keine Herausgabepflicht nach § 816 Abs. 1 S. 2 BGB, sondern vielmehr ein bereicherungsrechtlicher Anspruch des ursprünglich Berechtigten gegen den nichtberechtigt Verfügenden.[774]

---

770 BGH, NJW 1969, 605 (605); Wendehorst, in: Bamberger/Roth, BGB, § 816 Rn. 22; Lieb, in: MünchKomm, BGB, § 816 Rn. 50; Reuter/Martinek, Ungerechtfertigte Bereicherung, § 8 II 1 (S. 332); kritisch: H. P. Westermann, in: Erman, BGB, § 816 Rn. 13.

771 H. P. Westermann, in: Erman, BGB, § 816 Rn. 12; Schulze, in: Hk-BGB, § 816 Rn. 10; Martinek, in: JurisPK-BGB, § 816 Rn. 32; Reuter/Martinek, Ungerechtfertigte Bereicherung, § 8 II 1 (S. 334).

772 BGH, JZ 1954, 360 (360); Martinek, in: JurisPK-BGB, § 816 Rn. 32; Sprau, in: Palandt, BGB, § 816 Rn. 14; Heimann-Trosien, in: RGRK, BGB, § 816 Rn. 16; S. Lorenz, in: Staudinger, BGB, § 816 Rn. 28; für ein Abstellen auf die „verständige Würdigung aller Gesamtumstände“: von Sachsen Gessaphe, in: AnwaltKomm-BGB, § 816 Rn. 28; Wendehorst, in: Bamberger/Roth, BGB, § 816 Rn. 21; H. P. Westermann, in: Erman, BGB, § 816 Rn. 12; Lieb, in: MünchKomm, BGB, § 816 Rn. 44; Reuter/Martinek, Ungerechtfertigte Bereicherung, § 8 II 1 (S. 334).

773 So: Martinek, in: JurisPK-BGB, § 816 Rn. 32; Sprau, in: Palandt, BGB, § 816 Rn. 14.

774 S. Lorenz, in: Staudinger, BGB, § 816 Rn. 27; Koppensteiner/Kramer, Ungerechtfertigte Bereicherung, S. 97; Larenz/Canaris, Schuldrecht II/2, § 69 II 2a (S. 184); anders: Reuter/Martinek, Ungerechtfertigte Bereicherung, § 8 II 1 (S. 331), wonach die Kondiktionen aus § 816 Abs. 1 S. 1 BGB und § 816 Abs. 1 S. 2 BGB nebeneinander bestehen und der Berechtigten die Wahl hat, ob er vom Verfügenden oder dem Empfänger herausverlangt.
Insgesamt kritisch: Lieb, in: MünchKomm, BGB, § 816 Rn. 8; Fischer, Unentgeltlichkeit im Zivilrecht, S. 278.

Problematisch ist ferner die Anwendung von § 816 Abs. 1 S. 2 BGB im Falle gemischter Schenkungen. Der BGH hat bezüglich eines Hofübergabevertrages darauf abgestellt, welche Bedeutung den Pflichten des Übernehmers zukomme. Wenn insoweit der unentgeltliche Teil des Vertrages überwiege, solle § 816 Abs. 1 S. 2 BGB für die ganze Verfügung eingreifen.[775] Nach anderer Auffassung müsse dem ehemals Berechtigten neben dem Anspruch auf das vom Verfügenden Erlangte nach § 816 Abs. 1 S. 1 BGB ein auf Wertzuwachs gerichteter ergänzender Anspruch gemäß §§ 816 Abs. 1 S. 2, 818 Abs. 2 BGB gegen den Erwerber gegeben werden, den dieser durch Herausgabe des Gegenstandes abwenden könne.[776]

Jedenfalls wird somit deutlich, dass der Ausschluss des gutgläubigen Erwerbs (auch in dieser Hinsicht[777]) weiter reicht als im niederländischen Recht, da der gutgläubige Erwerb dort bei teilweiser Unentgeltlichkeit nicht ausgeschlossen ist.

2. Unentgeltlichkeit i. R. d. *recht van reclame*

Eine weitere Schutznorm des NBW, welche zugunsten des (vormals) dinglich Berechtigten eine merkliche Einschränkung im Falle der Unentgeltlichkeit erfährt, betrifft das *recht van reclame*. Dieses ist in Art. 7:39 ff. NBW geregelt und stellt einen besonderen Rechtsbehelf des Verkäufers für den Fall dar, dass der Käufer einer beweglichen Sache den Kaufpreis nicht zahlt.[778] Es hat seinen Ursprung in dem römisch-rechtlichen Prinzip, dass das Eigentum erst mit der Zahlung des Kaufpreises auf den Käufer übergeht.[779] Die Besonderheit des Reclamerechts liegt darin, dass es nicht nur schuldrechtliche (*verbintenisrechtelijk*) sondern auch dingliche (*goederenrechtelijk*) Wirkung entfaltet. Der Verkäufer erlangt sein Eigentum automatisch zurück, wenn er das Reclamerecht wirksam ausgeübt hat.

Als Ausgleich für die weitreichenden Folgen dieses Rechtsbehelfs, werden gutgläubige Dritte durch Art. 7:42 NBW geschützt. Soweit ein Dritter mittlerweile Eigentum an der Sache erlangt hat, entfaltet das Reclamerecht ihm gegenüber keine Wir-

775 BGH, WM 1964, 614 (616); ebenso: H. P. Westermann, in: Erman, BGB, § 816 Rn. 12; Sprau, in: Palandt, BGB, § 816 Rn. 14.

776 von Sachen Gessaphe, in: AnwaltKomm-BGB, § 816 Rn. 29; Wendehorst, in: Bamberger/Roth, BGB, § 816 Rn. 24; Lieb, in: MünchKomm, BGB, § 816 Rn. 48; S. Lorenz, in: Staudinger, BGB, § 816 Rn. 28; Larenz/Canaris, Schuldrecht II/2, § 69 II 2c (S. 184 f.); Reuter/Martinek, Ungerechtfertigte Bereicherung, § 8 II 1 (S. 337).

777 Wie bereits dargestellt, ist im niederländischen Recht der gutgläubige Erwerb von Immobiliarsachen nicht ausgeschlossen, wenn dieser auf einem unentgeltlichen Rechtsgeschäft beruhte, während § 816 Abs. 1 S. 2 BGB auch solche Fälle erfasst.

778 Ursprünglich war das recht van reclame in zwei Teile aufgespalten. Die Art. 1191 ff. BW galten für Fälle außerhalb der Insolvenz des Käufers, während Art. 230 ff. WvK die Fälle innerhalb der Insolvenz regelten. Die nunmehr einheitliche Regelung ist gemäß Art. 7:50 NBW auf Tauschverträge entsprechend anzuwenden.

779 Vgl. Asser-Hijma, deel 5.1, Nr. 599 (S. 499).

kung, wenn er redlicherweise nicht erwarten musste, dass das Reclamerecht ausgeübt wird. Den Regelungen über den gutgläubigen Erwerb von beweglichen Sachen entsprechend, greift dieser Schutz jedoch nur dann ein, wenn der Dritte nicht unentgeltlich erworben hat.

a) Voraussetzungen

Einem Verkäufer steht des Reclamerecht zu, wenn der Käufer sich mit der Kaufpreiszahlung im Verzug befindet (vgl. Art. 6:81 ff. NBW)[780], obwohl ein wirksamer Kaufvertrag über eine bewegliche Sache geschlossen und die Sache dem Käufer bereits geliefert wurde.[781] Voraussetzung für die Geltendmachung des Reclamerechts ist gemäß Art. 7:41 NBW weiterhin, dass sich die gelieferte Sache noch in demselben Zustand befindet, wie zum Zeitpunkt der Ablieferung. Eine Rückforderung ist daher insbesondere dann ausgeschlossen, wenn ein originärer Eigentumserwerb des Käufers durch *vermening* oder *zaaksvorming* stattgefunden und die Sache ihre selbstständige Identität verloren hat.[782] Dagegen reicht es für einen Ausschluss grundsätzlich nicht aus, wenn der Kaufgegenstand lediglich ausgepackt wurde.[783]

Die Ausübung des Reclamerechts setzt eine schriftliche Erklärung voraus, mit der der Verkäufer die Sache zurückfordert. Letzteres muss innerhalb der in Art. 7:44 NBW angeordneten Frist erfolgen. Danach verfällt die Befugnis zur Ausübung des Reclamerechts, wenn nach Fälligwerden der Kaufpreisforderung sechs Wochen verstrichen sind, oder sechzig Tage nachdem die Sache beim Käufer oder jemandem aus seinem Bereich eingegangen ist.

780 Für den Fall das der Kaufpreis nur teilweise gezahlt worden ist, enthält Art. 7:39 Abs. 2, 3 NBW eine besondere Regelung. Ist nur der Preis für einen bestimmten Teil gezahlt worden, kann das Reclamerecht nur hinsichtlich dieses Teils ausgeübt werden. Dasselbe gilt, wenn ein Teil der Kaufsumme bezüglich des Ganzen entrichtet worden ist, während der Kaufgegenstand teilbar ist. Liegt keiner dieser beiden Fälle vor, so kann der Verkäufer gemäß Art. 7:39 Abs. 3 NBW das Geleistete insgesamt gegen Rückzahlung des bereits geleisteten Betrages zurückfordern.

781 Die Ablieferung liegt vor, wenn der Käufer unmittelbaren Eigenbesitz oder, im Falle des vereinbarten Eigentumsvorbehalts, die tatsächliche Herrschaftsgewalt über die Sache erlangt hat.

782 Asser-Hijma, deel 5.1, Nr. 603 (S. 502). Zu beachten ist, dass das Reclamerecht nur soweit ausgeschlossen ist, wie sich der Zustand der Sache verändert hat. Ist nur ein Teil des Kaufgegenstandes in seinem Zustand verändert, kann der Verkäufer das Reclamerecht für den restlichen Teil geltend machen, soweit die übrigen Voraussetzungen vorliegen. In einem solchen Fall findet wiederum Art. 7:39 Abs. 2, 3 NBW Anwendung. Vgl. Parl. Gesch., Boek 7, S. 286 f.

783 Parl. Gesch., Boek 7, S. 286.

b) Bedeutung der Unentgeltlichkeit

Wurde das Reclamerecht wirksam durch den Verkäufer ausgeübt, wird der Vertrag mit Wirkung *ex nunc* aufgelöst.[784] In dinglicher Hinsicht führt dies dazu, dass die Rechte des Käufers oder seines Rechtsnachfolgers erlöschen und der Verkäufer sein Eigentum zurückerlangt. Rechtsnachfolger in diesem Sinne sind sowohl nachfolgende Eigentümer als auch diejenigen, denen der Käufer ein *beperkt recht*, wie Nießbrauch oder Pfandrecht, eingeräumt hat. Die dingliche Wirkung des Reclamerechts erlangt vor allem dann Bedeutung, wenn der Käufer insolvent ist oder die Sache bereits an einen Dritten verkauft oder zugunsten eines Dritten belastet hat. In diesem Zusammenhang werden Dritte jedoch nicht schutzlos gestellt. Das Reclamerecht ist vielmehr ausgeschlossen, wenn ihm der Käufer die Sache übertragen hat und der Dritte redlicherweise nicht erwarten musste, dass das Reclamerecht ausgeübt wird.[785] Der Drittschutz greift indes nur ein, wenn der Dritte anders als unentgeltlich erworben hat. Insofern wird ein Gleichlauf mit den Regelungen über den gutgläubigen Erwerb von Mobiliarsachen hergestellt. Insbesondere das Erfordernis nicht unentgeltlichen Erwerbs beruht auf denselben Erwägungen wie i. R. d. Art. 3:86 NBW, nämlich dass hier der Verkäufer für schutzwürdiger als derjenige erachtet wird, der eine Sache zwar gutgläubig aber eben ohne Gegenleistung und somit letztlich wirtschaftlich risikolos erworben hat.

3. Unentgeltlich erlangter Besitz, § 988 BGB

Eine weitere Schwäche des unentgeltlichen Erwerbs zugunsten dinglich Berechtigter ergibt sich aus § 988 BGB. Unter den Voraussetzungen der §§ 987 ff. BGB ist der rechtsgrundlose Besitzer dem Eigentümer gegenüber zur Herausgabe gezogener Nutzungen verpflichtet. Erforderlich hierfür ist grundsätzlich entweder die Rechtshängigkeit (§§ 261 Abs. 1, 253 Abs. 1 ZPO) der Herausgabe- oder Grundbuchberichtigungsklage, oder dass der unberechtigte Besitzer bei Erwerb des Besitzes nicht in gutem Glauben war.[786] Diese Voraussetzungen müssen jedoch nicht erfüllt sein, wenn der Besitzer unentgeltlich erworben hat. Gemäß § 988 BGB hat auch redliche unverklagte

784 Das Reclamerecht gleicht in seiner Wirkung somit der Vertragsauflösung nach Art. 6:265 NBW. Dementsprechend werden durch Art. 7:39 NBW einige der dortigen Bestimmungen für entsprechend anwendbar erklärt. Zu beachten ist insoweit, dass kein Verweis auf Art. 6:277 NBW erfolgt, womit der Verkäufer anders als im Falle der Auflösung nach Art. 6:265 NBW keinen Anspruch auf Ersatz des Schadens hat, den er dadurch erleidet, dass keine Erfüllung stattfindet.

785 Eine weitere Einschränkung des Reclamerechts wird in Art. 7:40 NBW für den Fall angeordnet, dass der Käufer insolvent ist. In diesem Fall bleibt die Rückforderung erfolglos, wenn der Insolvenzverwalter binnen eines vom Verkäufer festgelegten redlichen Termins den Kaufpreis bezahlt oder Sicherheit leistet.

786 Erfährt der Besitzer später von dem mangelnden Besitzrecht, so haftet er von diesem Zeitpunkt an in gleicher Weise, vgl. § 989 Abs. 1 S. 2 BGB.

Besitzer dem Eigentümer die gezogenen Nutzungen nach den Vorschriften über die ungerechtfertigte Bereicherung herauszugeben, wenn er den Besitz unentgeltlich erlangt hat. Damit beruht § 988 BGB auf dem gleichen Prinzip wie § 816 Abs. 1 S. 2 BGB, nämlich dass ein rein lukrativer Erwerb selbst dann nicht schutzwürdig ist, wenn der Erwerber gutgläubig ist und mithin auch Eigentum an den Früchten erwirbt.[787] Der nach §§ 955, 957 BGB angeordnete Eigentumserwerb wird mithin durch § 988 BGB schuldrechtlich korrigiert.

a) Voraussetzungen

Der Anspruch aus § 988 BGB erfordert zunächst, dass zum Zeitpunkt der Erzielung der in Rede stehenden Nutzungen eine Vindikationslage bestand. Der Eigentümer muss mithin einen durch kein Besitzrecht gehinderten Herausgabeanspruch gegen den Besitzer gehabt haben.

Ferner ist nach dem Wortlaut des § 988 BGB erforderlich, dass der redliche Besitzer die Sache entweder als Eigenbesitzer („als ihm gehörig") oder als Inhaber eines tatsächlich nicht zustehenden dinglichen Nutzungsrechts („an der Sache") besitzt. Nach allgemeiner Ansicht ist die Norm jedoch auch anzuwenden, wenn der Fremdbesitzer vermeintlich Inhaber eines nur obligatorischen Nutzungsrechts ist, wie es bspw. bei Miete oder Pacht.[788]

Der Besitzer muss den Besitz zudem unentgeltlich erlangt haben.[789] Insoweit ist nicht die tatsächliche Erbringung eines Vermögensopfers entscheidend, sondern die Frage, ob eine Entgeltpflicht für die Besitzerlangung bestand. Die Unentgeltlichkeit ist daher bereits dann ausgeschlossen, wenn der Besitzer eine Gegenleistung zwar noch nicht erbracht, sie jedoch verbindlich versprochen hat.[790] Als unentgeltliche Besitzerlangung kommt bspw. die noch ausstehende oder unwirksame Übereignung einer Sache aufgrund einer (wirksamen oder unwirksamen) Schenkung in Betracht. Da § 988 BGB aber lediglich die Unentgeltlichkeit der Besitzerlangung verlangt, genügt auch eine originäre Besitzerlangung. Daher wird bspw. auch die Besitzerlangung durch ver-

---

787 Vgl. Prot. III, S. 349 f.

788 BGHZ 71, 216 (225); RGZ 163, 348 (353); Fritzsche, in: Bamberger/Roth, BGB, § 988 Rn. 4; Ebbing, in: Erman, BGB, § 988 Rn. 5; Jauernig, in: Jauernig, BGB, § 988 Rn. 2; Habermeier, in: JurisPK-BGB, § 988 Rn. 3; Medicus, in: MünchKomm, BGB, § 988 Rn. 3; Pikart, in: RGRK, BGB, § 988 Rn. 2; Stadler, in: Soergel, BGB, § 988 Rn. 2; Gursky, in: Staudinger, BGB, § 988 Rn. 4.

789 Die Rechtsprechung wendet § 988 BGB weiterhin dann an, wenn der Besitz nicht unentgeltlich aber rechtsgrundlos erlangt wurde; vgl. BGHZ 32, 76 (94); BGHZ 71, 216 (226) m. w. N; BGHZ 109, 179 (180 f.). Dagegen die h.L.: Gursky, in Staudinger, BGB, vor § 987, Rn. 45; § 988 Rn. 8 m. w. N.

790 Fritzsche, in: Bamberger/Roth, BGB, § 988 Rn. 5; Ebbing, in: Erman, BGB, § 988 Rn. 6; Habermeier, in: JurisPK-BGB, § 988 Rn. 4; Medicus, in: MünchKomm, BGB, § 988 Rn. 4; Gursky, in: Staudinger, BGB, § 988 Rn. 5.

botene Eigenmacht, etwa bei unwirksamer Aneignung einer vermeintlich derelinquierten Sache erfasst.[791] Soweit der Besitzer für einen Teil der Besitzzeit ein Entgelt erbracht hat, findet § 988 BGB nur auf den unentgeltlichen Teil Anwendung und der Besitzer muss lediglich die in dieser Zeit gezogenen Nutzungen herausgeben.[792]

Schließlich bezieht sich § 988 BGB nur auf Nutzungen, die vor Rechtshängigkeit gezogen worden sind. Nutzungen sind gemäß § 100 BGB die Früchte einer Sache, sowie die Vorteile, welche der Gebrauch der Sache gewährt. Die Rechtshängigkeit wird gemäß § 261 ZPO durch die Erhebung der Klage (auf Herausgabe der Sache gemäß § 985 BGB) begründet, die durch Zustellung der Klageschrift an den Beklagten gemäß § 253 Abs. 1 ZPO erfolgt. Weiterhin darf der Besitzer zum Zeitpunkt der Nutzungsziehung hinsichtlich seines Besitzrechtes nicht bösgläubig gewesen sein, da ansonsten die §§ 987, 990 BGB Anwendung finden.

b) Rechtsfolgen

Hinsichtlich der Rechtsfolgen enthält § 988 BGB einen Verweis auf das Bereicherungsrecht. Der Besitzer hat somit neben den Nutzungen selbst auch dasjenige herauszugeben, was er als Ersatz für deren Zerstörung, Beschädigung oder Entziehung erhalten hat. Soweit die Herausgabe der gezogenen Nutzungen selbst unmöglich geworden ist, hat er nach § 818 Abs. 2 BGB grundsätzlich deren objektiven Wert zu ersetzen. Ist der Besitzer dagegen durch den ersatzlosen Wegfall der gezogenen Nutzungen entreichert, entfällt nach § 818 Abs. 3 BGB seine Haftung, wenn nicht die Voraussetzungen einer verschärften Haftung nach §§ 818 Abs. 4, 819 Abs. 1 BGB erfüllt sind. Dies ist zum einen mit Eintritt der Rechtshängigkeit des Anspruchs aus § 988 BGB und zum anderen bei Kenntnis von der Rechtsgrundlosigkeit des Besitzes der gezogenen Nutzungen der Fall.

III. Schutz erbrechtlich Berechtigter

Gibt jemand einen Bestandteil seines Vermögens schenkweise her und erhält dementsprechend hierfür kein wirtschaftliches Äquivalent, so hat dies regelmäßig nachteilige Auswirkungen auf die Erben des Schenkers. Aus diesem Grund enthalten NBW und BGB erbrechtlichen Bestimmungen, welche die Wirksamkeit von Schenkungen einschränken.

Durch das niederländische Erbrecht werden vor allem Pflichtteilsberechtigte geschützt, deren Rechte durch Schenkungen des Erblassers berührt werden. Das deutsche Erbrecht kennt daneben insbesondere auch den Schutz von Vertragserben. Das Institut des Erbvertrages ist dem niederländischen Recht dagegen fremd, da ein Testament

791 Fritzsche, in: Bamberger/Roth, BGB, § 988 Rn. 8; Ebbing, in: Erman, BGB, § 988 Rn. 6; Habermeier, in: JurisPK-BGB, § 988 Rn. 6; Medicus, in: MünchKomm, BGB, § 988 Rn. 5; Bassenge, in: Palandt, BGB, § 988 Rn. 5; Stadler, in: Soergel, BGB, § 988 Rn. 4.

792 BGHZ 32, 76 (95); Ebbing, in: Erman, BGB, § 988 Rn. 7.

stets eine einseitige Rechtshandlung und stets einseitig widerruflich ist (Art. 4:42, 4:93 NBW). Aus diesem Grundsatz resultieren Beschränkungen hinsichtlich der Möglichkeit gemeinschaftliche Testamente oder Erbverträge zu schließen.[793]

1. Schenkungen zum Nachteil Pflichtteilsberechtigter

a) Der Schutz von Pflichtteilsberechtigten nach Art. 4:65 NBW

Im niederländischen Recht finden sich die Bestimmungen über den gesetzlichen Erbteil (*legitieme portie*) in Art. 4:63 ff. NBW. Der gesetzliche Erbteil ist das Minimum des Erbes der Kinder und anderer sog. Blutverwandter (*legitimaris*), welchen diese selbst dann beanspruchen können, wenn der Erblasser durch Testament etwas anderes bestimmt hat.[794] Um zu verhindern, dass die Bestimmungen über den gesetzlichen Erbteil durch den Erblasser dadurch umgangen werden, dass er sich vor seinem Tode seines ganzen oder jedenfalls eines Teils seines Vermögens durch Schenkungen entledigt, bestimmt Art. 4:65 NBW, dass Schenkungen, die in den letzten fünf Jahren vor dem Tod des Erblasser vorgenommen wurden (Art. 4:67 e) NBW), bei der Berechnung des Nachlasses berücksichtigt werden. Eine derartige Frist besteht jedoch nicht, wenn eine Schenkung in der Aussicht vorgenommen wurde, die Berechtigten des gesetzlichen Erbteils zu benachteiligen (Art. 4:67 a) NBW).

Gemäß Art. 4:68 NBW werden bei der Berechnung Geschenke des Erblassers an seinen Ehegatten außer Ansatz gelassen, wenn Erblasser und Ehegatte zum Zeitpunkt der Schenkung verheiratet waren. Ferner werden nach Art. 4:69 NBW solche Schenkungen nicht berücksichtigt, die entweder zugunsten von Personen getätigt wurden, gegenüber denen der Verstorbene moralisch zum Unterhalt verpflichtet war[795], oder

793 Mincke, Einführung in das niederländische Recht, S. 174 f.; Schimansky, ZEV 2003, 149 (151). Eine rechtlich bindende wechselseitige Verfügung von Todes wegen ist daher nur durch Ehevertrag möglich. Als Ersatz für die mangelnde Möglichkeit, rechtlich bindende Erbverträge zu schließen, kann ferner die schenking terzake des doods dienen; vgl. Burgerhart/Schols, WPNR 6519 (2003), 113 (116 f.).

794 Pflichtteilsberechtigt sind die gesetzlichen Erben in absteigender Linie. Der überlebende Ehegatte ist dagegen, wie bereits nach altem Recht, nicht pflichtteilsberechtigt. Er wird indes über die zwingenden Rechte aus Art. 6:28 ff. NBW geschützt. Die Höhe des Pflichtteils eines Kindes beträgt die Hälfte des Wertes, über den der Pflichtteil berechnet wird, geteilt durch die Anzahl der Erben erster Ordnung (Ehegatte und Kinder). Bei einem vorversterbenden Kind werden dessen Abkömmlinge als ein Kind gezählt (Art. 4:64 NBW). Vgl. Schimansky, ZEV 2003, 149 (152).

795 Hinsichtlich der Frage, ob Schenkungen bzw. deren Wert bei der Ermittlung der Höhe des Nachlasses anzurechnen sind, wird also der Anwendungsbereich der natuurlijke verbintenis, die grds. eine „dringende“ moralische Verpflichtung voraussetzt (vgl. Art. 6:3 Abs. 2 b NBW), erweitert. Besteht eine moralische Unterhaltspflicht, kann der vermeintliche Erblasser somit sein Vermögen verschenken, ohne dass die Pflichtteilsberechtigten sich hiergegen zur Wehr

deren Wert nicht übermäßig hoch war. Hinsichtlich dieses Ausschlusstatbestands geht es um moralische Verpflichtungen, die nicht von solcher Art sind, als dass sie das Vorliegen einer *natuurlijke verbintenis* begründeten.[796]

Liegt eine bei der Berechnung des Nachlasses zu berücksichtigende Schenkung vor, kann der Pflichtteilsberechtigte einen Anspruch gegen den Beschenkten haben (*inkorting*). Voraussetzung ist, dass der Anspruch, den der Pflichtteilsberechtigte nach Art. 4:79, 4:80 NBW gegen die Erbengemeinschaft oder den Ehegatten des Erblassers hat, nicht ausreicht, um seinen Pflichtteil zu erhalten. Die *inkorting* muss gegenüber dem Beschenkten geltend gemacht werden und bewirkt einen obligatorischen Geldanspruch (Art. 4:79, 4:89 f. NBW).[797] Sie hat also keine dingliche Wirkung dergestalt, dass das Eigentum an der geschenkten Sache unmittelbar an den oder die Erben zurückfällt. Allerdings kann der Beschenkte seiner Pflicht auch dadurch nachkommen, dass er nicht etwa den Wert ausgleicht, sondern die geschenkte Sache zurückgibt. Soweit durch die *inkorting* die ursprüngliche Bereicherung erlischt, hat der Beschenkte einen Anspruch auf Rückzahlung des geleisteten Steuerbetrages.

b) Schutz von Pflichtteilsberechtigten nach §§ 2325, 2329 BGB

Auch das deutsche Recht schützt Pflichtteilsberechtigte[798] vor benachteiligenden Schenkungen. Zunächst haben Pflichtteilsberechtigte gemäß § 2325 BGB das Recht, vom Erben die Ergänzung des Pflichtteils wegen einer vom Erblasser vorgenommen Schenkung zu verlangen. Der Begriff der Schenkung entspricht im wesentlichen dem Schenkungsbegriff des § 516 BGB.[799] Gemischte Schenkungen sind nur hinsichtlich ihres Schenkungsteils ergänzungspflichtig.[800] In zeitlicher Hinsicht geht der Anspruch aus § 2325 BGB über Art. 4:65 ff. NBW hinaus. Unberücksichtigt bleiben nämlich

---

setzten können. Vgl. zu Art. 4:69 NBW auch van Mourik, in: van Mourik/Verstappen/Schols, schenking en erfrecht, S. 54 f.; Perrick, WPNR 2000 (6422), 785 (794).

796 Perrick, WPNR 6422 (2000), 785 (794).

797 Schuttevaer/Zwemmer, schenking, S. 57; Burgerhart/Schols, WPNR 6519 (1995), 113 (117); Schimansky, ZEV 2003, 149 (151). Mit der Einführung des neuen Schenkungsrechts ging somit eine bedeutende Änderung des Pflichtteilsrechts einher. Das Pflichtteilsrecht war im früheren Recht nach französischem Vorbild als echtes Erbrecht (sog. Noterbrecht) mit dinglicher Wirkung ausgestattet. Der Pflichtteilsberechtigte war danach Miterbe und konnte Verfügungen anfechten, welche seinen Erbteil minderten (Art. 4:960, 4:963a, 4:967 NBW).

798 Inhaber des Anspruchs ist gemäß § 2329 Abs. 1 BGB der Pflichtteilsberechtigte. Er muss also zum Kreis der nach §§ 2303 BGB, 10 Abs. 6 LPartG pflichtteilsberechtigten Personen gehören. Dies sind Abkömmlinge, Eltern, Ehegatte oder eingetragener gleichgeschlechtlicher Lebenspartner des Erblassers.

799 RGZ 128, 187 (188); Schlüter, in: Erman, BGB, § 2325 Rn. 1; Lange, in: MünchKomm, BGB, § 2325 Rn. 13; Dieckmann, in: Soergel, BGB, § 2325 Rn. 5; Spellenberg, FamRZ 1975, 350 (357).

800 OLG Düsseldorf, MittRhNotK 2000, 208 (209); Mayer, in: Bamberger/Roth, BGB, § 2325 Rn. 6; Lange, in: MünchKomm, BGB, § 2325 Rn. 14.

gemäß § 2325 Abs. 3 BGB nur solche Schenkungen, bei denen zur Zeit des Erbfalls bereits zehn Jahre seit der Leistung des geschenkten Gegenstandes verstrichen sind. Der Lauf der Zehnjahresfrist beginnt, wenn der Erblasser einen Zustand geschaffen hat, dessen Folgen er selbst noch zehn Jahre lang zu tragen hat und der ihn schon im Hinblick auf diese Folgen von einer böslichen Schenkung abhalten kann.[801] Der in Art. 4:69 NBW vorgenommen Beschränkung vergleichbar, bleiben in sachlicher Hinsicht Pflicht- und Anstandsschenkungen von der Pflichtteilsergänzung ausgenommen (§ 2330 BGB).

Wenn eine Verpflichtung des Erben zur Ergänzung des Pflichtteils nicht besteht, kommt gemäß § 2329 Abs. 1 S. 1 BGB ein Anspruch gegen den Beschenkten in Betracht, den insoweit eine subsidiäre Ausfallhaftung trifft.[802] An einer Verpflichtung des Erben mangelt es bspw. dann, wenn dem Erben die Einrede nach § 2328 BGB zusteht.[803] Liegen die Voraussetzungen nach § 2329 BGB vor, richtet sich der Anspruch

---

801 BGHZ 98, 226 (226); Schlüter, in: Erman, BGB, § 2329 Rn. 4. Erforderlich ist somit, dass der verschenkte Gegenstand wirtschaftlich aus dem Vermögen des Erblassers ausgegliedert ist. Bei der Schenkung eines Grundstücks genügt somit erst die Eintragung im Grundbuch; vgl. BGHZ 102, 289 (292).

802 Im Gegensatz zum Anspruch gegen den Erben aus § 2325 BGB, ist der Anspruch gegen den Beschenkten nach § 2329 BGB keine Nachlassverbindlichkeit. Zu diesem und weiteren Unterschieden zwischen den beiden Ansprüchen: Olshausen, in: MünchKomm, BGB, § 2329 Rn. 12.

803 Nach § 2328 BGB kann ein Erbe, der selbst pflichtteilsberechtigt ist, die Ergänzung des Pflichtteils soweit verweigern, dass ihm sein eigener Pflichtteil mit Einschluss dessen verbleibt, was ihm zur Ergänzung des Pflichtteils gebühren würde. Umstritten ist indes, ob es notwendig ist, dass der Erbe von dem ihm dort zur Erhaltung seines eigenen Pflichtteils gegebenen Leistungsverweigerungsrecht durch Erhebung der Einrede Gebrauch macht; bejahend: OLG Zweibrücken, NJW 1977, 1825 (1825); Schlüter, in: Erman, BGB, § 2329 Rn. 1; Lange, in: MünchKomm, BGB, § 2329 Rn. 4; Olshausen, in: Staudinger, BGB, § 2329 Rn. 9. Nach anderer Ansicht kann der Beschenkte bereits bei Bestehen der Einrede in Anspruch genommen werden: Edenhofer, in: Palandt, BGB, § 2329 Rn. 2; Johannsen, in: RGRK, BGB, § 2329 Rn. 1; Dieckmann, in: Soergel, BGB, § 2329 Rn. 7; Pentz, MDR 1998, 132 (133).

Ein Mangel der Verpflichtung des Erben besteht ferner, wenn kein Nachlass vorhanden oder der Nachlass verschuldet ist; vgl. Johannsen, in: RGRK, BGB, § 2329 Rn. 1; Edenhofer, in: Palandt, BGB, § 2329 Rn. 2; Olshausen, in: Staudinger, BGB, § 2329 Rn. 7. Der Anspruch wird auch dann auf den Beschenkten verlagert, wenn der Erbe seine Haftung nach §§ 1975 ff., 1990, 1991 Abs. 4, 2060 BGB, 327 Abs. 1 InsO beschränkt hat oder nur als Teilschuldner haftet und daher die an sich geschuldete Ergänzung nicht zu erfüllen braucht; vgl. BGH NJW 1961, 870 (870); BGH NJW 1974, 1327 (1327); RGZ 58, 124 (127); RGZ 80, 135 (136); Edenhofer, in: Palandt, BGB, § 2329 Rn. 2; Dieckmann, in: Soergel, BGB, § 2329 Rn. 7; Olshausen, in: Staudinger, BGB, § 2329 Rn. 8.

Dagegen schuldet der Beschenkte aufgrund des insoweit eindeutigen Wortlauts des § 2329 Abs. 1 S. 1 BGB nicht, wenn der Erbe zwar zahlungspflichtig aber zahlungsunfähig ist; vgl. Schlüter, in: Erman, BGB, § 2329 Rn. 1; Lange, in: MünchKomm, BGB, § 2329 Rn. 3; Jobei Geldgeschenken oder Werthaftung auf Geldzahlung, ansonsten auf Duldung der Zwangsvollstreckung in die Geschenkgegenstände bis zur Höhe des Fehlbetrages. Da § 2329 BGB eine Rechtsfolgenverweisung auf das Bereicherungsrecht enthält[804], entfällt die Verpflichtung des Beschenkten, soweit eine Bereicherung nicht mehr besteht. Ein Wegfall der Bereicherung tritt bspw. dann ein, wenn die Schenkung im Insolvenzverfahren des Erblassers durch den Insolvenzverwalter (§ 134 InsO) oder von einem Gläubiger wegen Gläubigerbenachteiligung (§ 4 AnfG) angefochten wurde.[805]

2. Den Vertragserben beeinträchtigende Schenkungen, § 2287 BGB

Nach § 2287 BGB hat ein Vertragserbe, den der Erblasser durch eine Schenkung absichtlich beeinträchtigt, nach dem Erbfall einen Bereicherungsanspruch gegen den Beschenkten auf Herausgabe des Geschenkes nach den Vorschriften einer ungerechtfertigten Bereicherung. Durch § 2287 BGB wird der gezielte Missbrauch der in § 2286 BGB bekräftigten Freiheit des Erblassers sanktioniert, Rechtsgeschäfte unter Lebenden zu tätigen.[806] Die Norm stellt eine eigene bereicherungsrechtliche Anspruchsgrundlage dar[807], die als abschließende Spezialvorschrift allgemeineren Vorschriften, wie insbesondere § 826 BGB, vorgeht[808]. § 2287 BGB ist bei böslichen Schenkungen

---

hannsen, in: RGRK, BGB, § 2329 Rn. 2; Dieckmann, in: FS Beitzke, S. 399 (419); a.A. Olshausen, in: Staudinger, BGB, § 2329 Rn. 10.

804 Birkenheier, in: JurisPK-BGB, § 2329 Rn. 42.

805 Schlüter, in: Erman, BGB, § 2329 Rn. 3; Lange, in: MünchKomm, BGB, § 2329 Rn. 9; Edenhofer, in: Palandt, BGB, § 2329 Rn. 6; Dieckmann, in: Soergel, BGB, § 2329 Rn. 19; Olshausen, in: Staudinger, BGB, § 2329 Rn. 25.

806 Erfolgt eine vertragsmäßige Erbeinsetzung in einem Erbvertrag, wird der Erblasser zwar im Interesse des Vertragspartners gebunden, so dass nachfolgende Verfügungen von Todes wegen unwirksam sind, soweit sie das Recht des vertragsmäßig Bedachten beeinträchtigen (§ 2289 Abs. 1 S. 2 BGB). Allerdings ist diese Bindungswirkung rein erbrechtlicher Natur.

807 Geiger, in: JurisPK-BGB, § 2287 Rn. 1.

808 BGH, NJW 1989, 2389 (2390); Geiger, in: JurisPK-BGB, § 2287 Rn. 1; Lange/Kuchinke, Erbrecht, § 25 V 4 (S. 480). Dagegen ist es möglich, dass der Schenkungsvertrag selbst unter Mängeln leidet. Er kann bspw. wegen Irrtums (§ 119 BGB) oder arglistiger Täuschung (§ 123 BGB) anfechtbar sein. Soweit diesbezügliche Rechte des Erblassers im Zeitpunkt des Erbfalls noch uneingeschränkt bestehen, gehen Sie auf den Vertragserben über (§ 1922 BGB); vgl. Lange/Kuchinke, Erbrecht, § 25 V 4 (S. 480 f.).
Umstritten ist jedoch, ob § 2287 BGB auf noch nicht vollzogene Schenkungsversprechen anzuwenden ist; dafür: OLG Celle, MDR 1948, 142 (144); Seiler, in: AnwaltKomm-BGB, § 2287 Rn. 19; Stürner, in: Jauernig, BGB, § 2287 Rn. 1; Kregel, in: RGRK, BGB, § 2287 Rn. 2; Kanzleiter, in: Staudinger, BGB, § 2287 Rn. 5; dagegen Musielak, in: MünchKomm, BGB, § 2287 Rn. 3, da sich das Ergebnis, dass der Versprechensempfänger nach dem Tod des Erblasser nicht Erfüllung von den Erben verlangen könne, daraus ergebe, dass dieser Forde-

des durch gemeinschaftliches Testament nach § 2271 Abs. 2 BGB gebundenen überlebenden Ehegatten entsprechend anwendbar.[809]

Der Begriff der Schenkung in § 2287 BGB entspricht nach allgemeiner Ansicht grundsätzlich demjenigen des Schenkungsrechts.[810] Dementsprechend werden auch gemischte Schenkungen erfasst.[811] In diesen Fällen ist der Wertanteil der Zuwendung des Erblassers geschenkt, der nicht durch die Gegenleistung des Beschenkten abgegolten wird.[812] Ferner soll auch die sog. unbenannte Zuwendung unter Ehegatten unter den Schenkungsbegriff des § 2287 BGB fallen, wenn sie nicht unterhaltsrechtlich geschuldet wird und ihr keine ganz oder teilweise durch sie vergütete konkrete Gegenleistung gegenübersteht.[813] Dagegen ist § 2287 BGB nicht anwendbar, wenn ein Fall des § 517 BGB vorliegt oder ein Nutzungsrecht übertragen wird.[814]

Die Schenkung muss weiterhin nach Abschluss des Erbvertrages vorgenommen worden sein[815] und den Vertragserben objektiv beeinträchtigen. Der Erblasser muss mithin entgegen der von ihm im Erbvertrag eingegangenen Bindungen handeln, wodurch beim Vertragserben ein Vermögensschaden entstehen muss. Da bei Schen-

---

rung der Arglisteinwand (§ 242 BGB) entgegenstehe, weil er das Geschenk nach § 2287 BGB sofort wieder an die Erben herausgeben müsse.

809 BGH, NJW 1982, 43 (44); Geiger, in: JurisPK-BGB, § 2287 Rn. 6; Musielak, in: MünchKomm, BGB, § 2271. Rn. 45; Wolf, in: Soergel, BGB, § 2271 Rn. 32; Medicus, Bürgerliches Recht, Rn. 386 (S. 218); a.A. von Dickhuth-Harrach, FamRZ 2005, 322 (326), wonach die analoge Anwendung bereits ab dem Zeitpunkt der Wirksamkeit des gemeinschaftlichen Testaments greifen soll, ebenso: Sticherling, Schenkungen in fraudem testamenti, S. 169 ff.

810 BGHZ 82, 274 (281); BGH FamRZ 2007, 1649 (1650); Musielak, in: MünchKomm, BGB, § 2287 Rn. 3; Lange/Kuchinke, Erbrecht, § 25 V 5 (S. 481); Spellenberg, FamRZ 1974, 350 (357).

811 BGH, FamRZ 1961, 72 (73); BGH, FamRZ 1964, 429 (430); Stürner, in: Jauernig, BGB, § 2287 Rn. 1; Geiger, in: JurisPK-BGB, § 2287 Rn. 7; Musielak, in: MünchKomm, BGB, § 2287 Rn. 3; Edenhofer, in: Palandt, BGB, § 2287 Rn. 5; Kanzleiter, in: Staudinger, BGB, § 2287 Rn. 3; Keim, ZEV 2002, 93 (93).

812 BGHZ 59, 132 (136); BGHZ 82, 274 (281); Lange/Kuchinke, Erbrecht, § 25 V 5 (S. 481).

813 BGHZ 116, 167 (169 ff.); OLG Karlsruhe, ZEV 2000, 108 (110); Stürner, in: Jauernig, BGB, § 2287 Rn. 1; Geiger, in: JurisPK-BGB, § 2287 Rn. 7; dagegen für die grundsätzliche Entgeltlichkeit unbenannter Zuwendungen: Morhard, NJW 1987, 1734 ff.; Kues, FamRZ 1992, 924 (924 f.); differenzierend: Schmidt, in: Erman, BGB, § 2287 Rn. 3; Musielak, in: MünchKomm, BGB, § 2287 Rn. 4; Kollhosser, NJW 1994, 2313 ff.; Langenfeld, ZEV 1994, 129 (132 f.).

814 Fischer, Unentgeltlichkeit im Zivilrecht, S. 341.

815 Litzenburger, in: Bamberger/Roth, BGB, § 2287 Rn. 5; Schmidt, in: Erman, BGB, § 2287 Rn. 3; Geiger, in: JurisPK-BGB, § 2287 Rn. 9; Musielak, in: MünchKomm, BGB, § 2287 Rn. 9; Kanzleiter, in: Staudinger, BGB, § 2287 Rn. 7; Johannsen, DNotZ 1977, 69 (85). Der Grund für dieses ungeschriebene einschränkende Tatbestandsmerkmal besteht darin, dass sich die Berechtigung der Norm aus der nicht erfüllten Erwerbsaussicht des Vertragserben ergibt, welche frühestens mit Abschluss des Erbvertrages entsteht; vgl. Geiger, in: JurisPK-BGB, § 2287 Rn. 10.

kungen kein Gegenwert in das Vermögen des Erblassers zurückfließt und außer der Bereicherung des Empfängers kein anzuerkennender Zweck verfolgt wird, führt grundsätzlich jede Schenkung zu einer Beeinträchtigung des Vertragserben. Allerdings greift § 2287 BGB nicht ein, wenn der Erblasser Gegenstände verschenkt, die er trotz des Erbvertrages dem Beschenkten auch durch Verfügung von Todes wegen zukommen lassen könnte, bspw. weil ein erbvertraglicher Vorbehalt für nachträgliche letztwillige Verfügungen vorgesehen ist.[816] Auch wird der Vertragserbe nicht durch Schenkungen des Erblassers an Pflichtteilsberechtigte beeinträchtigt, soweit diese wertmäßig nicht über dem Pflichtteil liegen.[817]

Weiterhin muss der Erblasser die Schenkung in der Absicht getätigt haben, den Vertragserben zu beeinträchtigen. Das bedeutet nicht, dass leitender Beweggrund der Schenkung gewesen sein muss, dem Bedachten Vorteile zu entziehen oder zu schmälern, sondern dass die Schenkung ihrem Gehalt nach auf eine Korrektur des Erbvertrages angelegt war. Dies ist dann der Fall, wenn der Erblasser ohne anerkennenswertes lebzeitiges Eigeninteresse wesentliche Vermögenswerte anstelle des Bedachten einem anderen schenkweise zuwendet.[818] Ein anerkanntes lebzeitiges Eigeninteresse ist bspw. dann anzunehmen, wenn die Schenkung der Erfüllung einer sittlichen Pflicht[819], der Erhaltung eines Unternehmens[820] oder der Sicherstellung der Altersversorgung dient[821]. Das Eigeninteresse muss grundsätzlich durch eine geänderte Sachlage nach Abschluss des Erbvertrages bedingt sein.[822]

Liegen die genannten Voraussetzungen vor, erwirbt der Vertragserbe den Anspruch aus § 2287 mit dem Anfall der Erbschaft, also grundsätzlich mit dem Tode des

816 BGHZ 82, 274 (278); BGHZ 83, 44 (48); Stürner, in: Jauernig, BGB, § 2287 Rn. 2; Musielak, in: MünchKomm, BGB, § 2287 Rn. 10; Kanzleiter, in: Staudinger, BGB, § 2287 Rn. 7; Lange/Kuchinke, Erbrecht, § 25 V 5 (S. 486).

817 BGHZ 88, 268 (272); Seiler, in: AnwaltKomm-BGB, § 2287 Rn. 29; Musielak, in: MünchKomm, BGB, § 2287 Rn. 10; Lange/Kuchinke, Erbrecht, § 25 V 5 (S. 486). Die Pflichtteilsansprüche müssen von den Vertragserben vorab erfüllt werden und gehen somit ihren Rechten vor.

818 BGHZ 59, 343 (350); BGH, NJW 1982, 43 (45); Stürner, in: Jauernig, BGB, § 2287 Rn. 3; Geiger, in: JurisPK-BGB, § 2287 Rn. 14; anders die frühere Rspr., die forderte, dass die Benachteiligungsabsicht jedenfalls der überwiegende Beweggrund für die Schenkung sein müsse; vgl. BGH FamRZ 1961, 72 (74); zur Kritik an der „neuen" Rspr. vgl. bspw. Schmidt, in: Erman, BGB, § 2287 Rn. 4; Kanzleiter, in: Staudinger, BGB, § 2287 Rn. 13.

819 BGHZ 66, 8 (16); Litzenburger, in: Bamberger/Roth, BGB, § 2287 Rn. 13; Stürner, in: Jauernig, BGB, § 2287 Rn. 3; Geiger, in: JurisPK-BGB, § 2287 Rn. 15; Musielak, in: MünchKomm, BGB, § 2287 Rn. 15.

820 Stürner, in: Jauernig, BGB, § 2287 Rn. 3.

821 BGH, FamRZ 1977, 539 (540); BGH, FamRZ 1992, 1067 (1068); OLG Düsseldorf, FamRZ 1999, 1621 (1623); Stürner, in: Jauernig, BGB, § 2287 Rn. 3; Lange/Kuchinke, Erbrecht, § 25 V 5 (S. 489).

822 BGHZ 77, 264 (268 ff.); Stürner, in: Jauernig, BGB, § 2287 Rn. 3.

Erblassers.[823] Er ist auf Herausgabe des Erlangten, einschließlich der gezogenen Nutzungen und des sonstigen in § 818 Abs. 1 BGB genannten Erwerbs gerichtet. Soweit das Erlangte nicht in Natur herausgegeben werden kann, schuldet der Empfänger Wertersatz. Der Beschenkte kann sich gemäß § 818 Abs. 3 BGB auf den Wegfall der Bereicherung berufen, soweit er nicht nach §§ 818 Abs. 4, 819 Abs. 1 verschärft haftet, bspw. weil er die Umstände kennt, die den Tatbestand des § 2287 BGB begründen. Zudem kann der Vertragserbe unter den Voraussetzungen des § 822 BGB die Herausgabe des Geschenkes von einem Dritten verlangen.[824]

Im Falle der gemischten Schenkung kann der Vertragserbe den geschenkten Gegenstand Zug-um-Zug gegen Erstattung der Wertdifferenz herausverlangen, wenn der unentgeltliche Charakter des Vertrages überwiegt, ansonsten richtet sich der Anspruch auf Erstattung des Mehrwertes.[825]

Der Anspruch nach § 2287 BGB verjährt nach drei Jahren, beginnend mit dem Anfall der Erbschaft an den Vertragserben. Es kommt mithin nicht darauf an, ob der Vertragserbe zu diesem Zeitpunkt Kenntnis von der Schenkung, von der Beeinträchtigungsabsicht oder von seiner Berufung zum Erben hatte.[826]

3. Unentgeltliche Verfügungen des Vorerben, § 2113 BGB

Schließlich werden durch BGB auch Nacherben vor unentgeltlichen Verfügungen geschützt.[827] Nach § 2113 Abs. 2 BGB ist eine Verfügung eines Vorerben über einen

---

823 Der Anspruch gehört nicht zum Nachlass und unterliegt somit nicht der Testamentsvollstreckung.

824 Litzenburger, in: Bamberger/Roth, BGB, § 2287 Rn. 23; Schmidt, in: Erman, BGB, § 2287 Rn. 7; Stürner, in: Jauernig, BGB, § 2287 Rn. 4; Geiger, in: JurisPK-BGB, § 2287 Rn. 30; Musielak, in: MünchKomm, BGB, § 2287 Rn. 21; Lange/Kuchinke, Erbrecht, § 25 V 6 (S. 491); a.A. Kanzleiter, in: Staudinger, BGB, § 2287 Rn. 23.

825 BGH, NJW 1953, 501 (501); BGH, FamRZ 1964, 429 (431); Schmidt, in: Erman, BGB, § 2287 Rn. 7; Stürner, in: Jauernig, BGB, § 2287 Rn. 5; Geiger, in: JurisPK-BGB, § 2287 Rn. 32; Edenhofer, in: Palandt, BGB, § 2287 Rn. 12; Kanzleiter, in: Staudinger, BGB, § 2287 Rn. 26; Keim, ZEV 2002, 93 (95); Musielak, in: MünchKomm, BGB, § 2287 Rn. 22 will dem Vertragserben bei überwiegender Schenkung ein Wahlrecht geben; nach Auffassung von Kipp/Coing, Erbrecht, § 38 IV 2 (S. 246) hat der Vertragserbe stets einen Anspruch auf Rückgabe der Sache, unabhängig von der Frage, ob der Schenkungscharakter überwiegt.

826 Musielak, in: MünchKomm, BGB, § 2287 Rn. 25; Kanzleiter, in: Staudinger, BGB, § 2287 Rn. 27; Kipp/Coing, Erbrecht, § 38 IV 2 (S. 245).

827 Nach § 2100 BGB kann der Erblasser einen Erben in der Weise einsetzen, dass dieser erst dann Erbe wird, nachdem zunächst ein anderer Erbe geworden ist. Ist derartiges bestimmt, rückt der Vorerbe mit dem Erbfall zunächst in die Rechts- und Vermögensstellung des Erblassers ein (§§ 1922 Abs. 1, 1942 Abs. 1 BGB). Mit Eintritt der Nacherbfolge (soweit nichts Abweichendes bestimmt ist, ist dies zum Zeitpunkt des Todes des Vorerben der Fall, § 2106 BGB) geht die Erbschaft des Erblassers, die sich als Sondervermögen beim Vorerben befunden hat, auf den Nacherben über und der Vorerbe hört auf, Erbe zu sein (§ 2139 BGB).

Erbschaftsgegenstand, die unentgeltlich oder zum Zwecke der Erfüllung eines von dem Vorerben erteilten Schenkungsversprechens erfolgt, im Falle des Eintritts der Nacherbfolge insoweit unwirksam, als sie das Recht des Nacherben vereiteln oder beeinträchtigen würde. Ebenso wie § 2113 Abs. 1 BGB, der die Unwirksamkeit von den Nacherben beeinträchtigende Verfügungen über Grundstücke, Schiffe und Schiffsbauwerke begründet, enthält diese Bestimmung somit eine Ausnahme von dem Grundsatz des § 2112 BGB, wonach der Vorerbe über die zur Erbschaft gehörenden Gegenstände verfügen darf. Aus dem Anwendungsbereich sind gemäß § 2113 Abs. 2 S. 2 BGB Pflicht- und Anstandsschenkungen ausgenommen.

Der Begriff der unentgeltlichen Verfügung unterscheidet sich in zweierlei Hinsicht vom rechtsgeschäftlichen Schenkungsbegriff des § 516 BGB. Zum einen ist er nicht auf Schenkungen begrenzt[828], so dass bspw. auch unbenannte Zuwendungen unter Ehegatten amMaßstab des § 2113 BGB zu prüfen sind[829]. Zum anderen ist nicht entscheidend, ob sich die Parteien über die Unentgeltlichkeit geeinigt haben. Unentgeltlichkeit im Sinne des § 2113 Abs. 2 BGB liegt nach überwiegender Auffassung vielmehr vor, wenn für das vom Vorerben Weggegebene keine objektiv gleichwertige Gegenleistung in den Nachlass fließt und der Vorerbe weiß, dass es an der Gleichwertigkeit fehlt, oder doch bei ordnungsgemäßer Verwaltung der Masse unter Berücksichtigung seiner künftigen Pflicht, die Erbschaft dem Nacherben herauszugeben, das Fehlen oder die Unzulänglichkeit der Gegenleistung hätte erkennen müssen.[830] Die Verfügung wird von der h.M. auch dann als unentgeltlich angesehen, wenn der Gegenwert dem Vorerben persönlich zufließt.[831] Insoweit ist jedoch vorrangig die Rechtsfolge des § 2111 BGB zu beachten, wonach die Gegenleistung zwingend in den Nachlass fällt,

Vergleichbare Regelungen finden sich im niederländischen Recht in Art. 4:136 ff. NBW (Makingen onder tijdsbepaling en onder voorwaarde). Das niederländische Recht kennt jedoch keine befreite Vor- und Nacherbschaft; vgl. Art. 4:136, 4:138 Abs. 3 NBW. In diesem Zusammenhang ist auch zu beachten, dass die Art. 4:140 Abs. 1, 4:141 NBW bei der schenking over hand, d.h. einer Schenkung unter auflösender Bedingung verknüpft mit einem Erwerb unter aufschiebender Bedingung, entsprechend anwendbar sind (Art. 7:180 NBW).

828 BGH, BB 1991, 237 (237); Litzenburger, in: Bamberger/Roth, BGB, § 2113 Rn. 16; Kummer, in: PWW, BGB, § 2113 Rn. 19; Avenarius, in: Staudinger, BGB, § 2113 Rn. 63; a.A. Pyszka, Unentgeltliche Verfügungen des Vorerben und des Testamentsvollstreckers, S. 111.

829 Litzenburger, in: Bamberger/Roth, BGB, § 2113 Rn. 16; Avenarius, in: Staudinger, BGB, § 2113 Rn. 63.

830 BGHZ 7, 274 (278 f.); BGH, NJW 1984, 366 (366); RGZ 125, 242 (245); OLG Brandenburg, FamRZ 1999, 1616 (1617); OLG Hamm, Rpfleger 1999, 385 (386); OLG Oldenburg, NJW-RR 2002, 728 (728); Litzenburger, in: Bamberger/Roth, BGB, § 2113 Rn. 15; Schmidt, in: Erman, BGB, § 2113 Rn. 13; Hoeren, in: Hk-BGB, § 2113 Rn. 15; Stürner, in: Jauernig, BGB, § 2113 Rn. 4; Grunsky, in: MünchKomm, BGB, § 2113 Rn. 22; Edenhofer, in: Palandt, BGB, § 2113 Rn. 10; Kummer, in: PWW, BGB, § 2113 Rn. 20; Avenarius, in: Staudinger, BGB, § 2113 Rn. 62; a.A. (für einen rein objektiven Begriff): Harder, DNotZ 1994, 822 (828).

831 BGHZ 7, 274 (277); Harder/Wegmann, in: Soergel, BGB, § 2113 Rn. 12.

so dass schon keine rechtliche Möglichkeit besteht, dass die Gegenleistung in das freie Vermögen des Vorerben fließt.[832]

Neben der unentgeltlichen Verfügung nennt § 2113 Abs. 2 BGB ausdrücklich die Erfüllung eines vom Vorerben erteilten Schenkungsversprechens. Hieraus lässt sich im Umkehrschluss ableiten, dass es nicht darauf ankommt, ob der Vorerbe sich zur Vornahme der Verfügung verpflichtet hat. Die schuldrechtliche Verpflichtung wird mithin nicht von § 2113 BGB erfasst.

Liegt eine Verfügung im Sinne des § 2113 Abs. 2 BGB vor, wird sie mit Eintritt des Nacherbfalls in dem Umfang unwirksam, in dem sie das Recht des Nacherben beeinträchtigen würde. Entscheidend für das Vorliegen einer Beeinträchtigung ist, ob der Nacherbe durch die Vornahme der Verfügung im Ergebnis wirtschaftlich schlechter gestellt wird.[833]

In Fällen teilweise unentgeltlicher Verfügungen, wie vor allem gemischten Schenkungen, soll nach überwiegender Auffassung die ganze Verfügung unwirksam sein, woraus sich insbesondere ergibt, dass der Erwerber die Unwirksamkeit der Verfügung nicht durch Ausgleichszahlung abwenden kann.[834] Allerdings liegt eine Beeinträchtigung hier nur in der Höhe der Wertdifferenz zwischen dem weggegebenen Nachlassgegenstand und der unzureichenden Gegenleistung vor. Die Rückabwicklung ist mithin von vornherein lediglich derart geschuldet, dass die Gegenleistungen zumindest bei befreiter Vorerbschaft ohne Rücksicht auf ihren Verbleib nur Zug um Zug zu erstatten sind.[835]

Soweit ein Dritter von der Nacherbfolge nichts weiß, kann er einen Nachlassgegenstand gemäß § 2113 BGB gutgläubig erwerben. Da die Vorschriften über den gutgläubigen Erwerb vom Nichtberechtigten keine Entgeltlichkeit fordern, kann mithin auch der Empfänger einer nach § 2113 Abs. 2 BGB unwirksamen Verfügung Eigen-

---

832 So zutreffend: Grunsky, in: MünchKomm, BGB, § 2113 Rn. 23; Schmidt, in: Erman, BGB, § 2113 Rn. 14.

833 BGHZ 7, 274 (279); Stürner, in: Jauernig, BGB, § 2113 Rn. 5; Hamdan/Hamdan, in: JurisPK-BGB, § 2113 Rn. 21; Grunsky, in: MünchKomm, BGB, § 2113 Rn. 30; Edenhofer, in: Palandt, BGB, § 2113 Rn. 12.
An einer Beeinträchtigung fehlt es bspw. dann, wenn eine praktisch unverkäufliche Sache, die nur Kosten verursacht, unentgeltlich weggegeben wird. Sie fehlt ferner dann, wenn das Entgelt zwar nicht in den Nachlass gelangt ist, aber die Nachteile anderweitig ausgeglichen werden, wie etwa auch durch die Befreiung des Nachlasses von der Verbindlichkeit des Erblassers; vgl. BGH, NJW 1984, 366 (367).

834 BGH, NJW 1985, 382 (383); Litzenburger, in: Bamberger/Roth, BGB, § 2113 Rn. 22; Schmidt, in: Erman, BGB, § 2113 Rn. 17; Edenhofer, in: Palandt, BGB, § 2113 Rn. 12; Kummer, in: PWW, BGB, § 2113 Rn. 29 f.; Avenarius, in: Staudinger, BGB, § 2113 Rn. 66; a.A. für eine Ersetzungsbefugnis der Erwerbers: Grunsky, in: MünchKomm, BGB, § 2113 Rn. 28; Stürner, in: Jauernig, BGB, § 2113 Rn. 6; Brox/Walker, Erbrecht, Rn. 363 (S. 250).

835 BGH, FamRZ 1990, 1344 (1345); Avenarius, in: Staudinger, BGB, § 2113 Rn. 66.

tum erwerben. Anders als im Rahmen des § 2113 Abs. 1 BGB kommt der gute Glaube des Erwerbers an die Befreiung des Vorerben nicht in Betracht, da § 2136 BGB eine Befreiung von § 2113 Abs. 2 BGB nicht zulässt. Geht es um den gutgläubigen Erwerb von Immobilien (§ 892 BGB), setzt der gutgläubiger Erwerb voraus, dass kein Nacherbenvermerk gemäß § 51 GBO eingetragen ist. Liegen die Voraussetzungen des gutgläubigen Erwerbs vor, verbleibt dem Nacherben gegen den Erwerber ein bereicherungsrechtlicher Anspruch aus § 816 Abs. 1 S. 2 BGB. Bei teilweiser Entgeltlichkeit ist der Nacherbe auf einen Anspruch auf Wertausgleich beschränkt.[836]

III. Beschränkungen zum Schutz der Ehegatten[837]

1. Zustimmungsbedürftige Schenkungen, Art. 1:88 NBW

Eine weitere Wirkungsschwäche der Schenkung ergibt sich aus der familienrechtlichen Bestimmung des Art. 1:88 Abs. 1 b) NBW. Zum Schutz des anderen Ehegatten[838] bedarf danach eine durch einen Ehegatten getätigte Schenkung der Zustimmung, soweit es sich nicht um eine gebräuchliche Schenkung von geringem Wert handelt. Die Zustimmungsbedürftigkeit gilt unabhängig von der Frage des Güterstandes.[839] Sie entfällt gemäß Art. 1:88 NBW, wenn die Schenkung bezweckt, dass sie erst nach dem Tod des Schenkers ausgeführt werden soll und tatsächlich auch erst zu diesem Zeitpunkt ausgeführt wird (Art. 1:88 Abs. 4 S. 1 NBW). Die Zustimmung ist jedoch wiederum erforderlich, wenn die Schenkung in der Benennung des Beschenkten als Begünstigter einer Summenversicherung besteht und zu Lebzeiten des Versicherten angenommen wurde oder angenommen werden kann (Art. 1:88 Abs. 4 S. 2 NBW). In diesem Fall besteht die Zustimmungsbedürftigkeit, da das Vermögen des Versicherten noch zu dessen Lebzeiten mit der Zahlung von Prämien oder der Kaufsumme belastet

836 Schmidt, in: Erman, BGB, § 2113 Rn. 103; Avenarius, in: Staudinger, BGB, § 2113 Rn. 103.

837 Daneben ist der Umstand der Unentgeltlichkeit noch in weiteren familienrechtlichen Bestimmungen von Bedeutung. So wird die Vertretungsmacht der Eltern durch § 1641 BGB insoweit eingeschränkt, als dass sie nicht berechtigt sind, Schenkungen aus dem Kindesvermögen vorzunehmen. Eine Parallelvorschrift hierzu stellt § 1804 BGB dar, welcher es dem Vormund verbietet, in Vertretung des Mündels Schenkungen vorzunehmen. Im niederländischen Recht ordnet Art. 3:345 NBW an, dass der Vormund (voogd) grundsätzlich der Zustimmung des kantonrechter bedarf, wenn er in Vertretung des Minderjährigen Schenkungen vornehmen will. Eine Ausnahme von diesen Beschränkungen gilt nach beiden Rechtsordnungen dann, wenn es sich um eine gebräuchliche Schenkung von geringem Wert handelt.

838 Mittlerweile ist allgemein anerkannt, dass das Zustimmungserfordernis dem Schutz des anderen Ehegatten dient; vgl. HR 19.03.1993, NJ 1994, 92; HR 19.11.1993, NJ 1994, 259. Dagegen wurde früher vereinzelt angenommen, die Bestimmung bezwecke den Schutz des Lebensumfeldes des Ehegatten sowie der Familie; vgl. Reinhartz, Ars Aequi 46 (1997), 17 (20).

839 Reinhartz, Ars Aequi 46 (1997), 12 (20).

wird, ohne dass demgegenüber die Möglichkeit besteht, den Wert durch Änderung der Begünstigung oder Ablösung der Versicherung zu nutzen.[840]

Fehlt es an der erforderlichen Zustimmung, so kann der zustimmungsberechtigte Ehegatte die Schenkung gemäß Art. 1:89 Abs. 1 NBW anfechten. Er ist gemäß Art. 1:89 Abs. 5 NBW ferner berechtigt, alle Forderungen geltend zu machen, die sich aus der erfolgten Anfechtung ergeben.

2. Schenkungen des Gesamtgutverwalters, § 1425 BGB

Anders als im niederländischen Recht gilt in Deutschland nicht der gesetzliche Güterstand der Gütergemeinschaft, sondern der gesetzliche Güterstand der Zugewinngemeinschaft. Die Ehegatten haben jedoch die Wahl, hiervon durch Ehevertrag (§ 1408 BGB) abzuweichen.[841] Haben sie sich dabei für den Güterstand der Gütergemeinschaft entschieden, gelten die §§ 1415 ff. BGB. In diesem Fall ist es einem Ehegatten, der das Gesamtgut verwaltet, untersagt, ohne Zustimmung des anderen Ehegatten Schenkungen vorzunehmen.[842] Damit enthält § 1425 BGB neben §§ 1423, 1424 eine dritte Ausnahme von dem Grundsatz des § 1422 S. 1 BGB[843], dass der das Gesamtgut verwaltende Ehegatte berechtigt ist, (selbstständig bzw. zustimmungsfrei) über das Gesamtgut zu verfügen. Schenkungen unterliegen der Zustimmungsbedürftigkeit, da sie regelmäßig außerhalb einer ordnungsgemäßen Verwaltung liegen und der andere Ehegatte vor solch unwirtschaftlichen Handlungen des Verwalters geschützt werden soll.[844]

Die Einwilligung ist in Handschenkungen aus dem Gesamtgut, in die Erfüllung von Schenkungsversprechen aus dem Gesamtgut, die der Verwalter ohne Zustimmung eingegangen ist, sowie in Schenkungsversprechen erforderlich. Die Zustimmungsbedürftigkeit besteht im Hinblick auf Schenkungsversprechen unabhängig davon, ob sie

840 Nota Kamerstukken II 1998/1999, 17 213, Nr. 4, S. 12.

841 Auch in den Niederlanden können die Ehegatten vom gesetzlichen Güterstand (der Gütergemeinschaft) ehevertraglich abweichen (vgl. 1:93 NBW). Die Vorschrift über die Zustimmungsbedürftigkeit von Schenkung gilt indes auch, wenn die Ehegatten bspw. ehevertraglich Zugewinngemeinschaft vereinbart haben.

842 Die Anwendbarkeit der Vorschrift setzt nicht allein voraus, dass die Ehegatten im Güterstand der Gütergemeinschaft leben, sondern auch, dass sie die Verwaltung des Gesamtguts im Ehevertrag einem Ehegatten alleine zugewiesen haben. Ist letzteres nicht der Fall, gilt gemäß § 1421 S. 2 BGB, dass die Ehegatten das Gesamtgut gemeinschaftlich verwalten. Dagegen bestimmt Art. 1:97 Abs. 1 NBW für den Fall der Zugehörigkeit eines Guts zur Gütergemeinschaft, dass derjenige Ehegatte, von dessen Seite das Gut in die Gemeinschaft eingegangen ist, hierüber allein verfügen darf.

843 Nach §§ 1423 f. BGB bedürfen auch Verfügungen über das Gesamtgut im Ganzen sowie Verfügungen über Grundstücke, Schiffe und Schiffsbauwerke der Einwilligung des nicht verwaltenden Ehegatten.

844 Vgl. Mot. IV, S. 356 f.

sich auf das Gesamtgut beziehen, da das Gesamtgut gemäß § 1437 Abs. 1 BGB auch für solche Schenkungsversprechen haftet.[845]

Hinsichtlich des Schenkungsbegriffs des § 1425 Abs. 1 BGB wird überwiegend die Auffassung vertreten, dass sich die Begriffsbestimmung nach der Umschreibung des § 516 BGB richtet.[846] Die Zustimmungsbedürftigkeit besteht gemäß § 1425 Abs. 2 BGB jedoch nicht bei Pflicht- und Anstandsschenkungen.

Soweit eine Schenkung des verwaltenden Ehegatten ohne die erforderliche Einwilligung vorgenommen wird und die Genehmigung endgültig ausbleibt, ist die Schenkungsabrede gemäß §§ 1427 Abs. 1, 1366 f. BGB unwirksam. Die Unwirksamkeit kann gemäß § 1428 BGB vom nicht verwaltenden Ehegatten ohne Einwilligung des verwaltungsberechtigten Ehegatten gerichtlich geltend gemacht werden. Der Beschenkte soll insoweit gemäß § 816 Abs. 1 S. 2 BGB selbst dann zur Herausgabe verpflichtet sein, wenn er nach den Vorschriften über den gutgläubigen Erwerb Eigentum erworben hat.[847]

3. Bösliche Schenkungen des Ehegatten, § 1390 BGB

Soweit die Ehegatten nichts Abweichendes vereinbart haben, gilt der gesetzliche Güterstand der Zugewinngemeinschaft. Auch in diesem Fall schützt das Gesetz den Ehegatten, *in concreto* seinen Anspruch auf Zugewinnausgleich. Ist dieser Anspruch durch eine unentgeltliche Zuwendung verkürzt worden ist, kann er sich gemäß § 1390 Abs. 1 BGB i. V. m. den Vorschriften über die Herausgabe einer ungerechtfertigten Bereicherung an den Empfänger halten. Für nicht unentgeltliche Zuwendungen besteht dieser

845 Da dies nicht zutrifft, wenn bei dem Schenkungsversprechen die Haftung des Gesamtguts ausdrücklich ausgeschlossen wurde, ist die Zustimmung des Ehegatten in einem solchen Fall nach herrschender Auffassung nicht erforderlich; vgl. Heckelmann, in: Erman, BGB, § 1425 Rn. 1; Hausch, in: JurisPK-BGB, § 1425 Rn. 10; Kanzleiter, in: MünchKomm, BGB, § 1425 Rn. 2; Finke, in: RGRK, BGB, § 1425 Rn. 2; Thiele, in: Staudinger, BGB, § 1425 Rn. 5.

846 Hausch, in: JurisPK-BGB, § 1425 Rn. 6; Berger, in: Jauernig, BGB, §§ 1423 ff Rn. 8; Brudermüller, in: Palandt, BGB, § 1425 Rn. 2; Gaul, in: Soergel, BGB, § 1425 Rn. 3; Thiele, in: Staudinger, BGB, § 1425 Rn. 8; Gernhuber/Coester-Waltjen, Familienrecht, § 38 VII 7 (S. 446); demgegenüber vertritt Kanzleiter, in: MünchKomm, BGB, § 1425 Rn. 3, dass der Begriff der Schenkung i. S. d. § 1425 BGB alle unentgeltlichen Zuwendungen, wie bspw. auch die Übernahme einer Bürgschaft oder die Löschung einer Grundschuld erfasse.

847 Dagegen wird in der Lit. zu recht die Auffassung vertreten, dass ein gutgläubiger Erwerb in diesen Fällen generell ausscheidet, da der Schein des Eigentums den Mangel in der Verwaltungsmacht nicht ersetzen kann; vgl.: Thiele, in: Staudinger, BGB, § 1412 Rn. 47 f.; Mikat, in: FS Felgentraeger, 1969, S. 323 (349 f.); Gernhuber/Coester-Waltjen, Familienrecht, § 38 VII 11 (S. 448). Für die die grds. Möglichkeit des gutgläubigen Erwerbs in diesen Fällen dagegen: Mayer, in: Bamberger/Roth, BGB, § 1422 Rn. 9; Heckelmann, in: Erman, BGB, § 1422 Rn. 5; Hausch, in: JurisPK-BGB, § 1425 Rn. 18; Kanzleiter, in: MünchKomm, BGB, § 1422 Rn. 22; Brudermüller, in: Palandt, BGB, § 1422 Rn. 5; Finke, in: RGRK, BGB, § 1422 Rn. 24; Gaul, in: Soergel, BGB, § 1422 Rn. 14.

Anspruch gemäß § 1390 Abs. 2 BGB nur im Falle des kollusiven Zusammenwirkens des Schenkers mit dem Dritten. Die Tatbestände des § 1390 BGB werden vom Anfechtungsgesetz[848] nicht erfasst, da sich die Ausgleichforderung nach § 1378 Abs. 2 BGB durch die Handlungen, die den Zugewinnausgleich gefährden, verringert und der benachteiligte Ehegatte insoweit nicht Gläubiger geworden ist.[849]

Der Begriff der unentgeltlichen Zuwendung im Sinne des § 1390 BGB ist nicht identisch mit dem der Schenkung i. S. d. § 516 BGB. Vielmehr sind, wie auch in § 1375 Abs. 2 Nr. 1 BGB, alle Zuwendungen erfasst, für die nach den Ansichten und Absichten der Parteien kein oder kein ausreichendes Äquivalent gewährt wird; wobei § 1390 BGB im letzten Fall nur für den überschießenden Teil gilt.[850] Für das Vorliegen von Benachteiligungsabsicht ist maßgeblich, dass die Benachteiligung seines Ehepartners leitendes Motiv des Verfügenden gewesen ist.[851]

Ferner müsste ohne die unentgeltliche Zuwendung ein Ausgleichsanspruch des anderen Ehegatten bestanden haben. In diesem Zusammenhang ist zu beachten, dass zwar sowohl eine unentgeltliche Zuwendung des Ehegatten, als auch eine Handlung in Benachteiligungsabsicht von § 1375 Abs. 2 BGB erfasst und mithin dem Endvermögen des Zuwendenden zugerechnet wird. Allerdings kann der Ausgleichsanspruch des anderen Ehegatten gleichwohl scheitern, da er nach § 1378 Abs. 2 BGB zum Schutze von Fremdgläubigern[852] der Höhe nach durch den Wert des Endvermögens begrenzt ist.

Zur Verdeutlichung sei das Beispiel[853] genannt, dass ein Ehegatte ein Endvermögen in Höhe von 10.000 € hat, das insgesamt seinen Zugewinn darstellt. Er hat jedoch 20.000 € verschenkt. Dieser Betrag ist seinem Endvermögen gemäß § 1375 Abs. 2 BGB zuzurechnen. Soweit der andere Ehegatte keinen Zugewinn erzielt hätte, betrüge seine Ausgleichforderung mithin 15.000 €, nach der Kappungsgrenze des § 1378 Abs. 2 BGB jedoch nur 10.000 €.

Liegen schließlich die Voraussetzungen des § 1390 BGB vor, haftet der Zuwendungsempfänger gegenüber dem benachteiligten Ehegatten nach den Vorschriften über die ungerechtfertigte Bereicherung. Die Höhe des Anspruchs richtet sich nach dem Umfang des Ausfalls der Forderung. Ebenso wie bei § 2278 BGB handelt es sich bei dem Verweis auf das Bereicherungsrecht um einen Rechtsfolgenverweis.[854] Somit

---

848 vgl. D. IV. 2.

849 Vgl. Heckelmann, in: Erman, BGB, § 1390 Rn. 1.

850 Koch, in: MünchKomm, BGB, § 1390 Rn. 8.

851 Roth, in: JurisPK-BGB, § 1390 Rn. 3; Koch, in: MünchKomm, BGB, § 1390 Rn. 10.

852 BGH, NJW 1988, 2369 (2369); Heckelmann, in: Erman, BGB, § 1378 Rn. 4; Berger, in: Jauernig, BGB, § 1378 Rn. 4; Koch, in: MünchKomm, BGB, § 1378 Rn. 7; Fischer, Unentgeltlichkeit im Zivilrecht, S. 312.

853 Vgl.: Heckelmann, in: Erman, BGB, § 1390 Rn. 2.

854 Berger, in: Jauernig, BGB, § 1390 Rn. 4; Roth, in: JurisPK-BGB, § 1390 Rn. 6.

kann sich der Empfänger auf eine mögliche Entreicherung gemäß § 818 Abs. 3 BGB berufen, soweit er keine Kenntnis hat und verschärft haftet.[855] Ferner kann sich der Dritte von der Verpflichtung zur Herausgabe gemäß § 1390 Abs. 1 S. 2 BGB durch Zahlung des fehlenden Vertrages befreien.

IV. Schutz der Gläubiger

Schließlich kommt die Schwäche der *causa donandi* in den Regelungen über die Gläubigeranfechtung, in den Niederlanden in Anlehnung an das römische Recht *actio Pauliana* genannt[856], zum Ausdruck.[857] Beide Rechtsordnungen unterscheiden hinsichtlich der Gläubigeranfechtung zunächst danach, ob der Schuldner sich in der Insolvenz befindet. Ist dies der Fall, richtet sich die Möglichkeit der Anfechtung nach den entsprechenden Bestimmungen im *Faillissementswet* (FW) bzw. in der Insolvenzordnung (InsO). Die Anfechtung kann in diesem Fall nur durch den Insolvenzverwalter erfolgen.[858] Außerhalb der Insolvenz steht die Möglichkeit der Anfechtung, welche sich im niederländischen Recht nach Art. 3:45 ff. NBW und im deutschen Recht nach den entsprechenden Vorschriften des Anfechtungsgesetzes (AnfG) richtet, jedem benachteiligten Gläubiger einzeln zu.

Voraussetzung der Anfechtung ist nach beiden Rechtsordnungen stets eine Rechtshandlung des Schuldners, durch welche die Befriedigungsmöglichkeit seiner Gläubiger beeinträchtigt wird. Soweit diese Rechtshandlung unentgeltlichen Charakter hat, wird den Gläubigern und dem Insolvenzverwalter die Möglichkeit der Anfechtung erleichtert.[859] Die Gläubiger werden in diesem Fall privilegiert, da ihr Interesse, dem ein entgeltliches Geschäft zugrunde liegt, schwerer wiegt, als das Interesse desjenigen, der ohne Gegenleistung erworben hat.[860] Insoweit hat das Vorliegen von Unentgeltlichkeit im niederländischen Recht insbesondere Auswirkungen auf das Erfordernis

855 Falls jedoch ein Fall von § 1390 Abs. 2 BGB, also des kollusiven Zusammenwirkens zwischen zuwendendem Ehegatten und Empfänger vorliegt, ist automatisch auch eine verschärfte Haftung gegeben.

856 Die actio Pauliana ist nach dem spätklassischen römischen Juristen Iulius Paulus benannt, der dem leer ausgegangenen Vollstreckungsgläubiger ein Klagerecht gegen den Empfänger einer in Benachteiligungsabsicht weggegebenen Sache einräumte.

857 Zu beachten ist, dass der unentgeltliche Erwerb innerhalb von Fw und InsO noch an weiterer Stelle „zurückgesetzt“ wird. Vgl. Art. 35 b Fw, § 39 Abs. 1 Nr. 4 InsO.

858 Auch im römischen Recht konnte die Pauliana ausschließlich zugunsten der gesamten Gläubiger geltend gemacht werden.

859 Eine Differenzierung zwischen entgeltlichen und unentgeltlichen Rechtshandlungen des Schuldners erfolgte hinsichtlich der Pauliana ebenso im klassisch römischen Recht. Die Unterscheidung wird bspw. auch durch die französische Rechtsprechung und Lehre getroffen, obwohl dies in Art. 1167 CC nicht ausdrücklich angeordnet ist.

860 Vgl. Asser-Hartkamp, deel 4.2, Nr. 448 (S. 473); Kirchhof, in: MünchKomm, InsO, § 134 Rn. 1 m. w. N.

der Kenntnis der Beeinträchtigung sowie die entsprechende Beweislastverteilung. In AnfG und InsO sind dagegen spezielle „Schenkungsanfechtungstatbestände" enthalten, die sich von anderen Gläubigeranfechtungstatbeständen vor allem dadurch unterscheiden, dass sie auf das Element der subjektiven Vorwerfbarkeit gänzlich verzichten.

Schließlich weist die Herausgabepflicht Dritter nach § 822 BGB, als ein Fall des Haftungsdurchgriffs, eine gewisse Verwandtschaft zur Schenkungsanfechtung auf und wird daher ebenfalls in diesem Kapitel behandelt.

1. Die *actio Pauliana*, Art. 3:45 ff. NBW, 42 ff. Fw

a) Voraussetzungen

Ein Gläubiger, der durch eine (unverpflichtete) Rechtshandlung seines Schuldners mit einem Dritten in seinen Befriedigungsmöglichkeiten beschränkt wird, hat, falls bestimmte Anforderungen erfüllt sind, die Möglichkeit, sich auf die Anfechtbarkeit dieser Rechtshandlung zu berufen.[861] Außerhalb der Insolvenz steht die *Pauliana* jedem einzelnen Schuldner zu. Für den Fall, dass der Schuldner nach dem Handeln, dass die *Pauliana* begründet, insolvent geworden ist, ist diesbezüglich im Fw eine Sonderregelung getroffen. Danach kommt nur dem Insolvenzverwalter die Befugnis zur Anfechtung zu. Letzterer kann diese dann zugunsten der Insolvenzmasse ausführen. Eine Rechtshandlung kann aufgrund der *Pauliana* angefochten werden, wenn im Einzelnen folgende Voraussetzungen erfüllt sind.

aa) onverplichte rechtshandeling

Zunächst muss das Rechtsgeschäft durch den Schuldner *onverplicht* vorgenommen worden sein. Das bedeutet, dass für ihn weder aus Gesetz noch aus Vertrag eine Verpflichtung zu der Vornahme der Handlung bestanden haben darf.[862] Daneben ist es dem Insolvenzverwalter nach Art. 47 Fw ausnahmsweise möglich, ein Rechtsgeschäft selbst dann anzufechten, wenn der Schuldner hierzu verpflichtet war. Dies gilt zum einen, wenn der Empfänger wusste, dass die Insolvenz bereits durch den Schuldner beantragt worden ist. Zum anderen besteht nach Art. 47 Fw die Möglichkeit der Anfechtung, wenn die Zahlung aufgrund einer Abrede zwischen Schuldner und Gläubiger

---

861 Daneben kann dieselbe Handlung des Schuldners eine onrechtmatige daad darstellen. In diesem Fall können sich die Gläubiger auch auf Art. 6:162 ff. NBW berufen. Weiterhin kommt Nichtigkeit wegen Verstoßes gegen die guten Sitten oder die öffentliche Ordnung (openbare orde) nach Art. 3:40 NBW in Betracht; vgl. Asser-Hartkamp, deel 4.2, Nr. 439 (465 f.).

862 HR 08.01.1937, NJ 1937,43; HR 10.12.1976, NJ 1977, 617; Asser-Hartkamp, deel 4.2, Nr. 443 (S. 468).
In diesem Zusammenhang ist zu beachten, dass eine natuurlijke verbintenis zwar eine Rechtspflicht entstehen lässt, diese jedoch nicht rechtlich einklagbar ist. Daher kann die Erfüllung einer solchen Rechtspflicht gemäß Art. 3:45, 6:4 NBW als onverplichte rechtshandeling angesehen werden; vgl. Hof's-Hertogenbosch 29.09.1982, NJ 1983, 789; Asser-Hartkamp, deel 4.2, Nr. 443 (S. 468 f.).

erfolgt ist, deren Ziel die Begünstigung des letztgenannten gegenüber anderen Gläubigern war.

bb) Beeinträchtigung der Befriedigungsmöglichkeiten

Durch die genannte Rechtshandlung muss der Gläubiger in seinen Befriedigungsmöglichkeiten eingeschränkt worden sein. Eine solche Beeinträchtigung liegt vor, wenn die Handlung des Schuldners dazu führt, dass sein Vermögen nicht mehr ausreicht, um alle Gläubiger zu befriedigen, oder wenn bereits unzureichende Befriedigungsmöglichkeiten nochmals verringert werden.[863] Aus dem Wortlaut des Art. 3:45 NBW ergibt sich diesbezüglich, dass eine Benachteiligung aller Gläubiger nicht erforderlich ist.[864] Jeder Gläubiger, dessen Möglichkeiten eingeschränkt sind, kann sich auf die *Pauliana* stützen. Dagegen sind Dritte, die zwar benachteiligt aber nicht zugleich Gläubiger sind, nicht anfechtungsberechtigt. Dies trifft bspw. auf einen Aktionär oder einen Gesellschafter einer GmbH zu.[865] Ebenso wenig steht das Anfechtungsrecht einem Erben zu, der durch einen Vertrag, den der Erblasser mit einem Dritten schließt und der die Rechte der Erben verkürzt, benachteiligt wird.[866]

Gemäß Art. 3:45 Abs. 1 NBW ist es für die Berufung auf die *Pauliana* unerheblich, ob die Forderung des Gläubigers vor oder nach der Rechtshandlung des Schuldners entstanden ist.[867] Hinsichtlich der Frage, ob eine Benachteiligung vorliegt, ist derjenige Zeitpunkt maßgeblich, in dem der Gläubiger seine Rechte geltend macht.[868] Das Erfordernis der Benachteiligung gilt auch für die Anfechtung in der Insolvenz. Dort ist es jedoch ausreichend, dass die Gläubiger im Allgemeinen benachteiligt sind.[869]

---

863 Eine solche Beeinträchtigung setzt nicht zwingend voraus, dass sich das Vermögen des Schuldners durch die Rechtshandlung verringert. Eine Beeinträchtigung kann daher bspw. auch dann vorliegen, wenn einem Gläubiger Sicherheit gegeben wird, ohne dass dazu eine Verpflichtung bestand und somit andere Gläubiger benachteiligt werden. Vgl. Asser-Hartkamp, deel 4.2, Nr. 444 (S. 470).
Einschränkend muss beachtet werden, dass die Pauliana lediglich die Befriedigung „geldlicher" Ansprüche schützt. So greifen die Regelungen bspw. dann nicht, wenn ein Verkäufer gegenüber dem Käufer eine Pflichtverletzung begeht, indem er die Sache an einen Dritten, der von dem ersten Kaufvertrag Kenntnis hatte, verkauft und übereignet. Vgl. Parl. Gesch., Boek 3, S. 216; Asser-Hartkamp, deel 4.2, Nr. 444 (S. 470 f.).

864 Asser-Hartkamp, deel 4.2, Nr. 444 (S. 470); Kortmann, WPNR 6186 (1995), 441 (442).

865 Hof Amsterdam 02.01.1914, NJ 1914, 637; Asser-Hartkamp, deel 4.2, Nr. 440 (S. 466).

866 Asser-Hartkamp, deel 4.2, Nr. 440 (S. 466); Kortmann,WPNR 6186 (1995), 441 (442).

867 In diesem Sinne bereits: HR 23.12.1949, NJ 1950, 262.

868 HR 22.09.1995, NJ 1996, 706; Asser-Hartkamp, deel 4.2, Nr. 446 (S. 471); Hijma/Olthof, Compendium vermogensrecht, Nr. 58 (S. 36).

869 Kortmann, WPNR 6186 (1995), 441 (442).

cc) Kenntnis der Beeinträchtigung

Weiterhin müssen Gläubiger und Insolvenzverwalter grundsätzlich das „zweiseitige" Wissen von der Benachteiligung beweisen. Sowohl Art. 3:45 NBW als auch Art. 42 Fw setzen nämlich einerseits voraus, dass der Schuldner zum Zeitpunkt der Handlung wusste oder wissen musste, dass seine Rechtshandlung die Benachteiligung eines oder mehrerer seiner Gläubiger zur Folge haben würde. Andererseits fordern beide Normen bei ein- und mehrseitigen Rechtshandlungen zudem, dass diejenigen mit oder gegenüber denen der Schuldner die Handlung vornahm, im Folgenden Gegenpartei genannt, von dieser Benachteiligung wussten bzw. hätten wissen müssen. Letzteres gilt jedoch nicht bei unentgeltlichen Rechtshandlungen. Hier genügt es, wenn nur der Schuldner von der Benachteiligung wusste.

Hinsichtlich der Beweislast gilt, dass der Gläubiger, der sich auf die *Pauliana* beruft, grundsätzlich beweisen muss, dass der Schuldner und, soweit es sich um eine entgeltliche Handlung handelt, die Gegenpartei wussten oder hätten wissen müssen, dass der Gläubiger in seinen Befriedigungsmöglichkeiten behindert wird.

Bezüglich dieser schwerwiegenden Beweislast sehen jedoch Art. 3:46, 3:47 NBW, 43, 45 Fw Erleichterungen vor. Zu den dort genannten Fällen zählen insbesondere auch unentgeltliche Rechtshandlungen. Liegt eine solche vor und wurde diese binnen eines Jahres vor Geltendmachung der *Pauliana* vorgenommen, dann gilt gemäß Art. 3:47 NBW, 45 Fw die (widerlegliche) Vermutung, dass der Schuldner von der Benachteiligung wusste. Eine solche Vermutung greift gemäß Art. 3:46 Abs. 1 NBW und Art. 43 Abs. 1 Fw ebenfalls beim Vorliegen eines Vertrages ein, bei dem der Wert der Verbindlichkeit des Schuldners den der Verbindlichkeit der Gegenpartei merklich übertrifft, vorausgesetzt, dass der Vertrag binnen eines Jahres vor der Berufung auf die *Pauliana* bzw. vor der Insolvenzerklärung geschlossen wurde.

b) Rechtsfolgen

Liegen die oben genannten Voraussetzungen vor, dann kann die Rechtshandlung durch den benachteiligten Gläubiger bzw. den Insolvenzverwalter angefochten werden. Auch außerhalb der Insolvenz kann die Anfechtung gemäß Art. 3:50 Abs. 1 NBW somit grundsätzlich außergerichtlich erfolgen. Für die Anfechtung von Rechtshandlungen, die sich auf Registergüter beziehen, schreibt Art. 3:50 Abs. 2 NBW jedoch in bestimmten Fällen die gerichtliche Anfechtung vor. Der Insolvenzverwalter hingegen kann die Anfechtung stets außergerichtlich vornehmen, da Art. 42 Abs. 1 Fw die Anwendbarkeit des Art. 3:50 Abs. 2 NBW ausschließt.

Die Gläubigeranfechtung hat weniger weitreichende Folgen, als normalerweise mit der Anfechtung verbunden sind. Soweit sie außerhalb der Insolvenz erfolgt, ist ihre Wirkung in zweierlei Hinsicht relativ. Zum einen wirkt sie nur bezüglich des Gläubigers, der sie erklärt. Für andere Personen, darunter andere Gläubiger, hat die Rechtshandlung, jedenfalls soweit dies möglich ist, ihre normalen Folgen. Zum anderen geht die Anfechtung in ihrer Wirkung nicht weiter, als dies zur Aufhebung des durch den Gläubiger erlittenen Nachteils notwendig ist.[870]

Obwohl dies aus dem Fw nicht ausdrücklich hervorgeht, wird allgemein angenommen, dass der Anfechtung in der Insolvenz ebenfalls die relative Wirkung im erstgenannten Sinn zukommt. Sie wirkt nur hinsichtlich der Gemeinschaft der Gläubiger.[871] Dagegen enthält das Fw keine dem Art. 3:45 Abs. 4 NBW entsprechende Bestimmung, dass die Wirkung der Anfechtung nicht weiter als zur Aufhebung des Nachteils nötig reicht. Vielmehr bestimmt Art. 51 Fw, dass dasjenige, was aufgrund der nunmehr nichtigen Rechtshandlung nicht mehr zum Vermögen des Schuldners gehört, an den Insolvenzverwalter zurückgegeben werden muss. Dasjenige was durch den Schuldner empfangen wurde, muss durch den Insolvenzverwalter zurückgegeben werden, soweit dies der Gläubigergemeinschaft nützt.

Sowohl innerhalb als auch außerhalb der Insolvenz fehlt der Anfechtung die genannte Wirkung, wenn Rechte Dritter kraft Gesetzes geschützt werden müssen. Gemäß Art. 3:45 Abs. 5 NBW, Art. 51 Abs. 2 Fw ist dies dann der Fall, wenn es um Rechte geht, die Dritte gutgläubig und entgeltlich an Gütern erworben haben, welche Gegenstand der angefochtenen Handlung waren. Grundsätzlich nicht geschützt wird dementsprechend der Dritte, der ein Gut unentgeltlich erworben hat. Hier rechtfertigt es die fehlende Gegenleistung, die Belange der Gläubiger gegenüber denen des gutgläubigen Dritterwerbers zu bevorzugen.[872] Allerdings sieht das Gesetz von dieser Regel eine Ausnahme vor. Der gutgläubige Erwerber kann trotz der Unentgeltlichkeit Schutz beanspruchen, wenn er nachweist, dass er im Zeitpunkt der Anfechtung infolge der Rechtshandlung nicht oder nicht mehr bereichert ist. Eine derartige Ausnahme gilt gemäß Art. 51 Abs. 2 Fw auch für die *Pauliana* während der Insolvenz. An einer Bereicherung des Dritten fehlt es hier, wenn sein Vermögen zum Zeitpunkt der Erklärung der Insolvenz nicht größer ist, als es gewesen wäre, wenn die unentgeltliche Rechtshandlung unterblieben wäre.[873]

Eine vergleichbare Regelung ist bezüglich der Gegenpartei des Schuldners in Art. 3:45 Abs. 3 NBW und Art. 42 Abs. 3 Fw zu finden.

c) Folgen der Unentgeltlichkeit im Rahmen der *Pauliana*

Wie sich bereits aus der obigen Darstellung ergibt, hat es sowohl für den Tatbestand als auch für die Rechtsfolgen der Regelungen über die *Pauliana* in NBW und Fw Folgen, wenn die Rechtshandlung, die mit Hilfe dieser Normen angefochten werden soll, unentgeltlichen Charakter aufweist. Zwei dieser Folgen betreffen das Verhältnis zwi-

870 Asser-Hartkamp, deel 4.2, Nr. 450 f. (S. 474 f.); Hijma/Olthof, Compendium vermogensrecht, Nr. 67 (S. 42).

871 Kortmann, WPNR 6186 (1995), 441 (442).

872 Kortmann, WPNR 6186 (1995), 441 (443).

873 Kortmann, WPNR 6186 (1995), 441 (443).

schen dem Schuldner und dessen Gegenpartei, während eine weitere sich auf die Stellung der Gegenpartei gegenüber Dritten bezieht.

aa) Folgen auf das Verhältnis des Schuldners zur Gegenpartei

Im Verhältnis des Schuldners zur Gegenpartei ist die Unentgeltlichkeit in zweierlei Hinsicht für die Beantwortung der Frage bedeutsam, ob die Voraussetzungen der *Pauliana* vorliegen und wie in dieser Hinsicht die Beweislast verteilt ist.

Zunächst muss der Gläubiger bzw. der Insolvenzverwalter, der sich auf die *Pauliana* beruft, im Falle der Unentgeltlichkeit des fraglichen Rechtsgeschäfts lediglich beweisen, dass der Schuldner von der Benachteiligung wusste oder sie jedenfalls hätte kennen müssen. Er braucht nicht Beweis zu führen, dass die Gegenpartei von der Benachteiligung wusste.

Wenn die betreffende unentgeltliche Rechtshandlung binnen eines Jahres vor der Berufung auf die *Pauliana* oder vor der Insolvenzerklärung erfolgte, gilt ferner die gesetzliche Vermutung, dass der Schuldner wusste, dass der Gläubiger durch diese benachteiligt werden würde. Der Charakter der Unentgeltlichkeit erleichtert dem benachteiligten Gläubiger bzw. dem Insolvenzverwalter also die Beweislast. Für die Gegenpartei bedeutet dies, dass sich die Wahrscheinlichkeit erhöht, dass sie die Anfechtung gegen sich gelten lassen muss. Die Folgen der Anfechtung werden jedoch durch die Bestimmungen der Art. 3:45 Abs. 3 NBW und Art. 42 Abs. 3 Fw abgemildert, falls nämlich die Gegenpartei gutgläubig war und nachweist, dass sie im in diesen Bestimmungen genannten Zeitpunkt nicht bereichert war.

bb) Folgen auf das Verhältnis der Gegenpartei und eines Dritten

Die dritte Folge der Unentgeltlichkeit bezieht sich schließlich auf das Verhältnis der Gegenpartei zu einem Dritten. Hier wird diese für die Position eines gutgläubigen Dritten bedeutsam, der ein Recht an einem Gut erworben hat, das Gegenstand der angefochtenen Rechtshandlung war. Falls es sich um einen unentgeltlichen Erwerb gehandelt hat, brauchen dessen Rechte grundsätzlich nicht berücksichtigt werden. Eine Ausnahme hiervon besteht, soweit der Dritte nachweist, dass er in dem Augenblick, in dem das Gut von ihm eingefordert wurde bzw. im Moment der Insolvenzerklärung nicht bereichert war.

Dieser Fall betrifft mithin die Abwägung der Belange des gutgläubigen Dritterwerbers mit denen der benachteiligten Gläubiger. Der Dritte wird, vorbehaltlich der Ausnahmen nach Art. 3:45 Abs. 5 NBW und Art. 51 Abs. 2 Fw, nur dann geschützt, wenn er gutgläubig war und der Erwerb entgeltlich erfolgte.

cc) Gründe für die Unterscheidung zw. entgeltl. und unentgeltl. Rechtshandlungen

Allen drei genannten Fällen liegt mithin der Gedanke zugrunde, dass die Belange von Gegenpartei oder Drittem, die jeweils nur in den Genuss eines Vorteils kommen, grundsätzlich gegenüber den Belangen der Gläubiger, die in ihren Befriedigungsmöglichkeiten beschränkt wurden, nachrangig sind.

Unter dem alten Recht lag dieses Ergebnis der Interessenabwägung auf der Hand. Die zentralen Drittschutzbestimmungen der Art. 1910 BW und Art. 2014 BW wurden so ausgelegt, dass der gutgläubige Dritte dann keinen Schutz auf Kosten des ursprünglichen Rechtsinhabers verdiente, wenn Unentgeltlichkeit vorlag.[874] Auch jemand, der auf eine Aussage oder ein Verhalten vertraut hatte, wurde nach dem alten Recht lange Zeit nur gegen ein Berufen auf Willensmängel geschützt, wenn er einen Nachteil erlitten hatte.[875]

Mittlerweile stellen im NBW Schutzvorschriften, die das Vorliegen von Entgeltlichkeit voraussetzen oder daran besondere Rechtsfolgen knüpfen, jedoch die Ausnahme dar.[876] Fraglich ist somit, warum dies bei der *Pauliana* weiterhin der Fall ist. In den parlamentarischen Beratungen wurde, die Art. 1:89, 3:45 NBW betreffend, die ausnahmsweise Berücksichtigung des Kriteriums der Entgeltlichkeit mit der besonderen Interessenabwägung begründet, die diesen Normen zugrunde liegt. Danach stünden sich in dieser Situation zwei Personen gegenüber, von denen der eine durch die Rechtshandlung eines Dritten benachteiligt werde, während der andere durch selbige ein Recht erwerbe und bereits aufgrund des Umstandes, dass der Erwerb unentgeltlich erfolgte, hätte erkennen können, dass die Benachteiligung eines anderen als seines Gegenübers grundsätzlich möglich sei.[877]

Diese Begründung ist in der niederländischen Literatur jedoch auf Kritik gestoßen. Der Umstand dass eine Benachteiligung „grundsätzlich möglich" sei, stelle nur eine unzureichende Grundlage für den Schluss dar, dass der andere auf Kosten der Gegenpartei oder eines gutgläubigen Dritten geschützt werde. Denn auch bei anderen gesetzlichen Bestimmungen, wie bspw. Art. 3:35, 3:36 und 3:88 NBW, bei denen keine Unterscheidung zwischen entgeltlichen und unentgeltlichen Handlungen erfolge, könne die Gegenpartei oder der Dritte erkennen, dass es „grundsätzlich möglich ist", dass die Wirklichkeit von dem Schein auf den er vertraut, abweicht.[878]

Allerdings wird anerkannt, dass es aufgrund des Wesens der *Pauliana* gerechtfertigt ist, unentgeltlichen Rechtshandlungen geringeren Schutz zu bieten. Die Gläubigeranfechtung ist nämlich vor allem dann relevant, wenn ein Schuldner sich in finanziellen Schwierigkeiten befindet. Unter solchen Umständen kann er dazu verleitet sein, seine Güter dem Zugriff des Gläubigers zu entziehen. Solchem Handeln in böser Absicht wird durch die genannte Unterscheidung entgegengetreten. Der geringere Schutz desjenigen, der ein Gut unentgeltlich erlangt, wird mithin, wie auch bei der gesetzli-

874 Hartkamp, Compendium vermogensrecht, Nr. 50 (S. 47); Kortmann, WPNR 6186 (1995), 441 (443).

875 Asser-Hartkamp, deel 4.2, Nr. 111.

876 Vgl. D. I. 2.

877 Parl. Gesch. Boek 3, S. 177.

878 Kortmann, WPNR 6186 (1995), 441 (444).

chen Vermutung der Art. 3:47 und Art. 45 Fw, durch die Bekämpfung treuwidrigen Handelns gerechtfertigt.[879]

d) *Pauliana* und *giften*, bei denen es an der Unentgeltlichkeit fehlt

Auf *giften*, denen es an der Unentgeltlichkeit fehlt, wie beispielsweise einem Vertrag mit ungleichwertigen Leistungen, sind die besonderen Regelungen der *Pauliana*, die sich auf unentgeltliche Rechtshandlungen beziehen, nicht anwendbar.[880]

Falls sich jedoch ein Schuldner gegenüber seiner Gegenpartei zu einer deutlich wertvolleren Leistung verpflichtet als diese sich ihm gegenüber, erleichtert der Gesetzgeber die Beweislast zugunsten des benachteiligten Gläubigers, der aufgrund der *Pauliana* tätig werden will. Gemäß Art. 3:46 Abs. 1 NBW und Art. 43 Fw wird in solchen Fällen vermutet, dass sowohl der Schuldner als auch dessen Gegenpartei Kenntnis von der Benachteiligung hatten. Das Eingreifen der Vermutung setzt aber voraus, dass der Vertrag binnen eines Jahres vor der Anfechtung auf Grundlage der *Pauliana* bzw. vor der Insolvenzerklärung geschlossen wurde.

Daraus kann geschlossen werden, dass im Falle einer nicht unentgeltlichen *gift*, die innerhalb der genannten Jahresfrist vorgenommen wird, dem Gläubiger gegenüber der Gegenpartei im Rahmen der *Pauliana* eine Stellung zukommt, die mit der eines durch eine unentgeltliche Handlung benachteiligten Gläubigers übereinstimmt.[881] Hat die nicht unentgeltliche *gift* dagegen früher stattgefunden, gilt die gesetzliche Vermutung des beiderseitigen Wissens nicht. Der benachteiligte Gläubiger trägt diesbezüglich somit die Beweislast.

Die Unterscheidung zwischen unentgeltlichen und entgeltlichen Rechtshandlungen bleibt ebenfalls für die Stellung des benachteiligten Gläubigers gegenüber einem gutgläubigen Dritterwerber von Bedeutung. Dieser wird geschützt, wenn er nicht unentgeltlich erworben hat; mithin auch dann, wenn seine Leistung nicht gleichwertig war.

2. Gläubigeranfechtung nach §§ 4 AnfG, 134 InsO

Im deutschen Recht stellen AnfG und InsO zugunsten benachteiligter Gläubiger besondere Anfechtungsgründe für den Fall bereit, dass sich der Schuldner eines Vermögensbestandteils unentgeltlich entledigt. Eine solche Handlung kann in der Insolvenz des Schenkers gemäß § 134 InsO, bei dessen sonstiger Zahlungsunfähigkeit nach § 4 AnfG angefochten werden. Ihre Rechtfertigung finden diese Regelungen in dem allgemeinen Grundsatz des Vermögens- und Haftungsrechts, dass der unentgeltliche Rechtserwerb dann zurückgesetzt wird, wenn Dritte seinetwegen Verluste hinnehmen müssten. Da der Grund der Anfechtung ausschließlich darin liegt, dass der Erwerb un-

879 Kortmann, WPNR 6186 (1995), 441 (444).
880 Kortmann, WPNR 6186 (1995), 441 (446).
881 Kortmann, WPNR 6186 (1995), 441 (446).

entgeltlich erfolgt, sind subjektive Voraussetzungen entbehrlich. Soweit der Empfänger der unentgeltlichen Leistung gutgläubig ist, wird er dadurch geschützt, dass die Anfechtung gemäß §§ 11 Abs. 2, 143 Abs. 2 InsO auf das Erlangte beschränkt ist, das noch in seinem Vermögen vorhanden ist.

Zur Anfechtung nach dem AnfG ist gemäß § 2 AnfG jeder Gläubiger berechtigt, der einen vollstreckbaren Schuldtitel erlangt hat und dessen Forderung fällig ist, wenn die Zwangsvollstreckung in das Vermögen des Schuldners unzulänglich ist. Dagegen folgt aus §§ 129 Abs. 1 InsO, 16 Abs. 1 AnfG, dass während der Dauer des Insolvenzverfahrens nur der Insolvenzverwalter berechtigt ist, Anfechtungsansprüche der Insolvenzgläubiger zu verfolgen.

a) Allgemeine Voraussetzungen

Wie auch die sonstigen Anfechtungstatbestände des AnfG und der InsO setzt die Anfechtung nach den §§ 4 AnfG, 134 InsO das Vorliegen einer Rechtshandlung sowie einer Gläubigerbenachteiligung voraus.

Ebenso wie im niederländischen Recht ist die Möglichkeit der Gläubigeranfechtung somit nicht auf Verträge beschränkt. Der Begriff der Rechtshandlung im Sinne der §§ 1 Abs. 1 AnfG, 129 Abs. 1 InsO erfasst vielmehr alle von einem Willen getragenen Handlungen, die in irgendeiner Weise Rechtswirkungen auslösen können, ohne dass der Wille auf den Eintritt dieser Wirkung gerichtet sein müsste.[882] Dazu gehören Willenserklärungen, rechtsgeschäftsähnliche Handlungen, Realakte sowie Prozesshandlungen und -unterlassungen.[883] Ferner wird durch § 1 Abs. 2 AnfG und § 129 Abs. 2 InsO klargestellt, dass Unterlassungen allgemein den Rechthandlungen gleichstehen.[884]

Die Anfechtbarkeit einer Rechthandlung setzt gemäß §§ 1 Abs. 1 AnfG, 129 Abs. 1 InsO weiterhin voraus, dass sie die Gläubiger objektiv benachteiligt. Eine Benachteiligung liegt vor, wenn sich die Befriedigungsmöglichkeit der Gläubiger ohne das anfechtbare Verhalten ganz oder zum Teil günstiger gestaltet hätte, die Befriedigung vereitelt, erschwert oder verzögert worden ist.[885] Insoweit ist eine wirtschaftliche Betrach-

---

882 Zu § 129 InsO: de Bra, in: Braun, InsO, § 129 Rn. 11; Kirchhof, in: MünchKomm, InsO, § 129 Rn. 7; Ulmer, ZIP 1984, 1163 (1169); zu § 1 AnfG: Nerlich/Niehus, AnfG, § 1 Rn. 24; Jauernig/Berger, Zwangsvollstreckungs- und Insolvenzrecht, § 31 Rn. 13; Rosenberg/Gaul/Schilken, Zwangsvollstreckungsrecht, § 35 III 1 (S. 539).

883 De Bra, in: Braun, InsO, § 129 Rn. 12; Nerlich/Niehus, AnfG, § 1 Rn. 24.

884 Für die Anwendbarkeit der Pauliana nach Art. 3:45 NBW auf Fälle der Untätigkeit des Schuldners: Ankum, NTBR 1993, 237 (238); dagegen: Asser-Hartkamp, deel 4.2, Nr. 442 (S. 468).

885 Nerlich/Niehus, AnfG, § 1 Rn. 42; Jauernig/Berger, Zwangsvollstreckungs- und Insolvenzrecht, § 51 Rn. 35.

tungsweise anzuwenden.[886] An einer Benachteiligung fehlt es daher bspw., wenn der Schuldner ein Grundstück schenkweise auf seinen Ehegatten überträgt, das Grundstück jedoch über den Verkehrswert hinaus belastet ist.[887] Anders als für die Insolvenzanfechtung genügt es für die Anfechtung nach dem AnfG nicht, wenn lediglich die Passiva vermehrt worden sind, da sich dadurch die Zugriffslage des einzelnen Gläubigers nicht verändert.[888]

Außer in den Fällen der §§ 3 Abs. 2 S. 1 AnfG, 132 Abs. 1, 133 Abs. 2 InsO ist eine mittelbare Benachteiligung ausreichend. Es genügt mithin, wenn die Benachteiligung nicht durch das anzufechtende Rechtsgeschäft selbst, sondern durch bis spätestens bis zum Abschluss der letzten mündlichen Tatsachenverhandlung hinzugetretene Umstände hervorgerufen wird.[889] Regelmäßig soll insoweit eine adäquate Kausalität zwischen Rechtshandlung und Benachteiligung ausreichen.[890] Eine nur mittelbare Benachteiligung liegt bspw. in dem Verbrauch einer gleichwertigen Gegenleistung oder in der nachträglichen Wertsteigerung des anfechtbar weggegebenen Gegenstandes.[891]

b) Unentgeltliche Leistung

Daneben setzt die sog. Schenkungsanfechtung nach § 4 AnfG und § 134 InsO eine unentgeltliche Leistung des Schuldners voraus. Die Möglichkeit der Anfechtung im Falle einer unentgeltlichen Leistung wird mit dem allgemein anerkannten Grundsatz gerechtfertigt, dass der unentgeltliche Erwerber weniger schutzwürdig ist als der entgeltliche Erwerber, womit das Interesse des Ersteren an der Aufrechterhaltung der Zuwendung aus Billigkeitsgründen hinter das Interesse der Gläubiger zurücktreten muss.[892]

Der Begriff Leistung im Sinne der §§ 4 AnfG, 134 InsO ist weit auszulegen und erfasst nicht nur Schenkungen i. S. d. § 516 BGB, sondern alle Rechtshandlungen, die

886 Leithaus, in: Andres/Leithaus, InsO, § 129 Rn. 8; Kirchhof, in: MünchKomm, InsO, § 129 Rn. 101; Jauernig/Berger, Zwangsvollstreckungs- und Insolvenzrecht, § 51 Rn. 39.

887 RGZ 21, 95 (99); Leithaus, in: Andres/Leithaus, InsO, § 129 Rn. 8.

888 RGZ 10, 5 (8); RGZ 13, 298 (301); RGZ 27, 130 (133); Nerlich/Niehus, AnfG, § 1 Rn. 42; Rosenberg/Gaul /Schilken, Zwangsvollstreckungsrecht, § 35 III 2 (S. 541).

889 De Bra, in: Braun, InsO, § 129 Rn. 24; Nerlich/Niehus, AnfG, § 1 Rn. 52.

890 Leithaus, in: Andres/Leithaus, InsO, § 129 Rn. 11; Kirchhof, in: MünchKomm, InsO, § 129 Rn. 121.

891 Kirchhof, in: MünchKomm, InsO, § 129 Rn. 122; Nerlich/Niehus, AnfG, § 1 Rn. 52; Jauernig/Berger, Zwangsvollstreckungs- und Insolvenzrecht, § 51 Rn. 38.

892 BGHZ 58, 240 (243); Kirchhof, in: MünchKomm, InsO, § 134 Rn. 1; Gerhardt, ZIP 1991, 273 (281). Da dieser Anfechtungsgrund mithin, anders als die Tatbestände der besonderen Insolvenzanfechtung nach §§ 130 bis 132 InsO, nicht auf dem Gedanken der Gläubigergleichbehandlung beruht, kommt es für die Anfechtung nach §§ 4 AnfG, 134 InsO weder darauf an, dass der Erwerber die wirtschaftlichen Schwierigkeiten des Schuldner gekannt hat, noch darauf, dass der Schuldner sich zum Zeitpunkt der Vornahme der Zuwendung in einer wirtschaftlich kritischen Lage befunden hat, vgl. Fischer, Unentgeltlichkeit im Zivilrecht, S. 433 f.

dazu dienen, einen Gegenstand aus dem haftenden Vermögen des Schuldners zugunsten eines anderen zu entfernen.[893] Die Leistung ist unentgeltlich, wenn ein Vermögenswert des Leistenden zu Gunsten einer anderen Person aufgegeben wird, ohne dass der Empfänger eine ausgleichende Gegenleistung an ihn erbringt.[894] Für die Beantwortung der Frage, ob eine ausgleichende Gegenleistung erfolgt ist, ist zunächst die objektive Wertrelation zwischen Leistung und Gegenleistung und nicht etwa die Vorstellung der Parteien entscheidend.[895] Erst wenn feststeht, dass der Zuwendende überhaupt einen Gegenwert oder wirtschaftlichen Vorteil für die Zuwendung erhalten hat, ist zu prüfen, ob die Beteiligten diesen als Entgelt angesehen haben oder ob mit der Leistung Freigiebigkeit bezweckt war.[896] Die subjektiven Vorstellungen der Parteien sind insbesondere dann relevant, wenn der objektive Wert der Gegenleistung dem der Zuwendung nicht entspricht. Insoweit steht den Parteien ein angemessener Beurteilungsspielraum zu.[897] Daher können bspw. Notverkäufe unter Wert nicht gemäß § 134 InsO anfechtbar sein.[898]

aa) Abgrenzung zu Schenkungen i. S. d. §§ 516 ff. BGB

Aus den Voraussetzungen der Anfechtung nach § 4 AnfG und § 134 InsO ergibt sich, dass der Begriff der „unentgeltlichen Leistung" im Sinne des Anfechtungsrechts von der Schenkung im Sinne des § 516 BGB unabhängig ist.

So setzt die Anfechtung nach diesen Vorschriften tatbestandlich keine Bereicherung des Empfängers voraus, womit auch solche Zuwendungen erfasst werden, welche der Empfänger zu bestimmten Zwecken verwendet hat, ohne eigenen Nutzen zu nehmen.[899] Ferner ist nicht notwendig, dass die Leistung freiwillig erfolgt ist.[900] Die unentgeltliche Leistung im Sinne der §§ 4 AnfG, 134 InsO unterscheidet sich weiterhin dadurch vom Schenkungsbegriff des § 516 BGB, dass keine vertragliche Einigung über die Unentgeltlichkeit erforderlich ist.[901]

---

893 BGHZ 121, 179 (182); de Bra, in: Braun, InsO, § 134 Rn. 3; Kirchhof, in: MünchKomm, InsO, § 134 Rn. 5.

894 BGH, ZIP 1992, 1089 (1091); Leithaus, in: Andres/Leithaus, InsO, § 134 Rn. 4; de Bra, in: Braun, InsO, § 134 Rn. 9.

895 BGH, ZIP 1997, 247 (248); de Bra, in: Braun, InsO, § 134 Rn. 10; Huber, AnfG, § 4 Rn. 18; Kirchhof, in: MünchKomm, InsO, § 134 Rn. 21; Hirte, in: Uhlenbruck, InsO, § 134 Rn. 20.

896 BGHZ 113, 98 (102); BGHZ 113, 393 (397); de Bra, in: Braun, InsO, § 134 Rn. 12; Kirchhof, in: MünchKomm, InsO, § 134 Rn. 21.

897 BGHZ 71, 61 (66); Kirchhof, in: MünchKomm, InsO, § 134 Rn. 40.

898 de Bra, in: Braun, InsO, § 134 Rn. 13; Kirchhof, in: MünchKomm, InsO, § 134 Rn. 23; Hirte, in: Uhlenbruck, InsO, § 134 Rn. 21.

899 RGZ 92, 228 (228 f.); Huber, AnfG, § 4 Rn. 17.

900 Huber, AnfG, § 4 Rn. 17.

901 Dagegen besteht Einigkeit, dass der Unentgeltlichkeitsbegriff in §§ 4 AnfG, 134 InsO derselbe ist, vgl. Fischer, Unentgeltlichkeit im Zivilrecht, S. 367 ff.

Daraus ergibt sich, dass „echte“ Schenkungen eine Unterart der unentgeltlichen Leistung sind und stets unter §§ 4 AnfG, 134 InsO fallen.[902] Andererseits können bspw. unentgeltliche Leistungen des Schuldners an seinen Ehegatten der Gläubigeranfechtung unterliegen, auch wenn sie nicht als Schenkung zu qualifizieren sind.[903] Das Gleiche gilt für Gebrauchs- oder Nutzungsüberlassungen ohne Entgelt, soweit entgeltliche Überlassung die Regel ist.[904] Ebenfalls unentgeltlich im Sinne der §§ 4 AnfG, 134 InsO sind der Verzicht auf ein dingliches Recht[905], oder das willentliche und gewollte Verjährenlassen einer Forderung[906]. Schließlich genügt mangels des Erfordernisses einer Einigung über die Unentgeltlichkeit, anders als im Schenkungsrecht, die einseitige Kenntnis des Leistenden von der Unentgeltlichkeit, wenn der Empfänger irrtümlich von der Entgeltlichkeit der Leistung ausgegangen ist.[907]

Wie bereits festgestellt, ist jedoch für die Abgrenzung zwischen Entgeltlichkeit und Unentgeltlichkeit auch im Vollstreckungsrecht, trotz des mangelnden Erfordernisses der „Einigung“ über die Unentgeltlichkeit, der subjektive Wille der Parteien von Bedeutung. Während aber die Unentgeltlichkeit im Sinne des § 516 BGB grundsätzlich durch jede Art einer Gegenleistung ausgeschlossen wird, soll eine die Entgeltlichkeit begründende Gegenleistung im Rahmen der §§ 4 AnfG, 134 InsO erst dann vorliegen, wenn der subjektive Vermögenswert bei objektiver, normativer Kontrolle entgelttauglich ist.[908] Die Gegenleistung muss damit nicht nur für den Leistenden sondern auch für einen Außenstehenden von Nutzen sein können. Daran fehlt es bspw., wenn ein Pflichtteilsberechtigter auf sein Erbe verzichtet. Dieser Verzicht ist zwar für den Erblasser von Wert, da er seine Testierfreiheit zurückerlangt, nicht jedoch für die Gläubiger des Erblassers.[909]

bb) Besondere Arten der Schenkung

Schließlich ist fraglich, wie es sich hinsichtlich der Gläubigeranfechtung auswirkt, wenn es sich um eine Schenkung unter Auflage oder eine gemischte Schenkung handelt.

Soweit die Schenkung mit einer Auflage verbunden ist, führt dies ebenso wie bei einer Belastung des geschenkten Gegenstands nicht zur Entgeltlichkeit. Vielmehr wird lediglich die Gläubigerbenachteiligung dem Umfang nach eingeschränkt.

Im Falle der gemischten Schenkung ist zu prüfen, ob das Rechtsgeschäft in einen unentgeltlichen und einen entgeltlichen Teil zerlegt werden kann. Soweit die Leistung

902 Hirte, in: Uhlenbruck, InsO, § 134 Rn. 38.

903 Hirte, in: Uhlenbruck, InsO, § 134 Rn. 37.

904 Huber, AnfG, § 4 Rn. 21.

905 Huber, AnfG, § 4 Rn. 16; Kirchhof, in: MünchKomm, InsO, § 134 Rn. 22.

906 Huber, AnfG, § 4 Rn. 16.

907 BGHZ 113, 393, (397); Huber, AnfG, § 4 Rn. 21; Häsemeyer ZIP1994, 418 (422).

908 BGHZ 113, 393 (397); Häsemeyer, ZIP 1994, 418 (422).

909 BGHZ 113, 393 (397); Kirchhof, in: MünchKomm, InsO, § 134 Rn. 22.

teilbar ist, gilt für den unentgeltlichen Teil § 4 AnfG bzw. § 134 InsO, während der entgeltliche Teil nur angefochten werden kann, wenn die Voraussetzungen eines anderen Anfechtungstatbestands vorliegen.[910] Ist die Leistung des Schuldners dagegen unteilbar, richtet sich der Anspruch nach einer Ansicht auf Rückgewähr der Leistung insgesamt, jedoch Zug um Zug gegen Erstattung der durch den Beschenkten erbrachten Gegenleistung (§ 144 InsO, § 12 AnfG).[911] Nach anderer Auffassung ist im Falle einer unteilbaren Leistung danach zu differenzieren, ob der unentgeltliche Teil überwiegt; nur wenn dies der Fall sei, greife § 134 InsO bzw. § 4 AnfG ein.[912] Jedenfalls ist den Gläubigerinteressen aber regelmäßig Genüge getan sein, wenn dem Anfechtungsgegner das Recht zugestanden wird, den Rückgewähranspruch durch anteiligen Wertersatz abzuwenden.[913]

c) Ausschluss der Anfechtung

Liegen die genannten Voraussetzungen vor, kann die Anfechtung dennoch aufgrund zeitlicher Umstände oder aufgrund der Art der Leistung ausgeschlossen sein.

Die Möglichkeit der Anfechtung entfällt gemäß § 134 Abs. 1 InsO, wenn die Leistung vier Jahre vor Eröffnung des Insolvenzverfahrens bzw. gemäß §§ 4 Abs. 1, 7 Abs. 1 AnfG vier Jahre bevor die Anfechtbarkeit gerichtlich geltend gemacht wurde, erfolgt ist. Die Frist des § 134 Abs. 1 InsO beginnt gemäß § 139 Abs. 1 S. 1 InsO grundsätzlich mit Anfang des Tages, an dem der Antrag auf Eröffnung des Insolvenzverfahrens beim Insolvenzgericht eingegangen ist.

Die Anfechtung ist gemäß §§ 4 Abs. 2 AnfG, 134 Abs. 2 InsO ferner dann ausgeschlossen, wenn sich die Leistung auf ein gebräuchliches Gelegenheitsgeschenk geringen Werts richtet. Bei gebräuchlichen Gelegenheitsgeschenken handelt es sich um solche Geschenke, die nach der Verkehrssitte zu bestimmten Anlässen, wie z.B. Geburtstagen, Hochzeiten, Weihnachten üblich sind oder zu wohltätigen oder gemeinnützigen Zwecken erbracht werden.[914] Für die „Gebräuchlichkeit" ist entscheidend, ob ein verständiger Wirtschafter in der Vermögenslage, in der sich der Schuldner zur Zeit der Schenkung befunden hat, für Geschenke an Personen, zu denen er in gleicher Beziehung gestanden hat, bei gleichen Anlässen diesen Betrag aufzuwenden pflegte.[915] Für

910 Kirchhof, in: MünchKomm, InsO, § 134 Rn. 42; v. Campe, Insolvenzanfechtung in Deutschland und Frankreich, S. 214.

911 Kirchhof, in: MünchKomm, InsO, § 134 Rn. 42; Eckardt, ZInsO 2004, 888 (896).

912 BGHZ 57, 123 (127); de Bra, in: Braun, InsO, § 134 Rn. 6; Huber, AnfG, § 134 Rn. 29; Rosenberg/Gaul/Schilken, Zwangsvollstreckungsrecht, § 35 IV 2 (S. 550); weitergehend: Hirte, in: Uhlenbruck, InsO, § 134 Rn. 39, der diese Abgrenzung unabhängig davon vornehmen will, ob die Leistung teilbar ist.

913 Kirchhof, in: MünchKomm, InsO, § 134 Rn. 42; Wimmer-Leonhardt, in: Staudinger, BGB, § 516 Rn. 223; Hirte, in: Uhlenbruck, InsO, § 134 Rn. 39.

914 de Bra, in: Braun, InsO, § 134 Rn. 41.

915 RGZ 124, 59 (60); de Bra, in: Braun, InsO, § 134 Rn. 41.

das Eingreifen dieser Ausnahme ist weiterhin erforderlich, dass es sich um ein Geschenk von geringem Wert handelt. Insoweit ist umstritten, ob die diesbezügliche Grenze objektiv, im Sinne einer absoluten Obergrenze[916] oder ob auch diese in Relation zum Vermögen des Schuldners zu bestimmen ist[917].

d) Rechtsfolgen

Sowohl Anfechtungsgesetz als Insolvenzordnung enthalten für Fälle unentgeltlicher Leistungen nicht nur einen gesonderten Anfechtungstatbestand, sondern auch gesonderte Rechtsfolgen. Insbesondere hat der gutgläubige Empfänger einer unentgeltlichen Leistung diese, ebenso wie nach niederländischem Recht, nur dann zurückzugewähren, wenn er noch bereichert ist (§§ 11 Abs. 2 AnfG, 143 Abs. 2 InsO).

aa) Allgemeines

Der Anfechtungsanspruch nach dem Anfechtungsgesetz ist gemäß § 11 Abs. 1 S. 1 AnfG grundsätzlich auf Wiederherstellung der bisherigen Zugriffslage gerichtet. Der Anfechtungsgläubiger hat mithin gegen den Anfechtungsgegner einen Anspruch auf Duldung der Zwangsvollstreckung in den anfechtbar erlangten Gegenstand. Da es unerheblich ist, ob die Forderung vor oder nach der anfechtbaren Handlung entstanden ist[918], darf sich der Gläubiger auch aus solchen Gegenständen befriedigen, die erst nach Entstehen seiner Forderung anfechtbar weggegeben worden sind.[919] Demgegenüber richtet sich der Anspruch im Rahmen der Anfechtung innerhalb der Insolvenz nach § 143 Abs. 1 S. 1 InsO grundsätzlich auf Rückgewähr des Gegenstandes in die Insolvenzmasse.

Sowohl nach § 11 AnfG als auch nach § 143 InsO sind von dem Anspruch Nutzungen erfasst, soweit sie der Schuldner hätte ziehen können. Maßgeblich sind insoweit § 11 Abs. 1 S. 2 AnfG bzw. § 143 Abs. 1 S. 2 InsO in Verbindung mit §§ 819, 818 Abs. 4, 292 Abs. 2, 987 ff. BGB. Diese Normen sind auch für die Frage entscheidend, ob es sich bei werterhöhenden Verwendungen des Anfechtungsgegners um notwendige oder nützliche und mithin ersatzfähige Verwendungen handelt.

Schließlich sind die Verweise in den §§ 11 Abs. 1 S. 2 AnfG, 143 Abs. 1 S. 2 InsO maßgeblich, wenn die Rückgewähr in Natur unmöglich ist. Der Anfechtungsgegner haftet mithin gemäß §§ 819 Abs. 1, 818 Abs. 4, 292 Abs. 2, 989, 990 BGB für den Fall des Untergangs oder der Verschlechterung des Anfechtungsgegenstands, wenn ihn ein Verschulden trifft. Zu beachten ist, dass aufgrund des Verweises auf § 819 Abs. 1

916 Vgl. Nerlich, in: Römermann/Nerlich, InsO, § 134 Rn. 43; Jauernig/Berger, Zwangsvollstreckungs- und Insolvenzrecht, § 52 Rn. 14; v. Campe, Insolvenzanfechtung in Deutschland und Frankreich, S. 216.

917 Vgl. Paulus, in: Kübler/Prütting, InsO, § 134 Rn. 32.

918 Kirchhof, in: MünchKomm, InsO, § 134 Rn. 43; Holzapfel, Ehegattenschenkungen und Gläubigerschutz, S. 23; vgl. auch Art. 3:45 NBW.

919 BGHZ 90, 207 (211); BGH, ZIP 1991, 454 (455); Nerlich/Niehus, AnfG, § 11 Rn. 10.

BGB die Anwendbarkeit des § 818 Abs. 3 BGB beim Anfechtungsgegner ausgeschlossen ist.[920]

bb) Haftung bei unentgeltlichen Leistungen, §§ 11 Abs. 2 AnfG, 143 Abs. 2 InsO

Demgegenüber kommt dem Anfechtungsgegner im Geltungsbereich der §§ 4 AnfG, 134 InsO der Entreicherungseinwand nach § 818 Abs. 3 BGB zugute. Die §§ 11 Abs. 2 AnfG, 143 Abs. 2 InsO sehen insoweit eine Privilegierung des gutgläubigen und unentgeltlichen Erwerbers vor. Dieser hat die Leistung nur zurückzugewähren, soweit er durch sie bereichert ist.

Das Eingreifen der Haftungsprivilegierung setzt zum einen voraus, dass lediglich der Anfechtungsgrund nach § 4 AnfG oder § 134 InsO vorliegt. Ist dagegen eine Anfechtung auch nach anderen Vorschriften möglich, sind die § 11 Abs. 2 AnfG, 143 Abs. 2 InsO unanwendbar.[921] Dieses liegt im Sinn und Zweck Privilegierung begründet. Letztere schaffen einen Ausgleich dafür, dass die Anfechtungsgründe nach § 4 AnfG und § 134 InsO anders als die übrigen Anfechtungstatbestände allein an objektive Merkmale anknüpft.[922] Da allein das Vorliegen einer unentgeltlichen Leistung nicht von vornherein die Bösgläubigkeit des Empfängers vermuten lässt, erscheint die durch §§ 11 Abs. 1 S. 2 AnfG, 143 Abs. 1 S. 2 InsO erfolgende Gleichstellung mit einem Bereicherungsschuldner, der den Mangel des rechtlichen Grundes von Anfang an kannte, nicht gerechtfertigt.[923] Dies ist jedoch anders, wenn nicht nur die Voraussetzungen der §§ 4 AnfG, 134 InsO, sondern gleichzeitig die eines anderen Anfechtungsgrundes vorliegen.

Zum anderen darf der Empfänger gemäß §§ 11 Abs. 2 S. 2 AnfG, 143 Abs. 2 S. 2 InsO in Ansehung der Anfechtbarkeit nicht bösgläubig sein. Die Bösgläubigkeit ist zu bejahen, wenn der Anfechtungsgegner weiß oder wissen muss, dass durch die unentgeltliche Leistung Gläubiger benachteiligt werden. Die Bösgläubigkeit muss nicht nur bei Empfang der Leistung, sondern bis zu dem Zeitpunkt ausgeschlossen sein, in dem das Empfangene wieder aus seinem Vermögen hinausgegangen ist.[924] Daneben ist die Privilegierung vom Zeitpunkt des Eintritts der Rechtshängigkeit an ausgeschlossen.

Soweit die Voraussetzungen nach § 11 Abs. 2 AnfG bzw. 143 Abs. 2 InsO vorliegen, hat der Empfänger das Empfangene nur soweit herauszugeben, wie er noch bereichert ist. Die Pflicht zur Herausgabe erstreckt sich nach § 818 Abs. 1 BGB auch auf Nutzungen sowie auf das, was der Empfänger aufgrund eines anfechtbar erlangten Rechts oder als Ersatz für Zerstörung, Beschädigung oder Entziehung des Empfangenen erworben hat, wie bspw. die Versicherungssumme. Soweit die Herausgabe un-

---

920 Leithaus, in: Andres/Leithaus, InsO, § 143 Rn. 4; Hirte, in: Uhlenbruck, InsO, § 143 Rn. 28.

921 Huber, AnfG, § 11 Rn. 47; Kirchhof, in: MünchKomm, InsO, § 143 Rn. 101; Hirte, in: Uhlenbruck, InsO, § 143 Rn. 50.

922 Paulus, in: Kübler/Prütting, InsO, § 134 Rn. 61.

923 Kirchhof, in: MünchKomm, InsO, § 143 Rn. 100.

924 RGZ 92, 227 (229); Hirte, in: Uhlenbruck, InsO, § 143 Rn. 52.

möglich ist, hat er nach § 818 Abs. 2 BGB grundsätzlich den Wert zu ersetzen. Die Verpflichtung zu Herausgabe oder Wertersatz ist jedoch nach § 818 Abs. 3 BGB ausgeschlossen, soweit der Empfänger nicht mehr bereichert ist.

Aus der Formulierung in §§ 11 Abs. 2 S. 2 AnfG, 143 Abs. 2 S. 2 InsO ergibt sich, dass die Beweislast für die Bösgläubigkeit und deren Beginn den Anfechtenden trifft.[925] Demgegenüber obliegt dem Anfechtungsgegner der Beweis dafür, dass eine Rückgewähr in Natur unmöglich ist und dass er nicht mehr bereichert ist.[926]

3. Sonderfall: Unentgeltliche Verfügung eines berechtigten Bereicherungsschuldners

In den bereicherungsrechtlichen Regelungen des BGB spiegelt sich die geminderte Schutzwürdigkeit des unentgeltlichen Erwerbs nicht nur in § 816 Abs. 1 S. 2 BGB, sondern auch in § 822 BGB wieder. Die Kondiktion nach § 822 BGB betrifft den Fall der unentgeltlichen Weitergabe eines Gegenstandes durch den causalosen Empfänger an einen Dritten. Sie ermöglicht dem Kondiktionsgläubiger ausnahmsweise den Durchgriff auf den Dritten, soweit bei dessen Vordermann die Herausgabe der Bereicherung ausgeschlossen ist.

Daraus ergeben sich zwei wesentliche Unterschiede zwischen § 816 Abs. 1 S. 2 BGB einerseits und § 822 BGB andererseits. Während der Verfügende beim Ersteren Nichtberechtigter ist, handelt er vorliegend als Berechtigter, der dem Gläubiger durch eine Kondiktionsschuld verpflichtet ist.

a) Voraussetzungen nach § 822 BGB

Die Kondiktion nach § 822 BGB setzt zunächst voraus, dass dem Gläubiger dem Grunde nach ein Bereicherungsanspruch zusteht. Dabei ist unerheblich, ob es sich um eine Leistungs- oder Eingriffskondiktion handelt und aus welcher Anspruchsgrundlage der §§ 812 ff. BGB sie sich ergibt.[927]

Weiterhin ist erforderlich, dass der Schuldner dieses Bereicherungsanspruchs den Bereicherungsgegenstand aufgrund eines unentgeltlichen Rechtsgeschäfts auf einen Dritten weiterübertragen hat. Als unentgeltliche Zuwendungen kommen neben Schenkungen auch Vermächtnisse, zinslose Darlehen sowie entgeltlose Gebrauchsüberlas-

---

925 Nerlich/Niehus, AnfG, § 11 Rn. 45; Riggert, in: Braun, InsO, § 143 Rn. 22; Hirte, in: Uhlenbruck, InsO, § 143 Rn. 55. Dagegen vertrat die h.M. zum alten Recht die Auffassung, dass der Anfechtungsgegner insoweit beweispflichtig sei; vgl. RGZ 92, 227 (229); BGH, WM 1955, 407 (412); BGH, NJW 1970, 44 (46).

926 Hirte, in: Uhlenbruck, InsO, § 143 Rn. 56.

927 von Sachsen Gessaphe, in: AnwaltKomm-BGB, § 822 Rn. 3; Wendehorst, in: Bamberger/Roth, BGB, § 822 Rn. 3; H. P. Westermann/Buck, in: Erman, BGB, § 822 Rn. 2; Martinek, in: JurisPK-BGB, § 822 Rn. 5; Lieb, in: MünchKomm, BGB, § 822 Rn. 3; Leupertz, in: PWW, BGB, § 822 Rn. 2; S. Lorenz, in: Staudinger, BGB, § 822 Rn. 5.

sungen in Betracht.[928] Ferner wird § 822 BGB auch auf die sog. ehebedingten bzw. unbenannten Zuwendungen angewandt.[929] Dagegen scheiden solchen Konstellationen aus dem Anwendungsbereich aus, in denen das Erlangte nicht durch Leistung, sondern auf sonstige Weise an den Bereicherten gelangte.

Zu beachten ist schließlich, dass § 822 BGB nach überwiegender Auffassung auch dann eingreift, wenn nicht das Erlangte selbst sondern ein Surrogat unentgeltlich an den Dritten weitergegeben wurde, wie bspw. ein aus geschenktem Sparguthaben erworbener PKW[930], Nutzungen oder ein entsprechender Wert, den der Empfänger gemäß § 818 Abs. 2 BGB schuldete.[931]

Soweit eine gemischte Schenkung vorliegt, ist der Anspruch aus § 822 BGB in der Regel auf Wertersatz für den unentgeltlichen Teil der Zuwendung beschränkt, während im Übrigen der ursprüngliche Bereicherungsschuldner nach allgemeinen Grundsätzen haftet.[932]

Schließlich ist der Durchgriff auf den Dritten nur dann möglich, wenn der primäre Bereicherungsanspruch gegen den Empfänger ausgeschlossen ist, weil dieser ihm das Erlangte unentgeltlich zugewendet hat und insoweit nach § 818 Abs. 3 BGB entreichert ist. Dagegen scheidet ein Durchgriff aus, wenn der primäre Bereicherungsschuldner entweder verklagt oder bösgläubig im Sinne der §§ 818 Abs. 4, 819 f. BGB ist oder sich eigene Aufwendungen für ein Geschenk erspart hat.[933] Nach überwiegender Auffassung genügt es auch nicht, wenn der Primäranspruch aus tatsächlichen Gründen, wie Zahlungsunfähigkeit, Abwesenheit oder auch Insolvenz des ursprünglichen Bereicherungsschuldners nicht durchsetzbar ist.[934]

---

928 Stadler, in: Jauernig, BGB, § 822 Rn. 5; Martinek, in: JurisPK-BGB, § 822 Rn. 4.

929 BGHZ 142, 300 (303 f.); BGH NJW-RR 2001, 6 (7); von Sachsen Gessaphe, in: AnwaltKomm-BGB, § 822 Rn. 4; Wendehorst, in: Bamberger/Roth, BGB, § 822 Rn. 7; H. P. Westermann/Buck, in: Erman, BGB, § 822 Rn. 3; Stadler, in: Jauernig, BGB, § 822 Rn. 5; Leupertz, in: PWW, BGB, § 822 Rn. 3; Reuter/Martinek, Ungerechtfertigte Bereicherung, § 8 IV 1 (S. 361); Sandweg, NJW 1989, 1965 (1973); a.A. OLG Koblenz, NJW-RR 1991, 1218 (1218).

930 Vgl. BGH, NJW 2004, 1314 (1314 f.).

931 von Sachsen Gessaphe, in: AnwaltKomm-BGB, § 822 Rn. 5; Lieb, in: MünchKomm, BGB, § 822 Rn. 7; Leupertz, in: PWW, BGB, § 822 Rn. 4; Heimann-Trosien, in: RGRK, BGB, § 822 Rn. 6; S. Lorenz, in: Staudinger, BGB, § 822 Rn. 6; a.A. OLG Naumburg, Recht 1902, Nr. 1998.

932 von Sachsen Gessaphe, in: AnwaltKomm-BGB, § 822 Rn. 4; Wendehorst, in: Bamberger/Roth, BGB, § 822 Rn. 5; Lieb, in: MünchKomm, BGB, § 822 Rn. 4; Leupertz, in: PWW, BGB, § 822 Rn. 3; Heimann-Trosien, in: RGRK, BGB, § 822 Rn. 4; S. Lorenz, in: Staudinger, BGB, § 822 Rn. 8.

933 von Sachsen Gessaphe, in: AnwaltKomm-BGB, § 822 Rn. 6; H. P. Westermann/Buck, in: Erman, BGB, § 822 Rn. 4; Martinek, in: JurisPK-BGB, § 822 Rn. 5; S. Lorenz, in: Staudinger, BGB, § 822 Rn. 11.

934 BGHZ 154, 88 (92); BGH, NJW 1969, 605 (606); BGH, NJW 1999, 1026 (1028); von Sachsen Gessaphe, in: AnwaltKomm-BGB, § 822 Rn. 7; Wendehorst, in: Bamberger/Roth, BGB,

Da dies jedoch zu der seltsamen Konsequenz führt, dass der Dritte bei einem Erwerb vom Bösgläubigen besser steht, als beim Erwerb von einem Gutgläubigen, fordert eine in der Literatur vertretene Ansicht, § 822 BGB auch dann anzuwenden, wenn die Durchsetzung des ursprünglichen Bereicherungsanspruch aus faktischen Gründen scheitert.[935] Dieser Auffassung ist zuzugeben, dass es als Härte empfunden werden kann, wenn einerseits der Bereicherungsgläubiger keinen Anspruch gegen den Dritten hat und die Forderung gegen den ursprünglichen Bereicherungsgläubiger uneinbringlich ist, während der Dritte andererseits für die Zuwendung keine Gegenleistung erbracht hat und diese dennoch, letztlich auf Kosten des Gläubigers, behalten darf. Gegen eine Erweiterung des § 822 BGB spricht jedoch der insoweit eindeutige Wortlaut, wonach die „Verpflichtung" infolge der unentgeltlichen Zuwendung erloschen sein muss. Ferner ist zu bedenken, dass § 822 BGB bei einer derartigen Erweiterung des Anwendungsbereichs den Gläubiger vor jedwedem Risiko der Nichtbefriedigung schützte und diesem dadurch unter Umgehung der §§ 129 ff. InsO, 1 ff AnfG eine Sonderbefriedigung gewährte, womit zugleich die Gefahr einer Vereitelung der Befriedigung anderer Gläubiger bestünde.[936] Zu beachten ist jedoch, dass die Schenkungsanfechtung nach § 134 InsO oder § 4 AnfG in Betracht kommt, wenn die Voraussetzungen einer Haftung nach § 822 BGB nicht gegeben sind, der Leistende aber aus tatsächlichen Gründen seine primäre Kondiktion gegen den Empfänger nicht realisieren kann.[937]

Schließlich scheidet eine Kondiktion nach § 822 BGB auch dann aus, wenn die Entreicherung des Empfängers, die sich bspw. auch aus zu saldierenden Aufwendungen auf den Bereicherungsgegenstand ergeben kann, im maßgeblichen Zeitpunkt der unentgeltlichen Zuwendung bereits eingetreten ist.[938]

b) Rechtsfolgen

Liegen die Voraussetzungen des § 822 BGB vor, haftete der Dritte, wie wenn er die Zuwendung vom Bereicherungsgläubiger selbst rechtsgrundlos erlangt hätte, also nach

§ 822 Rn. 8; Stadler, in: Jauernig, BGB, § 822 Rn. 4; Martinek, in: JurisPK-BGB, § 822 Rn. 6; Sprau, in: Palandt, BGB, § 822 Rn. 7; Leupertz, in: PWW, BGB, § 822 Rn. 5; S. Lorenz, in: Staudinger, BGB, § 822 Rn. 11; Reuter/Martinek, Ungerechtfertigte Bereicherung, § 8 IV 2 (S. 366 f.); Kornblum, JuS 1970, 437 (441).

935 Lieb, in: MünchKomm, BGB, § 822 Rn. 6; Larenz/Canaris, Schuldrecht II/2, § 69 IV 1 a (S. 195); Medicus, Schuldrecht II, Rn. 691 (S. 259); Knütel, NJW 1989, 2504 (2508); Tommaso/Weinbrenner, Jura 2004, 649 (656); Schilken, JR 1989, 363 (365 f.).

936 Vgl. Wendehorst, in: Bamberger/Roth, BGB, § 822 Rn. 8.

937 S. Lorenz, in: Staudinger, BGB, § 822 Rn. 4. Zum Verhältnis von § 822 BGB zu den vollstreckungsrechtlichen Anfechtungen, vgl.: Knütel, NJW 1989, 2504 (2508).

938 H. P. Westermann/Buck, in: Erman, BGB, § 822 Rn. 4; Martinek, in: JurisPK-BGB, § 822 Rn. 5; Lieb, in: MünchKomm, BGB, § 822 Rn. 3; Sprau, in: Palandt, BGB, § 822 Rn. 8; Leupertz, in: PWW, BGB, § 822 Rn. 5.

§§ 818, 819 BGB. Soweit jedoch bereits in der Person seines Rechtsvorgängers eine Ermäßigung der Haftung, bspw. infolge von Aufwendungen, eingetreten war, kommt ihm diese zugute. Die Höhe der Haftung des Dritten ist mithin nach oben hin durch die Haftung des primären Bereicherungsschuldners beschränkt.[939] Jedoch ist für die Person des Dritten auch selbstständig zu prüfen, ob bspw. die Voraussetzungen einer verschärften Haftung nach § 819 Abs. 1 BGB vorliegen.[940]

VI. Schutz zahlungspflichtiger Sozialhilfeträger bei Verarmung des Schenkers

1. Regressansprüche nach Art. 99 ABW, 16g WBO

Schließlich wird die Möglichkeit, rechtsbeständige Schenkungen vorzunehmen durch öffentlich-rechtliche Bestimmungen eingeschränkt. Dies gilt insbesondere dann, wenn der Schenker grundsätzlich einen Anspruch auf Sozialleistungen nach ABW[941] oder WBO[942] hat.

Durch die in diesen Gesetzen getroffenen Regelungen soll verhindert werden, dass sich jemand dadurch, dass er Teile seines Vermögens verschenkt, selbst in die Lage der Hilfebedürftigkeit begibt und daraufhin entsprechende Ansprüche gegen den Staat geltend macht.[943] Daher ermöglichen es Art. 99 ABW und Art. 16g WBO der zuständigen Behörde bei demjenigen Regress zu nehmen, der von dem Hilfebedürftigen beschenkt wurde. Dafür muss es sich gemäß Art. 99 Abs. 1 ABW zunächst um *schenking* gehandelt haben. Dabei ist jedoch zu beachten, dass hierfür eine Bereicherung aus Freigiebigkeit ausreichend ist[944], wodurch sich zugleich zeigt, dass dem Begriff hier eine weitergehende Bedeutung zukommt, als in der Definition des Art. 7:175 NBW. Ferner darf gemäß Art. 99 Abs. 1 S. 2 ABW kein Regress genommen werden, wenn aufgrund der Umstände glaubhaft ist, dass der Schenker seine Hilfebedürftigkeit zum Zeitpunkt der Schenkung redlicherweise nicht hätte vorhersehen können. Schließlich muss der Umfang der Schenkung von solcher Art sein, dass die geschenkten Mittel bei der Sozialleistung berücksichtigt worden wären, wenn die Schenkung nicht stattgefunden hätte.

939 von Sachsen Gessaphe, in: AnwaltKomm-BGB, § 822 Rn. 9; Wendehorst, in: Bamberger/Roth, BGB, § 822 Rn. 10; S. Lorenz, in: Staudinger, BGB, § 822 Rn. 13.

940 Sprau, in: Palandt, BGB, § 822 Rn. 10; Heimann-Trosien, in: RGRK, BGB, § 822 Rn. 7; S. Lorenz, in: Staudinger, BGB, § 822 Rn. 13.

941 Algemene Bijstandswet.

942 Wet op de Bejaardenoorden.

943 Schuttevaer/Zwemmer, Schenking, S. 62.

944 HR 30.09.1978, NJ 1979, 119; Ktg. Utrecht 17.03.1983, NJ. 1984, 198.

Eine solche Regelung trifft auch Art. 16g WBO, wobei für den Umfang des Regresses nicht entscheidend ist, inwiefern die geschenkten Mittel berücksichtigt worden wären, sondern was Umfang der Schenkung ist.

2. Überleitung des Anspruchs aus § 528 BGB gemäß §§ 93 SGB XII, 33 SGB II

Auch in Deutschland können Träger der Sozialhilfe beim Beschenkten Regress nehmen, wenn der Schenker verarmt ist und ihm in Folge dessen Sozialhilfe gewährt wurde.[945] Hintergrund ist, dass der Anspruch auf Sozialhilfe nicht etwa dadurch entfällt, dass jemand seine Bedürftigkeit selbst, z.B. durch eine Schenkung, herbeigeführt hat. Es gilt jedoch das in § 2 SGB XII geregelte Nachrangprinzip, wonach der Staat nur in Vorlage für den vorrangig Verpflichteten tritt. Daraus folgt auch, dass der Anspruch des Schenkers gegen den Beschenkten auf Rückforderung gemäß § 528 BGB nach Erhalt staatlicher Leistungen nicht untergeht.[946] Der in Vorlage getretene Träger der Sozialhilfe kann diesen Anspruch vielmehr gemäß § 93 Abs. 1 S. 1 SGB XII durch schriftliche Anzeige an den Beschenkten bis zur Höhe seiner Aufwendungen auf sich

---

945 Soweit im Falle der Verarmung des Schenkers nicht der Sozialhilfeträger, sondern eine dem Schenker gegenüber grundsätzlich unterhaltsverpflichtete Person geleistet hat, gilt folgendes: Grundsätzlich besteht die Unterhaltspflicht nur, wenn der Unterhaltsberechtigte seinen Unterhalt nicht aus dem eigenen Vermögen bestreiten kann. Zum eigenen Vermögen gehört auch der Rückforderungsanspruch aus § 528 BGB. Genau genommen besteht also in diesem Fall kein Unterhaltsverpflichtungen (vgl. Zeranski, Der Rückforderungsanspruch des verarmten Schenkers, S. 72 Fn. 178). Die folgenden Ausführungen gelten daher im Wesentlichen auch, wenn nicht ein „Unterhaltspflichtiger", sondern irgendein Dritter den Unterhalt freiwillig abdeckt, mit dem Zweck, dem Schenker zu helfen, ihn jedoch nicht endgültig zu bereichern.
Die Unterhaltsleistungen sollen nur dem Berechtigten und nicht etwa Dritten zugute kommen. Der Anspruch ist daher nicht auf Verpflichtungen anderer Schuldner anrechenbar. Deshalb besteht zwischen der Pflicht des „Unterhaltsschuldners" und der Rückgabepflicht des Beschenkten ein Nachrangigkeitsverhältnis (§ 843 Abs. 4 BGB analog bzw. Rechtsgedanke § 843 Abs. 4 BGB). Leistet also der „Unterhaltsschuldner", so tritt er nur in Vorlage für den Beschenkten. Der Anspruch aus § 528 BGB bleibt trotz Bedarfsdeckung bestehen. Die Zweckrichtung ändert sich insoweit, als dass der Anspruch den aus dem Nachrangprinzip abzuleitenden Zweck erhält, den Dritten, der geleistet hat, zu entgelten. Der Schenker, der weiterhin Inhaber des Anspruch bleibt, hat nunmehr die treuhänderische Verpflichtung, dem Dritten den Anspruchsgegenstand zukommen zu lassen. Private Dritte können den Anspruch aus § 528 BGB zwar nicht auf sich überleiten, jedoch Abtretung verlangen (§ 242 BGB). Vgl. dazu: Kollhosser, ZEV 1995, 391, 394 f.; ders., ZEV 2001, 289, 290 f.

946 Aus dem Nachrangprinzip folgt auch, dass der Rückforderungsanspruch des verarmten Schenkers bei Deckung seines Bedarfs durch staatliche Leistungen auch mit dem Tode des Schenkers nicht untergeht. Dies gilt unabhängig davon, ob die Überleitungsanzeige zum Zeitpunkt des Todes bereits erfolgt ist; Koch, in: MünchKomm, BGB, § 528 Rn. 28; Wimmer-Leonhardt, in: Staudinger, BGB, § 528 Rn. 47.

überleiten.[947] Eine entsprechende Überleitungsmöglichkeit stellt § 33 SGB II für den Fall bereit, dass der Schenker Arbeitslosengeld II erhalten hat. Diese Anzeige stellt einen privatrechtsgestaltenden Verwaltungsakt dar und bewirkt den Übergang des möglichen Anspruchs, womit der Sozialhilfeträger als neuer Gläubiger an die Stelle des bisherigen Gläubigers tritt.[948] Die Überleitung erfolgt gemäß § 93 Abs. 2 SGB XII für die Zeit, für die der leistungsberechtigten Person die Hilfe ohne Unterbrechung von mehr als zwei Monaten gewährt wird. Nach der Überleitung kann sich der Beschenkte von der Verpflichtung, in Höhe der vorgestreckten Unterhaltsleistungen Zahlungen nach §§ 528 Abs. 1, 818 Abs. 2 BGB zu leisten, nicht mehr durch Rückgabe des Geschenks an den Schenker, sondern nur noch durch Leistung an den Sozialhilfeträger befreien.[949]

947 Für die Wirksamkeit der Überleitungsanzeige ist es ohne Bedeutung, ob die Sozialhilfegewährung zu Recht oder zu Unecht erfolgt ist. Vgl. BVerwGE 55, 23 (26); BVerwG, NJW 1992, 3313 (3313); a.A. Münder, ZfSH/SGB 1985, 248 (250).

948 BVerwGE 90, 245 (246); Koch, in: MünchKomm, BGB, § 528 Rn. 29; Wimmer-Leonhardt, in Staudinger, BGB, § 528 Rn. 41; Günther, NZS 1994 66 (67).

949 BGH, NJW 1994, 1655 (1655); Wimmer-Leonhardt, in: Staudinger, BGB, § 528 Rn. 44.

E. Haftungsbeschränkungen

Schließlich enthalten die Bestimmungen über die Schenkung in NBW und BGB Vorschriften über die Haftung des Schenkers, denen gemein ist, dass sie die Haftung des Schenkers im Vergleich zu den entsprechenden allgemeinen schuldrechtlichen Bestimmungen einschränken. In diesem Sinne können diese Beschränkungen der Haftung als Wirkungsschwäche (im Verhältnis des Schenkers zum Beschenkten) aufgefasst werden. Sie werden jedoch in einem gesonderten Abschnitt behandelt, da sie sich nicht auf den Erfüllungs- sondern auf etwaige Schadensersatzansprüche beziehen.

I. Niederlande

1. Einführende Bemerkungen

Das niederländische Recht enthält mit Art. 7:183 NBW eine eigene Bestimmung bezüglich der Haftung des Schenkers.[950] Durch diese Norm wird die Möglichkeit des Beschenkten, im Falle eines Mangels vom Schenker Ersatz verlangen zu können, im Vergleich zu den Bestimmungen des allgemeinen Teils (Buch 6 NBW), eingeschränkt.

Obwohl dies im Schenkungstitel, anders als bspw. in den Art. 7:9, 7:15 NBW für den Kauf, nicht ausdrücklich geregelt ist, ist der Schenker einer Sache verpflichtet, diese samt Zubehör (inklusive Titelbelege und Unterlagen) im Eigentum zu übertragen und abzuliefern.[951] Falls die geschuldete Sache nur der Art nach bestimmt ist und innerhalb dieser Art Unterschiede hinsichtlich der Qualität bestehen, darf die gelieferte Sache nicht unterhalb mittlerer Qualität liegen.

Im Folgenden wird der Frage nachgegangen, welche rechtlichen Möglichkeiten der Beschenkte hat, wenn der Schenker dieser Verpflichtung nicht oder nicht ordnungsgemäß nachkommt.[952] Dabei wird zunächst die Haftung des Schuldners nach den Bestimmungen des niederländischen allgemeinen Obligationenrechts dargestellt, um daraufhin herauszuarbeiten, auf welchen Gebieten und inwiefern Art. 7:183 NBW von diesen abweicht. Hinsichtlich der praktischen Relevanz der Frage ist zu anzumerken, dass diese durch die Einführung des neuen Schenkungstitels zunehmen könnte, da der

---

950 Im BW bestimmte Art. 1711 lediglich, dass der Schenker im Falle der Eviktion (Entwehrung) zu keiner Gewährleistung verpflichtet war. Zudem wurde angenommen, dass auch bei verborgenen Mängeln keine Haftung in Betracht kam; vgl. Ploeger, in: Nieuwenhuis, BW (2), Art. 7:183, S. 2681; van Mens, Schenking, S. 74.

951 van Schaik/Schoordijk, WPNR 6445 (2001), 461 (462); ebenso zum alten Recht, das insoweit ebenfalls keine explizite Regelung enthielt: Asser-Kleijn, deel 5.4, Nr. 272 (S. 211 f.).
Eine gesetzliche Regelung besteht dagegen bspw. im portugiesischen Recht. Nach Art. 954, 955 Código civil ist der Schenker verpflichtet, die Sache in dem Zustand abzuliefern, in dem sie sich befand, als der Vertrag zustande gekommen ist.

952 Unberücksichtigt bleibt dabei der Fall, dass der Schenker aufgrund einer finanziellen Notlage nicht leistet, da dies bereits Teil obiger Ausführungen war. Vgl. hierzu C. III.

Schenkungsvertrag nicht länger formgebunden ist und ein Angebot zum Abschluss eines solchen als angenommen gilt, wenn es nicht unverzüglich zurückgewiesen wird. Klagen auf diesem Gebiet sollten sich daher in Zukunft häufen.[953]

2. Die Haftung des Schuldners nach den allgemeinen Bestimmungen

Das Recht der Leistungsstörungen und somit auch die Haftung des Schuldners, der seiner vertraglichen Verpflichtung nicht oder nicht ordnungsgemäß nachkommt, ist im allgemeinen Obligationenrecht (Buch 6) des NBW geregelt.

a) Begrifflichkeiten und Systematik

In Abschnitt 6.1.9 (Art. 6:74 ff.) NBW wird bestimmt, wann eine mangelhafte Leistung bzw. Nichtleistung zurechenbar ist und unter welchen Voraussetzungen der Gläubiger Schadensersatz verlangen kann. Abschnitt 6.5.5 (Art. 6:261 ff.) NBW enthält ergänzende Regelungen, für den Fall, dass es sich um einen gegenseitigen Vertrag handelt, darunter insbesondere die zusätzliche Rechtsfolge der Vertragsauflösung.

Art. 6:74 Abs. 1 NBW trifft zwei wesentliche Unterscheidungen. Zum einen zwischen *toerekenbaren* und *niet toerekenbaren tekortkomingen*, zum anderen zwischen *tekortkomingen*, die auf dauerhafter Unmöglichkeit basieren und solchen bei denen dies nicht der Fall ist. Der zweite Paragraph dieses Abschnitts, der dem Schuldnerverzug (*Verzuim van de schuldenaar*, Art. 6:81 ff. NBW) gewidmet ist, betrifft allein *toerekenbare tekortkoming* und knüpft an die zweite, der oben genannten Unterscheidungen an, indem er die Möglichkeit des Gläubigers, Schadenersatz zu verlangen, an bestimmte Voraussetzungen knüpft, wenn nicht ein Fall dauerhafter Unmöglichkeit vorliegt.[954]

Der Begriff *tekortkomen* hat eine weite und neutrale Bedeutung. Dies ist darin begründet, dass die Folgen einer Vertragsverletzung einheitlich geregelt werden sollten. Es ist mithin grundsätzlich unerheblich, ob Spätlieferung, Schlechtlieferung, Unmöglichkeit oder eine Schutzpflichtverletzung vorliegt.[955] Der Begriff *tekortkomen* umfasst alle Fälle in denen der Schuldner hinter dem zurückbleibt, wozu er vertraglich verpflichtet ist und zwar ungeachtet dessen, ob ihm dies zuzurechnen ist.[956] Für die Frage, ob eine solche Pflichtverletzung vorliegt, ist insbesondere von Bedeutung, was Inhalt

953 Vgl. van Schaik/Schoordijk, WPNR 6445 (2001), 461 (462).

954 Hartkamp, Compendium vermogensrecht, Nr. 269 (S. 260). Der Begriff der „Unmöglichkeit“ wurde dem deutschen Recht entnommen; vgl. van Dunné, Verbinten-issenrecht, deel 1, S. 632 f.

955 Hartkamp, AcP 191 (1991), 396 (407).

956 Parl. Gesch., Boek 6, S. 258; Olthof, in: Nieuwenhuis, BW (2), Art. 6:74, S. 1616; Hartkamp, Compendium vermogensrecht, Nr. 270 (S. 260 f.); Nieskens-Isphording, Van nieuw BW naar BW, S. 183.

der Verbindlichkeit ist und mithin, neben den Grundsätzen von Treu und Glauben, auch die Unterscheidung zwischen *resultaats-* und *inspanningsverbintenis*. Bei ersterem ist der Schuldner gehalten, einen bestimmten Erfolg herbeizuführen (bspw. die Lieferung von Getreide, den Bau eines Hauses), während er bei einem *inspanningsverbintenis* ein gewisses Maß an Arbeitsaufwand schuldet.[957] Bei einem *reslutaatsverbintenis* liegt eine Pflichtverletzung vor, sobald der versprochene Erfolg nicht eintritt, bei einem *inspanningsverbintenis* dann, wenn der Schuldner nicht den Aufwand erbracht hat, der unter den gegebenen Umständen aufgrund des Vertrags von ihm verlangt werden konnte.[958] Die Unterscheidung zwischen diesen beiden Arten von Verbindlichkeiten ist allerdings nicht immer eindeutig. So kann auch ein *inspanningsverbintenis* durchaus Erfolgselemente beinhalten.[959]

Ist die Zurechenbarkeit zu bejahen, handelt es sich um eine *toerekenbare tekortkoming*, die auch als *wanprestatie* bezeichnet wird.[960] Ist die Zurechenbarkeit dagegen zu verneinen, handelt es sich um einen Fall von *overmacht* (*niet toerekenbare tekortkoming*, vgl. Art. 6:75 NBW).[961] Falls die Nichterfüllung in dem Ausbleiben einer noch möglichen Leistung besteht und dieses Ausbleiben dem Schuldner auch zugerechnet werden kann, ist grundsätzlich erst dann die Rede von *toerekenbare tekortkoming*, wenn sich der Schuldner im Verzug befindet, da Art. 6:74 NBW den Begriff der *toerekenbare tekortkoming* an die Schadensersatzpflicht koppelt und diese in einem solchen Fall erst mit dem Vorliegen von Verzug eintritt (Art. 6:74 Abs. 2 NBW).[962] Eine Ausnahme von diesem Grundsatz gilt gemäß Art. 6:265 Abs. 2 NBW für den Fall von vorübergehender Unmöglichkeit. Danach hat der Gläubiger hier, ungeachtet der Frage, ob Verzug vorliegt, ein Auflösungsrecht. Schließlich ist anzumerken, dass die Beweislast hinsichtlich der Frage, ob eine Pflichtverletzung vorliegt, auf Seiten des Gläubigers liegt.

---

957 Hartkamp, Compendium vermogensrecht, Nr. 272, S. 262 f.

958 Parl. Gesch., Boek 6, S. 264; Olthof, in: Nieuwenhuis, BW (2), Art. 6:74, S. 1616.

959 Hartkamp, Compendium vermogensrecht, Nr. 272 (S. 263). Die Unterscheidung zwischen reslutaatsverbintenis und inspanningsverbintenis wirkt sich insbesondere auch auf die Beweislastverteilung hinsichtlich der toerekening aus. Im ersten Fall genügt es, wenn der Gläubiger darlegt, dass der geschuldete Erfolg nicht eingetreten ist. Der Schuldner muss daraufhin nachweisen, dass ihm diese Pflichtverletzung nicht zugerechnet werden kann. Anders ist dies im zweiten Fall. Hier ist es am Gläubiger, nachzuweisen, dass der Schuldner bei der Erfüllung seiner Verbindlichkeit nicht die ausreichende Sorgfalt beachtet hat; Hartkamp, Compendium vermogensrecht, Nr. 272 (S. 263).

960 Hijma/Olthof, Compendium vermogensrecht, Nr. 368 (S. 236); Olthof, in: Nieuwenhuis, BW (2), Art. 6:74, S. 1616; Nieskens-Isphording, Van nieuw BW naar BW, S. 183; van Dunné, Verbintenissenrecht, deel 1, S. 608.

961 Olthof, in: Nieuwenhuis, BW (2), Art. 6:74, S. 1616; Nieskens-Isphording, Van nieuw BW naar BW, S. 183 f.; van Dunné, Verbintenissenrecht, deel 1, S. 608.

962 HR 20.09.1996, NJ 1996, 748; Hartkamp, Compendium vermogensrecht, Nr. 270 (S. 261).

b) Zurechenbarkeit (*toerekening*)

Die Art. 6:75-77 NBW regeln, unter welchen Voraussetzungen eine Pflichtverletzung dem Schuldner zuzurechnen ist. Dies ist gemäß Art. 6:75 NBW nicht der Fall und es liegt *overmacht* vor, wenn die Pflichtverletzung weder auf sein Verschulden zurückzuführen ist, noch kraft Gesetzes, der Rechtshandlung oder der Verkehrsauffassung auf seine Rechnung geht. Aus dieser Bestimmung ergibt sich sogleich, dass die an die Pflichtverletzung anschließende Haftung grundsätzlich auf dem Verschuldensprinzip beruht.[963] Dieses Prinzip wird jedoch insoweit durchbrochen, als dem Schuldner auch unabhängig vom Verschulden eine Pflichtverletzung zuzurechnen sein kann.[964]

aa) Schuld, gesetzliche oder vertragliche Risikoverteilung, Verkehrsanschauung

Der Begriff Schuld im Sinne des Art. 6:75 NBW ist subjektiv zu verstehen[965] und liegt vor, wenn der Schuldner die Pflichtverletzung hätte vermeiden können, bspw. weil nur eine Möglichkeit, der Verbindlichkeit nachzukommen, versperrt war, dem Schuldner jedoch noch andere Wege offen standen.[966] Ist dem Schuldner dagegen nicht subjektiv sondern allein objektiv ein Vorwurf zu machen, weil bspw. die Pflichtverletzung in seiner Unerfahrenheit begründet lag, dann soll vielfach eine Zurechnung nach der Verkehrsanschauung vorgenommen werden müssen.[967]

Eine Zurechnung kann ferner durch die gesetzlich oder vertraglich Risikoverteilung begründet werden. Hinsichtlich der gesetzlichen Risikoverteilung sind insbesondere die Art. 6:76 f. NBW zu nennen. Diese begründen eine Haftung des Schuldners für Personen oder Sachen, deren er sich bei Erfüllung seiner Verbindlichkeit bedient. Nach Art. 6:84 NBW haftet der Schuldner auch, wenn Unmöglichkeit eingetreten ist, während er sich im Verzug befand.[968] Weiterhin können die Umstände, die *overmacht* darstellen sollen, durch Parteivereinbarung eingegrenzt oder erweitert werden.[969]

---

963 Hartkamp, AcP 191 (1991), 396 (407); Vranken, AcP 191 (1991), 411 (415 ff.).

964 Anders, Die Pflichtverletzung im System des Leistungsstörungsrechts als Modell de lege ferenda, S. 62.

965 Asser-Hartkamp, deel 4.1, Nr. 322.

966 Olthof, in: Nieuwenhuis, BW (2), Art. 6:75, S. 1618.

967 Olthof, in: Nieuwenhuis, BW (2), Art. 6:75, S. 1618.

968 Eine weitere gesetzliche Risikoverteilung ist in Art. 6:64 NBW enthalten. Danach wird die Haftung des Schuldners für den Fall beschränkt, dass sich der Gläubiger im Verzug befindet. Schließlich sind hinsichtlich einer besonderen gesetzlichen Risikoverteilung die Art. 6:204, 6:273 NBW zu nennen.

969 Bezüglich eines Ausschlusses der Haftung ist zu bemerken, dass dieser wegen Sittenwidrigkeit nichtig ist, wenn er den Schuldner bei grober Schuld oder Absicht freistellt (Art. 3:40 Abs. 1 NBW). Zulässig ist dagegen ein Ausschluss für grobe Schuld oder Absicht von Hilfspersonen. Zudem ist zu bemerken, dass bei einem Haftungsausschluss, der in algemene voorwaarden (AGB) gegenüber einer Konsumenten-Gegenpartei aufgenommen wurde, vermutet wird, dass dieser eine unredliche Belastung darstellt (Art. 6:237 sub f NBW). Vgl. Olthof, in: Nieuwenhuis, BW (2), Art. 6:75, S. 1618 f.

Fehlt es im Gesetz und in Parteivereinbarungen an Hinweisen bezüglich der Risikoverteilung, dann sind hierüber die in der Praxis allgemein oder in bestimmten Branchen geltenden Auffassungen heranzuziehen. Dabei können insbesondere allgemein gebräuchliche Versicherungen einen Anknüpfungspunkt bilden.[970] Belangreiche Umstände, die in der Regel zum Risiko des Schuldners gehören, sind solche, die für ihn zum Zeitpunkt des Vertragsschlusses vorhersehbar waren und ihn persönlich betreffen, wie bspw. Unerfahrenheit oder finanzielles Unvermögen.[971] Dagegen stellt eine Krankheit, die verhindert, dass der Schuldner eine persönlich zu erbringende Leistungspflicht erfüllt, grundsätzlich *overmacht* dar.[972]

bb) Die Bedeutung des Vorliegens von „Unmöglichkeit der Leistung"

Einen Anhaltspunkt für die Beantwortung der Frage, ob die Zurechenbarkeit im konkreten Fall zu bejahen ist, stellt das Vorliegen bzw. Fehlen von Unmöglichkeit dar. Die Nichterfüllung ist nämlich regelmäßig nicht zurechenbar, wenn die Leistung absolut unmöglich ist oder wenn die Leistung redlicherweise nicht vom Schuldner verlangt werden kann (praktische oder relative Unmöglichkeit).

Das Gesetz fordert für das Fehlen der Zurechenbarkeit jedoch nicht zwingend, dass die Erfüllung unmöglich ist, da es daran in Ausnahmefällen trotz Möglichkeit der Leistung fehlen könne. In der *Toelichting* wird diesbezüglich der Fall genannt, dass jemand aufgrund einer ihm nicht zurechenbaren Ursache, das Bestehen einer Verbindlichkeit nicht kennt oder darüber eine unzutreffende Vorstellung hat; bspw. wenn ein beim Tode des Erblassers unbekannter Erbe, den Verpflichtungen, die auf ihn übergegangen sind, nicht nachkommt. Außerhalb dieser Ausnahmefälle soll eine Nichterfüllung dem Schuldner stets zuzurechnen sein, wenn keine Unmöglichkeit vorliegt.[973]

Andererseits liegt bei Unmöglichkeit nicht stets *overmacht* vor, so beispielsweise, wenn der Schuldner die Unmöglichkeit selbst herbeigeführt hat oder wenn er diese hätte vorhersehen müssen.[974]

c) Rechte des Gläubigers

Für den Fall, dass der Schuldner seiner Leistungspflicht nicht oder nicht ordnungsgemäß nachgekommen ist, stehen dem Gläubiger im Wesentlichen drei Rechtsbehelfe zur Verfügung. Zunächst kann der Gläubiger die Erfüllung der vertraglich vereinbarten Pflichten verlangen. Dieses Recht ergibt sich nicht aus Abschnitt 6.1.9 NBW, sondern aus dem Vertrag selbst.[975] Es erlischt, wenn die Leistung dauerhaft unmöglich ist

970 Olthof, in: Nieuwenhuis, BW (2), Art. 6:75, S. 1619.
971 Hijma/Olthof, Compendium vermogensrecht, Nr. 370 (S. 238).
972 Olthof, in: Nieuwenhuis, BW (2), Art. 6:75, S. 1619.
973 Olthof, in: Nieuwenhuis, BW (2), Art. 6:75, S. 1618.
974 Hartkamp, Compendium vermogensrecht, Nr. 272 (S. 263).
975 Vgl. Art. 3:296 Abs. 1 NBW.

und wird bei vorübergehender Unmöglichkeit ausgesetzt (*opgeschort*).[976] Das Recht auf Erfüllung geht ebenfalls unter, wenn der Gläubiger erklärt, er verlange statt der Leistung nunmehr „ersetzenden“ (*vervangende)* Schadensersatz oder wenn der Vertrag aufgelöst wird.

Soweit dem Schuldner die Pflichtverletzung zugerechnet werden kann, kann der Gläubiger zudem Schadensersatz verlangen.[977] Der Schadenersatz kann sowohl neben (*bijkomende* oder *aanvullende schadevergoeding*) als auch anstelle der Leistung treten (*vervangende schadevergoeding*).[978] Der Schadensersatz neben der Leistung dient dem Ersatz von Verzugs- und sog. Folgeschäden. Letzteres bezeichnet den Schaden, den der Gläubiger aufgrund der Pflichtverletzung in seinem übrigen Vermögen erleidet.[979] Im Gegensatz zum ersetzenden Schadensersatz, kann diese Form des Schadensersatzes neben der Forderung auf Erfüllung oder auf Auflösung geltend gemacht werden.[980] Beim Schadensersatz statt der Leistung kann der Gläubiger die Erstattung des Werts der ursprünglich geschuldeten Leistung verlangen.[981] Ist die Erfüllung einer fälligen Leistung dauerhaft unmöglich geworden, liegt unmittelbar nach Fälligkeit eine Pflichtverletzung und mithin eine Anspruch auf Schadensersatz vor.[982] Dauerhafte Unmöglichkeit ist gegeben, wenn die Pflichtverletzung nicht durch spätere Erfüllung geheilt werden kann.

Liegt kein Fall dauerhafter Unmöglichkeit vor, müssen weitere Umstände vorliegen, wie bspw. Verzug im Sinne der Art. 6:81 ff NBW und, für den Fall, dass der Gläubiger Schadensersatz anstelle der Leistung verlangt, eine Umsetzungserklärung

---

976 Hartkamp, Compendium vermogensrecht, Nr. 271 (S. 262).

977 Fehlt es an der Zurechenbarkeit, so kann dem Gläubiger innerhalb der Grenzen des Art. 6:78 NBW dennoch ein Schadensersatzanspruch zustehen. Dies ist dann der Fall, wenn der Schuldner im Zusammenhang mit der Pflichtverletzung einen Vorteil erlangt hat, der ihm ansonsten nicht entstanden wäre. Beispiele hierfür sind Auszahlungen durch eine Versicherung oder im Rahmen einer Enteignung, wie auch Vorteile in Form von Kostenersparnissen. Bei der Bestimmung des genauen Umfangs der Ersatzpflicht sollen die Regeln über die ungerechtfertigte Bereicherung beachtet werden. Der Schadenersatz soll einerseits nicht höher sein, als der Schaden des Gläubigers und andererseits auch nicht höher, als die Bereicherung des Schuldners; vgl. Nieskens-Isphording, Van nieuw BW naar BW, S. 184.

978 Hartkamp, Compendium vermogensrecht, Nr. 271 (S. 262); Hijma/Olthof, Compendium vermogensrecht, Nr. 364 (S. 233).

979 Olthof, in: Nieuwenhuis, BW (2), Art. 6:74, S. 1617; Hijma/Olthof, Compendium vermogensrecht, Nr. 364 (S. 233).

980 Olthof, in: Nieuwenhuis, BW (2), Art. 6:74, S. 1617.

981 Nieskens-Isphording, Van nieuw BW naar BW, S. 192.

982 Gemäß Art. 6:80 NBW kann der Gläubiger ausnahmsweise bereits vor Fälligkeit Schadensersatz verlangen. Die Regelung stellt eine Übernahme der aus dem englischen Recht stammenden anticipatory breach dar, vgl. Schrage, Juristische Blätter 1994, 501 (505).

(*omzettingsverklaring*, vgl. Art. 6:87 NBW[983]). Zu beachten ist, dass ein Schadensfall in beide Rubriken fallen kann, bspw. wenn eine mangelhafte Maschine geliefert wurde, wodurch ein Produktionsausfallschaden entstanden ist. Die Pflichtverletzung ist jedenfalls dann heilbar, wenn die mangelhafte Maschine repariert werden oder eine neue Maschine geliefert werden kann. Der Gläubiger hat daher diesbezüglich erst dann ein Recht auf Schadensersatz, wenn sich der Schuldner im Verzug befindet. Der Produktionsausfallschaden wurde dagegen endgültig erlitten. Bezüglich dieses Postens liegt mithin Unmöglichkeit vor, so dass das Vorliegen von Schuldnerverzug hier entbehrlich ist.[984]

Hinsichtlich der Rechtsfolge bestimmt Art. 6:74 NBW lediglich, dass der Schuldner einen Schaden erlitten haben muss oder noch erleiden wird und dass die Pflichtverletzung dafür kausal im Sinne der *conditio sine qua non* – Formel gewesen sein muss.[985] Der Umfang der Ersatzpflicht wird in den Art. 6:95 ff. NBW näher bestimmt. Die Beweislast bezüglich des Schadens sowie des Kausalzusammenhangs zur Pflichtverletzung liegt beim Gläubiger.[986]

Bei gegenseitigen Verträgen hat der Gläubiger zudem das Recht den Vertrag aufzulösen. Soweit jedoch kein Fall von vorübergehender oder dauerhafter Unmöglichkeit vorliegt, ist es erforderlich, dass sich der Schuldner im Verzug befindet. Die Auflösung kann sowohl durch schriftliche Erklärung des Gläubigers als auch durch Gerichtsurteil erfolgen.[987]

3. Haftung des Schenkers

a) Allgemeines

Das oben dargestellte allgemeine Leistungsstörungsrecht wird für den Fall der Schenkung durch Art. 7:183 NBW modifiziert. Art. 7:183 NBW betrifft allerdings allein solche Fälle in denen der Beschenkte einen Anspruch auf Schadensersatz gegen den Schenker geltend macht.

Für den Erfüllungsanspruch gelten dagegen die allgemeinen Bestimmungen. Der Beschenkte kann also grundsätzlich Erfüllung fordern (vgl. Art. 3:296 Abs. 1 NBW). Der Erfüllungsanspruch kann konkret in einem Anspruch auf Ablieferung, auf Behe-

983 Eine Umsetzung, mit der Folge, dass eine Verpflichtung zum Schadensersatz an die Stelle der primären Leistungspflicht tritt, ist ausgeschlossen, wenn dies aufgrund der untergeordneten Bedeutung der tekortkoming als ungerechtfertigt erscheint. Vgl. auch § 281 Abs. 1 S. 3 BGB.

984 Nieskens-Isphording, Van nieuw BW naar BW, S. 186.

985 Olthof, in: Nieuwenhuis, BW (2), Art. 6:74, S. 1616.

986 Olthof, in: Nieuwenhuis, BW (2), Art. 6:74, S. 1616 f.

987 Eine Ausnahme gilt für den Fall, dass die Pflichtverletzung unerheblich ist (vgl. Art. 6:265 Abs. 1 NBW). Vgl. auch § 323 Abs. 5 S. 2 BGB.

bung des Mangels[988], soweit dies dem Schenker zumutbar ist, oder auf Austausch der gelieferten gegen eine neue Sache bestehen. Dies gilt jedoch nicht, wenn der Zustand der zunächst gelieferten Sache vom vereinbarten Zustand nur so gering abweicht, dass ein solcher Anspruch als ungerechtfertigt erscheint.[989]

Die Schenkungsregelungen enthalten ebenfalls keine gesonderten Bestimmungen hinsichtlich des Gefahrübergangs. Insoweit ist anzunehmen, dass hier dasselbe gilt wie bei Kauf und Tausch (vgl. Art. 7:9 Abs. 2 NBW), nämlich dass der Gefahrübergang regelmäßig bei Ablieferung stattfindet.[990]

Dagegen kommt ein Anspruch des Beschenkten auf Vertragsauflösung grundsätzlich dann nicht in Betracht, wenn es sich um *schenking* handelt, da es sich hierbei, wie bereits festgestellt, um einen einseitigen Vertrag handelt und eine Vertragsauflösung nur bei gegenseitigen Verträgen möglich ist. Zwar erkennt die Rechtsprechung Ausnahmen von diesem Grundsatz an[991], diese sind hier jedoch nicht einschlägig[992]. Anders kann dies freilich in Fällen der „*schenking onder een last*“ sein.[993] Hier erscheint die Anwendung der Bestimmungen über die Vertragsauflösung aufgrund der Regelung des Art. 6:261 Abs. 2 NBW möglich. Danach sind die Bestimmungen über die Vertragsauflösung analog auf solche Rechtsbeziehungen anzuwenden, die das gegenseitige Erbringen von Leistungen bezwecken.

b) Die Haftung des Schenkers nach Art. 7:183 NBW

Gemäß Art. 7:183 Abs. 1 NBW haftet der Schenker allein dann für einen Sach- oder Rechtsmängel[994], wenn er diesen nicht angezeigt hat, obwohl er ihm bekannt war und der Beschenkte den Mangel bei Ablieferung nicht hätte entdecken können. Die Haftung wird durch Art. 7:183 Abs. 2 NBW ferner auf Schäden beschränkt, die nicht am geschenkten Gegenstand selbst entstanden sind. Dies gilt nur dann nicht, wenn Betrug vorliegt. Aus der Gesetzesbegründung ergibt sich, dass diese, durch Art. 7:183 NBW bewirkte Beschränkung der Mängelhaftung das Resultat einer Abwägung der Interessen von Schenker und Beschenktem ist. Einerseits erfolge durch die Schenkung eine

---

988 Anders Art. IV.I.-3:202 (1) PELD: If the goods do not conform with the contract, the done may not require replacement or repair under III.-3:302 (Non-monetary obligations).

989 van Schaick/Schoordijk, WPNR 6445 (2001), 461 (466).

990 van Schaick/Schoordijk, WPNR 6445 (2001), 461 (466).

991 HR 27.02.1976, NJ 1976, 319; HR 14.04.2000, NJ 2000, 438.

992 Vgl. van Schaick/Schoordijk, WPNR 6445 (2001), 461 (465).

993 Hartkamp, Compendium vermogensrecht, Nr. 384 (S. 396); Hijma/Olthof, Compendium vermogensrecht, Nr. 565 (S. 382); Schelhaas, in: Wessels/Verheij, Bijzondere overeenkomsten, Nr. 97 (S. 78).

994 In diesem Zusammenhang ist wiederum Art. 3:86 NBW zu beachten, der einen gutgläubigen Erwerb von beweglichen Sachen ausschließt, soweit die Übertragung unentgeltlich erfolgt ist. Mithin würde die Rechtsmängelhaftung ohne die durch Art. 7:183 NBW vorgenommene Beschränkung im Vergleich zu entgeltlichen Verträgen faktisch erweitert.

Bereicherung des Beschenkten, so dass argumentiert werden könne, dass er, falls dieser Vorteil durch einen Mangel beseitigt wird, nicht schlechter stehe als vor der Schenkung[995] und mithin als wenig schutzwürdig erscheint. Andererseits sei zu beachten, dass der Beschenkte in Folge eines verborgenen Mangels einen Schaden an seinem übrigen Vermögen erleiden könne, so bspw. wenn ein geschenktes Tier an einer ansteckenden Krankheit leide und infolgedessen den restlichen Bestand des Beschenkten anstecke. Eine Haftung des Schenkers in diesen Fällen sei daher bei Vorliegen der in Art. 7:183 Abs. 1 genannten Voraussetzungen angebracht.[996]

aa) Anwendungsbereich

Zunächst stellt sich die Frage nach dem Anwendungsbereich des Art. 7:183 NBW. Die Norm gilt selbstverständlich für solche Rechtsgeschäfte, die als *schenking* im Sinne des Art. 7:175 NBW zu charakterisieren sind. Fraglich ist aber, ob dies auch für sonstige *giften*, insbesondere für Fälle des *negotium mixtum cum donatione*, wie bspw. den Verkauf gegen geringen Preis mit Bereicherungsabsicht, gilt. Gemäß Art. 7:186 Abs. 1, 7:187 Abs. 1 NBW ist dies dann der Fall, wenn nicht die Bedeutung der betroffenen Vorschrift in Verbindung mit der Art der Handlung einer Anwendung entgegenstehen.

Das *negotium mixtum cum donatione* kann auf verschiedene Art und Weisen eingeordnet werden. Nach einer Ansicht ist dieser Vertrag im Ganzen als Kaufvertrag einzuordnen, welcher eine *gift* enthält.[997] Der Vertrag muss folglich insgesamt als entgeltlich angesehen werden, womit es sich nicht um einen gemischten Vertrag im Sinne des Art. 6:215 NBW handelt. Diese Sichtweise muss nach Auffassung von *Megchelsen* und *Vegter* dazu führen, dass nicht Art. 7:183 NBW sondern kaufrechtliche Gewährleistungsvorschriften anzuwenden sind. Schließlich sei die Sache verkauft und nur ein bestimmter Wert geschenkt worden. Dieser Wert könne aber nicht mit Sach- oder Rechtsmängeln behaftet sein. Etwas anderes gelte nur dann, wenn durch die Parteien Abweichendes vereinbart werde.[998] Gegenstand der Schenkung wäre nach dieser Begründung also der Verzicht auf einen bestimmten Geldbetrag. Gegen diese Betrachtungsweise muss m.E. jedoch einwendet werden, dass das Vorliegen einer Schenkung eine Vermögensverschiebung voraussetzt. Der Verkäufer hat jedoch die Kaufpreisforderung nie in voller Höhe besessen, so dass diesbezüglich auch keine Vermögensverschiebung eingetreten sein kann. Aus diesem Grund kommt eine Schenkung des Betrages, welcher sich aus der Differenz zwischen Wert des geschenkten Gegenstandes und tatsächlich erbrachter Gegenleistung ergibt, nicht in Betracht.

---

995 Toelichting, S. 904; vgl. auch Asser-Perrick, deel 6A, Nr. 227 (S. 258).

996 Toelichting, S. 904; vgl. auch Asser-Perrick, deel 6A, Nr. 227 (S. 258).

997 HR 06.12.1968, NJ 1969, 310; Kortmann, WPNR 6186 (1995), 441 (446).

998 Megchelsen/Vegter, WPNR 6186 (1995), 412 (413).

Vorzugswürdig erscheint es daher, einen derartigen Vertrag als gemischten Vertrag mit einer doppelten Ursache ansehen.[999] Zum einen Teil entgeltlich und mithin Kauf, zum anderen Teil unentgeltlich und somit *schenking*. Bei einer solchen Betrachtungsweise werden die Rechtsfolgen durch Art. 6:215 NBW bestimmt; Schenkungs- und Kaufrechtsbestimmungen sind somit grundsätzlich nebeneinander anwendbar. Hinsichtlich des entgeltlichen Teils gelten kaufrechtliche Gewährleistungsvorschriften und bezüglich des unentgeltlichen Teils richtet sich die Haftung nach Art. 7:183 NBW.[1000]

bb) Beschränkung der Zurechenbarkeit

Die erste Beschränkung im Vergleich zum allgemeinen Leistungsstörungsrecht und den kaufrechtlichen Gewährleistungsvorschriften (vgl. Art. 7:15, 17 NBW) enthält Art. 7:183 Abs. 1 NBW. Danach haftet der Schenker für einen Rechts- oder Sachmängel nur dann, wenn er dem Beschenkten den Mangel nicht angezeigt hat, obwohl er ihm bekannt war. Anders als nach der Regelung des Art. 6:75 NBW kommt eine Haftung mithin nur dann in Betracht, wenn dem Schenker ein Vorwurf gemacht werden kann. Eine Zurechnung nach Verkehrsauffassung oder Gesetz scheidet dagegen aus.[1001] Ferner setzt die Haftung des Schenkers für Sach- oder Rechtsmängel voraus, dass der Beschenkte den Mangel nicht selbst bei Ablieferung hätte entdecken können.

Einen weiteren Unterschied zwischen Art. 6:74 NBW einerseits und Art. 7:183 NBW andererseits stellt die Verteilung der Beweislast dar. Der Wortlaut der letztgenannten Norm macht nämlich deutlich, dass die Zurechenbarkeit im Rahmen der Haftung des Schenkers, anders als im allgemeinen Leistungsstörungsrecht, nicht unterstellt werden kann. Die Beweislast hinsichtlich der Zurechenbarkeit liegt vielmehr beim Beschenkten.[1002]

cc) Beschränkung des ersatzfähigen Schadens

Schließlich enthält Art. 7:183 Abs. 2 NBW eine Beschränkung hinsichtlich des ersatzfähigen Schadens. Danach erstreckt sich die Haftung des Schenkers nicht auf solche Schäden, die am geschenkten Gegenstand selbst entstanden sind. Dies gilt nur dann nicht, wenn dem Schenker Betrug im Sinne des Art. 3:44 Abs. 3 NBW zu Last gelegt werden kann. Dazu sollen insbesondere Fälle gehören, in denen der Schenker den für den Beschenkten nicht erkennbaren Mangel absichtlich verschweigt.[1003]

---

999 Im Hinblick auf das alte Schenkungsrecht erachtete Kleijn diese Konstruktion aufgrund der Vertragsfreiheit zwar für möglich. Seiner Ansicht nach dürfe eine solche Absicht der Vertragsparteien jedoch keineswegs unterstellt werden; vgl. Asser-Kleijn, deel 5.4, Nr. 216 (S. 179).

1000 So auch Verstappen, in: van Mourik/Verstappen/Schols, Schenking en gift, S. 9.

1001 van Schaick/Schoordijk, WPNR 6445 (2001), 461 (465).

1002 van Schaick/Schoordijk, WPNR 6445 (2001), 461 (465).

1003 Ploeger, in: Nieuwenhuis, BW (2), Art. 7:183 (S. 2680).

Der Schenker hat mithin grundsätzlich keine Möglichkeit, Schadensersatz statt der Leistung geltend zu machen. Ersatzfähig sind vielmehr nur Schäden, die der Beschenkte an seinem übrigen Vermögen erleidet, wie bspw. Folgeschäden, immaterielle Schäden[1004], Verzugsschäden sowie Schäden, die Dritte dadurch erlitten haben, dass durch den Mangel der Tod des Beschenkten verursacht worden ist[1005]. Zu beachten ist, dass der Schenker nicht haftet, wenn er den Beschenkten zwar betrogen hat, dieser den Mangel aber bei Gelegenheit der Ablieferung hätte erkennen können.[1006] Dies folgt bereits aus Art. 7:183 Abs. 1 NBW, womit Art. 7:183 Abs. 2 NBW in solchen Fällen von vornherein keine Anwendung findet.[1007]

dd) Anmerkungen hinsichtlich der Reichweite der Haftungsbeschränkung

Insgesamt ist anzumerken, dass sich im Zusammenhang mit der Norm des Art. 7:183 NBW einige Auffälligkeiten ergeben. Diese sind Gegenstand der nachfolgenden Ausführungen.

(1) Haftung des Schenkers vor Gefahrübergang

Zunächst fällt auf, dass sich die aus Art. 7:183 NBW ergebende Beschränkung der Haftung des Schenkers nach dem Wortlaut der Norm lediglich auf Schäden bezieht, die aus der Mangelhaftigkeit des Schenkungsgegenstandes nach Übergabe an den Beschenkten resultieren, nicht jedoch auf solche, die sich daraus ergeben, dass der Schenker nicht leistet oder die ihm nach Art. 6:74 NBW obliegende Sorgfaltspflicht verletzt.

Soweit der Schenker seiner Verpflichtung zur Lieferung der Sache nicht nachkommt, haftet er also nach den allgemeinen Grundsätzen des 6. Buches.[1008] Der Beschenkte hat demnach grundsätzlich einen Anspruch auf Übergabe und Übereignung des Schenkungsgegenstandes (Art. 3:296 NBW) sowie auf Schadensersatz (Art. 6:74 NBW), wenn der Schenker diese Pflicht zurechenbar verletzt. Die Zurechenbarkeit wird dabei nicht durch Art. 7:183 NBW eingeschränkt. Dies kann an dem folgenden Beispiel verdeutlicht werden: A verspricht B, ihm seine Sitzgarnitur für den Garten zu

1004 Vgl. Art. 6:106 NBW. Danach wird die Ersatzfähigkeit von Schäden, die Nichtvermögensschäden sind, nach Billigkeit festgestellt und ist auf wenige Fälle beschränkt, wovon Art. 6:106 NBW die wichtigsten aufzählt. Der Schädigende hat demzufolge einen immateriellen Schaden auszugleichen, wenn er diesen absichtlich zugefügt hat, wenn jemand verletzt oder in seinem guten Ruf oder in anderer Weise in seiner Person gekränkt worden ist; sowie dann, wenn das Andenken eines Verstorbenen, bestimmten Familienmitgliedern gegenüber, geschädigt worden ist.

1005 Vgl. Art. 6:108 NBW. Der Kreis der Ersatzberechtigten wird in Abs. 1 aufgezählt. Voraussetzung ist dabei stets, dass die Berechtigten hinsichtlich ihres Lebensunterhalts ganz oder teilweise vom Verstorbenen abhängig gewesen sind; vgl. Vranken, AcP 191 (1991), 411 (427).

1006 Anders dagegen bspw. nach italienischem oder spanischem Recht.

1007 van Schaick/Schoordijk, WPNR 6445 (2001), 461 (465).

1008 Schelhaas, in: Wessels/Verheij, Bijzondere overeenkomsten, Nr. 95 (S. 77).

schenken. Der B nimmt an und weist A darauf hin, dass er demnächst ein Gartenfest veranstalte und die Garnitur zum diesem Zweck benötige. A sichert ihm daraufhin zu, die Sachen einige Tage vor dem Fest zu liefern. Obwohl B den A einige Male anmahnt, liefert dieser aus Unachtsamkeit nicht rechtzeitig. B mietet sich in Folge dessen eine Ersatzgarnitur.[1009] In diesem Fall hat B gegen A einen Schadensersatzanspruch aus Art. 6:74 NBW. Eine Privilegierung des Schenkers erfolgt in diesem Fall nicht.

Ferner ist zu beachten, dass auf dem Schenker aufgrund des Schenkungsvertrages die Sorgfaltspflicht aus Art. 6:27 NBW ruht. Danach ist der Schuldner verpflichtet für die Ablieferung der Sache derart Sorge zu tragen, wie dies ein sorgfältiger Schuldner unter den gegebenen Umständen tun würde. Maßstab ist das Verhalten eines sorgfältigen Schuldners in der konkreten Situation. Anders als bei der Haftung für Mängel enthält der Schenkungstitel keine Beschränkung der Haftung, falls der Schenker seiner Sorgfaltspflicht nicht nachkommt.[1010] Soweit dem Schenker die Erfüllung seiner Verpflichtung unmöglich ist, bspw. weil eine individuell bestimmte Sache versprochen wurde und diese vor der Lieferung zerstört wurde, wird er von seiner Verbindlichkeit befreit.[1011] Wenn der Schenker in diesem Fall jedoch seine Verpflichtung aus Art. 6:27 NWB zurechenbar verletzt hat, bspw. indem er die Unmöglichkeit selbst schuldhaft herbeiführt, kann der Beschenkte gegen ihn einen Anspruch auf Schadensersatz geltend machen.[1012]

Die Haftung des Schenkers wäre allerdings bereits vor Gefahrübergang einzuschränken, wenn im Rahmen der Zurechnung bei unentgeltlichen Verträgen bzw. Verträgen mit unentgeltlichen Elementen generell andere Maßstäbe heranzuziehen wären als bei entgeltlichen Verträgen.[1013] Eine beschränkte Haftung nur aufgrund des Umstands der Unentgeltlichkeit wurde jedoch durch den *Hoge Raad* jedenfalls im Hinblick auf Dienstleistungen, *in concreto* einer unentgeltlichen Beförderung, abgelehnt.[1014] Gleichzeitig weist der *Hoge Raad* in seinen diesbezüglichen Urteilen aber auf eine andere, wenn auch weniger weitreichende Möglichkeit hin, den Umstand der fehlenden Entgeltlichkeit zu berücksichtigen, nämlich im Rahmen des richterlichen „Mäßigungsrechts" nach Art 6:109 NBW. Danach kann der Richter die Verpflichtung zum Schadensersatz herabsetzen, falls es unter Berücksichtigung der Art der Haftung, dem zwischen den Parteien bestehenden Rechtsverhältnis sowie deren finanzieller

1009 Vgl. zu einem ähnlichen Beispiel: Scheelhaas, in: Wessels/Verheij, Bijzondere overeenkomsten, Nr. 95 (S. 77).

1010 Kritisch dazu van Schaick und Schoordijk, die insoweit für eine Regelung plädieren, nach der der Schenker hier nur für eigenübliche Sorgfalt haftet; vgl. van Schaick/Schoordijk, WPNR 6455 (2001), 461 (464).

1011 HR 27.06.1997, NJ 1997, 719; HR 27.06.1997, NJ 1997, 641.

1012 van Schaick/Schoordijk, WPNR 6445 (2001), 461 (464).

1013 Dafür wohl: van Schaick/Schoordijk, WPNR 6445 (2001), 461 (464).

1014 HR 03.12.1971, NJ 1972, 144; HR 11.04.1975, NJ 1975, 373.

Leistungsfähigkeit zu einem offensichtlich unannehmbaren Ergebnis führte, wenn der Schadensersatz in voller Höhe zuerkannt würde. Diesbezüglich bestünde die Möglichkeit, das Element der Unentgeltlichkeit derart zu berücksichtigen, dass man das Vorliegen der Voraussetzungen des Art. 6:109 NBW in solchen Fällen leichter bejaht.

(2) Verhältnis zwischen Erfüllungs- und Schadensersatzanspruch

Ferner fällt im Zusammenhang mit der Untersuchung des Art. 7:183 NBW auf, dass in den Art. 7:175 ff. NBW hinsichtlich des Primäranspruchs das *beneficium competentiae* bzw. die Notbedarfseinrede nicht geregelt ist.[1015]

Nach einer Ansicht in der Literatur führe dies zu dem fragwürdigen Ergebnis, dass der Schenker durch den Erfüllungsanspruch etwas erreichen könne, was mit Hilfe des Schadensersatzes ausgeschlossen sei. Wer bspw. die Kosten der Herstellung der Sache vom Schenker im Wege des Schadensersatzes verlange, scheitere regelmäßig an den Voraussetzungen des Art. 7:183 Abs. 2 NBW, während der Erfüllungsanspruch nur in Ausnahmefällen ins Leere gehe, nämlich, wenn der Beschenkte einen zu hohen Erwartungshorizont hatte.[1016]

Dem ist m. E. jedenfalls insoweit zuzustimmen, als die in der Gesetzesbegründung zu Art. 7:183 NBW vorgenommene Abwägung, sich ihrem Gedanken nach durchaus auch als Begründung für eine explizite Regelung des *beneficium competentiae* heranziehen ließe. Danach muss nämlich die Freigiebigkeit des Schenkers bei der Frage der Haftung berücksichtigt werden, weswegen grundsätzlich nur Schäden ersetzt werden sollen, die der Schenker an seinem übrigen Vermögen erleidet, da nur hinsichtlich solcher Schäden die Gefahr bestehe, dass der Beschenkte schlechter stehe, als vor der Schenkung und er mithin nur in diesen Fällen schutzbedürftig sei.[1017] Wenn hier nun aber ein derartiges Gewicht auf „die gute Absicht“ des Schenkers einerseits sowie die grundsätzlich fehlende Schutzwürdigkeit des Beschenkten andererseits gelegt und somit eine gegenüber anderen Schuldnern weniger strikte Haftung angenommen wird, fragt sich, warum keine ausdrückliche Regelung für die Fälle geschaffen wurde, in denen der Schenker durch die Erfüllung seiner Verbindlichkeit Gefahr läuft, in eine schwere finanzielle Notlage zu geraten. Allerdings sind die Interessenlagen bei Primär- und Sekundäranspruch nicht völlig gleichzusetzen, da bei ersterem eine vertragliche Verpflichtung und Bindung eingegangen wurde, während der Sekundäranspruch aufgrund einer gesetzlich angeordneten Rechtsfolge bei der Verletzung einer Pflicht aus dem Vertrag entsteht. Aufgrund dieses Unterschieds kann eine Diskrepanz zwi-

1015 Zur Frage inwieweit daher in Fällen in den der Schenker in finanzielle Schwierigkeiten gerät Art. 6:258 NBW anzuwenden ist, vgl. C. III. 5.

1016 van Schaick/Schoordijk, WPNR 6445 (2001), 461 (466).

1017 Vgl. Toelichting Voorontwerp, S. 904.

schen Erfüllungszwang und Haftung begründet werden und rechtspolitisch durchaus gewollt sein.[1018]

(3) Ausschluss der Haftung bei Kenntnis oder Kennenmüssen des Beschenkten

Schließlich ist bemerkenswert, dass ein Schadensersatzanspruch nach Art. 7:183 Abs. 1 NBW auch dann ausgeschlossen ist, wenn der Schenker den Rechts- oder Sachmangel kannte, der Beschenkte diesen aber zum Zeitpunkt der Ablieferung hätte entdecken können.

Diese Regelung wird von *van Schaick* und *Schoordijk* als zu weitgehende Einschränkung kritisiert, da sie gegen den „Prioritätsgrundsatz" verstoße. Jemand, der zunächst selbst relevante Informationen verschwiegen habe, könne sich nicht darauf berufen, dass der andere seiner Untersuchungspflicht nicht ordnungsgemäß nachgekommen sei. Zum anderen sei unklar, wie ermittelt werden müsse, ob der Beschenkte den Mangel hätte erkennen können; insbesondere, ob insoweit auch die Bestimmung des Art. 3:11 NBW Anwendung finde, wonach der Umstand, dass eine Untersuchung unmöglich ist, (noch) nicht verhindert, dass derjenige, der gute Gründe zum Zweifeln habe, als jemand angesehen werde, der die Tatsachen oder das Recht hätte erkennen müssen.[1019] Die genannten Autoren weisen ferner darauf hin, dass dem Beschenkten in den Fällen, in denen der Schenker den Mangel kannte, während er diesen hätte entdecken können, ein Vorwurf hinsichtlich der Entstehung des Schadens gemacht werden müsse.[1020] Statt der in Art. 7:183 NBW getroffenen Regelung bestehe insofern bspw. die Möglichkeit, die Haftung in solchen Situation nicht generell auszuschließen, sondern das Verhalten des Beschenkten im Rahmen der Mitverschuldensregelung des Art. 6:101 NBW zu berücksichtigen. Danach wird die Höhe der Ersatzpflicht herabgesetzt, wenn der Schaden auch Folge eines Umstands ist, der dem Geschädigten zuzurechnen ist. Eine Herabsetzung ist vor allem auch dann möglich, wenn der Geschädigte schadensmindernde Maßnahmen unterlässt.[1021] Ferner hält auch Art. 6:89 NBW eine Rechtsfolge für den Fall bereit, dass der Gläubiger, hier also der Beschenkte, den Mangel kannte oder redlicherweise hätte erkennen können. Zeigt er dem Schuldner daraufhin den Mangel nicht binnen einer angemessenen Zeit an, kann er sich nicht länger auf die Mangelhaftigkeit berufen.

1018 Vgl. Art. IV.I.-3:204 PELD. Dort wirkt sich die Diskrepanz derart aus, dass eine Befreiung von der Primärleistungspflicht nur bei force majeure (impediment beyond control) eintritt, während die Schadensersatzpflicht auch bei internen Ursachen, wie bspw. Krankheit, ausgeschlossen sein kann, wenn vom Schenker redlicherweise nicht erwartet werden konnte, das Leistungshindernis oder dessen Konsequenzen zu vermeiden oder zu überwinden.

1019 van Schaick/Schoordijk, WPNR 6445 (2001), 461 (465).

1020 van Schaick/Schoordijk, WPNR 6445 (2001), 461 (466).

1021 Hartkamp, Compendium vermogensrecht, Nr. 286 (S. 283); Hijma/Olthof, Compendium vermogensrecht, Nr. 399 (S. 261).

(4) Das Zusammenspiel von Annahmefiktion und Haftungsbeschränkung

Während des Gesetzgebungsverfahrens wurde ferner die Frage aufgeworfen, ob die Verbindung der Annahmefiktion des Art. 7:175 Abs. 2 NBW mit der Haftungsbeschränkung des Art. 7:183 NBW nicht auf Seiten des Beschenkten zu bedenkenswerten Risiken führe. So bleibe ein „Begünstigter", der ein Schenkungsangebot über eine mangelhafte Sache nicht unverzüglich abweise, auf nachteiligen Folgen sitzen. Entgegen der Legaldefinitionen von *schenking* und *gift* könne dies dazu führen, dass diese nicht stets eine Bereicherung des Beschenkten darstellten.[1022]

Diese Kritik wurde jedoch verworfen und hat nicht zu einer Änderung des Gesetzestextes geführt. Zwar könne durchaus der Fall eintreten, dass das geschenkte Gut einen Mangel aufweise, mithin der Wert negativ beeinflusst werde und somit ein Schaden entstehe. Jedoch handele es sich in solchen Fällen in der Regel um einen verborgenen Mangel, für den der Schenker auch nach dem alten Recht nicht haftete[1023]. Gerade aus dem Umstand, dass es sich um einen Mangel handele, der verborgen sei, ergebe sich, dass dieser den Beschenkten auch nicht von einer ausdrücklichen Annahme abhalte. Somit werde deutlich, dass die Annahmefiktion des Art. 7:175 Abs. 2 NBW hinsichtlich solcher Mängel nicht zu besonderen Ergebnissen führe.[1024]

Für einen Mangel, der nicht verborgen und dem Schenker bekannt ist, haftet dieser, soweit er ihn dem Beschenkten nicht angezeigt hat und dieser den Mangel nicht hätte bei Ablieferung erkennen können. Hat der Schenker dem Beschenkten den Mangel dagegen angezeigt, so kann der Beschenkte dem Rechnung tragen, indem er das Angebot ablehnt. Auch wenn der Vertrag bereits zustande gekommen ist, verbleiben dem Beschenkten Möglichkeiten. Zum einen kann er die Abnahme der Sache verweigern. Zum anderen kommt die Anfechtung des Vertrags wegen Irrtums (*dwaling*) gemäß Art. 6:228 Abs. 1 b) NBW in Betracht, wenn der Beschenkte das Angebot zur Schenkung abgewiesen hätte, falls er den Mangel gekannt hätte und der Schenker diesen bei Abgabe des Angebots hätte angeben müssen.[1025]

c) Abweichende Bestimmungen durch privatautonome Vereinbarung

Schließlich ist festzuhalten, dass es sich bei Art. 7:183 NBW nicht um zwingendes Recht handelt.[1026] Die Schenkungsparteien können mithin einen abweichenden Haftungsmaßstab bestimmen. So kann bspw. dem Schenker eine Pflichtverletzung in

---

1022 Vgl. Nota Kamerstukken 2001/2002, 17 213, Nr. 114a, S. 2.

1023 Asser-Kleijn, deel 5.4, Nr. 272 (S. 212); a.A. soweit es sich um einen verborgenen Mangel handelte, der dem Schenker bekannt war oder den er hätte kennen müssen: van Mens, schenking, S. 75.

1024 Nota Kamerstukken 2001/2002, 17 213, Nr. 114a, S. 2.

1025 Nota Kamerstukken 2001/2002, 17 213, Nr. 114a, S. 2.

1026 Asser-Perrick, deel 6A, Nr. 227 (S. 259); van Schaick/Schoordijk, WPNR 6445 (2001), 461 (465).

Form eines Sach- oder Rechtsmangels stets zugerechnet werden, wenn er zuvor für die Mangelfreiheit der Sache eine Garantie übernommen hat.[1027]

Andererseits wird man die Anwendbarkeit des Art. 7:183 NBW stets genau prüfen müssen, wenn eine Schenkung kommerziellen Hintergrund aufweist. Hier mag die Anwendung der strengeren kaufrechtlichen Haftungsvorschriften (vgl. Art. 7:9, 17 NBW) indiziert sein, um bspw. zu verhindern, dass sich ein Verkäufer, der seine Kunden mit Zugaben lockt, auf den Schutz des Art. 7:183 NBW berufen kann.[1028]

II. Deutschland

1. Die Haftung des Schuldners nach allgemeinen Bestimmungen

Im Schenkungstitel des BGB wird die Haftung des Schenkers durch die §§ 521 ff. BGB gegenüber den allgemeinen schuldrechtlichen Bestimmungen gemildert. Der Allgemeine Teil des deutschen Schuldrechts geht dabei von dem zentralen Begriff der Pflichtverletzung aus.[1029] Dem niederländischen Recht vergleichbar, findet somit grundsätzlich keine Unterscheidung zwischen Nichterfüllung, Schlechterfüllung und der Verletzung von Nebenpflichten statt. Die Pflichtverletzung ist Voraussetzung für sämtliche Rechtsbehelfe, mithin insbesondere den Erfüllungsanspruch, den Schadensersatzanspruch sowie die Möglichkeit der Vertragsaufhebung. Sie kann erst ab dem Zeitpunkt vorliegen, ab dem der Gläubiger berechtigt ist, die Leistung zu verlangen[1030] und dem Leistungsanspruch keine Einrede entgegensteht.

Sobald festgestellt ist, dass eine Pflichtverletzung vorliegt, ist zu untersuchen, welche der genannten Rechtsbehelfe dem Gläubiger zur Verfügung stehen. Dabei ist zu beachten, dass der Gläubiger in der Regel eine Nachfrist setzen muss, bevor er zurücktreten oder Schadensersatz verlangen kann. Daraus ergibt sich ein zweistufiges System, in dem Gläubiger zunächst gehalten ist, Erfüllung bzw. Nacherfüllung zu verlangen. Dieses Recht erlischt, wenn die Leistung dem Schuldner im Sinne des § 275 BGB unmöglich geworden ist.[1031] Soweit ein gegenseitiger Vertrag vorliegt, kommt

---

1027 Asser-Perrick, deel 6A, Nr. 227 (S. 259); van Schaick/Schoordijk, WPNR 6445 (2001), 461 (465).

1028 So auch: van Schaick/Schoordijk, WPNR 6445 (2001), 461 (467). Die Autoren plädieren zugleich für eine ausdrückliche gesetzliche Regelung für derartige Fälle.

1029 Zu den verschiedenen Auffassungen darüber, welchem System das deutsche Leistungsstörungsrecht folgt, vgl. Schlechtriem/Schmidt-Kessel, Schuldrecht AT, Rn. 447 ff. (S. 218 f.).

1030 Soweit die Leistungszeit nicht ausdrücklich vereinbart wurde und auch aus den Umständen nicht entnommen werden kann, wird die Leistung gemäß § 271 Abs. 1 BGB sofort fällig.

1031 Dabei ist zu beachten, dass die Unmöglichkeit im Sinne des § 275 Abs. 1 BGB eine Einwendung begründet und damit von Amts wegen zu beachten ist, während die Tatbestände nach § 275 Abs. 2, 3 BGB dem Schuldner als Einreden ausgestaltete Verteidigungsmöglichkeiten geben.

im Falle einer Pflichtverletzung der Rücktritt als weiterer Rechtsbehelf des Gläubigers in Betracht. Im Gegensatz zum Erfüllungsanspruch ist dieser grundsätzlich von einer Fristsetzung abhängig (§ 323 Abs. 1 BGB). Eine Ausnahme gilt bspw. dann, wenn der Erfüllungsanspruch nach § 275 BGB erloschen ist.[1032]

Schließlich können Pflichtverletzungen des Schuldners Schadensersatzansprüche des Gläubigers auslösen. Dies ist jedoch nur dann der Fall, wenn der Schuldner die Pflichtverletzung bzw. den Umstand, der diese verursacht hat, zu vertreten hat. Soweit nicht andere Verantwortungsvoraussetzungen vertraglich oder gesetzlich geregelt sind, hat der Schuldner nach § 276 Abs. 1 S. 1 BGB Vorsatz und Fahrlässigkeit[1033] zu vertreten.[1034] Ferner sind bestimmte Schadensersatzarten an weitere Voraussetzungen gebunden. Insoweit kann zwischen Schadensersatz statt der Leistung (§§ 280 Abs. 3, 281 Abs. 1 S. 1, Abs. 2, 3, 4, 283 S. 1 BGB), Schadensersatz statt der ganzen Leistung (§§ 281 Abs. 1 S. 2, 3, Abs. 5, 283 S. 2, 282 BGB) und dem Schadensersatz wegen Verzögerung der Leistung (§ 280 Abs. 2 BGB) unterschieden werden.[1035]

2. Die Haftung des Schenkers

Ebenso wie der Schenkungstitel des NBW verzichten die §§ 516 ff. BGB darauf, die Leistungspflicht des Schenkers, bspw. im Hinblick auf die Beschaffenheit des zu erbringenden Leistungsgegenstandes, gesondert zu erwähnen.[1036] Hinsichtlich der Versprechensschenkung als Verpflichtungsgeschäft ist hiermit jedoch kein inhaltlicher Unterschied verbunden. Dem Beschenkten steht vielmehr ein mit der Verpflichtung des Schenkers korrespondierender Erfüllungsanspruch zu. Die Haftung des Schenkers wird jedoch im Vergleich zu den allgemeinen Bestimmungen durch die §§ 521 ff. BGB beschränkt.[1037]

1032 Zu den sonstigen Entbehrlichkeitsgründen, vgl. § 323 Abs. 2 BGB.

1033 Vgl. § 276 Abs. 2 BGB.

1034 Eine Sonderregelung für den Standard der Haftung enthält § 311a Abs. 2 S. 2 BGB. Nach § 311a Abs. 1 BGB hindert es die Wirksamkeit des Vertrages nicht, wenn bereits bei Vertragsschluss Leistungshindernisse bestehen. Der Schuldner haftet in diesen Fällen unabhängig davon, ob er die Pflichtverletzung zu vertreten hat und kann sich nur entlasten, wenn er sich bei Vertragsschluss in einem nicht zu vertretenen Irrtum befunden hat.

1035 Vgl. Schlechtriem/Schmidt-Kessel, Schuldrecht AT, Rn. 616 (S. 283 f.).

1036 Kritisch hierzu: Sefrin, in: JurisPK-BGB, § 521 Rn. 3. Weiterhin kritisiert Sefrin, dass die gesetzlichen Normierungen von „pVV“ und „c.i.c.“ ohne Einfluss auf die schenkungsrechtlichen Sonderreglungen geblieben seien.

1037 Zu beachten ist, dass die §§ 320 ff. BGB aufgrund der Unentgeltlichkeit der Schenkung nicht anwendbar sind. Insbesondere hat der Beschenkte bei Leistungsstörungen somit nicht die Möglichkeit vom Vertrag zurückzutreten.

a) Der Haftungsmaßstab, § 521 BGB

Insoweit bestimmt zunächst § 521 BGB, dass der Schenker, abweichend von der Grundregel des § 276 Abs. 1 S. 1 BGB, nur grobe Fahrlässigkeit und Vorsatz zu vertreten hat. Der Grund der Privilegierung wird im Wesentlichen darin gesehen, dass Freigiebigkeit und Uneigennützigkeit des Schenkers nicht dazu führen sollen, dass er bereits bei nur leichter Außerachtlassung der im Verkehr erforderlichen Sorgfalt einer Haftung unterworfen wird.[1038]

Die Haftungsbeschränkung des § 521 BGB gilt grundsätzlich für alle Arten der Schenkung. Zu beachten ist jedoch, dass §§ 523 f. BGB für Sach- und Rechtmängel verdrängende Sonderregelungen bereithalten. Daraus folgt, dass § 521 BGB bei Handschenkungen nur geringe Bedeutung zukommt, da Sach- und Rechtsmängel nicht erfasst werden und andere Verletzungen der Erfüllungspflicht, bspw. Unmöglichkeit und Verzug hier wegen der begrifflich notwendigen sofortigen Leistung nicht eintreten können. Im Falle der Handschenkung kann § 521 BGB somit nur im Zusammenhang mit der Verletzung einer Nebenpflicht relevant werden.[1039] Dagegen kommt § 521 BGB bei der Versprechensschenkung sowohl für die Verletzung von Nebenpflichten als auch für die Verletzung primärer Leistungspflichten in Betracht. Im Falle der Unmöglichkeit der Leistung haftet der Schenker somit nur für Vorsatz und Grobe Fahrlässigkeit.[1040] Allerdings kann der Beschenkte unabhängig vom Verschulden des Schenkers anstelle des Schadensersatzes das Surrogat nach § 285 BGB herausverlangen.

Weiterhin gilt § 521 BGB auch für den Eintritt des Verzugs nach §§ 280 Abs. 2, 286 BGB.[1041] Der Schenker haftet daher nur dann auf Ersatz des Verzugsschadens, wenn ihm diesbezüglich Vorsatz oder grobe Fahrlässigkeit zur Last fällt. Umstritten ist indes die Anwendbarkeit von § 521 BGB auf die Haftungsverschärfung des § 287 BGB. Gemäß § 287 BGB hat der Schuldner während des Verzugs jede Fahrlässigkeit zu vertreten. Er haftet ferner für Zufall, wenn nicht der Schaden auch bei rechtzeitiger

---

1038 Mansel, in: Jauernig, BGB, § 521 Rn. 1; Sefrin, in: JurisPK-BGB, § 521 Rn. 10; Koch, in: MünchKomm, BGB, § 521 Rn. 1; Weidenkaff, in: Palandt, BGB, § 521 Rn. 1; Mühl/Teichmann, in: Soergel, BGB, § 521 Rn. 1.

1039 Vgl. Koch, in: MünchKomm, BGB, § 521 Rn. 2; Wimmer-Leonhardt, in: Staudinger, BGB, § 521 Rn. 3.

1040 Dies gilt auch im Fall der anfänglichen Unmöglichkeit, vgl. Dendorfer, in: AnwaltKomm-BGB, § 521 Rn. 5; Gehrlein, in: Bamberger/Roth, BGB, § 521 Rn. 3; Wimmer-Leonhardt, in: Staudinger, BGB, § 521 Rn. 5; Koch, in MünchKomm, BGB, § 521 Rn. 3; Weidenkaff, in: Palandt, BGB, § 521 Rn. 4. Mit der Neuregelung des § 311a BGB wurde damit der, für die Fälle des anfänglichen Unvermögens vor der Schuldrechtsmodernisierung auch für das Schenkungsrecht von der Rechtsprechung vertretenen Garantiehaftung (vgl. BGH, NJW 2000, 2101), die Grundlage entzogen.

1041 Herrmann, in: Erman, BGB, § 521 Rn. 2; Koch, in: MünchKomm, BGB, § 521 Rn. 3; Wimmer-Leonhardt, in: Staudinger, BGB, § 521 Rn. 7.

Leistung eingetreten wäre. Nach einer in der Literatur vertretenen Auffassung soll auch diese Zufallshaftung durch § 521 BGB verdrängt werden.[1042] Dagegen spricht jedoch zum einen die mangelnde Schutzwürdigkeit des Schenkers in solchen Fällen, da der Eintritt des Verzugs nach § 286 Abs. 4 BGB bereits ein Vertretenmüssen im Sinne des § 521 BGB voraussetzt. Ist dieses gegeben, besteht kein Anlass für eine weitere Privilegierung. Zudem widerspricht diese erweiterte Anwendung dem Sinn und Zweck des § 287 S. 1 BGB. Letzterer zielt nämlich gerade darauf ab, dass der Schuldner, den aufgrund besonderer Vorschriften keine Haftung für leichte Fahrlässigkeit trifft, nach der von ihm verschuldeten Leistungsverzögerung jede Fahrlässigkeit zu vertreten hat.[1043] Würde man hingegen gesetzlichen Haftungsbeschränkungen, wie § 521 BGB, den „Vorrang“ vor § 287 BGB gewähren, wäre § 287 S. 1 BGB überflüssig, da der Schuldner gemäß § 276 BGB grundsätzlich ohnehin jede Fahrlässigkeit zu vertreten hat, die Norm mithin nur in Fällen einer privilegierten Haftung Bedeutung erlangen kann[1044]. Daher gilt § 287 BGB während des Verzugs auch für den Schenker.[1045]

Schließlich ist fraglich, ob § 521 BGB auch dann eingreift, wenn es nicht um die Verletzung einer Leistungspflicht durch den Schenker geht, sondern um die Haftung für die Verletzung vertraglicher oder vorvertraglicher Schutzpflichten. Diese Problematik lässt sich am Beispiel des vom BGH entschiedenen „Pülpe-Fall“[1046] verdeutlichen: Ein Landwirt hatte die Herstellerin von Kartoffelchips verklagt, die ihm Pülpe überlassen hatte, welche bei der Produktion übrig geblieben war. Nachdem der Landwirt seine Bullen mit der Pülpe gefüttert hatte, verendeten diese oder brachten nur einen verminderten Erlös ein. Nunmehr verlangte er Schadensersatz, weil die Herstellerin ihn nicht darauf hingewiesen hatte, dass die Pülpe mit Enzymen bearbeitet worden war. Der Bundesgerichtshof hat in seiner Entscheidung dieses Falles eine Kompromissformel bezüglich der Anwendung des § 521 BGB auf die Verletzung von Schutzpflichten gefunden. Die Privilegierung greife im Rahmen der Haftung nach §§ 280, 241 Abs. 2 BGB und §§ 280, 311 Abs. 2, 3, 241 Abs. 2 BGB nur dann ein, wenn die Schäden durch die Verletzung von Schutzpflichten entstanden seien, die im Zusammenhang mit dem Vertragsgegenstand stünden.[1047] Im Rahmen des § 521 BGB könne

1042 Gehrlein, in: Bamberger/Roth, BGB, § 521 Rn. 4; so auch noch Kollhosser, in: MünchKomm, BGB, 4. Auflage, § 521 Rn. 4.

1043 Vgl. Ernst, in: MünchKomm, BGB, § 287 Rn. 1.

1044 Löwisch, in: Staudinger, BGB, § 287 Rn. 3.

1045 So auch: Herrmann, in: Erman, BGB, § 521 Rn. 2; Mansel, in: Jauernig, BGB, § 521 Rn. 1; Sefrin, in: JurisPK-BGB, § 521 Rn. 22; Koch, in: MünchKomm, BGB, § 521 Rn. 3; Weidenkaff, in: Palandt, BGB, § 521 Rn. 4; Mezger, in: RGRK, BGB, § 521 Rn. 2; Mühl/Teichmann, in: Soergel, BGB, § 521 Rn. 6; Wimmer-Leonhardt, in: Staudinger, BGB, § 521 Rn. 7.

1046 BGHZ 93, 23 ff.

1047 BGHZ 93, 23 (27 ff.); ebenso: Gehrlein, in: Bamberger/Roth, BGB, § 521 Rn. 5; Herrmann, in: Erman, BGB, § 521 Rn. 3; Saenger, in: Hk-BGB, § 521 Rn. 1; Sefrin, in: JurisPK-BGB, §

die Freigiebigkeit der einen Seite nur zu den Vertragserwartungen der anderen in Beziehung gesetzt werden. Die Großzügigkeit des Schenkers rechtfertige es daher nicht, seine Haftung auch dort zu privilegieren, wo es um vom Leistungsgegenstand unabhängige Schutzpflichtverletzungen gehe. Der geforderte Zusammenhang und mithin eine verminderte Haftung der Herstellerin wurde im konkreten Fall angenommen, da der Schaden durch den im Vertrag vorausgesetzten Verbrauch der Pülpe entstanden sei.[1048]

Demgegenüber wird die Anwendung von § 521 BGB auf die Verletzung (vor-)vertraglicher Nebenpflichten in der Literatur teilweise insgesamt befürwortet[1049] oder auch insgesamt abgelehnt[1050]. Für die letztgenannte Lösung wird angebracht, dass die vertraglichen Schutzpflichten, die das deutsche Recht mangels umfassendem deliktischen Schutz herausgebildet habe, lediglich Ausfluss des sonst im Deliktsrecht wirkenden allgemeinen Schädigungsverbots seien, und dass der Schutz des Schenkers zu Lasten des Beschenkten überspannt werde, dehnte man den Anwendungsbereich des § 521 BGB auch auf die Verletzung von Schutzpflichten aus.[1051] Die Haftungsansprüche des Beschenkten seien ansonsten selbst bei kleinsten Zuwendungen stark eingeschränkt.[1052] Dieses Argument greift jedoch m.E. nur, soweit es um das Integritätsinteresse des Beschenkten geht. Verletzt der Schenker jedoch eine Pflicht, die zwar nicht Hauptleistungspflicht ist, aber mit ihr in unmittelbarem Zusammenhang steht, wird durch diese Nebenpflicht gerade nicht nur das „deliktische Integritätsinteresse" sondern auch das Erfüllungs- und Leistungsinteresse des Schuldners berührt. Schutzpflicht und Leistungsinteresse lassen sich dann gerade nicht trennen. Im Ergebnis ist daher der Auffassung des BGH zu folgen und der Haftungsmaßstab des § 521 BGB bei Verletzung einer Schutzpflicht dann heranzuziehen, wenn sich diese auf das Leistungs- und Erfüllungsinteresse des Beschenkten bezieht, wie etwa im Fall der Verletzung einer Aufklärungspflicht.

Ist schließlich die Haftung des Schenkers gemäß § 521 BGB gemildert, so soll diese Privilegierung nach überwiegender Auffassung auch auf einen konkurrierenden Schadensersatzanspruch aus Delikt anzuwenden sein.[1053] Dies wird im Wesentlichen

---

521 Rn. 23; Koch, in: MünchKomm, BGB, § 521 Rn. 5; Weidenkaff, in: Palandt, BGB, § 521 Rn. 4; Hoppenz, in: PWW, BGB, § 521 Rn. 2; Medicus, Schuldrecht II, Rn. 176 (S. 70).

1048 BGHZ 93, 23 (27f.).

1049 Mezger, in: RGRK, BGB, § 521 Rn. 2; Wimmer-Leonhardt, in: Staudinger, BGB, § 521 Rn. 11.

1050 Mansel, in: Jauernig, BGB, § 521 Rn. 1; Larenz, Schuldrecht II/1, § 47 II a (S. 202); Stoll, JZ 1985, 383 (385 f.).

1051 Schlechtriem, BB 1985, 1356 (1357 f.); Schubert, JR 1985, 324 (325).

1052 Vgl. Gerhardt, JuS 1970, 597 (600).

1053 BGHZ 93, 23 (29); Gehrlein, in: Bamberger/Roth, BGB, § 521 Rn. 2; Herrmann, in: Erman, BGB, § 521 Rn. 4; Sefrin, in: JurisPK-BGB, § 521 Rn. 26; Koch, in: MünchKomm, BGB, § 521 Rn. 6; Mühl/Teichmann, in: Soergel, BGB, Vor § 521 Rn. 9; Oetker/Maultzsch, Vertragdamit begründet, dass das Haftungsprivileg des Schenkers ansonsten leer liefe. Gegen die h.M. muss indes vorgebracht werden, dass die Unentgeltlichkeit nur zu den Vertragserwartungen nicht jedoch zum allgemeinen Güterschutz des Beschenkten in Beziehung gebracht werden kann.[1054] Auch trifft es nicht zu, dass die Haftungsprivilegierung leer läuft, wenn diese nicht auf die deliktische Haftung des Schenkers erstreckt wird. Das Haftungsprivileg reduziert nämlich weiterhin den Haftungsmaßstab für die, gesetzgeberisch zunächst nicht vorgesehene und durch Rechtsprechung und Rechtslehre als Ausgleich für deliktische Schwächen entwickelte, Haftung aus positiver Vertragsverletzung und *culpa in contrahendo*.[1055]

b) Die Haftung für Sach- und Rechtsmängel, §§ 523, 524 BGB

Soweit hinsichtlich des Schenkungsgegenstandes ein Rechts- oder Sachmangel vorliegt, gehen die §§ 523, 524 BGB den allgemeinen Bestimmungen über Pflichtverletzungen nach §§ 280 ff. BGB vor. Der Schenker wird somit aufgrund seiner regelmäßig altruistischen Motive auch diesbezüglich durch einen großzügigeren Haftungsmaßstab privilegiert.

aa) Normzweck und Normstruktur

Liegt ein Mangel im Recht am Schenkungsgegenstand vor, so richtet sich die Haftung nach § 523 BGB, während § 524 BGB Sachmängel betrifft. Hinsichtlich ihrer Struktur ist beiden Bestimmungen gleich, dass Sie im ersten Absatz jeweils stets anwendbare Regelungen enthalten, während die §§ 523 Abs. 2, 524 Abs. 2 BGB Fälle betreffen, in denen der Schenker den Schenkungsgegenstand im Zeitpunkt des Vertragsschlusses erst noch erwerben muss. Hier ist die Haftungsprivilegierung weniger weitreichend. Der Grund hierfür kann in den Motiven erblickt werden, die zur starken Einschränkung der Haftung nach §§ 523 Abs. 1, 524 Abs. 1 BGB geführt haben. Der Schenker solle danach nur im Ausnahmefall haften, weil sich der Schenkungsgegenstand bereits in seinem Vermögen befinde. Es sei davon auszugehen, dass er sich in diesem Fall nur verpflichten wolle, die Sache so zu gewähren, wie er sie selbst habe.[1056]

Ein Unterschied besteht zwischen der Rechtsmängelhaftung nach § 523 Abs. 1 BGB einerseits und der Sachmängelhaftung nach § 524 Abs. 1 BGB andererseits insoweit, als Letztere nicht nur für Schenkungen aus dem eigenen Vermögen, sondern auch für Versprechensschenkungen einer noch zu beschaffenen Speziessache gilt.[1057]

---

liche Schuldverhältnisse, § 4 D III Rn. 41; a.A. Wimmer-Leonhardt, in: Staudinger, BGB, § 521 Rn. 12 m. w. N.

1054 Vgl. Schlechtriem, in: Gutachten und Vorschläge zur Überarbeitung des Schulrechts, S. 1591 (1618 f.).

1055 So zu recht: Wimmer-Leonhardt, in: Staudinger, BGB, § 521 Rn. 13.

1056 Protokolle II, S. 26 ff.

1057 Gehrlein, in: Bamberger/Roth, BGB, § 524 Rn. 2; Herrmann, in: Erman, BGB, § 524 Rn. 2; Koch, in: MünchKomm, BGB, § 524 Rn. 1; Mühl/Teichmann, in: Soergel, BGB, § 524 Rn. 2.

Da der Schenker im Falle der §§ 523 Abs. 1, 524 Abs. 1 BGB nur für arglistiges Verschweigen des Mangels haftet, während die Haftung der §§ 523 Abs. 2, 524 Abs. 2 BGB bereits eingreift, wenn der Schenker den Mangel kannte oder in Folge grober Fahrlässigkeit nicht kannte, ist seine Haftung im Falle eines Sachmangels somit stärker eingeschränkt als bei Vorliegen eines Rechtsmangels. Dieser Unterschied begründet sich damit, dass es dem Schenker zwar zugemutet werden soll, sich zur Beseitigung von Rechtsmängeln an die berechtigte Person zu wenden, dass er einen individuell geschuldeten Gegenstand jedoch nur in dem Zustand übertragen braucht, in dem er sich befindet.[1058]

bb) Die Haftung nach §§ 523 Abs. 1, 524 Abs. 1 BGB

Gemäß §§ 523 Abs. 1, 524 Abs. 1 BGB besteht ein Anspruch des Beschenkten auf Schadensersatz, wenn der Schenker den Sach- oder Rechtsmangel arglistig verschwiegen hat.

Hinsichtlich der Frage, ob ein Rechtsmangel oder ein Fehler im Sinne des § 524 BGB vorliegt, gelten im Ausgangspunkt die kaufrechtlichen Grundsätze der §§ 434 f. BGB.[1059]

Über das Vorliegen eines Sachmangels entscheidet somit vorrangig die subjektive Vorstellung der Parteien. Erst wenn eine Beschaffenheit nicht vereinbart ist, ist zu untersuchen, ob die Sache sich zum im Vertrag vorausgesetzten Zweck und zur gewöhnlichen Verwendung eignet. Die Heranziehung des § 434 BGB wird jedoch teilweise insoweit eingeschränkt, als § 434 Abs. 1 S. 3 BGB davon ausgenommen werden soll.[1060] Hierfür wird insbesondere angebracht, dass die Verantwortlichkeit für Herstelleräußerungen, wie sie durch § 434 Abs. 1 S. 3 BGB begründet wird, bei der Schenkung unangemessen sei.[1061] Die Sache ist frei von Rechtsmängeln, wenn Dritte keine oder nur die im Schenkungsvertrag übernommenen Rechte gegen den Beschenkten geltend machen können.

Ferner ist auch hinsichtlich des Begriffs Arglist auf kaufrechtlich anerkannte Grundsätze zurückzugreifen.[1062] Demnach liegt arglistiges Verschweigen vor, wenn

1058 Koch, in: MünchKomm, BGB, § 524 Rn. 1; Mezger, in: RGRK, BGB, § 524 Rn. 1.

1059 Dendorfer, in: AnwaltKomm-BGB, § 523 Rn. 5, § 524 Rn. 3; Gehrlein, in: Bamberger/Roth, BGB, § 523 Rn. 1, § 524 Rn. 1; Mansel, in: Jauernig, BGB, § 523 Rn. 1, § 524 Rn. 1; Sefrin, in: JurisPK-BGB, § 523 Rn. 6, § 524 Rn. 5; Koch, in: MünchKomm, BGB, § 523 Rn. 2, § 524 Rn. 2; Weidenkaff, in: Palandt, BGB, § 523 Rn. 1, § 524 Rn. 1; Hoppenz, in: PWW, BGB, § 523 Rn. 1, § 524 Rn. 1.

1060 Wimmer-Leonhardt, in: Staudinger, BGB, § 524 Rn. 1; Herrmann, in: Erman, BGB, § 524 Rn. 1; Oetker/Maultzsch, Vertragliche Schuldverhältnisse, § 4 D III Rn. 36 (Fn. 92).

1061 Oetker/Maultzsch, Vertragliche Schuldverhältnisse, § 4 D III Rn. 36 (Fn. 92).

1062 Herrmann, in: Erman, BGB, § 523 Rn. 1; Sefrin, in: JurisPK-BGB, § 523 Rn. 10; Koch, in: MünchKomm, BGB, § 523 Rn. 3; Oetker/Maultzsch, Vertragliche Schuldverhältnisse, § 4 D III Rn. 36.

der Schuldner trotz Offenbarungspflicht einen Mangel verschweigt, den er zumindest für möglich hält und dabei billigend in Kauf nimmt, dass der Gläubiger den Mangel nicht kennt und bei Kenntnis des Mangels den Vertrag jedenfalls nicht so abgeschlossen hätte.[1063] Es besteht eine Aufklärungspflicht über alle besonders wichtigen Umstände, die für die Willensbildung der anderen Partei offensichtlich von ausschlaggebender Bedeutung sind, so dass diese ungefragt offenbart werden müssen.[1064] So muss bspw. beim Hausverkauf über Feuchtigkeit in Kellerwänden aufgeklärt werden. Ferner ist der Schenker verpflichtet, Fragen des Beschenkten grundsätzlich richtig und vollständig beantworten.

Hinsichtlich des maßgeblichen Zeitpunkts gilt folgendes: Rechts- und Sachmangel müssen zum Zeitpunkt des Vollzugs der Schenkung vorliegen.[1065] Soweit jedoch der Schenker durch sein Verhalten erst nach Abschluss des Schenkungsvertrages einen Rechts- oder Sachmangel verursacht, der beim Vollzug noch besteht, hat er damit die vertragliche Nebenleistungspflicht verletzt, den Schenkungsgegenstand nicht durch Mängel zu beeinträchtigen. Eine solche Pflichtverletzung liegt bspw. vor, wenn der Schenker nach Abschluss des Schenkungsvertrages über ein Hausgrundstück zugunsten eines Dritten ein Wohnrecht bestellt, welches vor Eigentumsübertragung in das Grundbuch eingetragen wird.[1066] Der Schenker haftet in diesem Fall nicht nach §§ 523 Abs. 1, 524 Abs. 1 BGB, sondern nach allgemeinen Grundsätzen gemäß §§ 280 Abs. 1 und 3, §§ 281, 282 BGB[1067], wobei in diesem Fall ein unmittelbarer Zusammenhang zwischen Pflichtverletzung und Schenkungsgegenstand besteht und mithin nicht § 276 BGB sondern § 521 BGB als Haftungsmaßstab heranzuziehen ist[1068]. Zur Bestimmung, ob arglistiges Verschweigen vorliegt, ist auf den Zeitpunkt des Vertragsschlusses abzustellen.[1069]

1063 BGHZ 109, 327 (332); Pammler, in: JurisPK- BGB, § 444 Rn. 16; Matusche-Beckmann, in: Staudinger, BGB, § 438 Rn. 97. Dagegen soll es nach a.A. (anders als bspw. bei § 123 BGB,) nicht auf das Vorliegen einer Aufklärungspflicht ankommen, da Mängel stets offenbart werden müssten, vgl. Faust, in: Bamberger/Roth, BGB, § 438 Rn. 36 ff.; Grunewald, in: Erman, BGB, § 438 Rn. 17 m. w. N.

1064 KGR Berlin 2005, 734 (734 f.); Pammler, in: JurisPK-BGB, § 444 Rn. 17.

1065 Sefrin, in: JurisPK-BGB, § 523 Rn. 8; Weidenkaff, in: Palandt, BGB, § 523 Rn. 2; Mühl/Teichmann, in: Soergel, BGB, § 523 Rn. 11.

1066 Vgl. Sefrin, in: JurisPK-BGB, § 523 Rn. 8.

1067 Gehrlein, in: Bamberger/Roth, BGB, § 523 Rn. 2; Herrmann, in: Erman, BGB, § 523 Rn. 4; Sefrin, in: JurisPK, § 523 Rn. 8; Koch, in: MünchKomm, BGB, § 523 Rn. 2, § 524 Rn. 2; Wimmer-Leonhardt, in: Staudinger, BGB, § 523 Rn. 17, § 524 Rn. 8; Huber, ZIP 2000, 1372 (1374).

1068 Gehrlein, in: Bamberger/Roth, BGB, § 523 Rn. 2; Herrmann, in: Erman, BGB, § 523 Rn. 4; Sefrin, in: JurisPK-BGB, § 523 Rn. 8; Koch, in: MünchKomm, BGB, § 523 Rn. 2, 524 Rn. 2; Huber, ZIP 2000, 1372, 1374.

1069 Sefrin, in: JurisPK-BGB, § 524 Rn. 7.

Liegen die Voraussetzungen einer Haftung nach §§ 523 Abs. 1, 524 Abs. 1 BGB vor, ist der Anspruch des Beschenkten auf das negative Interesse (Vertrauensschaden) begrenzt. Wie bereits dargelegt, unterstellt das Gesetz dem Schenker insoweit, dass er den Schenkungsgegenstand nur so gewähren will, wie er ihn selbst hat, weshalb der der Beschenkte weder Beseitigung des Mangels noch Schadensersatz statt der Leistung verlangen können soll.

Der Vertrauensschaden ist der Schaden, der beim Beschenkten dadurch entsteht, dass er auf die Wirksamkeit des Vertrages vertraut.[1070] Beispiele hierfür sind etwa die Kosten aus dem Prozess mit dem Rechtsinhaber, Aufwendungen auf den Gegenstand oder auch Kosten der Versäumung anderer fester und nicht nachholbarer Erwerbsmöglichkeiten.[1071]

Ein ersatzfähiger Schaden kann mangels Kausalzusammenhang zwischen Arglist und Schaden sowie in analoger Anwendung des § 442 Abs. 1 BGB nicht entstehen, wenn der Beschenkte den Mangel bei Abschluss des Vertrages gekannt hat.[1072] Liegt eine Gattungsschuld vor, so gilt die Besonderheit, dass dem Beschenkten analog § 524 Abs. 2 BGB ein Anspruch auf Leistung eines mangelfeien Gegenstands zusteht, wenn dem Schenker sowohl rechtsmängelfreie als auch rechtsmängelbehaftete Gegenstände zur Verfügung stehen.[1073]

Umstritten ist schließlich, ob sich das Haftungsprivileg des § 524 Abs. 2 BGB auch auf Mangelfolgeschäden bezieht. Ein solcher Schaden liegt bspw. vor, wenn ein geschenktes Tier, das erkrankt ist, die übrigen Tierbestände des Beschenkten ansteckt. Nach Ansicht von Teilen des Schrifttums sind solche Mangelfolgeschäden dem allgemeinen Haftungsrecht zu unterstellen, wobei umstritten ist, ob insoweit der Haftungsmaßstab des § 276 BGB[1074] oder der des § 521 BGB[1075] zur Anwendung gelangen soll. Demgegenüber sind nach Auffassung des BGH auch Mangelfolgeschäden vom Haftungsprivileg des § 524 Abs. 1 BGB erfasst.[1076] Mir scheint die letztgenannte Auffas-

1070 Herrmann, in: Erman, BGB, § 523 Rn. 2; Koch, in: MünchKomm, BGB, § 523 Rn. 3; Huber, ZIP 2000, 1372 (1373).

1071 Vgl. Herrmann, in: Erman, BGB, § 523 Rn. 2.

1072 Sefrin, in: JurisPK-BGB, § 523 Rn. 22; Koch, in: MünchKomm, BGB, § 523 Rn. 3.

1073 Gehrlein, in: Bamberger/Roth, BGB, § 523 Rn. 2; Herrmann, in: Erman, BGB, § 523 Rn. 4; Koch, in: MünchKomm, BGB, § 523 Rn. 3.

1074 So wohl: Larenz, Schuldrecht II/1, § 47 II b (S. 203 f.); Grundmann, AcP 198 (1998), 457 (465, 471); Stoll, JZ 1985, 384 (385).

1075 Sefrin, in: JurisPK-BGB, § 521 Rn. 25; Koch, in: MünchKomm, § 524 Rn. 7; Mühl/Teichmann, in: Soergel, BGB, Vor § 521 Rn. 7; Wimmer-Leonhardt, in: Staudinger, BGB, § 521 Rn. 11, § 524 Rn. 6; Raape, AcP 147 (1941), 217 (250); Thiele, JZ 1967, 649 (654).

1076 BGHZ 93, 23 (28); ebenso: Gehrlein, in: Bamberger/Roth, BGB, § 521Rn. 5, § 524 Rn. 2; Herrmann, in: Erman, BGB, § 524 Rn. 2; Mansel, in: Jauernig, BGB, § 524 Rn. 1; Weidensung vorzugswürdig. Zwar ist richtig, dass die §§ 523 f. BGB nach dem Schuldrechtsmodernisierungsgesetz einen Fremdkörper im reformierten Schuldrecht darstellen, da hier, abweichend vom allgemeinen Regelungsplan der Reform, das Gewährleistungsrecht nicht dem allgemeinen Leistungsstörungsrecht angeglichen worden ist. Jedoch darf daraus m.E. nicht der voreilige Schluss gezogen werden, dass Mangelfolgeschäden nicht von § 524 Abs. 1 BGB erfasst werden, da die Norm restriktiv auszulegen sei.[1077] Auch trifft es nicht zu, dass § 524 BGB bereits nach seinem Wortlaut nur Schäden der geschenkten Sache selbst erfasse.[1078] Aus dem Wortlaut ergibt sich vielmehr, dass der Schaden zu ersetzen ist, der aus dem arglistigen Verschweigen des Mangels entsteht, mithin nicht der „Erfüllungsschaden" sondern das negative Interesse. Daraus folgt sogleich, dass im Fall der §§ 523 Abs. 1, 524 Abs. 1 BGB keine Pflicht zur mangelfreien Leistung sondern eine Aufklärungspflicht verletzt worden ist[1079] und diese Bestimmungen somit in Gestalt einer Schutzpflicht nicht das Erfüllungsinteresse sondern das Integritätsinteresse des Beschenkten schützen. In diesem Rahmen gilt zu beachten, dass der Schaden, der durch das Verschweigen des Mangels entsteht, stets ein Schaden an einem anderen Rechtsgut ist als der Vermögensverlust durch den Minderwert des Geschenks (Mangelschaden). Dazu zählen gerade auch Mangelfolgeschäden, weshalb diese von der Haftungsprivilegierung des § 524 Abs. 1 BGB erfasst sein sollten.

cc) Die Haftung nach §§ 523 Abs. 2, 524 Abs. 2 BGB

Eine haftungsrechtliche Sonderregelung im Hinblick auf das Erfüllungsinteresse des Beschenkten enthalten die §§ 523 Abs. 2, 524 Abs. 2 BGB.

(1) Rechtsmängelhaftung bei einem noch zu beschaffenden Gegenstand

Hat der Schenker die Leistung eines Gegenstandes versprochen, den er erst noch erwerben soll, haftet er im Falle eines Rechtsmangels gemäß § 523 Abs. 2 BGB nur, wenn ihm der Mangel bekannt oder infolge grober Fahrlässigkeit unbekannt war. Im Falle eines noch zu erwerbenden Gegenstands ist die Haftung für Rechtsmängel also gegenüber § 523 Abs. 1 BGB verschärft. Der Grund hierfür ist, dass der Erwerb in den Fällen des § 523 Abs. 2 BGB im Interesse des Beschenkten erfolgt und der Schenker dementsprechend hier „nicht ganz sorglos zu Werke gehen darf"[1080]. Daher haftet der Schenker auf Schadensersatz wegen Nichterfüllung, wenn er den Rechtsmangel beim

---

kaff, in: Palandt, BGB, § 524 Rn. 6; Oetker/Maultzsch, Vertragliche Schuldverhältnisse, § 4 D III Rn. 37; Gerhardt, JuS 1970, 597 (600).

1077 So aber: Sefrin, in: JurisPK-BGB, § 521 Rn. 25; Koch, in: MünchKomm, BGB, § 521 Rn. 7.

1078 So aber: Wimmer-Leonhardt, in: Staudinger, BGB, § 521 Rn. 11; Stoll, JZ 1985, 384 (385 f.).

1079 So zutreffend: Larenz, Schuldrecht II/1, § 47 II B (S. 202 f.); Oetker/Maultzsch, Vertragliche Schuldverhältnisse, § 4 D III Rn. 36 f.; vgl. auch Protokolle II, S. 27 ff.

1080 Protokolle II, S. 27 f.

Erwerb der Sache kannte oder grob fahrlässig nicht kannte. Der Maßstab der groben Fahrlässigkeit beurteilt sich insoweit nach allgemeinen Grundsätzen.[1081] Beim Erwerb einer Speziessache soll für eine Haftung des Schenkers nach § 523 Abs. 2 BGB über den Gesetzeswortlaut hinaus erforderlich sein, dass die Vermeidung oder Beseitigung des Rechtsmangels möglich und zumutbar ist.[1082]

Über den Schadensersatz wegen Nichterfüllung hinaus, finden gemäß § 523 Abs. 2 S. 2 BGB die kaufrechtlichen Vorschriften für die Haftung bei Rechtsmängeln (§§ 435, 436, 444, 452, 453 BGB) entsprechende Anwendung.[1083] Umstritten ist in diesem Zusammenhang, inwieweit dem Beschenkten auch ein Erfüllungsanspruch auf Verschaffung eines rechtsmängelfreien Schenkungsgegenstandes bzw. auf Mängelbeseitigung zusteht. Dies wird teilweise unter Hinweis auf den in § 523 Abs. 2 S. 2 BGB enthaltenden Verweis auf § 433 Abs. 1 S. 2 BGB grundsätzlich uneingeschränkt bejaht.[1084] Nach anderer Auffassung soll dem Schenker eine Verschaffungspflicht nur bis zum Zeitpunkt des Gefahrübergangs auferlegt werden.[1085]

Bis zu diesem Zeitpunkt ergibt sich ein Erfüllungsanspruch bereits daraus, dass § 523 Abs. 1 S. 1 BGB einen Schadensersatz wegen Nichterfüllung vorsieht, mithin von einem Erfüllungsanspruch ausgeht. Gegen die Annahme, dass eine Verschaffungspflicht darüber hinaus auch nach Gefahrübergang besteht, wird das Fehlen einer dem § 524 Abs. 2 S. 1 BGB vergleichbaren Regelung vorgebracht, wonach der Be-

---

1081 Wimmer-Leonhardt, in: Staudinger, BGB, § 523 Rn. 13. Die Rechtsprechung umschreibt den Begriff der groben Fahrlässigkeit mit verschiedenen gleichbedeutenden Formulierungen, wie bspw.: „Verletzung elementarster Sorgfaltspflichten"; vgl. OLG Frankfurt, VersR 1981, 27 (30); „besonders schweres Außerachtlassen der im Verkehr erforderlichen Sorgfalt"; vgl. auch: BGH, VersR 1970, 568 (569); zu weiteren Bsp. vgl.: Grundmann, in: MünchKomm, BGB, § 276 Rn. 94.

1082 Gehrlein, in: Bamberger/Roth, BGB, § 523 Rn. 3; Herrmann, in: Erman, BGB, § 524 Rn. 3; Koch, in: MünchKomm, BGB, § 523 Rn. 4; Hoppenz, in: PWW, BGB, § 523 Rn. 2; Wimmer-Leonhardt, in: Staudinger, BGB, § 523 Rn. 13.

1083 In diesem Zusammenhang ist anzumerken, dass der Gesetzgeber im Rahmen der Schuldrechtsmodernisierung lediglich die geänderten Nummern der kaufrechtlichen Gewährleistungsnormen angepasst hat, während die systematische Änderung beim Kauf unberücksichtigt geblieben ist, weshalb die Verweisungen teilweise als überflüssig bzw. nicht sachgerecht angesehen werden. Dies gilt bspw. für die aus § 523 Abs. 2 S. 2 BGB i. V. m. 436 BGB folgende Verpflichtung des Schenkers, die öffentlichen Lasten des verschenkten Grundstücks zu tragen. Diese Pflicht kann, aufgrund des insoweit eindeutigen Wortlauts, nur durch einen vertraglichen Haftungsausschluss korrigiert werden. Vgl. hierzu: Sefrin, in: JurisPK-BGB, § 523 Rn. 26; Koch, in: MünchKomm, BGB, § 523 Rn. 7; Wimmer-Leonhardt, in: Staudinger, BGB, § 523 Rn. 14; Amann/Brambring/Hertel, Die Schuldrechtreform in der Vertragspraxis, S. 317.

1084 Sefrin, in: JurisPK-BGB, § 523 Rn. 25; Wimmer-Leonhardt, in: Staudinger, BGB, § 523 Rn. 15 f.; Mezger, in: RGRK, BGB, § 523 Rn. 2.

1085 Dendorfer, in: AnwaltKomm-BGB, § 523 Rn. 10; Gehrlein, in: Bamberger/Roth, BGB, § 523 Rn. 3; Koch, in: MünchKomm, BGB, § 523 Rn. 5.

schenkte im Falle eines Sachmangels die Lieferung einer fehlerfreien Sache verlangen kann, wenn der Schenker den Mangel kannte oder ihm dieser infolge grober Fahrlässigkeit unbekannt geblieben ist.[1086] Dieser Gegenschluss ist freilich nicht zwingend. Vielmehr lässt sich der Umstand, dass § 524 Abs. 2 BGB das Bestehenbleiben des Erfüllungsanspruchs auch nach Gefahrübergang ausdrücklich regelt, auch als Ausdruck des gesetzgeberischen Willens deuten, für den Fall eines Sachmangels einen Schadensersatzanspruch wegen Nichterfüllung nur im Falle der Arglist zu gewähren (§ 524 Abs. 2 S. 2 BGB).[1087] Meines Erachtens besteht somit letztlich kein Grund, den in § 523 Abs. 1 S. 2 BGB enthaltenden Verweis auf § 433 (Abs. 1 S. 2) BGB zu beschränken. Den Schenker trifft daher auch nach Gefahrübergang eine Verschaffungspflicht. Dieser Erfüllungsanspruch ist freilich ebenso wie der Schadensersatzanspruch nach § 523 Abs. 2 S. 1 BGB dergestalt zu begrenzen, dass der Schenker befreit wird, wenn dem Schenker der Mangel beim Erwerb ohne grobe Fahrlässigkeit unbekannt geblieben ist. Die Vermeidung oder Beseitigung muss ihm weiterhin möglich und zumutbar sein.

Schließlich gilt, dass der Schenker nach §§ 280 Abs. 1, 521 BGB haftet, wenn er den Rechtsmangel nach Erwerb des Schenkungsgegenstandes verursacht.[1088]

(2) Die Sachmängelhaftung bei einer zu erwerbenden Gattungssache

Auch für die Sachmängelhaftung besteht eine Sonderregelung, wenn es sich um einen noch zu beschaffenden Gegenstand handelt. Anders als § 523 Abs. 2 BGB findet § 524 Abs. 2 BGB nur auf Gattungssachen Anwendung, während noch zu beschaffende Speziessachen unter § 524 Abs. 1 BGB fallen. Soweit dem Schenker der Mangel des Schenkungsgegenstandes bekannt oder infolge grobe Fahrlässigkeit unbekannt war und er diesen mit angemessenen Aufwendungen, etwa durch Erwerb bei einem anderen Lieferanten, hätte vermeiden können[1089], kann der Beschenkte gemäß § 524 Abs. 2 S. 1 BGB auch nach Schenkungsvollzug die Lieferung einer mangelfreien Sache verlangen. Soweit weder Kenntnis noch grobe Fahrlässigkeit vorliegen, wofür in zeitlicher Hinsicht der Zeitpunkt des Eigentumserwerbs an der Sache entscheidend ist[1090], besteht abweichend von § 243 Abs. 1 BGB lediglich ein Anspruch auf Übereignung der mangelhaften Sache.

Anstelle der Erfüllung kann der Beschenkte gemäß § 524 Abs. 2 S. 2 BGB Schadensersatz statt der Leistung verlangen, wenn der Schenker den Mangel arglistig verschwiegen hat. Für die Beurteilung, ob arglistiges Verschweigen vorliegt, ist auf den

---

1086 Vgl. Koch, in: MünchKomm, BGB, § 523 Rn. 5.

1087 So: Wimmer-Leonhardt, in: Staudinger, BGB, § 523 Rn. 16.

1088 Herrmann, in: Erman, BGB, § 523 Rn. 4; Wimmer-Leonhardt, in: Staudinger, BGB, § 523 Rn. 17; Huber, ZIP 2000, 1372 (1374).

1089 Gehrlein, in: Bamberger/Roth, BGB, § 524 Rn. 3; Herrmann, in: Erman, BGB, § 524 Rn. 3; Oetker/Maultzsch, Vertragliche Schuldverhältnisse, § 4 D III Rn. 38.

1090 Dendorfer, in: AnwaltKomm-BGB, § 524 Rn. 11; Weidenkaff, in: Palandt, BGB, § 524 Rn. 7.

Zeitpunkt des Gefahrübergangs auf den Beschenkten abzustellen.[1091] Auf beide Ansprüche finden gemäß § 524 Abs. 2 S. 3 BGB die kaufrechtlichen Gewährleistungsansprüche Anwendung, soweit sie passen. Dementsprechend sind die Mängelrechte des Beschenkten gemäß §§ 524 Abs. 2 S. 3 BGB i. V. m. § 442 BGB ausgeschlossen, wenn dieser den Mangel bei Vertragsschluss kannte. Ebenso anwendbar ist bspw. die Verjährungsregel des § 438 BGB.

In den Fällen, in denen der Schenker nach Erwerb des mangelfreien Schenkungsgegenstandes einen Sachmangel verursacht, haftet er dem Beschenkten wegen Verletzung einer Nebenpflicht aus §§ 280 Abs. 1, 521 BGB.[1092]

c) Der Ausschluss von Verzugszinsen, § 522 BGB

Während bereits durch § 521 BGB die Verschuldensvoraussetzung für den Verzugseintritt beschränkt wird und der Verzug somit nur eintritt, wenn der Schenker vorsätzlich oder grob fahrlässig handelt[1093], begrenzt § 522 BGB die Rechtsfolgen des Schuldnerverzuges, indem er Zinsansprüche des Beschenkten nach §§ 288 Abs. 1, 290 BGB und § 352 HGB ausschließt. Der Gesetzgeber hielt es angesichts des Umstandes, dass der Schenker das Vermögen des Beschenkten freiwillig vermehrt, für unbillig, ihn bei einer Verzögerung der Leistung mit Verzugszinsen zu belasten.[1094] Dieser Ausschluss gilt im Übrigen auch für Rechtsnachfolger des Schenkers, insbesondere dessen Erben.[1095]

Zu beachten ist schließlich, dass § 522 BGB nur für die gesetzlichen Regelzinsen aus §§ 288 Abs. 1, 290 BGB, 352 HGB gilt und andere Bestimmungen über die Rechtsfolgen des Verzugs von § 522 BGB unberührt bleiben, womit dem Beschenkten sowohl ein Anspruch auf Prozesszinsen nach § 291 BGB als auch auf konkrete Zinsschäden nach §§ 280 Abs. 2, 286 BGB zustehen kann.[1096]

1091 Gehrlein, in: Bamberger/Roth, BGB, § 524 Rn. 3; Mühl/Teichmann, in: Soergel, BGB, § 524 Rn. 4. Unverständlich dagegen Koch, in: MünchKomm, BGB, § 524 Rn. 3, wonach "hier auf den Zeitpunkt des Gefahrübergangs auf den Schenker“ abzustellen sei.

1092 Dendorfer, in: AnwaltKomm-BGB, § 524 Rn. 13; Mansel, in: Jauernig, BGB, § 524 Rn. 4; Sefrin, in: JurisPK-BGB, § 524 Rn. 11; Koch, in: MünchKomm, BGB, § 524 Rn. 2.

1093 Im Übrigen gelten hinsichtlich der Tatbestandsvoraussetzungen grundsätzlich die allgemeinen Bestimmungen. Der Eintritt des Verzugs setzt damit, neben dem Vertretenmüssen, die Nichtleistung trotz Fälligkeit, Einredefreiheit und Mahnung voraus. Letztere ist unter den Voraussetzungen des § 286 Abs. 2 BGB entbehrlich.

1094 Vgl. Sefrin, in: JurisPK-BGB, § 522 Rn. 2; Mühl/Teichmann, in: Soergel, § 522 Rn. 1; Wimmer-Leonhardt, in: Staudinger, BGB, § 522 Rn. 1.

1095 Dendorfer, in: AnwaltKomm-BGB, § 522 Rn. 3; Sefrin, in: JurisPK-BGB, § 522 Rn. 6; Mühl/Teichmann, in: Soergel, BGB, § 522 Rn. 3; Wimmer-Leonhardt, in: Staudinger, BGB, § 522 Rn. 3. Das Gleiche gilt für die Vorschriften der §§ 521, 523, 524 BGB, vgl. Koch, in: MünchKomm, BGB, § 521 Rn. 1.

1096 Dendorfer, in: AnwaltKomm-BGB, § 522 Rn. 2; Gehrlein, in: Bamberger/Roth, BGB, § 522 Rn. 1; Herrmann, in: Erman, BGB, § 522 Rn. 1; Mansel, in: Jauernig, BGB, § 522 Rn. 1; Sef-

e) Abdingbarkeit

Die Regelungen der §§ 521-524 BGB können grundsätzlich durch die Vertragsparteien abbedungen werden. Für den Fall, dass die Haftung des Schenkers bei der Versprechensschenkung verschärft werden soll, wird für die Wirksamkeit einer solchen Vereinbarung, entsprechend § 518 BGB, die notarielle Beurkundung gefordert.[1097] Ist diese Form gewahrt, kann bspw. die Haftung des Schenkers für Sach- und Rechtmängel bis zur Garantiehaftung ausgeweitet werden. In diesem Fall sind die Reichweite der Garantie sowie die Rechtsfolgen im Fall der Verletzung durch Auslegung zu ermitteln.[1098]

Soweit die Haftung des Schenkers über die §§ 521 ff. BGB hinaus abgemildert werden soll, ist die Grenze des § 276 Abs. 3 BGB zu beachten, wonach eine Haftung für vorsätzliches Verhalten nicht von vornherein ausgeschlossen werden darf. Letzteres gilt natürlich erst recht für arglistiges Verhalten.

f) Sonderfälle

aa) Haftung bei Schenkungen unter einer Auflage nach § 526 BGB

Für den Fall, dass es sich um eine Schenkung unter Auflage handelt und ein Rechts- oder Sachmangel vorliegt, der dazu führt, dass der Wert des Schenkungsgegenstandes den der Auflagenleistung nicht mehr erreicht, enthält § 526 BGB[1099] eine Sonderreg-

---

rin, in: JurisPK-BGB, § 522 Rn. 6; Koch, in: MünchKomm, BGB, § 522 Rn. 1; Weidenkaff, in: Palandt, BGB, § 522 Rn. 1; Hoppenz, in: PWW, BGB, § 522 Rn. 1; Mühl/Teichmann, in: Soergel, BGB, § 522 Rn. 2; Wimmer-Leonhardt, in: Staudinger, BGB, § 522 Rn. 4; vgl. auch Motive II, S. 298.

1097 Vgl. insoweit für § 521 BGB: Gehrlein, in: Bamberger/Roth, BGB, § 521 Rn. 1; Herrmann, in: Erman, BGB, § 521 Rn. 1; Sefrin, in: JurisPK-BGB, § 521 Rn. 27; Koch, in: MünchKomm, BGB, § 521 Rn. 1; Weidenkaff, in: Palandt, BGB, § 521 Rn. 1; Mühl/Teichmann, in: Soergel, BGB, Vor § 521 Rn. 1 (Fn. 2); Wimmer-Leonhardt, in: Staudinger, BGB, § 521 Rn. 16;
für § 522 BGB: Sefrin, in: JurisPK-BGB, § 522 Rn. 5; Wimmer-Leonhardt, in: Staudinger, BGB, § 522 Rn. 1;
für § 523 BGB: Herrmann, in: Erman, BGB, § 523 Rn. 5; Koch, in: MünchKomm, BGB, § 523 Rn. 9; Mühl/Teichmann, in: Soergel, BGB, § 523 Rn. 3 (Fn. 3); Wimmer-Leonhardt, in: Staudinger, BGB, § 523 Rn. 18.
für § 524 BGB: Herrmann, in: Erman, BGB, § 524 Rn. 4; Koch, in: MünchKomm, BGB, § 524 Rn. 5; Mühl/Teichmann, in: Soergel, BGB, § 524 Rn. 1; Wimmer-Leonhardt, in: Staudinger, BGB, § 524 Rn. 2.

1098 Koch, in: MünchKomm, BGB, § 524 Rn. 5; Wimmer-Leonhardt, in: Staudinger, BGB, § 524 Rn. 2.

1099 Nach überwiegender Auffassung soll diese Norm entsprechend angewandt werden, wenn sich entgegen der Parteivorstellung nachträglich ergibt, dass der Wert der Auflagenleistung den Wert des Geschenks übersteigt, ohne dass dies auf einem Mangel beruht. Darunter fallen sowohl Fälle, in denen die Parteien die Wertverhältnisse von Beginn an falsch beurteilt haben, als auch Konstellationen, in denen sich die Wertverhältnisse nach Vertragsschluss durch äußelung. Diese Vorschrift basiert auf der Billigkeitserwägung, dass der Beschenkte durch die Auflagenleistung nicht mehr leisten soll als er erhält.

Maßgeblicher Zeitpunkt für das Bestehen des Mangels ist grundsätzlich der Abschluss der Schenkungsvereinbarung. Nach überwiegender Auffassung soll es jedoch auch ausreichen, wenn dieser zwischen Vertragsschluss und Schenkungsvollzug eintritt.[1100] Allerdings ist § 526 BGB ausgeschlossen, wenn dem Beschenkten der Mangel bekannt war.[1101]

Liegen diese Voraussetzungen vor, so hat der Beschenkte gemäß § 526 S. 1 BGB gegenüber jedem Vollziehungsberechtigten das Recht, die Vollziehung der Auflage zu verweigern. Der Erfüllungsanspruch ist damit solange gehemmt, bis der durch den Mangel entstandene Fehlbetrag in vollem Umfang ausgeglichen wird. Dieser Fehlbetrag muss indes nicht mit der durch den Mangel verursachten Wertminderung deckungsgleich sein, sondern kann vielmehr dahinter zurückbleiben.[1102]

Hat der Beschenkte die Auflage dagegen bereits in Unkenntnis des Mangels vollzogen, so steht ihm gemäß §§ 526 S. 2, 256 f. BGB ein Aufwendungsersatzanspruch hinsichtlich des Fehlbetrages gegen den Schenker zu. Dieser Anspruch kann, anders als die Einrede nach § 526 S. 1 BGB, ausschließlich gegenüber dem Schenker geltend gemacht werden.[1103]

---

re Umstände verändert haben (z. B. durch Inflation); vgl. Gehrlein, in: Bamberger/Roth, BGB, § 526 Rn. 1; Herrmann, in: Erman, BGB, § 526 Rn. 4; Sefrin, in: JurisPK-BGB, § 526 Rn. 3; Koch, in: MünchKomm, BGB, § 526 Rn. 5; Mezger, in: RGRK, BGB, § 526 Rn. 2; a.A. Wimmer-Leonhard, in: Staudinger, BGB, § 526 Rn. 15, die hier § 313 BGB anwenden will, wobei auch sie es insoweit bei den Rechtsfolgen des § 526 BGB belassen will.

1100 Koch, in: MünchKomm, BGB, § 526 Rn. 2; Mezger, in: RGRK, BGB, § 526 Rn. 3; Wimmer-Leonhardt, in: Staudinger, BGB, § 526 Rn. 3; a.A. Herrmann, in: Erman, BGB, § 526 Rn. 2.

1101 Gehrlein, in: Bamberger/Roth, BGB, § 526 Rn. 1; Herrmann, in: Erman, BGB, § 526 Rn. 2; Koch, in: MünchKomm, BGB, § 526 Rn. 2; Weidenkaff, in: Palandt, BGB, § 526 Rn. 3, Mezger, in: RGRK, BGB, § 526 Rn. 3; Wimmer-Leonhardt, in: Staudinger, BGB, § 526 Rn. 8. Freilich wird bei einer solchen Kenntnis bereits das Vorliegen einer Schenkung häufig zu verneinen sein.

1102 Gehrlein, in: Bamberger/Roth, BGB, § 526 Rn. 1; Koch, in: MünchKomm, BGB, § 526 Rn. 3; Mühl/Teichmann, in: Soergel, BGB, § 526 Rn. 2.
Beispiel: Der Wert des Schenkungsgegenstandes beträgt 1000 €, während die Auflagenleistung einen Wert von 800 € aufweist. Ist nunmehr der Schenkungsgegenstand aufgrund eines Mangels nur noch 500 € wert, so beträgt der auszugleichende Fehlbetrag 300 €.

1103 Koch, in: MünchKomm, BGB, § 526 Rn. 4; Wimmer-Leonhardt, in: Staudinger, BGB, § 526 Rn. 12. Der Anspruch besteht somit insbesondere nicht gegenüber dem durch die Auflage Begünstigten.

Schließlich ist zu beachten, dass § 526 BGB auch dann anwendbar ist, wenn dem Beschenkten Ansprüche aus §§ 521 ff. BGB zustehen, da ein Ausschluss insoweit zu einer Privilegierung des arglistigen Schenkers führen würde.[1104]

bb) Gewährleistung und Haftung im Falle der gemischten Schenkung

Umstritten ist schließlich, wie die Gewährleistung im Falle gemischter Schenkungen[1105] auszugestalten ist. Die Bedeutung der Frage erschließt sich, wenn man die Verschiedenheit der Gewährleistungsregeln beim Kauf und bei der Schenkung betrachtet. Während der Verkäufer verschuldensunabhängig für die Mangelfreiheit der Kaufsache haftet (§§ 433 Abs. 1 S. 2, 434, 437 ff. BGB), ist die Haftung des Schenkers durch § 521 BGB auf Vorsatz und grobe Fahrlässigkeit beschränkt. Weiterhin ist die Haftung in §§ 523 f. BGB begrenzt.

In Anlehnung an die Trennungstheorie wird teilweise vertreten, die Schenkung in einen entgeltlichen und einen unentgeltlichen Teil aufzuspalten und nur für den Schenkungsteil die §§ 521 ff. BGB anzuwenden.[1106] Der Schenkungsgegenstand würde somit zu einem Bruchteil als verkauft, zu einem Bruchteil als geschenkt angesehen.[1107] Hinsichtlich des Teilungsverhältnisses wären zunächst die erkennbaren Parteiabsichten und erst in zweiter Linie das objektive Wertverhältnis entscheidend.[1108]

Ein andere Möglichkeit zur Beantwortung der Frage nach den anwendbaren Gewährleistungsvorschriften im Falle der gemischten Schenkung bestünde darin, festzustellen, wo der Leistungsschwerpunkt liegt und den Vertrag im Anschluss einheitlich entweder kauf- oder schenkungsrechtlichen Vorschriften zu unterwerfen.

Letztlich ist zur Lösung dieser Problematik aber eine weitergehende Differenzierung geboten, weshalb die einzelnen Rechtsbehelfe einer gesonderten Überprüfung bedürfen.

Als vorrangiger Rechtsbehelf bei Lieferung einer mangelhaften Sache kommt aus kaufrechtlicher Sicht ein Anspruch auf Nacherfüllung in Betracht. Dieser Anspruch ist bei der Schenkung durch die §§ 523, 524 BGB stark eingeschränkt. Liegt eine gemischte Schenkung vor, wird hinsichtlich der Einordnung vertreten, dass (auch) für den Nacherfüllungsanspruch entscheidend sei, ob der unentgeltliche oder der entgeltli-

---

1104 BGH, NJW 1982, 818 (819); Gehrlein, in: Bamberger/Roth, BGB, § 526 Rn. 1; Koch, in: MünchKomm, BGB, § 526 Rn. 3 f.; Mühl/Teichmann, in: Soergel, BGB, § 526 Rn. 4; Wimmer-Leonhardt, in: Staudinger, BGB, § 526 Rn. 1.

1105 Zu den verschiedenen Theorien über die rechtliche Behandlung der gemischten Schenkung, vgl. B. II. 2. c) cc) (4).

1106 Weidenkaff, in: Palandt, BGB, § 516 Rn. 17; Enneccerus/Lehmann, Bürgerliches Rechts, Band 2, § 124 II 3 (S. 484).

1107 Vgl. Weihrauch, in: Gruchots Beiträge, 48 (1904), 229 (244 f.).

1108 Vgl. RGZ 148, 236 (240).

che Teil überwiege.[1109] Im ersten Fall gelangten für den gesamten Vertrag die schenkungsrechtlichen Haftungsnormen zur Anwendung, während sich die Mängelhaftung im zweiten Fall nach kaufrechtlichen Vorschriften richtete. Gelte Letzteres, so müsse der Schenker dadurch geschützt werden, dass er die Unverhältnismäßigkeit der Kosten der Nacherfüllung bereits dann einwenden können, wenn die Aufwendungen für die Nacherfüllung außer Verhältnis zum Wert des Anteils der Sache im mangelfreien Zustand stünde, der entgeltlich zugewandt werde. Werde die Sache bspw. zur einen Hälfte geschenkt und zur anderen verkauft, dürfe nur die Hälfte des Wertes in Ansatz gebracht werden.[1110]

Letztlich erscheint es im Hinblick auf die Privilegierung des Schenkers und die Schwäche des Erwerbs durch Schenkung sowie zur Vermeidung einer „Alles-oder-nichts-Lösung“ aber wohl sachgerechter, den kaufrechtlichen Nacherfüllungsanspruch nur dann zuzulassen, wenn der Mangel das Äquivalenzverhältnis zwischen Kaufpreis und Sachwert dergestalt beeinträchtigt, dass der Anteil, der nach dem Parteiwillen auf die Schenkung entfällt, aufgezehrt ist und der Kaufpreis den Wert der mangelhaften Sache übersteigt. Dagegen besteht der Anspruch nicht, wenn der Mangel lediglich den Schenkungswert aufzehrt.[1111] In diesem Fall ist das Erfüllungsinteresse des Erwerbers lediglich unter den Voraussetzungen der §§ 523 Abs. 2, 524 Abs. 2 BGB geschützt.

Hat schließlich der Erwerber einen Anspruch auf Nacherfüllung und kommt der Veräußerer diesem nach, steht ihm unter Umständen ein Anspruch auf Kostenersatz zu. Zu Verdeutlichung sei das Beispiel genannt, dass die Parteien eine Sache von der sie annahmen, dass sie 100 € wert sei, für 50 € veräußern. Der tatsächliche Wert liegt jedoch aufgrund eines Mangels nur bei 30 €. Hier hat der Veräußerer die Kosten der Nacherfüllung bis zur Höhe von 20 € zu tragen. Entstehen durch die Nacherfüllung darüberhinausgehende Kosten, so sind diese vom Erwerber zu übernehmen, jedoch nur bis zu dem Betrag bis der Schenkungsanteil aufgezehrt ist.[1112] Zum Schutz des Schenkers vor unverhältnismäßigen Kosten ist ferner die Einrede nach § 439 Abs. 3 BGB zu beachten.

Bei Vorliegen eines Sachmangels kann der Käufer unter den Voraussetzungen der §§ 437 Nr. 2, 434, 441 BGB den Kaufpreis mindern.[1113] Nach überwiegender Auffas-

---

1109 Gehrlein, in: Bamberger/Roth, BGB, § 516 Rn. 16; Wimmer-Leonhardt, in: Staudinger, BGB, § 516 Rn. 220.

1110 Vgl. Wimmer-Leonhardt, in: Staudinger, BGB, § 516 Rn. 220. Einen anderen Ansatz wählt Oechsler, Schuldrecht BT, S. 309, der insoweit auf das Verhältnis zum ermäßigten Kaufpreis abstellt. Dagegen spricht jedoch, dass der Kaufpreis für die Frage der Verhältnismäßigkeit im Sinne des § 439 Abs. 3 BGB grundsätzlich nicht von Bedeutung ist; vgl. OLG Braunschweig, NJW 2003, 1053 (1054).

1111 Schlinker, AcP 206 (2006), 28 (45 ff.). So auch Koch, in: MünchKomm, BGB, § 516 Rn. 44.

1112 Schlinker, AcP 206 (2006), 28 (47 f.).

1113 Die Minderung unterliegt im Wesentlichen den gleichen Voraussetzungen wie der Rücktritt (vgl. § 441 Abs. 1 S. 1 BGB). Sie setzt mithin das Vorliegen eines Sachmangels bei Gefahrsung sei eine Minderung auch bei der gemischten Schenkung insoweit zuzulassen, als dass das Entgelt anteilsweise gemindert werde.[1114] Nach anderer Ansicht könne eine Minderung nur dann erfolgen, wenn der vereinbarte Kaufpreis den Wert der mangelhaften Sache übersteige.[1115] Mir erscheint die letztgenannte Lösung vorzugswürdig. Überwiegt nämlich der Wert der mangelhaften Sache den Kaufpreis, büßt der Erwerber lediglich seinen gegenleistungsfreien Vermögenszuwachs (teilweise) ein. Die Möglichkeit der Minderung beruht jedoch auf dem Äquivalenzgedanken. Diese Äquivalenz ist nur dann gestört, wenn der vereinbarte Kaufpreis den Wert der mangelhaften Sache übersteigt.

Auch die Möglichkeit des Rücktritts ist für die Schenkung nicht vorgesehen. Er kann daher gemäß §§ 437 Nr. 2, 434, 323, 326 Abs. 5 BGB nur hinsichtlich des entgeltlichen Teils erklärt werden. Dies hat aufgrund der Unteilbarkeit der Zuwendung regelmäßig die Rückabwicklung des gesamten Vertrages zur Folge.[1116] Der Erwerber kann insbesondere auch dann vom Vertrag zurücktreten, wenn der Wert der mangelhaften Sache den Kaufpreis übersteigt[1117], da ihm die Lösungsmöglichkeit auch in den Fällen zuzubilligen ist, in denen ihm zwar kein Schaden entsteht, er den Vertrag jedoch zu diesen Bedingungen nicht abgeschlossen hätte.[1118]

Im Hinblick auf Schadensersatzansprüche des Erwerbers wegen Sach- oder Rechtsmängel sowie wegen anderer Pflichtverletzungen wird für die Frage, ob kauf- oder schenkungs-rechtliche Haftungsbestimmungen anzuwenden sind, teilweise auf den überwiegenden Vertragscharakter abgestellt.[1119] Allerdings sollte m.E. auch hier die Lösung darin gesucht werden, die Leistungselemente aufzuspalten. Somit kann der Erwerber Schadensersatz nach kaufrechtlichen Vorschriften in einer dem kaufrechtlichen Teil entsprechenden Höhe verlangen. Für den darüberhinausgehenden Wert be-

---

übergang voraus. Darüber hinaus muss der Käufer zuvor grundsätzlich eine Frist setzten, um den „Vorrang der Nacherfüllung" zu wahren.

1114 Herrmann, in: Erman, BGB, § 516 Rn. 16a; Weidenkaff, in: Palandt, BGB, § 516 Rn. 17; Wimmer-Leonhardt, in: Staudinger, BGB, § 516 Rn. 220.

1115 Koch, in: MünchKomm, BGB, § 516 Rn. 45; Mezger, in: RGRK, BGB, § 516 Rn. 12; Enneccerus/Lehmann, Bürgerliches Recht, Band 2, § 124 II 3 (S. 484); Schlinker, AcP 206 (2006), 28 (48 f.).

1116 Gehrlein, in: Bamberger/Roth, BGB, § 516 Rn. 16; Herrmann, in: Erman, BGB, § 516 Rn. 16a; Koch, in: MünchKomm, BGB, § 516 Rn. 45; Weidenkaff, in: Palandt, BGB, § 516 Rn. 17; Larenz/Canaris, Schuldrecht II/2, § 63 III 1b (S. 55).

1117 A.A. Schlinker, AcP 206 (2006), 28 (49 f.).

1118 So zu recht: Koch, in: MünchKomm, BGB, § 516 Rn. 45.

1119 Gehrlein, in: Bamberger/Roth, BGB, § 516 Rn. 16; Sefrin, in: JurisPK-BGB, § 516 Rn. 53; Wimmer-Leonhardt, in: Staudinger, BGB, § 516 Rn. 220.

steht der Anspruch nur unter den Voraussetzungen und dem Umfang der § 521, 523 f. BGB.[1120]

III. Zusammenfassung

1. Allgemeine Haftung

Sowohl das niederländische als auch das deutsche Recht gehen von einem einheitlichen Begriff der Pflichtverletzung aus. Soweit der Schuldner seiner Leistungspflicht nicht oder nicht ordnungsgemäß nachgekommen ist, stehen dem Gläubiger im Wesentlichen die Rechtsbehelfe Erfüllung, Rücktritt bzw. Vertragsauflösung und Schadensersatz zur Verfügung.

Weiterhin gilt in beiden Rechtsordnungen das Verschuldensprinzip.[1121] Dabei ist der Begriff der Schuld im Sinne des Art. 6:74 NBW subjektiv zu verstehen, während § 276 Abs. 2 BGB von einem objektiven Fahrlässigkeitsmaßstab ausgeht[1122]. Ist dem Schuldner nur objektiv ein Vorwurf zu machen, kann die Zurechnung im niederländischen Recht aber vielfach über die Verkehrsanschauung im Sinne des Art. 6:74 NBW erfolgen.

2. Haftung des Schenkers

Die Schenkungstitel in NBW und BGB sind hinsichtlich der Pflichten des Schenkers dürftig ausgeschaltet. Einzig seine Haftung ist durch Art. 7:183 NBW und §§ 521 ff. BGB näher gesetzlich geregelt. Hinsichtlich der Verpflichtung zur mangelfreien Übertragung und insbesondere der Frage, wann ein Mangel vorliegt, muss auf entsprechende kaufrechtliche Vorschriften zurückgegriffen werden. Der Umstand, dass die Leistung unentgeltlich erfolgt, muss jedoch m.E. insoweit berücksichtigt werden, dass der

1120 Koch, in: MünchKomm, BGB, § 516 Rn. 46; Weidenkaff, in: Palandt, BGB, § 516 Rn. 17; Esser/Weyers, Schuldrecht II/1, § 12 I 3 (S. 123 f.); Larenz/Canaris, Schuldrecht II/2, § 63 III 1c (S. 55); Medicus, Bürgerliches Recht, Rn. 381 (S. 216); Oechsler, Schuldrecht BT, Rn. 681 (S. 546).

1121 Die deutsche und die niederländische Rechtsordnung unterscheiden sich damit grundlegend von anderen Rechtsordnungen, die, wie insbesondere die angelsächsischen, den Schuldner für die Nichterfüllung als solche haften lassen; vgl. Pellegrino, ZEuP 1997, 41 ff.; Schmidt-Kessel, Standards vertraglicher Haftung nach englischem Recht, S. 32 ff. Auch das CISG setzt für eine Haftung kein Verschulden voraus, sondern entlastet den Schuldner nach Art. 79 CISG nur bei unüberwindlichen, nicht voraussehbaren und nicht beherrschbaren Leistungshindernissen.

1122 Entscheidend ist also nicht die individuelle Fähigkeit, den missbilligten Erfolg vorherzusehen und zu vermeiden. Vielmehr entscheiden die im Verkehr verlangten Fähigkeiten als maßgeblicher Standard über die Sorgfaltsanforderungen; BGHZ 24, 21 (27); BGH, NJW 1994, 2232 (2233); RGZ 95, 16 (17) RGZ 127, 313 (315); RGZ 152, 129 (140); Grundmann, in: MünchKomm, BGB, § 276 Rn. 55 f.; Heinrichs, in: Palandt, BGB, § 276 Rn. 15; Löwisch, in: Staudinger, BGB, § 276 Rn.28 ff.; Deutsch, AcP 202 (2002), 989 (903).

Beschenkte häufig nicht die Qualität wird erwarten dürfen, welche ein Käufer verlangen darf.[1123] Geringe Abweichungen „nach unten" dürften ihn daher regelmäßig nicht dazu berechtigen, die Sache als erfüllungsuntauglich zurückzuweisen.

Die Regel über die Haftung des Schenkers in Art. 7:183 NBW betrifft einzig die Haftung bei Vorliegen eines Sach- und Rechtsmangels. Er haftet dagegen grds. nach den allgemeinen Vorschriften des 6. Buches des NBW, wenn er seiner Pflicht zur Lieferung nicht nachkommt.

Demgegenüber enthält das deutsche Recht neben den §§ 523, 524 BGB, welche die Sach- und Rechtsmängelhaftung einschränken, zusätzlich die allgemeine Bestimmung des § 521 BGB, wonach der Schenker nur Vorsatz und grobe Fahrlässigkeit zu vertreten hat. Diese Privilegierung erstreckt sich nach vorzugswürdiger Ansicht auch auf die Verletzung von Schutzpflichten, soweit diese im Zusammenhang mit dem Vertragsgegenstand stehen.

Der daraus zwischen den beiden Rechtsordnungen resultierende Unterschied lässt sich wie folgt verdeutlichen: Ist dem Schenker die Erfüllung seiner Verpflichtung unmöglich geworden, wird er von seiner Verbindlichkeit befreit. Nach Art. 6:27 NBW trifft den Schuldner jedoch eine Pflicht, für die Ablieferung der Sache Sorge zu tragen. Verletzt er diese Pflicht haftet er nach den allgemeinen Vorschriften.[1124] Nach deutschem Recht würde der Schenker in diesem Fall dagegen nur dann vertraglich haften, wenn er grob fahrlässig oder vorsätzlich gehandelt hat. Die durch § 521 BGB angeordnete Privilegierung erstreckt sich jedoch nicht auf eine etwaige deliktische Haftung des Schenkers.

Die Frage nach der Konkurrenz zwischen deliktischer und vertraglicher Haftung dürfte sich im niederländischen Recht insoweit nicht stellen, da die Verantwortlichkeit des Schenkers lediglich im Falle des Vorliegens eines Sach- oder Rechtsmangels beschränkt ist. Diesbezüglich kommt jedoch keine Haftung aus *onrechtmatige daad* (Art. 6:162 ff. NBW) in Betracht, da eine Verletzung vertraglicher Pflichten nur dann zugleich eine deliktische Haftung auslösen kann, wenn die fragliche Handlung eine *onrechtmatige daad* darstellt, welche nicht allein in der Verletzung der entsprechenden Verbindlichkeit liegt.[1125]

1123 So ausdrücklich Art. IV.I.-3:102 (2) PELD, wonach bei der Beantwortung der Frage, welche Qualität der Beschenkte hinsichtlich des Schenkungsgegenstandes erwarten darf, insbesondere die unentgeltliche Natur des Vertrages zu berücksichtigen ist.

1124 Etwas anderes gilt nur dann, wenn man annimmt, dass im Rahmen der Zurechnung dann andere Maßstäbe anzulegen sind, wenn es sich um ein unentgeltliches Rechtsgeschäft handelt.

1125 Asser-Hartkamp, deel 4.3, Nr. 9 (S. 12). Die zurechenbare Verletzung einer vertraglichen Pflicht durch den Schuldner wird in den Niederlanden als Sonderfall der Haftung aus Delikt (onrechtmatige daad) angesehen. Jedoch schließt es der Sinn und Zweck der Art. 6:74 ff. NBW bei Vorliegen einer vertraglichen Pflichtverletzung regelmäßig aus, dass der Schuldner daneben nach Art. 6:162 ff. NBW haftet.

Hinsichtlich der Haftung für Sach- und Rechtsmängel differenzieren die §§ 523, 524 BGB danach, ob es sich um einen noch zu erwerbenden Gegenstand handelt. Ist dies der Fall, haftet der Schenker, wenn ihm der Mangel beim Erwerb der Sache bekannt gewesen oder in Folge grober Fahrlässigkeit unbekannt geblieben ist.[1126] Im Übrigen haftet er bei Vorliegen eines Sach- oder Rechtsmangels grundsätzlich nur für das arglistige Verschweigen eines solchen. Eine derartige Differenzierung zwischen noch zu erwerbenden Sachen und solchen, die sich bei Abschluss des Schenkungsvertrages bereits im Vermögen des Schenkers befinden, nimmt Art. 7:183 NBW nicht vor. Stattdessen macht er die Haftung des Schenkers für Sach- und Rechtsmängel stets davon abhängig, dass dieser den Mangel kannte, ihn trotz Kenntnis nicht angegeben hat und der Beschenkte ihn bei der Ablieferung nicht entdecken konnte.[1127]

Das Erfüllungsinteresse des Beschenkten wird im deutschen Recht nur ausnahmsweise geschützt, nämlich wenn die Voraussetzungen nach § 523 Abs. 2 BGB oder § 524 Abs. 2 BGB vorliegen. Grund für diese Einschränkung der Privilegierung nach §§ 523 Abs. 1, 524 Abs. 1 BGB ist, dass hier die Überlegung nicht greift, dass der Schenker sich nur verpflichten will, die Sache so zu gewähren, wie er sie selbst hat.

Nach niederländischem Recht hat der Beschenkte regelmäßig keinen Anspruch auf Schadensersatz statt der Leistung. Es soll nur das übrige Vermögen des Schenkers geschützt werden. Der Grund für diese Einschränkung ist, dass der Beschenkte aufgrund der durch die Schenkung erfolgende Bereicherung nicht schlechter gestellt wird als vor der Schenkung, wenn der Schenkungsgegenstand einen Sach- oder Rechtsmangel aufweist, er jedoch einen Schaden an seinem übrigen Vermögen erleiden kann. So bspw., wenn der Beschenkte aufgrund eines Sachmangels am geschenkten Auto einen Unfall verursacht und in Folge dessen einem Dritten gegenüber zum Schadensersatz verpflichtet ist. Die Haftung des Schenkers erstreckt sich jedoch ausnahmsweise auf den Schaden, der am Schenkungsgegenstand selbst eingetreten ist, wenn auf Seiten des Schenkers *bedrog* im Sinne des Art. 3:44 Abs. 3 NBW vorliegt. Dazu zählen insbesondere die Fälle des „Schweigens wo Reden Pflicht war", also solche, die auch unter den Begriff „arglistiges Verschweigen" im Sinne der §§ 523 Abs. 1, 524 Abs. 1 BGB fielen. Somit wird deutlich, dass den arglistig handelnden Schenker, der einen Gegen-

---

Bezüglich der deliktischen Haftung nach Art. 6:162 ff. NBW ist zu beachten, dass diese nicht zwingend die Verletzung eines dinglichen Rechts voraussetzt. Vielmehr sind, im Anschluss an HR 31.01.1919, NJ 1919, 161, alle Handlungen erfasst, die gegen diejenige Sorgfalt verstoßen, welche im gesellschaftlichen Verkehr hinsichtlich der Person oder Güter anderer geboten ist.

1126 Zu beachten ist, dass dies bei § 524 Abs. 2 BGB, anders als bei § 523 Abs. 2 BGB, nur dann gilt, wenn es sich um eine noch zu beschaffene Gattungssache handelt.

1127 Eine derartige Obliegenheit des Beschenkten ist im deutschen Recht nicht vorgesehen. Freilich besteht auch hier der Anspruch des Beschenkten nach §§ 523 Abs. 1, 524 Abs. 1 BGB nicht, wenn er den Mangel bei Abschluss des Vertrages gekannt hat.

stand aus seinem Vermögen verschenkt, nach niederländischem Recht regelmäßig eine striktere Haftung trifft, als nach §§ 523 Abs. 1, 524 Abs. 1 BGB, da hier das Erfüllungsinteresse nicht geschützt ist.

Diese im niederländischen Recht vorgenommene Differenzierung hinsichtlich des ersatzfähigen Schadens lässt sich freilich, anders als die in den Absätzen der §§ 523, 524 BGB getroffene Unterscheidung, nicht mit den gesetzgeberischen Wertungen begründen, die der Haftungsprivilegierung zugrunde liegen. Schließlich ändert sich im Falle eines „betrügerisch Handelnden" nichts an der Tatsache, dass der Beschenkte bei Vorliegen eines Mangels nicht schlechter steht als vor der Schenkung, soweit er nicht einen Schaden an seinem übrigen Vermögen erlitten hat.

F. Schlussbetrachtung

1.
Die Voraussetzungen und Merkmale von Schenkung i. S. d. §§ 516 ff. BGB und *schenking* i. S. d. Art. 7:175 NBW stimmen in vielen Bereichen überein. Die Unterschiede, welche hinsichtlich der „subjektiven Seite“ der Schenkung bestehen, sollten in ihren praktischen Auswirkungen nicht überschätzt werden, da auch *strekking* (Art. 7:175 NBW) bzw. *die ertoe strekt* (Art. 7:186 NBW) nicht die Motive und inneren Beweggründe des Schenkers meinen und somit diesbezüglich mit der „Einigung über die Unentgeltlichkeit“ übereinstimmen. In beiden Rechtsordnungen ist es mithin für das Vorliegen einer Schenkung und die Anwendbarkeit der entsprechenden gesetzlichen Bestimmungen nicht erforderlich, dass jemand einen anderen in altruistischer Absicht bereichert.
2.
Mit dem Begriff *gift* wurde in Art. 7:186 NBW ein Auffangtatbestand geschaffen, der im deutschen Recht keine Entsprechung findet. Im niederländischen Recht kann es bezüglich der Anwendbarkeit der Bestimmungen des Schenkungstitels regelmäßig dahinstehen, ob eine Handlung, durch welche jemanden einen anderen auf Kosten des eigenen Vermögens bereichert und dies auch bezweckt, zugleich einen Vertrag darstellt oder unentgeltlich ist. Die Abgrenzung, ob eine Rechtshandlung unentgeltlich oder entgeltlich (und somit allenfalls *gift)* ist, ist jedoch vor allem für die Anwendbarkeit von Normen außerhalb des Schenkungstitels häufig bedeutsam. So ist der gutgläubige Erwerb von Mobiliarsachen nach Art. 3:86 NBW nur bei Unentgeltlichkeit ausgeschlossen. Liegt dagegen *gift* i. S. d. Art. 7:186 NBW vor, ist ein gutgläubiger Erwerb nicht ausgeschlossen. In diesen Fällen erlangt somit auch die regelmäßig schwierige und unklare Abgrenzung von (unentgeltlicher) *schenking onder een last* einerseits und (entgeltlicher) *schenking onder bezwarende titel* Bedeutung.
3.
Hinsichtlich der Wirksamkeit von Schenkungen verzichtet das niederländische Recht nunmehr auch dann grundsätzlich auf die Formbedürftigkeit, wenn es sich nicht um eine Handschenkung, sondern um einen verpflichtenden Schenkungsvertrag handelt. Stattdessen gilt eine Beweislastumkehr für den Fall, dass die Schenkung nicht notariell beurkundet wurde und der Schenker sich auf *misbruik van omstandigheden* beruft.

Diese gesetzgeberische Maßnahme ist m.E. im Grundsatz zu begrüßen, da den Belangen des Schenkers durch die Beweislastumkehr ebenso gut gedient ist und das Beurkundungsverfahren entfällt, welches Zeit und Geld der Parteien in Anspruch nimmt. Durch die Abschaffung der Formbedürftigkeit wird ferner der Gefahr vorgebeugt, dass der Schenker die Erwartungen des Beschenkten wieder straflos zunichte machen kann.[1128] Bereits im Jahre 1964 merkte *Zweigert* insoweit an, dass durch § 518 BGB zu einseitig die Warnfunktion betont werde und das Interesse des Versprechensempfängers zu kurz komme, wenn dieser im Vertrauen auf das Versprechen seine Position zu seinem Nachteil verändert habe.[1129] Dagegen kann das schutzwürdige Interesse des Versprechensempfängers bei Art. 7:176 NBW insbesondere i. R. d. Einschränkung der Beweislastumkehr aus Gründen von *„redelijkheid en billijkheid*" berücksichtigt werden. Unklar ist indes, warum die Beweislastumkehr gerade für den Fall angeordnet wurde, dass sich der Schenker auf Art. 3:44 Abs. 4 NBW beruft. Dagegen spricht nicht allein, dass ein „verstimmter Schenker" somit dazu verleitet wird, den Beschenkten in ein schlechtes Licht zu stellen[1130], sondern auch, dass die Beweislastumkehr an die Stelle des Formerfordernisses getreten ist, welches den Schenker primär nicht vor Ausnutzung sondern vor Übereilung schützen sollte. Dem wäre man eher gerecht geworden, wenn man einen anderen Anknüpfungspunkt für die Beweislastumkehr gewählt hätte oder dem während des Gesetzgebungsverfahrens geäußerten Vorschlag gefolgt wäre, dem Schenker nach Abschluss der Schenkung ein zeitlich begrenztes Widerrufsrecht einzuräumen.[1131]

4.

Sowohl Art. 7:175 ff. NBW als auch §§ 516 ff. BGB enthalten zum Schutz des Schenkers verschiedene Bestimmungen, die es ihm ermöglichen die Schenkung aufzulösen. Damit wird der allgemeine Grundsatz *pacta sunt servanda* abgemildert, da der unentgeltliche Erwerb nicht in gleicher Weise schutzwürdig ist wie entgeltlicher Erwerb, sondern den Empfänger vielmehr zur Rücksichtnahme auf die Belange des Schenkers verpflichtet. Das niederländische Recht ist dabei in zweierlei Hinsicht zurückhaltender. Zum einen enthält der Schenkungstitel des NBW keine spezielle Bestimmung für den Fall, dass der Schenker nach Abschluss des Schenkungsvertrages in eine finanzielle Notlage gerät. Soweit hierdurch in der Praxis unbillige Ergebnisse drohen, kann diese Lücke jedoch durch eine Anwendung des Art. 6:258 NBW geschlossen werden. Zum anderen sind die Fälle in denen sich der Schenker wegen eines Fehlverhaltens des Beschenkten vom Schenkungsvertrag lösen kann, in Art. 7:184 Abs. 1 b), c) NBW abschließend aufgezählt, während § 530 BGB den Gerichten insofern einen größeren Spielraum zubilligt. Letzteres ist m.E. gerade aufgrund der verschiedenen Konstellationen, in denen Schenkungen getätigt werden, begrüßenswert. Man denke bspw. an „Werbegeschenke", bei denen vieles dafür spricht, die in den Schenkungstiteln geregelten Schutznormen nur sehr eingeschränkt anzuwenden.

In diesem Zusammenhang fällt auf, dass auch das niederländische Recht, trotz Neuregelung der Vorschriften über die Schenkung, keine Bestimmungen für den Fall

---

1128 Toelichting Voorontwerp, S. 896.

1129 Zweigert, JZ 1964, 349 (353).

1130 So: Hidma, WPNR 6186, (1995), 49 (421 f.); vgl. oben S. 70.

1131 Vgl. Smalbraak, NJB 1982, 695 (700); zustimmend: van Mens, Schenking, S. 164 f.

bereithält, dass die Schenkung einen kommerziellen Hintergrund hat. Letzteres verwundert, da bei anderen Verträgen, wie insbesondere bei der Wahrnehmung fremder Angelegenheiten oder dem Darlehen, das Element der Unentgeltlichkeit und die damit verbundenen Wirkungsschwächen in den Hintergrund gerückt sind und stattdessen die Unterscheidung zwischen kommerzieller und privater Sphäre an Bedeutung gewonnen hat. Begründet werden kann diese unterschiedliche Entwicklung wohl damit, dass die letztgenannten Verträge, anders als die Schenkung, in der Praxis ihren Charakter als „Freundschaftsdienst" nahezu vollständig verloren haben.

Soweit eine Schenkung mit kommerziellen Hintergrund vorliegt, wird indes stets genau zu prüfen sein, ob tatsächlich Freigiebigkeit und Einigung über die Unentgeltlichkeit vorliegt, um einer unbilligen Anwendung der Vorschriften über die erleichterte Auflösbarkeit oder die beschränkte Haftung des Schenkers vorzubeugen.

5.

Ein weitgehender Gleichlauf beider Rechtsordnungen besteht hinsichtlich solcher Normen, durch welche Dritte vor den nachteiligen Folgen einer Schenkung geschützt werden. Zu den geschützten Personenkreisen gehören dinglich Berechtigte, familien- und erbrechtlich Berechtigte, Gläubiger sowie die Allgemeinheit. Die hinsichtlich dieser Kategorie von Wirkungsschwächen bestehenden Unterschiede, gehen regelmäßig nicht auf unterschiedliche Entwicklungen oder rechtspolitische Entscheidungen hinsichtlich der Schenkung zurück, sondern auf Verschiedenheiten in anderen Bereichen: So gilt etwa in Deutschland das Abstraktionsprinzip, während sich in den Niederlanden das Kausalprinzip durchgesetzt hat. In den Niederlanden bedarf es bereits deshalb nicht des Schutzes von Vertragserben vor benachteiligenden Schenkungen, da dem niederländischen Erbrecht das Institut des Erbvertrages unbekannt ist. Kein Äquivalent in der jeweils anderen Rechtsordnung finden die Sonderfälle *recht van reclame* (Art. 7:39 ff. NBW) einerseits und bereicherungsrechtlicher Anspruch nach § 822 BGB andererseits.

6.

Soweit es die Haftung für Sach- und Rechtsmängel betrifft ist die Verantwortlichkeit des Schenkers durch §§ 523, 524 BGB und Art. 7:183 NBW im Vergleich zu den allgemeinen Bestimmungen beschränkt. Unterschiede zwischen beiden Rechtsordnungen ergeben sich vor allem bei anderen Arten von Pflichtverletzungen. Im deutschen Recht ist die Haftung des Schenkers in solchen Fällen durch § 521 BGB grundsätzlich auf Vorsatz oder grobe Fahrlässigkeit beschränkt. Dagegen haftet der Schenker im niederländischen Recht nach den allgemeinen Vorschriften, also grundsätzlich nicht anders als bspw. ein Verkäufer.

Literatur

Abas, P., Onvoorziene omstandigheden: Een Onderzoek naar de bruikbaarheid van Artikel 6.5.3.11 van het Nieuw Burgerlijk Wetboek, Alphen aan den Rijn 1978

Alternativkommentar zum Bürgerlichen Gesetzbuch, herausgegeben von Rudolph Wassermann, Band 3: Besonderes Schuldrecht (§§ 433-853), Neuwied, Darmstadt 1979

Aman, Hermann / Brambring, Günter / Hertel, Christian, Die Schuldrechtsreform in der Vertragspraxis: Handbuch für Notare und Vertragsjuristen mit Gestaltungshinweisen und Formulierungsbeispielen, München 2002

Anders, Holm, Die Pflichtverletzung im System des Leistungsstörungsrechts als Modell de lege ferenda: eine systematische Darstellung, untersetzt durch alternative Vorschläge unter besonderer Berücksichtigung kaufrechtlicher Bestimmungen; Berlin 2001

Andres, Dirk / Leithaus, Rolf / Dahl, Michael, Insolvenzordnung, Kommentar, München 2006

Ankum, J.A., De Actio Pauliana: Terug van weggeweest of ook: `weggewesen´?, NTBR 1993, S. 237-240.

Anwaltkommentar BGB, Gesamtherausgeber Barbara Dauner-Lieb, Thomas Heidel, Gerhard Ring

Band 2, Teilband 1 (§§ 241-610), herausgegeben von Barbara Dauner-Lieb, Werner Langen, Bonn 2005

Band 2, Teilband 2 (§§ 611-853), herausgegeben von Barbara Dauner-Lieb, Werner Langen, Bonn 2005

Band 5 (Erbrecht), herausgegeben von Ludwig Kroiß, Christoph Ann, Jörg Mayer, 2. Auflage, Bonn 2007

Asser, Carel, Mr. C. Asser´s handleiding tot de beoefening van het Nederlands burgerlijk recht,

Deel 3.1 (Goederenrecht, Algemeen goederenrecht), bewerkt door F.H.J. Mijnssen, 15. druk, Deventer 2006

Deel 4.2 (Verbintenissenrecht, Algemene leer der overeenkomsten), bewerkt door A.S. Hartkamp, 12. druk, Deventer 2005

Deel 4.3 (Verbintenissenrecht, De verbintenis uit de wet), bewerkt door A.S. Hartkamp, 12. Druk, Deventer 2006

Deel 5.1 (Bijzondere overeenkomsten, Koop en ruil), bewerkt door Jac. Hijma, 7. druk, Deventer 2007

Deel 5.3 (Bijzondere overeenkomsten, Overeenkomst van opdracht, arbeidsovereenkomst, aanneming van werk), bewerkt door S.C.J.J. Kortmann, L. J. M. de Leede, H. O. Thunnissen, 7. druk, Zwolle 1994

Deel 5.4 (Bijzondere overeenkomsten, Verbruikleen, altijddurende rente, bruikleen, bewaarneming, borgtocht, vaststellingsovereenkomst, kansovereenkomst, spel en weddenschap), bewerkt door Albertus C. van Schaick, 6. druk, Deventer 2004

Deel 6 (Erfrecht en Schenking) A, bewerkt door Steven Perrick, 13 druk, Deventer 2002

Bamberger, Heinz Georg / Roth, Herbert, Kommentar zum Bürgerlichen Gesetzbuch,

Band 1 (§§ 1-610), 2. Auflage, München 2007

Band 2 (§§ 611-1296), 2. Auflage, München 2008

Band 3 (§§ 1297-2385, EGBGB), 2. Auflage, München 2008

Barbaix, Renate, Hoe anders is de overeenkomst schenking, en waarom? Rechtsvergelijkende studie van het contractuele statuut van de schenking, Antwerpen 2007

Basedow, Jürgen, Grundfragen der Vertragsreform - Niederländische Erfahrungen, ZVglRWiss 79 (1980), S. 132-148

Baumgärtel, Gottfried, Handbuch der Beweislast im Privatrecht, Band 1 (Allgemeiner Teil und Schuldrecht), 2. Auflage, Köln (u.a.) 1991

Bloembergen, A.R., Boekbespreking: Asser 5-III, S.C.J.J. Kortmann, De overeenkomst van opdracht, WPNR 6206 (1995), S. 876-879

Bockholdt, Frank, Zum Rückforderungsanspruch eines Schenkers gegen den Zweitbeschenkten, Anmerkung zu BGH, Urt. v. 10.02.2004 - X ZR 117/02, JZ 2004, S. 795-798

Böhr, Richard, Beweislastprobleme bei der Schenkung, NJW 2001, S. 2059-2061

Brähler-Boyan, Christa / Mann, Horst, Zur Überleitung des Rückforderungsanspruchs des verarmten Schenkers auf den Sozialhilfeträger, NJW 1995, S. 1866-1871

Brahn, O.K., Het irreële van het reële contract, NJB 1983, S. 568-571

Brahn, O.K., Ons allernieuwste 2014, WPNR 5739 (1985), S. 333-342

Braun, Eberhard, Insolvenzordnung, Kommentar, 3. Auflage, München 2007

Brox, Hans, Die unentgeltliche Aufnahme von Kindern in eine Familien-Personengesellschaft, Festschrift für Friedrich Wilhelm Bosch, Bielefeld 1976, S. 75-88

Brox, Hans / Walker, Wolf-Dietrich, Erbrecht, 22. Auflage, Köln (u.a.) 2007

Burgerhart, W. / Schols, F.W.J.M., De schenking en de gift in het nieuwe jaar, WPNR 6519 (2003), S. 113-122.

Campe, Moritz von, Insolvenzanfechtung in Deutschland und in Frankreich: das neue Sach- und Kollisionsrecht (InsO und Loi no. 85-98), Köln (u.a.) 1996

Canaris, Claus-Wilhelm, Verstöße gegen das verfassungsrechtliche Übermaßverbot im Recht der Geschäftsfähigkeit und im Schadensersatzrecht, JZ 1987, S. 993-1004

Chao-Duivis, M.A.B., Derdenbescherming en de vierde hand, WPNR 5942 (1989), S. 799-806

Coenen, Tilman, Formfreie Schenkung der Gesellschafterstellung in einer stillen Gesellschaft und einer Unterbeteiligung, Berlin 2002

Coing, Helmut, Anmerkung zu OGHBrZ, Köln, Urt. v. 18.11.1948 - II ZS 16/48, NJW 1949, S. 260-262

Cosack, Konrad, Das Anfechtungsrecht der Gläubiger eines zahlungsunfähigen Schuldners innerhalb und außerhalb des Konkurses nach deutschem Reichsrecht, Stuttgart 1884

Damrau, Jürgen, Vergütung und Aufwendungsersatz für den Berufsvormund – Zu BVerfGE 54, 251 und dessen Folgen, Festschrift für Otto Mühl, Stuttgart (u.a.) 1981, S. 123-138

Deutsch, Erwin, Die Fahrlässigkeit im neuen Schuldrecht, AcP 202 (2002), S. 889-911

Dickhuth-Harrach, Hans-Jürgen von, Die analoge Anwendung der §§ 2287, 2288 BGB auf gemeinschaftliche Testamente schon vor Eintritt der Bindungswirkung, FamRZ 2005, S. 322-327

Dieckmann, Albrecht, Wertveränderungen des Nachlasses – Pflichtteil – Pflichtteilsergänzung – Anfechtung, Versuch einer Zusammenschau, Festschrift für Günther Beitzke, Berlin (u.a.) 1979, S. 399-426

Drielsma, H.A., Liberaliteit, causaliteit en finaliteit bij schenking, WPNR 4896 (1966), S. 111-117

Dübeck, Inger, Einführung in das dänische Recht, 1. Auflage, Baden-Baden 1996

Dunné, Jan Meinhard van, Verbintenissenrecht, Deel 1 (Contractenrecht), 5. druk, Deventer 2004

Dunné, Jan Meinhard van / Boeles, P. / Voss, Arend Jan Heerma van, Acht civilisten in burger, Zwolle 1977

Eckardt, Diederich, Aspekte einer „Vorteilsanrechnung" im Anfechtungsrecht, ZInsO 2004, S. 888-896

Ehmann, Horst, Anmerkung zu BGH, Urt. v. 19.01.1973 – V ZR 24/71, NJW 1973, S. 1035-1036

Elfring, Claus, Die Lebensversicherung im Erbrecht, ZEV 2004, S. 305-310

Enneccerus, Ludwig / Lehmann, Heinrich, Lehrbuch des Bürgerlichen Rechts, Band 2 (Recht der Schuldverhältnisse), 14. Bearbeitung, Tübingen 1954

Erman, Walter, Bürgerliches Gesetzbuch: Handkommentar

Band 1 (§§ 1-758, AGG, UKlaG), 12. Auflage, Köln 2008

Band 2 (§§ 759-2385, ProdHaftG, ErbbauRG, HausratsVO, VAHRG, LPartG, WEG, EGBGB), 12. Auflage, Köln 2008

Esser, Josef / Weyers, Hans-Leo, Schuldrecht, Band 2 (Besonderer Teil), Teilband 1, 8. Auflage, Heidelberg 1998

Fischer, Michael, Die Unentgeltlichkeit im Zivilrecht; Köln (u.a.) 2002

Franzen, Martin, Der Rückforderungsanspruch des verarmten Schenkers nach § 528 BGB zwischen Geschäftsgrundlagenlehre, Unterhalts- und Sozialhilferecht, FamRZ 1997, S. 528-536

Gerhardt, Walter, Der Haftungsmaßstab im gesetzlichen Schuldverhältnis (Positive Vertragsverletzung, culpa in contrahendo), JuS 1970, S. 597-603

Gerhardt, Walter, Forderungen aus Freigiebigkeit und unentgeltliche Verfügungen im Konkurs, ZIP 1991, S. 273-283

Germer, Manfred, Rückforderung der Schenkung wegen Verarmung des Schenkers, BWNotZ 1987, S. 61-65

Gernhuber, Joachim, Anmerkung zu BGH, Urt. v. 20.09.1995 – XII ZR 16/94, JZ 1996, S. 205-207

Gernhuber, Joachim / Coester-Waltjen, Dagmar, Familienrecht, 5. Auflage, München 2006

Glaser, Paul, Die Begriffe der Entgeltlichkeit und der Unentgeltlichkeit im bürgerlichen Recht, Breslau, 1924

Grabenwarter, Christoph, Europäische Menschenrechtskonvention, 3. Auflage, München 2008

Grinten, W.C.L. van der, Monografieen Nieuw BW – Lastgeving, Deventer, 1993

Grundmann, Stefan, Zur Dogmatik der unentgeltlichen Rechtsgeschäfte, AcP 198 (1998), S. 457-488

Günther, Dirk-Carsten, Schenkungen zu Lasten der Sozialhilfe, NZS 1994, S. 66-70

Haak, Maarten / Kortmann, Jeroen, Ontwikklingen in de derdenbescherming, Ars Aequi 46 (1997), S. 306-315

Habscheid, Walther J., Vermutungen im neuen Scheidungsrecht, Festschrift für Friedrich Wilhelm Bosch, Bielefeld 1976, S. 355-379

Hadding, Walther, Die Verweisung auf die Vorschriften über die Herausgabe einer ungerechtfertigten Bereicherung im BGB, Festschrift für Otto Mühl, Stuttgart 1981, S. 225-266

Harder, Manfred, Zuwendungen unter Lebenden auf den Todesfall, Berlin 1968

Harder, Manfred, Anmerkung zu BGH, Urt. v. 04.02.1976 – IV ZR 156/73, FamRZ 1976, S. 617-619

Harder, Manfred, Buchbesprechung zu Karl Larenz, Lehrbuch des Schuldrechts, Band 2, 1. Halbband, 13. Auflage, München 1986, NJW 1986, S. 3127-3128

Harder, Manfred, Unentgeltliche Verfügungen und ordnungsmäßige Nachlaßverwaltung des Vorerben - Zur mißglückten Fassung des § 2120 Satz 1 BGB und zur Zustimmungspflicht des Nacherben bei der Mitwirkung des Vorerben an der Änderung von Gesellschaftsverträgen, DNotZ 1994, S. 822-844

Hartkamp, Arthur S., Terugwerkende kracht, WPNR 6030 (1991), S. 868-873

Hartkamp, Arthur S., Das neue niederländische Bürgerliche Gesetzbuch aus europäischer Sicht, RabelsZ 57 (1993), S. 664-684

Hartkamp, Arthur S., Compendium van het vermogensrecht volgens het nieuwe Burgerlijk Wetboek, 5. druk, Deventer 1999

Hartkamp, Arthur S., Deutsche Einflüsse auf das niederländische Privatrecht, AcP 200 (2000), S. 507-510

Hartkamp, Arthur S., Compendium van het vermogensrecht voor de rechtspraktijk, 6. druk, Deventer 2005

Hartlief, T., Aansprakelijkheid bij vriendendiensten, WPNR 6200 (1995), S. 731-733.

Häsemeyer, Ludwig, Aktuelle Tendenzen in der Rechtsprechung zur Konkurs- und Einzelanfechtung, ZIP 1994, S. 418-424

Heinle, Joachim, Zwanzig Jahre „unbenannte Zuwendung", FamRZ 1992, S. 1256-1259

Heiter, Norbert, Rückgewährhaftung mehrerer Beschenkter nach § 528 Abs. 2, JR 1995, S. 313-319

Henrich, Dieter, Die Schenkung von Todes wegen in Fällen mit Auslandsberührung, Festschrift für Karl Firsching, München 1985, S. 111-123

Herrmann, Elke, Vollzug von Schenkungen nach § 518 II BGB, Hamburg 1978

Heuff, W., Schenking en erfrecht, WPNR 6186 (1995), S. 435-441

Hidma, T.R., Vormvereisten en schenking: tussen woord en daad, WPNR 6186 (1995), S. 419-424.

Hijma Jacob / Olthof M.M., Compendium van het Nederlands vermogensrecht, 9. druk, Deventer 2005.

Holzapfel, Lothar, Ehegattenschenkungen und Gläubigerschutz: Geschichte, Rechtsvergleich und Reform der Schenkungsanfechtung innerhalb und außerhalb des Konkurses, Bonn 1979

Holzhauer, Heinz, Schenkungen aus dem Vermögen Betreuter, FamRZ 2000, S. 1063-1068

Hondius, Edwoud, Das neue niederländische Zivilgesetzbuch, Allgemeiner Teil, AcP 191 (1991), S. 378-395

Hörlbacher, Thomas, Die vertragliche Modifizierbarkeit des Rückforderungsanspruchs des Schenkers wegen Notbedarfs nach § 528 BGB, ZEV 1995, S. 202-205

Huber, Ulrich, Keine Haftung des Schenkers für Rechtsmängel – Eine kritische Anmerkung zu BGH ZIP 2000, 1059, ZIP 2000, S. 1372-1375

Huber, Michael, Anfechtungsgesetz (AnfG) : Gesetz über die Anfechtung von Rechtshandlungen eines Schuldners außerhalb des Insolvenzverfahrens, 10. Auflage, München 2006

Jansen, C.J.H., Deutsches Recht als Beispiel für die niederländische Privatrechtspflege auf dem Gebiet des Sachenrechts seit dem Ende des 19. Jahrhunderts; ZEuP 2001, S. 872-887.

Jauernig, Othmar, Bürgerliches Gesetzbuch: mit Gleichbehandlungsgesetz, Kommentar, 12. Auflage, München 2007

Jauernig, Othmar / Berger, Christian, Zwangsvollstreckungs- und Insolvenzrecht, 22. Auflage, München 2007

Johannsen, Kurt Herbert, Der Schutz der durch gemeinschaftliches Testament oder Erbvertrag berufenen Erben, DNotZ 1977, S. 69-98

Jülicher, Marc, Vertragliche Rückfallklauseln, Widerrufsvorbehalte, auflösende Bedingungen und Weiterleitungsklauseln in Schenkungsverträgen, ZEV 1998, S. 201-205

Juris-Praxiskommentar BGB, Gesamtherausgeber: Maximilian Herberger, Michael Martinek, Helmut Rüßmann, Stephan Weth

Band 2, Teil 2 (§§ 433-630), herausgegeben von Roland Michael Beckmann, 2. Auflage, Saarbrücken 2004

Band 2, Teil 3 (§§ 631-853), herausgegeben von Helmut Rüßmann, 2. Auflage, Saarbrücken 2004

Band 3 (Sachenrecht), herausgegeben von Michael Martinek, 2. Auflage, Saarbrücken 2005

Band 4 (Familienrecht), herausgegeben von Wolfram Viefhues, 2. Auflage, Saarbrücken 2005

Band 5 (Erbrecht), herausgegeben von Wolfgang Hau, 2. Auflage, Saarbrücken 2005

Karakatsanes, Johannes, Zum Widerruf von Schenkungen unter (geschiedenen) Ehegatten wegen Ehebruchs, FamRZ 1986, 1049-1055, S. 1178-1186

Kaser, Max, Zur Frage einer condictio aus gutgläubigem Erwerb oder gutgläubiger Leistung im römischen Recht, Festschrift für Wilhelm Felgentraeger, Göttingen 1969, S. 277-294

Keim, Christopher, Die Rückforderungshaftung mehrerer gleichzeitig Beschenkter wegen Verarmung des Schenkers, ZEV 1998, S. 375-379

Keim, Christopher, § 2287 BGB und die Beeinträchtigung eines Vertragserben durch lebzeitige Zuwendung an den anderen, ZEV 2002, S. 93-96

Keim, Christopher, Entgeltlicher Vertrag oder belohnende Schenkung? - Pflichtteilsergänzung bei belohnenden Zuwendungen -, FamRZ 2004, S. 1081-1086

Kipp, Theodor / Coing, Helmut, Erbrecht, 14. Auflage, Tübingen 1999

Kleijn, W.M., Anmerkung zu HR, 19.03.1982 (nr. 11789), NJ 1983, 250

Knobbe-Kneuk, Brigitte, „Verunglückte" Schenkungen, Festschrift für Werner Flume, Band 2, Köln 1978, S. 149-172

Knooten, Hugo J. van, The Structure of Liability for Unjustified Enrichment in Dutch Law, with Reference to German, French and Italian Law, in: Reinhard Zimmermann, Grundstrukturen eines Europäischen Bereicherungsrechts, Tübingen 2005, S. 221-241

Knütel, Rolf, § 822 BGB und die Schwächen des unentgeltlichen Erwerbs, NJW 1989, S. 2504-2509

Koch, Elisabeth, Entgeltlichkeit in der Ehe, FamRZ 1995, S. 321-327

Kollhosser, Helmut, Ehebezogene Zuwendungen und Schenkungen unter Ehegatten, NJW 1994, S. 2313-2319

Kollhosser, Helmut, Verfügbarkeit und Vererblichkeit des Rückforderungsanspruchs aus § 528 Abs. 1 S. 1 BGB, ZEV 1995, S. 391-395

Kollhosser, Helmut, Kurzkommentar zu BGH, Urt. v. 28.10.1997, X ZR 157/96, S. 105-106

Kollhosser, Helmut, Der Rückforderungsanspruch des verarmten Schenkers aus § 528 Abs. 1 Satz 1 BGB - Entstehung, Fortbestand, Vererblichkeit, Pfändbarkeit -, ZEV 2001, S. 289-293

Kollhosser, Helmut, Anmerkung zu BFH, Urt. v. 24.07.2002, II R 33/01, ZEV 2002, S. 518-520

Kollhosser, *Helmut*, Anmerkung zu BGH, Urt. v. 05.11.2002, X ZR 140/01, ZEV 2003, S. 206-207

Koppensteiner, Hans-Georg / Kramer, Ernst A., Ungerechtfertigte Bereicherung, 2. Auflage, Berlin (u.a.) 1988

Kornblum, Udo, Das Geschenk der Defraudantin – BGH NJW 1969, 605, JuS 1970, S. 437-442

Kortmann, S.J.C.C., „Schenking" en Pauliana, WPNR 6186 (1995), S. 441-446

Kortmann, S.J.C.C., Derden in het faillissementsrecht, Ars Aequi 46 (1997), S. 316-322

Kottenhagen, R.J.P./Westra, H.R./Wijers, A.H.F.M., Resumé BW: Boeken 3, 5 en 6, Lelystad 1998

Krauß, Hans-Frieder, Der Rückforderungsanspruch wegen Verarmung des Schenkers im Kontext des Sozialhilferechts, ZEV 2001, S. 417-425

Kübler, Bruno M. / Prütting, Hanns, Kommentar zur Insolvenzordnung, Band 2 (§§ 129-359), Loseblatt, Stand April 2008, Köln 1998

Kues, Bernd, Anmerkung zu BGH, Urt. v. 27.11.1991, IV ZR 164/90, FamRZ 1992, S. 924-926

Kunz, Eduard / Butz, Manfred / Wiedemann, Edgar, Heimgesetz, Kommentar, 9. Auflage, München 2003

Lange, Heinrich / Kuchinke, Kurt, Erbrecht, 5. Auflage, München 2001

Langenfeld, Gerrit, Die Bestandskraft ehebedingter Zuwendungen im Verhältnis zu Vertragserben und Pflichtteilsberechtigten, ZEV 1994, S. 129-133

Larenz, Karl, Lehrbuch des Schuldrechts, Band 2, Halbband 1, 13. Auflage, München (u.a.) 1986

Larenz, Karl / Canaris, Claus-Wilhelm, Lehrbuch des Schuldrechts, Band 2, Halbband 2, 13. Auflage; München (u.a.) 1994

Liebisch, Arnold, Das Wesen der unentgeltlichen Zuwendungen unter Lebenden im bürgerlichen Recht und im Reichssteuerrecht, Leipzig 1927

Linders, J.H., Renteloze direct opeisbare geldlening en schenkingsrecht, WPNR 5784 (1986), S. 339

Loewenheim, Ulrich, Bereicherungsrecht, 3. Auflage, München 2007

Medicus, Dieter, Kurzkommentar zu BGH, Urt. v. 05.11.2002, X ZR 140/01, EWiR 2003, S. 253-254

Medicus, Dieter, Bürgerliches Recht: Eine nach Anspruchsgrundlagen geordnete Darstellung zur Examensvorbereitung, 21. Auflage, Köln (u.a.) 2007

Medicus, Dieter, Schuldrecht II (Besonderer Teil), 14. Auflage, München 2007

Megchelsen, G. / Vegter, J.B., Schenking volgens titel 7.3, De inhoud van het schenkingsbegrip volgens titel 7.3: het vrijgevigheidsvereiste, WPNR 6186 (1995), S. 412-418

Megchelsen, G. / Vegter, J.B., Schenking volgens titel 7.3, De inhoud van het schenkingsbegrip volgens titel 7.3: de overige elemnten, WPNR 6186 (1995), S. 468-472

Meijers, Eduard Mauritz, Ontwerp voor een nieuw Burgerlijk Wetboek – Toelichting Boek 7, ´s-Gravenhage 1972

Meijers, Eduard Mauritz, Het feillooze deel van ons Burgerlijk Wetboek, WPNR 3031 (1928), S. 48-52

Meinicke, Jens-Peter, 25 Jahre „unbenannte" Zuwendung, ZEV 1995, S. 81-82

Mens, K.L.H. van, Civielrechtelijke en fiscaalrechtelijke aspecten van het schenkingsbegrip, Deventer 1995

Mikat, Paul, Schranken der Vertragsfreiheit im Ehegüterrecht, Festschrift für Wilhelm Felgentraeger, Göttingen 1969, S. 323-352

Mincke, Wolfgang, Einführung in das niederländische Recht, München 2002

Moltmaker, J.K., Anmerkung zu HR, 26.02.1986 (nr. 23299), NJ 1986, 776

Morhard, Thilo, „Unbenannte Zuwendungen" zischen Ehegatten – Rechtsfolgen und Grenzen der Vertragsgestaltung, NJW 1987, S. 1734-1740

Mourik van, M.J.A. / Verstappen, L.C.A. / Schols, F.W.J.M., Schenking en gift naar nieuw recht, Deventer 1999

Münchener Kommentar zum Bürgerlichen Gesetzbuch, herausgegeben von Kurt Rebmann (bis 4. Auflage), Franz Jürgen Säcker, Roland Rixecker

Band 1, Halbband 1 (§§ 1-240, ProstG), Red.: Franz Jürgen Säcker, 5. Auflage, München 2006

Band 2, Schuldrecht, Allgemeiner Teil (§§ 241-432), Red.: Wolfgang Krüger, 5. Auflage, München 2007

Band 3, Schuldrecht, Besonderer Teil I (§§ 433-610, Finanzierungsleasing, HeizkostenV, BetriebskostenV, CISG), Red.: Wolfgang Krüger, Harm Peter Westermann, 4. Auflage, München 2004

Band 3, Schuldrecht, Besonderer Teil I (§§ 433-610, Finanzierungsleasing, HeizkostenV, BetriebskostenV, CISG), Red.: Wolfgang Krüger, Harm Peter Westermann, 5. Auflage, München 2008

Band 5, Schuldrecht, Besonderer Teil III (§§ 705-853), Partnerschaftsgesetz, Produkthaftungsgesetz), Red.: Peter Ulmer, 4. Auflage, München 2004

Band 6, Sachenrecht (§§ 854-1296, Wohnungseigentumsgesetz, Erbbaurechtsverordnung, Sachenrechtsbereinigungsgesetz, Schuldrechtsänderungsgesetz), Red.: Manfred Eberhard Rinne, 4. Auflage, München 2004

Band 7, Familienrecht I (§§ 1297-1588, VAHRG, VAÜG, HausratsV), Red.: Kurt Rebmann, 4. Auflage, München 2000

Band 9, Erbrecht (§§ 1922-2385, §§ 27-35 BeurkG), Red.: Gerhard Schlichting, 4. Auflage, München 2004

Münchener Kommentar zur Insolvenzordnung, herausgegeben von Hans-Peter Kirchhof, Hans-Jürgen Lwowski, Rolf Stürner, Band 2 (§§ 103-269), 2. Auflage, München 2008

Münder, Johannes, Die Überleitung von Ansprüchen in der Sozialhilfe; ZfSH/SGB 1985, S. 248-256.

Muscheler, Karlheinz, Die Rechtsstellung der Stiftungsdestinatäre, WM 2003, S. 2213-2221

Nehlsen-von Stryk, Karin, *Unentgeltliches Schuldrechtliches Wohnrecht – Zur Abgrenzungsproblematik von Leihe und Schenkung,* AcP 187 (1987), S. 552-602

Nerlich, Jörg / Niehues, Christoph, Anfechtungsgesetz: Gesetz über die Anfechtung von Rechtshandlungen eines Schuldners außerhalb des Insolvenzverfahrens, Kommentar, München 2000

Nestl, Franz Markus, Wegfall der Geschäftsgrundlage in modernen Kodifikationen und Regelwerken, Wien 2001

Nieder, Heinrich, Rechtsgeschäfte unter Lebenden auf den Tod, BWNotZ 1996, S. 129-137

Nieper, Franz / Ploeger, Hendrik, Sachenrecht in den Niederlanden, in: Christian von Bar (Hrsg.), Sachenrecht in Europa: systematische Einführungen und Gesetzestexte, Band 3, Osnabrück 1999

Nieper, Franz / Westerdijk, Arjen S., Niederländisches Bürgerliches Gesetzbuch, Buch 6 (AT des Schuldrechts), Buch 7 und 7A (Besondere Verträge), Series of Legislation in Translation, München 1994

Nieskens-Isphording, Benita W.M., Van nieuw BW naar BW, Zwolle 1993

Nieuwenhuis, Jacob H., Burgerlijk Wetboek: tekst & commentaar

Deel 1 (Boeken 1, 2, 3 en 4), 6. druk, Deventer 2005

Deel 2 (Boeken 5, 6, 7, en 8), 6. Druk, Deventer 2005

Oechsler, Jürgen, Vertragliche Schuldverhältnisse, 2. Auflage, München 2007

Oertmann, Paul, Bürgerliches Gesetzbuch, Recht der Schuldverhältnisse, Teil 2 (§§ 433 – 853), 5. Auflage, Berlin 1929

Oetker, Hartmut / Maultzsch, Felix, Vertragliche Schuldverhältnisse, 3. Auflage, Berlin (u.a.) 2007

Olzen, Dirk, Lebzeitige und letztwillige Rechtsgeschäfte (I), Jura 1987, S. 16-25

Oven, J.C. van, Einige civielrechtelijke aspecten van de schenking, WPNR 4722 (1966), S. 217-222

Palandt, Otto, Bürgerliches Gesetzbuch, 67 Auflage, München 2008

Pellegrino, Marco, Subjektive oder objektive Vertragshaftung? Ein rechtsvergleichender Blick auf die Rolle des Verschuldens im Vertragsrecht, ZEuP 1997, S. 41-57

Pentz, Adolf, Haftung des Beschenkten nach § 2329 BGB, MDR 1998, S. 132-134

Perrick, S., Over giften ter zake des doods, andere fictieve legaten en verwante rechtshandelingen onder het komende recht, WPNR 6422 (2000), S. 785-795

Pruskowski, Wolfgang, Das Merkmal der Zuwendung im Tatbestand der Schenkung, Köln 1987

Prütting, Hanns / Wegen, Gerhard / Weinreich, Gerd, BGB-Kommentar, 3. Auflage, Köln 2008

Puchta, Georg Friedrich, Lehrbuch der Pandekten, Leipzig 1838

Pyszka, Tillmann, Unentgeltliche Verfügungen des Vorerben und des Testamentsvollstreckers, München 1989

Raape, Leo, Die Beweislast bei positiver Vertragsverletzung – Zugleich ein Beitrag zur Überlassung von Sachen und gefahrdrohender Beschaffenheit, AcP 147 (1941), S. 217-289

Rabe, Dieter, § 826 BGB und der Verkaufskommissionär – OLG Hamburg MDR 1954, 356, JuS 1968, S. 211-215

Ratzel, Rudolf / Lippert, Hans-Dieter, Kommentar zur Musterberufsordnung der deutschen Ärzte, Berlin (u.a.) 2006

Reichsgerichtskommentar, Das Bürgerliche Gesetzbuch: mit besonderer Berücksichtigung der Rechtsprechung des Reichsgerichts und des Bundesgerichtshofes: Kommentar, herausgegeben von Reichsgerichtsräten und Bundesrichtern

Band 2, Teil 1: Einzelne Schuldverhältnisse, §§ 433-704, 11. Auflage, Berlin 1959

Band 2, Teil 2: Einzelne Schuldverhältnisse, §§ 705-853, 11. Auflage, Berlin 1960

Band 3, Teil 1: Sachenrecht, §§ 854-1011, 11. Auflage Berlin 1959

Band 4, Teil 1: Familienrecht, §§ 1297-1302, 1353-1390, 1408-1518, 1558-1563, 1588, 10. und 11. Auflage, Berlin 1960

Band 5, Teil 2: Erbrecht, § 2287-2329, 11. Auflage, Berlin 1961

Reichel, Hans, Zur Behandlung formnichtiger Verpflichtungsgeschäfte, AcP 104 (1909), S. 1-150

Reinhartz, B.E., Huwelijksvermogensrecht en derden, Ars Aequi 46 (1997), S. 279-286

Reinicke, Michael, Bedarf die Vereinbarung eines unentgeltlichen schuldrechtlichen Wohnrechts auf Lebenszeit der Form des § 518 Abs. 1?, JA 1982, S. 326-329.

Reuter, Dieter / Martinek, Michael, Ungerechtfertigte Bereicherung, Handbuch des Schuldrechts (herausgegeben von Joachim Gernhuber) Band 4, Tübingen 1983

Rosenberg, Leo / Gaul, Hans Friedhelm / Schilken, Eberhard, Zwangsvollstreckungsrecht, 11. Auflage, München 1997

Rundel, Sylvia, Rückforderung wegen Verarmung des Schenkers bei mehreren Beschenkten, MittBayNot 2003, S. 177-186

Sandweg, Hans-Eberhard, Ehebedingte Zuwendungen und ihre Drittwirkung, NJW 1989, S. 1965-1974

Savigny, Friedrich Carl von, System des heutigen römischen Rechts, Band 4, Berlin 1841

Schaick, A.C. van, Vriendendiensten en aansprakelijkheidsleniging, NTBR 1997, S. 313-320

Schaik, A.C. van / Schoordijk, H.C.F., Rechten en verplichtingen van schenker en begiftigde, WPNR 6445 (2001), S. 461-467

Schellen, J., Schenken in het privaatrecht en de naturalistisch-feitelijke visie op de werkelijkheid, WPNR 5132 (1971), S. 253-259

Schiemann, Gottfried, Anmerkung zu BGH, Urt. v. 18.05.1999, X ZR 158/97, JZ 2000, S. 570-572

Schilken, Eberhard, Zur Bedeutung des § 822 BGB, JR 1989, S. 363-366

Schimansky, Annika, Reform des niederländischen Erbrechts, ZEV 2003, S. 149-152

Schindler, Andreas, Nochmals: nachträgliche Honorierung von Pflegeleistungen und Pflichtteilsergänzung – Ergänzung zu Wagner ZErb 2003, 112, ZErb 2004, S. 46-53

Schlechtriem, Peter, Vertragliche und außervertragliche Haftung, in: Gutachten und Vorschläge zur Überarbeitung des Schuldrechts, Band 2, herausgegeben vom Bundesminister der Justiz, Köln 1981, S. 1591-1681

Schlechtriem, Peter, Anmerkung zu BGH, Urt. v. 20.11.1984, IVa ZR 104/83, BB 1985, S. 1356-1358

Schlechtriem, Peter, Restitution und Bereicherungsausgleich in Europa : eine rechtsvergleichende Darstellung, Band 1, Tübingen 2000

Schlechtriem, Peter, Schuldrecht, Besonderer Teil, 6. Auflage, Tübingen 2003

Schlechtriem, Peter / Schmidt-Kessel, Martin, Schuldrecht, Allgemeiner Teil, 6. Auflage, Tübingen 2005

Schlinker, Steffen, Sachmängelhaftung bei gemischter Schenkung – Aktuelle Fragen nach der Reform des Schuldrechts, AcP 206 (2006), S. 26-55

Schmidt, Karsten, Anmerkung zu BGH, Urt. v. 28.10.1997, X ZR 157/96, JuS 1998, S. 370-371

Schmidt, Karsten, Anmerkung zu BGH, Urt. v. 17.05.2002, X ZR 196/01, JuS 2003, S. 295

Schmidt-Kessel, Martin, Standards vertraglicher Haftung nach englischem Recht – Limits of frustration, Baden-Baden 2003

Schoordijk, H.C.F., De ontwerpregeling van de opdracht in het zevende boek, NJB 1973 (afl. 24A), S. 42-79

Schoordijk, H.C.F., Dwaling, ongerechtvaardigde verrijking, redelijkheid en bilijkheid en vermogensverschuivingen om niet, NTBR 2001, S. 13-16.

Schrage, Eltjo, Das System des neuen niederländischen Zivilgesetzbuchs, Juristische Blätter 1994, S. 501-510.

Schubert, Werner, Anmerkung zu BGH, Urt. v. 20.11.1984, IVa ZR 104/83, JR1985, S. 324-326

Schulze, Reiner, Bürgerliches Gesetzbuch, Handkommentar; 5. Auflage, Baden - Baden 2007

Schuttevaer, Herman, Recensie: K.L.H. van Mens, Civielrechtelijke en fiscaalrechtelijke aspecten van het schenkingsbegrip, NJB 1986, S. 74-75

Schuttevaer, Herman, Het wezen van de z.g. materiele bevoordeling, WPNR 5573 (1981), S. 481-485

Schuttevaer, Herman / Zwemmer, Willibrordus, Schenking, 4. druk, Deventer 2002

Schwarz, Günter Christian, Vermögensübergang und Pflegefallrisiko, JZ 1997, S. 545-549

Seif, Ulrike, Ehebezogene Zuwendungen als Schenkungen unter Ehegatten, FamRZ 2000, S. 1193-1201

Seiler, Hans Hermann, Über die sog. Unbenannten Zuwendungen – ein skeptischer Zwischenbericht, Festschrift für Dieter Henrich, Bielefeld 2000, S. 551-565

Senne, Holger / Wohlmann, Elke, Die Grundtatbestände des Eigentumserwerbs im internationalen Vergleich – Deutschland, Niederlande, Schweiz, Frankreich, JA 2000, S. 810-813

Seyfarth, Sebastian, Schenkungsrückforderung wegen Notbedarf – eine Untersuchung zur Geschichte und gegenwärtigen Dogmatik des Rückforderungsrechts des verarmten Schenkers gemäß § 528 BGB, Tübingen 1998

Skibbe, Manfred, Anmerkung zu BGH, Urt. v. 11.03.1994, V ZR 188/92, ZEV 1994, S. 254-256

Slapnicar, Klaus, Unentgeltliches Wohnen nach geltendem Recht ist Leihe, nicht Schenkung – dogmengeschichtliches zu BGHZ 82, 354, JZ 1983, S. 325-331.

Smalbraak, J.Th., Schenking (Titel 7.3 NBW), NJB 1982, S. 695-704

Soergel, Bürgerliches Gesetzbuch mit Einführungsgesetzen, herausgegeben von

Schuldrecht 3,1 (§§ 516-651, Gesetz zur Regelung der Miethöhe, Verbraucherkreditgesetz), 12. Auflage, Stuttgart 1998

Sachenrecht 2,1 (§§ 985-1017, ErbbauVO), 13 Auflage, Stuttgart 2007

Erbrecht 2 (§§ 2064-2273, §§ 1-35 BeurkG), 13. Auflage, Stuttgart 2003

Erbrecht 3 (§§ 2274-2385), 13. Auflage, Stuttgart 2002

Söffing, Matthias, Mittelbare Schenkung im Erbschafts- und Schenkungssteuerrecht, Herne (u.a.) 2002

Soons, A.L.M., Schenking en Huwelijksvermogensrecht, WPNR 6186, S. 431-435

Spellenberg, Ulrich, Schenkungen und unentgeltliche Verfügungen zum Nachteil des Erben oder Pflichtteilsberechtigten, FamRZ 1974, S. 350-360

Staudinger, Kommentar zum Bürgerlichen Gesetzbuch : mit Einführungsgesetzen und Nebengesetzen

Buch 1 / 4 (§§ 134-163), Red.: Norbert Habermann, Berlin 2003

Buch 2 / Leistungsstörungsrecht I (§§ 254-304), Red. Manfred Löwisch, Berlin 2004,

Buch 2 / 2 (§§ 516-534), Red.: Michael Martinek, Berlin 2005

Buch 2 / Ungerechtfertigte Bereicherung (§§ 812-822), Red.: Norbert Horn, Berlin 2007

Buch 3 / 3 (§§ 985-1011), Red.: Karl-Heinz Gursky, Berlin 2002

Buch 4 / Eheliches Güterrecht (§§ 1363-1563), Red.: Christian von Bar, Berlin 2007

Buch 5 / Gemeinschaftliches Testament, Erbvertrag, Pflichtteil (§ 2265-2338), Red.: Gerhard Otte, Berlin 2006

Sticherling, Philipp, Schenkungen in fraudem testamenti : zur analogen Anwendbarkeit der §§ 2287, 2288 BGB beim gemeinschaftlichen Testament, zugleich ein Beitrag zur Entstehungsgeschichte der Bindungswirkung des gemeinschaftlichen Testaments im Bürgerlichen Gesetzbuch, Berlin 2005

Stoll, Hans, Anmerkung zu BGH, Urt. v. 20.11.1984, Iva ZR 104/83, JZ 1985, S. 384-386

Taupitz, Jochen, Berufsständische Satzungen als Verbotsgesetze im Sinne des § 134 BGB, JZ 1994, S. 221-227

Thiele, Wolfgang, Leistungsstörung und Schutzpflichtverletzung – Zur Einordnung der Schutzpflichtverletzungen in das Haftungssystem des Zivilrechts, JZ 1967, S. 649-657

Thorn, Karsten, Der Mobiliarerwerb vom Nichtberechtigten, Baden-Baden 1996

Thorn, Karsten, Mobiliarerwerb vom Nichtberechtigten: Neue Entwicklungen in rechtsvergleichender Perspektive, ZEuP 1997, S. 442-474

Tommaso, Michael / Weinbrenner, Christoph, Bereicherungsrechtliche Mehrpersonenverhältnisse nach § 822 BGB, Jura 2004, S. 649-656

Tuhr, Andreas von, Der Allgemeine Teil des Deutschen Bürgerlichen Rechts, Band II, Zweite Hälfte, Berlin 1957

Uhlenbruck, Wilhelm, Insolvenzordnung, Kommentar, 12. Auflage, München 2003

Ulmer, Peter, Umstrittene Fragen im Recht der Gesellschafterdarlehen (§ 32a GmbHG), ZIP 1984, S. 1163-1174

Vranken, J.B.M., Einführung in das neue Niederländische Schuldrecht, Teil II: Das Recht der unerlaubten Handlung, Schadensersatz- und Bereicherungsrecht, AcP 191 (1991), S. 411-432

Wacke, Andreas, Donatio non praesumitur – Ein sprichwörtliches Naturrechtsprinzip gegen ein versteinertes Beweislast-Dogma, AcP 1991 (1991), S. 1-32

Wacke, Andreas, Donner et retenir ne vaut: Kein Schenkungsvollzug ohne Aushändigung, AcP 201 (2001), S. 256-274

Wagner, Werner, Nachträgliche Honorierung von Pflegeleistungen und Pflichtteilsergänzung, ZErb 2003, S. 112-114

Weihrauch, Die gemischte Schenkung, Gruchots Beiträge, 48 (1904), S. 229-255

Wessels, Bob, Eb en vloed, water of strand: over schenking en natuurlijke verbintenis, WPNR 6186 (1995), S. 424-430

Wessels, Bob / Verheij, Albert Jacobus, Bijzondere overeenkomsten, Deventer 2006

Wieling, Hans-Josef, Bereicherungsrecht, 4. Auflage, Berlin (u.a.) 2007

Willemse, P., Moelijkheden rond de verbruikleen in het Nieuwe BW, WPNR 5426 (1978), S. 169-172

Windscheid, Bernhard, Lehrbuch des Pandektenrechts, Band 2, 9. Auflage, Frankfurt am Main 1906

Zeranski, Dirk, Der Rückforderungsanspruch des verarmten Schenkers : Überleitbarkeit, Abtretbarkeit, Verpfändbarkeit, Pfändbarkeit und Vererblichkeit des Rechts aus § 528 Abs. 1 Satz 1 BGB, Berlin 1998

Zweigert, Konrad, Seriösitätsindizien – Rechtsvergleichende Bemerkungen zur Scheidung verbindlicher Geschäfte von unverbindlichen, JZ 1964, S. 349-354

Zweigert, Konrad / Kötz, Hein, Einführung in die Rechtsvergleichung, 3. Auflage, Tübingen 1996

Kolibri 360 GmbH
Ferdinand-Jühlke-Straße 7
99095 Erfurt, Deutschland
produktsicherheit@kolibri360.de